社会保障经典名著导读

CLASSIC

童 星 庞绍堂 主编

SHEHUI BAOZHANG

图书在版编目(CIP)数据

社会保障经典名著导读/童星，庞绍堂主编. —北京：北京大学出版社，2016.4
ISBN 978-7-301-27011-0

Ⅰ. ①社… Ⅱ. ①童… ②庞… Ⅲ. ①社会学—名著—介绍—世界 Ⅳ. ①C91

中国版本图书馆 CIP 数据核字(2016)第 067562 号

书 名	社会保障经典名著导读 Shehui Baozhang Jingdian Mingzhu Daodu
著作责任者	童 星 庞绍堂 主编
责任编辑	尹 璐 王业龙
标准书号	ISBN 978-7-301-27011-0
出版发行	北京大学出版社
地 址	北京市海淀区成府路 205 号 100871
网 址	http://www.pup.cn
电子信箱	sdyy_2005@126.com
新浪微博	@北京大学出版社
电 话	邮购部 62752015 发行部 62750672 编辑部 021-62071998
印 刷 者	三河市北燕印装有限公司
经 销 者	新华书店
	730 毫米×980 毫米 16 开本 31 印张 507 千字 2016 年 4 月第 1 版 2022 年 7 月第 3 次印刷
定 价	59.00 元

未经许可，不得以任何方式复制或抄袭本书之部分或全部内容。
版权所有，侵权必究
举报电话：010-62752024 电子信箱：fd@pup.pku.edu.cn
图书如有印装质量问题，请与出版部联系，电话：010-62756370

目录
CONTENTS

《共产党宣言》导读 / 001
Communist Manifesto

《资本论》导读 / 027
Das Kapital

《福利经济学》导读 / 081
The Economics of Welfare

《就业、利息和货币通论》导读 / 103
The General Theory of Employment, Interest, and Money

《贝弗里奇报告——社会保险和相关服务》导读 / 135
Social Insurance and Allied Services

《通往奴役之路》导读 / 161
The Road to Serfdom

《民主社会主义的目标和任务：法兰克福宣言》导读 / 187
Aims and Tasks of Democratic Socialism：Frankfurt Declaration

《经济增长的阶段——非共产党宣言》导读 / 203
The Stages of Economic Growth：A Non-Communist Manifesto

《世界贫困的挑战——世界反贫困大纲》导读 / 235
The Challenge of World Poverty：A World Anti-Poverty Program in Outline

《正义论》导读 / 263
A Theory of Justice

《现代经济学导论》导读 / 293
An Introduction to Modern Economics

《福利资本主义的三个世界》导读 / 327
The Three Worlds of Welfare Capitalism

《资产与穷人：一项新的美国福利政策》导读 / 353
Assets and the Poor: A New American Welfare Policy

《大西洋的跨越：进步时代的社会政治》导读 / 379
Atlantic Crossings: Social Politics in a Progressive Age

《第三条道路：社会民主主义的复兴》导读 / 411
The Third Way: The Renewal of Social Democracy

《以自由看待发展》导读 / 435
Development as Freedom

《福利制度的新政治学》导读 / 467
The New Politics of the Welfare State

后记 / 493

《共产党宣言》导读

Communist Manifesto

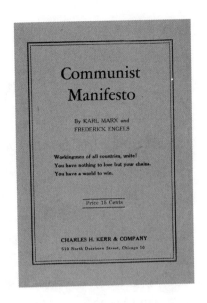

Communist Manifesto（1848）

Karl Marx, Friedrich Engels

　　《共产党宣言》的作者是伟大的无产阶级思想家、理论家、革命家,马克思主义的创始人卡尔·马克思(Karl Marx)(1818—1883)和弗里德里希·恩格斯(Friedrich Engels)(1820—1895)。

　　《共产党宣言》(以下简称《宣言》,下文中引用的文字如果没作注明均引自《宣言》)是马克思主义诞生的标志,也是第一部系统、完整地阐述科学社会主义基本原理的纲领性文献,更意味着国际共产主义运动从此正式拉开大幕。

一、《共产党宣言》的写作背景

1. 社会背景

19世纪初以来,随着工业革命的不断深入与发展,英国、法国和德国等欧洲主要资本主义国家的生产方式相继实现了从工场手工业到机器大工业的转变,与这种转变相伴随的资本主义基本矛盾——生产社会化和生产资料私人占有之间的矛盾也逐渐暴露出来,且愈演愈烈。自1825年英国第一次爆发经济危机以来,以生产相对过剩为基本特征的经济危机此起彼伏,不仅使得社会发展受阻、停滞,摧毁了大量的社会财富,而且加剧了无产阶级的贫困和灾难,导致无产阶级和资产阶级的矛盾更加尖锐,阶级斗争的规模逐渐扩大、程度逐渐加深。19世纪30—40年代,欧洲爆发了三大著名的工人运动:1831年和1834年法国里昂工人的两次起义、1836—1848年的英国宪章运动和1844年德国西里西亚纺织工人起义。这些工人运动虽然最后都失败了,但却呈现出与以往工人运动明显不同的特征:具有明确的政治诉求,如争取普选权、建立共和国、消灭私有制;严密的组织性,如四季社、正义者同盟在其中都起了重要的作用;规模大,如英国的宪章运动,在请愿书上签名的即达到300多万人,约占英国成年男子的一半。① 这些变化表明,无产阶级作为一支独立的政治力量开始走向历史舞台。

现实的斗争必然需要、呼唤科学的理论。在当时的历史条件下,各种各样的思潮都试图寻找自己的机会和舞台,但实践证明,它们都难以承担历史的重任,历史需要更加科学的理论去为世界上最大的劳动者群体——无产阶级去解释现实的困惑、去分析研究资本主义的问题和矛盾、去引领工人阶级的运动和斗争、去建构一种更美好的制度和未来。

2. 理论背景

《宣言》的产生以马克思、恩格斯的理论研究和探索作为重要前提。

19世纪三四十年代,随着资本主义的发展,自然科学和社会科学取得了长

---

① 参见韩云川:《〈共产党宣言〉再解读》,宁夏人民出版社2008年版,第12页。

足的进步。在自然科学领域,细胞学说、能量守恒定律、物种进化论的提出为马克思、恩格斯创建唯物主义辩证法提供了有力的支撑。在社会科学领域,德国古典哲学代表人物黑格尔的辩证法和费尔巴哈的唯物主义、英国古典政治经济学的劳动价值论思想、英法空想社会主义者的社会主义学说,都为马克思和恩格斯创建自己的理论提供了重要的启示和帮助。

从1844年至1847年,马克思、恩格斯相继写出了一系列重要著作:《神圣家族》《德意志意识形态》《关于费尔巴哈的提纲》《哲学的贫困》《英国工人阶级状况》等。在这些著作中,马克思主义理论框架和体系开始逐渐成熟,为《宣言》的写作打下了坚实的基础。

在1845年至1846年写成的《德意志意识形态》中,马克思和恩格斯第一次对自己的唯物史观作了系统的阐述。他们首先指出物质生产是人类社会存在和发展的基础,"人们为了能够'创造历史',必须能够生活。但是为了生活,首先就需要吃喝住穿以及其他一些东西。因此第一个历史活动就是生产满足这些需要的资料,即生产物质生活本身"①。然后,进一步论证了生产力和交往形式、市民社会和上层建筑之间的交互运动是推动历史前进的根本动力,"已成为桎梏的旧交往形式,被适应于比较发达的生产力,因而也适应于进步的个人自主活动方式的新交往形式所代替;新的交往形式又会成为桎梏,然后又为别的交往形式所代替。"也就是说,当一种生产关系成为生产力发展的桎梏时,它必然会被新的生产关系所取代。而生产力和生产关系的矛盾在阶级社会往往以阶级斗争的形式表现出来,"每一次都不免要爆发为革命,同时也采取各种附带形式,如冲突的总和,不同阶级之间的冲突,意识的矛盾,思想斗争,政治斗争,等等"②。这些基本原理为《宣言》写作奠定了坚实的基础,但由于当时书报检查机关的阻挠,以及出版商对书中一些观点的怀疑,《德意志意识形态》最终未能出版,这些基本原理并不为世人所知。

1847年为了批驳法国小资产阶级社会主义者蒲鲁东而写的《哲学的贫困》是公开阐述马克思主义的重要文献。《哲学的贫困》虽然是一部以论战为主要目的的著作,但阐发了马克思主义历史唯物主义的基本原理,尤其是对于生产关系的定义作出了更加准确的描述。在《德意志意识形态》中,生产关系的内

---

① 《马克思恩格斯选集》第1卷,人民出版社1995年版,第79页。
② 同上书,第115页。

涵并不清晰,往往和社会关系、交往关系等混同使用,而在《哲学的贫困》中则特指人们在物质生产实践的活动中形成的社会关系,此后一直沿用这一定义。此时,生产力和生产关系的关系愈加清晰了,"随着新生产力的获得,人们改变自己的生产方式;随着生产方式即谋生的方式的改变,人们也就会改变自己的一切社会关系。手推磨产生的是封建主的社会,蒸汽磨产生的是工业资本家的社会"①。生产力决定生产关系,有什么样的生产方式就必然会有与之匹配的社会关系,马克思主义唯物史观跃然而出。此外,在《哲学的贫困》一书中,马克思的政治经济学研究也逐渐深入,尤其是劳动价值论理论观点逐渐成熟,马克思已经认识到价值是一个历史的范畴,与商品经济相伴随;而且马克思此时已经开始认识到工人所创造的价值与自己所获工资之间有一个差额,只是还没有明确指出这一差额就是剩余价值。

可以说,马克思主义前期这些研究成果为《宣言》的写作作了铺垫,使得《宣言》的高度和深度超越同时代同类作品。

3. 写作过程

《宣言》的产生并非偶然,它是马克思和恩格斯理论研究和革命活动相结合的产物。19世纪40年代初,马克思和恩格斯就积极投身于工人运动。马克思一度直接居住在工人住宅区,了解工人生活、斗争的情况并参加工人集会,发表演讲。恩格斯也深入工人群众,直接参与了宪章运动。也正是在参与工人运动的实践中,他们发现虽然无产阶级运动发展到了一个新阶段,也建立了自己的政治组织,但当时的一些工人团体,或者在组织上比较涣散,或者带有密谋性质和宗派性质,尤其是受各种各样社会主义思潮影响,工人运动的前景并不乐观。因此,建立无产阶级政党迫在眉睫,"要使无产阶级在决定关头强大到足以取得胜利,无产阶级必须(马克思和我从1847年以来就坚持这种立场)组成一个不同于其他所有政党并与它们对立的特殊政党,一个自觉的阶级政党"②。

为了建立无产阶级政党,马克思和恩格斯同各种工人政治组织建立联系。1846年春,马克思和恩格斯在比利时布鲁塞尔建立了共产主义通讯委员会,其主要任务是同各国共产主义团体保持联系,了解工人运动的实际情况,传播科学社会主义理论,同各种错误思潮作斗争,以统一认识,把真正的革命分子团结

---

① 《马克思恩格斯选集》第1卷,人民出版社1995年版,第142页。
② 《马克思恩格斯选集》第4卷,人民出版社1995年版,第685页。

起来，以便从思想上、组织上为建立无产阶级政党作准备。在前期工作的基础上，马克思和恩格斯把主要精力放在对"正义者同盟"的改造上。

"正义者同盟"从德国政治流亡组织变迁而来，成员大多是德国的工人和手工业者。在1844年之前，"正义者同盟"推崇魏特林主义，主张通过自发暴动，实现人人劳动、平均分配、共有共享、和谐自由的社会制度，组织口号为"人人（四海之内）皆兄弟"。1844年后，该组织又受到了"真正的社会主义和蒲鲁东主义的影响"。"真正的社会主义"实际上是一种调和主义，他们把法国的空想社会主义、共产主义思潮同德国的唯心主义、人道主义哲学拼凑为超阶级的"博爱、人道"的主张，实际上把"共产主义变成关于爱的呓语"，客观上模糊了阶级斗争，维护了私有制度。蒲鲁东主义则鼓吹无政府主义，反对无产阶级革命。主张用"文火"即改良的办法来改造资本主义社会，实际上是一种小资产阶级的社会主义，其理论要害在于并不反对资本主义的私有制和雇佣制度。马克思和恩格斯与这些思潮进行了坚韧的斗争，最终使得"正义者同盟"的领导成员认为马克思和恩格斯的主张是正确的，并于1847年1月邀请他们参与并改组自身。

1847年6月，"正义者同盟"在伦敦召开第一次代表大会，恩格斯参加了大会，马克思因经济原因没有参加。大会接受了恩格斯的提议，将"正义者同盟"改名为"共产主义者同盟"，并委托其起草纲领。恩格斯为这一新组织所起草的纲领为《共产主义信条草案》，采用问答形式，共计22个问题，分别阐述了共产主义的目的及实现途径、无产阶级的性质及发展历程、未来社会中教育及家庭、民族、宗教等相关问题。在《共产主义信条草案》中，恩格斯特别指出革命的到来并不以人们的主观意志为转移，而是各种客观实际情况发展的必然的结果，不以单个的政党和整个阶级的意志为转移，但其发生的时机具有偶然性，这由阶级压迫的程度所引发。其后到10月底，恩格斯在《共产主义信条草案》的基础上草拟了一份更臻于完善的纲领性文件——《共产主义原理》，该文件依然采用一问一答的写作形式，总共有25个问题和答案，其中多数问题与前一文件相同，有些问题则作了补充与修改。需要特别指出的是，《共产主义原理》增加了一些重要的问题，如什么是共产主义。恩格斯明确指出共产主义是关于无产阶级解放的条件的学说。再如无产阶级革命能不能在一个国家单独发生。恩格斯认为不能，原因在于现代工业化引发了世界市场以至于各国紧密联系在一起，相互影响，且各国的革命性质相似，都表现为资产阶级和无产阶级的斗争,"共产主义革命将不是仅仅一个国家的革命,而是将在一切文明国家里,至少英国、美国、法国、德国同时发生的革命。"但总的来说,恩格斯对这两个文件都不太满意,他在写给马克思的信中说:"我们最好是抛弃那种教义问答形式,把这个东西叫做《共产主义宣言》。因为其中必须或多或少地叙述历史,所以现有的形式是完全不适合的。"①

1847年11月,共产主义者同盟第二次代表大会在伦敦召开,马克思和恩格斯参加了此次代表大会,他们向会议代表详细解释了科学社会主义的基本思想,且通过长时间的辩论消除了联盟成员的怀疑和分歧。大会最终通过了《共产主义者同盟章程》,明确科学社会主义理论作为共产主义者同盟的指导思想,并且委托马克思和恩格斯草拟同盟的纲领,作为党的宣言公布出来。会后,马克思和恩格斯共同撰写了《共产党宣言》,由马克思定稿。1848年2月,《宣言》在伦敦第一次以单行本形式发表,此后又在德国流亡者的民主派机关报《德意志伦敦报》上发表。

二、《共产党宣言》的序言

《宣言》自发表以来,先后被译成110余种文字,出版1000多次,是社会主义文献中传播最广泛和最具有国际性的著作,影响极其深远。"它已经传遍全世界,差不多译成了所有各种文字,并且直到今天还是世界各国无产阶级运动的指南。"②在出版过程中,马克思和恩格斯先后为《宣言》的五种文字版本写了七篇序言,分别为:马克思和恩格斯合写的1872年德文版序言及1882年的俄文版序言、恩格斯一人完成的1883年德文版序言、1888年英文版序言、1890年德文版序言、1892年波兰文版序言、1893年意大利文版序言。这七篇序言构成了《宣言》有机的组成部分,其重要价值及意义,体现在以下几个方面:

1. 确证《宣言》的历史地位

毋庸置疑,七篇序言自身已经说明了《宣言》的传播情况和价值所在,但毕竟光阴荏苒,各种历史条件都发生了重大变化,《宣言》是否依然具有时代价值,以及应当如何对待它,均在序言中作了说明。

(1)恩格斯认为《宣言》基本正确,依然具有时代价值。"不管最近25年

---

① 《马克思恩格斯全集》第27卷,人民出版社1972年版,第123页。
② 《马克思恩格斯文集》第4卷,人民出版社2009年版,第237页。

来的情况发生了多大的变化,这个《宣言》中所阐述的一般原理整个说来直到现在还是完全正确的。"恩格斯作出这一断言是基于35年来工人运动的发展状况、无产阶级与资产阶级斗争不断深入的现实,以及资本主义矛盾不断深化等要素,也再次表明《宣言》所阐述的基本原理立足于唯物史观,揭示了人类社会发展的一般规律和必然趋势,整体上完全正确。

(2)恩格斯认为,《宣言》并非所有的内容都完全准确,不能改正。"某些地方本来可以作一些修改。这些原理的实际运用,正如《宣言》中所说的,随时随地都要以当时的历史条件为转移,所以第二章末尾提出的那些革命措施根本没有特别的意义。如果是在今天,这一段在许多方面都会有不同的写法了。"例如,"很明显,对于社会主义文献所作的批判在今天看来是不完全的,因为这一批判只包括到1847年为止;同样也很明显,关于共产党人对待各种反对党派的态度的论述(第四章)虽然在原则上今天还是正确的,但是就其实际运用来说今天毕竟已经过时,因为政治形势已经完全改变,当时所列举的那些党派大部分已被历史的发展彻底扫除了。""但是《宣言》是一个历史文件,我们已没有权利来加以修改。"这里表明两点:一是,《宣言》不是教义,不是所有内容都永远正确,对其应该秉持一种历史的态度,一些具体的提法与当时的历史背景相关,不具有普适性;二是,《宣言》是一种历史性的存在,应该结合其产生的历史环境来对待它,不能因为历史条件的变化而任意删减。

(3)恩格斯非常谦逊,再次强调和突出马克思的地位和作用,展现了马克思主义创始人之一的情怀和心胸,"虽然《宣言》是我们两人共同的作品,但我认为自己有责任指出,构成《宣言》核心的基本思想是属于马克思的。"从具体写作过程看,恩格斯发挥了巨大的作用,但他并没有因此而过分强调自己的贡献。

2. 序言进一步阐明了科学社会主义的许多原则,为马克思主义的完善和发展做出了贡献

恩格斯在1883年德文版序言和1888年英文版序言中分别强调《宣言》的核心思想:"每一历史时代主要的经济生产方式和交换方式以及必然由此产生的社会结构,是该时代政治的和精神的历史所赖以确立的基础,并且只有从这一基础出发,这一历史才能得到说明;因此人类的全部历史(从土地公有的原始氏族社会解体以来)都是阶级斗争的历史,即剥削阶级和被剥削阶级之间、统治阶级和被压迫阶级之间斗争的历史;这个阶级斗争的历史包括有一系列发展阶段,现在已经达到这样一个阶段,即被剥削被压迫的阶级(无产阶级),如果不同时使整个社会一劳永逸地摆脱一切剥削、压迫以及阶级差别和阶级斗争,就不能使自己从进行剥削和统治的那个阶级(资产阶级)的奴役下解放出来。"这段话表达了三个非常鲜明的观点:一是人类社会的历史遵循经济基础决定上层建筑的基本规律,虽然恩格斯只是强调前者是后者的基础,但这一基础地位非常重要,决定了历史发展的本质和规律;二是不同阶级之间的斗争,即剥削阶级和被剥削阶级、统治阶级和被统治阶级之间的斗争,对于人类社会的发展及其进程起到至关重要的作用,这种作用重要到可以把人类社会的历史表述为阶级斗争的历史。恩格斯在这里特别指出阶级社会起始于土地公有的原始社会解体以来,这也表明阶级划分及斗争的根源在于生产资料私有制,要想消灭阶级斗争只能取消生产资料的私有制;三是指明当今历史阶段的阶级斗争就是两大阶级——资产阶级和无产阶级的斗争,最终的结果不仅是无产阶级的胜利和资产阶级的灭亡,而且是一种没有剥削和奴役的新的制度的诞生。这一段话所表达的意思尽管渗透在《宣言》正文的字里行间,但没有像这样准确、鲜明的概括和提炼,而在《序言》中明确指出,便于人们更加准确、深刻地学习和理解《宣言》。

3. 序言中提出了一些新的观点和论断,丰富和发展了《宣言》的思想

在1882年俄文版序言中,马克思和恩格斯给俄国革命提供了新的思路。马克思和恩格斯认为,伴随着俄国资本主义的发展,俄国的形势发生了重大变化,"现在来看看俄国吧! 在1848—1849年革命期间,不仅欧洲的君主,而且连欧洲的资产者,都把俄国的干涉看作是帮助他们对付刚刚开始觉醒的无产阶级的唯一救星。沙皇被宣布为欧洲反动势力的首领。现在,沙皇在加特契纳成了革命的俘虏,而俄国已是欧洲革命运动的先进部队了。"但问题在于,俄国资本主义的发展刚刚开始,它是不是首先要经历西欧资本主义发展的历程,然后才能实现共产主义(社会主义)呢? 即俄国能否跨越资本主义"卡夫丁峡谷",直接实现共产主义。"《共产党宣言》的任务,是宣告现代资产阶级所有制必然灭亡。但是在俄国,除了迅速盛行起来的资本主义狂热和刚开始发展的资产阶级土地所有制外,大半土地仍归农民公共占有。那么俄国公社,这一固然已经大遭破坏的原始土地公共占有形式,是能够直接过渡到高级的共产主义的公共占有形式呢? 或者相反,它还必须先经历西方的历史发展所经历的那个瓦解过程呢?"对于这一问题,马克思和恩格斯并没有给出直接的答案,而是提出了一种

可能性,即俄国具备一种新型革命的基础和条件,"对于这个问题,目前唯一可能的答复是:假如俄国革命将成为西方无产阶级革命的信号而双方互相补充的话,那么现今的俄国土地公有制便能成为共产主义发展的起点。"这一新提法在《宣言》中没有出现过,是一种创新性的思想,但恰恰为后来的俄国革命乃至于整个落后国家的革命斗争指出了一条新的道路。在某种意义上看,这一新观点不仅丰富和发展了马克思主义,更为马克思主义从理论到实践创造了条件,也为马克思主义在20世纪的耀眼表现作了准备。

三、《共产党宣言》的基本内容及主要观点

1. 引言的价值

引言内容不多,但文笔简明、优美,主要表达了两层含义:

(1) 共产主义作为一种势力已经登上了历史舞台,且给各种敌对势力带来了恐慌。"一个幽灵,共产主义的幽灵,在欧洲游荡。"正如恩格斯指出的那样:"不管走到哪里,转到哪里,到处都可以碰到共产主义者。""共产主义成了人们的主要话题"①。但是,敌人们并不确认到底什么是共产主义,他们只是在自己的立场上,对共产主义进行错误的理解和恶毒的攻击,并且相互之间互相指责对方为共产主义者。"有哪一个反对党不被它的当政的敌人骂为共产党呢?又有哪一个反对党不拿共产主义这个罪名去回敬更进步的反对党人和自己的反动敌人呢?"但是,一个基本的形势也是确定无疑的,即一切反动势力为了反对共产主义结成了所谓的神圣联盟,充分彰显了反动阶级的统一性:"为了对这个幽灵进行神圣的围剿,旧欧洲的一切势力,教皇和沙皇、梅特涅和基佐、法国的激进派和德国的警察,都联合起来了。"也就是说,在很多反对派并不完全了解共产主义是什么的时候,他们已经非常害怕了,这也从反面证明了共产主义本身所蕴涵的革命性。

(2) 历史条件已经成熟,共产党人应该全面地向世界说明共产主义的内容以及共产党人的主张,以指导和发展共产主义运动,明确敌人和朋友的界限。"现在是共产党人向全世界公开说明自己的观点、自己的目的、自己的意图并且拿党自己的宣言来反驳关于共产主义幽灵的神话的时候了。"共产党人只有准确、鲜明地向世界公布自己的主张和目标,才能真正的团结一切可以团结的

---

① 《马克思恩格斯全集》第27卷,人民出版社1972年版,第8页、23页。

力量,逐步实现自己的理想。

2. 阶级斗争理论

阶级斗争理论是唯物史观最基本、最主要的理论之一,其贯穿《宣言》始终。阶级划分的标准就是生产关系,也可以进一步理解为生产资料所有制,恩格斯指出,"这些相互斗争的社会阶级在任何时候都是生产关系和交换关系的产物,一句话,都是自己时代的经济关系的产物"①。也就是说,阶级的产生是生产关系的变化使然,因此划分阶级的标准就要看生产关系的具体内容,其中生产资料所有制最为关键。《宣言》并没有给阶级下一个明确的定义,但列宁后来作了一个经典的概括:"所谓阶级,就是这样一些大的集团,这些集团在历史上一定的社会生产关系中所处的地位不同,同生产资料的关系(这种关系大部分是在法律上明文规定了的)不同,在社会劳动组织中所起的作用不同,因而取得归自己支配的那份社会财富的方式和多寡也不同。所谓阶级,就是这样一些集团,由于它们在一定社会经济结构中所处的地位不同,其中一个集团能够占有另一个集团的劳动。"②列宁对于阶级的概括,指明了阶级的本质、划分标准、不同阶级之间的关系,其基本精神与《宣言》一致。

《宣言》中关于阶级及阶级斗争的一般理论包含三层意思:

(1) 开宗名义,"至今一切社会的历史都是阶级斗争的历史"。(恩格斯后来作了进一步说明,特指从土地公有的原始氏族社会解体以来,见《宣言》1888年英文版序言)阶级斗争的历史实际构成了人类社会发展的主线,在不同的历史时期分别主要表现为自由民和奴隶、贵族和平民、领主和农奴、行会师傅和帮工的斗争,这些不同阶级间斗争的结果都是整个社会受到革命改造或者斗争的各阶级同归于尽,进而推动了历史的发展。

(2) 阶级的斗争形式各不相同,这是由阶级划分的差别造成的,即社会虽然一般分为统治阶级和被统治阶级,但其中又有进一步的细分,各自之间都存在斗争,"在古罗马,有贵族、骑士、平民、奴隶,在中世纪,有封建主、臣仆、行会师傅、帮工、农奴,而且几乎在每一个阶级内部又有一些特殊的阶层。"

(3) 当代社会的阶级斗争形势更加明朗,主要表现为两大阶级的对抗,"我们的时代,资产阶级时代,却有一个特点:它使阶级对立简单化了。整个社

---

① 《马克思恩格斯选集》第3卷,人民出版社1995年版,第739页。
② 《列宁选集》第4卷,人民出版社1995年版,第11页。

会日益分裂为两大敌对的阵营,分裂为两大相互直接对立的阶级:资产阶级和无产阶级。"如果说以往人类社会的阶级斗争还呈现出错综复杂的特点,但在资本主义社会里这种斗争由于资本主义生产方式的原因已经被简化了,社会中间阶级越来越变小直至消失,最终只表现为无产阶级和资产阶级的决战。

3. 资产阶级的发展历程与必然灭亡的趋势

(1) 在马克思主义看来,资产阶级的产生也是生产力发展引发的生产关系变革的产物。"美洲的发现、绕过非洲的航行,给新兴的资产阶级开辟了新天地。""以前那种封建的或行会的手工业经营方式已经不能满足随着新市场的出现而增加的需求了。工场手工业代替了这种经营方式。""但是,市场总是在扩大,需求总是在增加。甚至工场手工业也不再能满足需要了。于是,蒸汽和机器引起了工业生产的革命。现代大工业代替了工场手工业;工业中的百万富翁,一支一支产业大军的首领,现代资产者,代替了工业的中间等级(即手工业的工场主)。"因此,资产阶级是历史进程的产物,是生产方式和交换方式的一系列变革的产物。

(2) 作为新兴的阶级,资产阶级在历史上起到了积极的、革命的作用。资产阶级推翻了旧有的、落后的封建宗法关系,促进了生产力的快速发展。"资产阶级在它已经取得了统治的地方把一切封建的、宗法的和田园般的关系都破坏了。"资产阶级独特的生产方式客观上带来了巨大的变化,"资产阶级除非对生产工具,从而对生产关系,从而对全部社会关系不断地进行革命,否则就不能生存下去。""资产阶级日甚一日地消灭生产资料、财产和人口的分散状态。它使人口密集起来,使生产资料集中起来,使财产聚集在少数人的手里。"从效果上来看,"资产阶级在它的不到一百年的阶级统治中所创造的生产力,比过去一切世代创造的全部生产力还要多,还要大。自然力的征服,机器的采用,化学在工业和农业中的应用,轮船的行驶,铁路的通行,电报的使用,整个整个大陆的开垦,河川的通航,仿佛用法术从地下呼唤出来的大量人口,——过去哪一个世纪料想到在社会劳动里蕴藏有这样的生产力呢?"这些变化都说明资本主义具有积极、进步的一面。

资产阶级开拓了世界市场,推动了不同国家间的政治、经济、文化交流。资本主义在发展过程中为了获得更多的利润和机会,必然会不断拓展世界市场,"不断扩大产品销路的需要,驱使资产阶级奔走于全球各地。它必须到处落户,到处开发,到处建立联系。"伴随着世界市场的开拓,世界的联系和交流越来越频密,"资产阶级,由于开拓了世界市场,使一切国家的生产和消费都成为世界性的了。"这种冲击的力量非常巨大,甚至具有颠覆性,不同国家已经自觉不自觉地纳入到整个世界资本主义发展的体系中来,成为世界经济相互紧密联系的一环,否则就会落后,处于被动的地位。"古老的民族工业被消灭了,并且每天都还在被消灭。它们被新的工业排挤掉了,新的工业的建立已经成为一切文明民族的生命攸关的问题;这些工业所加工的,已经不是本地的原料,而是来自极其遥远的地区的原料;它们的产品不仅供本国消费,而且同时供世界各地消费。旧的、靠本国产品来满足的需要,被新的、要靠极其遥远的国家和地带的产品来满足的需要所代替了。""资产阶级,由于一切生产工具的迅速改进,由于交通的极其便利,把一切民族甚至最野蛮的民族都卷到文明中来了。它的商品的低廉价格,是它用来摧毁一切万里长城、征服野蛮人最顽强的仇外心理的重炮。它迫使一切民族——如果它们不想灭亡的话——采用资产阶级的生产方式;它迫使它们在自己那里推行所谓文明,即变成资产者。"这种冲击客观上使不同国家的精神生活和文化生活互相影响,互相趋同,人们的交往和联系也更加紧密,"过去那种地方的和民族的自给自足和闭关自守状态,被各民族的各方面的互相往来和各方面的互相依赖所代替了。物质的生产是如此,精神的生产也是如此。各民族的精神产品成了公共的财产。民族的片面性和局限性日益成为不可能,于是由许多种民族的和地方的文学形成了一种世界的文学。"

资产阶级还推动了世界的城市化进程。资本主义生产方式的确立和推广,在促进工商业发展的同时,也带来了人们生活方式的巨大变化,即人们不断从农村涌向城市,城市不断发展壮大,成为新的中心,构建了一种新型的人类生活方式。"资产阶级使农村屈服于城市的统治。它创立了巨大的城市,使城市人口比农村人口大大增加起来,因而使很大一部分居民脱离了农村生活的愚昧状态。"但这一城市化的进程,也是侵略与殖民开始的进程,"它使未开化和半开化的国家从属于文明的国家,使农民的民族从属于资产阶级的民族,使东方从属于西方"。与此同时,资本主义生产及生活方式也带来了侵略,带来了世界的不平等,也因此制造了殖民者与被殖民者的新矛盾。

(3) 资本主义制度的建立是社会基本矛盾运动的结果,资本主义的灭亡同样遵循这一规律,无法避免。资本主义制度的产生是由封建社会的社会基本矛盾决定的,封建制的生产关系因为不能适应生产力的发展,变成了束缚生产的桎梏，必然会被适应自由竞争的经济制度和政治制度——资本主义制度所代替，"封建的所有制关系，就不再适应已经发展的生产力了。这种关系已经在阻碍生产而不是促进生产了。它变成了束缚生产的桎梏。它必须被炸毁，它已经被炸毁了。"马克思历史唯物主义的基本原理强调生产力决定生产关系，经济基础决定上层建筑。当封建社会的生产关系不能适应发展了的生产力时，最终的结果只能是被资本主义制度取代。

资本主义生产关系在经历过最初的快速发展阶段之后，现在已经开始面临新的社会矛盾运动所引发的困境了。资本主义制度归根结底是以一种私有制度代替另一种私有制度，以一种剥削形式代替另一种剥削形式，虽然在一定历史时期内可以推动社会的进步，但其本身一样存在不可克服的矛盾。"现在，我们眼前又进行着类似的运动。资产阶级的生产关系和交换关系，资产阶级的所有制关系，这个曾经仿佛用法术创造了如此庞大的生产资料和交换手段的现代资产阶级社会，现在像一个魔法师一样不能再支配自己用法术呼唤出来的魔鬼了。几十年来的工业和商业的历史，只不过是现代生产力反抗现代生产关系、反抗作为资产阶级及其统治的存在条件的所有制关系的历史。"具体来说，资本主义的基本矛盾——生产资料的私人占有与社会化大生产之间的矛盾已经逐渐展现出来，其后果就是资本主义经济危机的频繁出现。当资本主义危机爆发，工厂倒闭、工人失业、大批商品被毁掉，整个社会一片萧条，"社会突然发现自己回到了一时的野蛮状态；仿佛是一次饥荒、一场普遍的毁灭性战争，使社会失去了全部生活资料；仿佛是工业和商业全被毁灭了，——这是什么缘故呢？"原因就在于资本主义的生产关系已经不再适应先进强大的生产力了，它不仅不再能适应并推动生产力的发展，反而会限制生产力的发展，不仅不再能够推动历史前进，反而成为历史的障碍与羁绊。而资产阶级如何来解决这种危机呢？它有没有解决的办法呢？"一方面不得不消灭大量生产力，另一方面夺取新的市场，更加彻底地利用旧的市场。这究竟是怎样的一种办法呢？这不过是资产阶级准备更全面更猛烈的危机的办法，不过是使防止危机的手段越来越少的办法。"也就是说，它没有更有效的办法来解决危机了，最终的解决办法只能是最彻底的方式，即资产阶级连带资本主义制度的灭亡，这是一种历史规律的再现，并不以人的意志为转移。

4. 无产阶级的地位及历史使命

无产阶级的产生是资本主义生产方式的产物，它在资本主义社会中发展、壮大，最终成为资本主义制度和资产阶级的掘墓人，成为私有制的埋葬者。

（1）无产阶级的产生及其处境

正如一切阶级产生的原因一样，无产阶级的出现同样是资本主义生产方式和交换关系的产物，《宣言》指出："资产阶级用来推翻封建制度的武器，现在却对准资产阶级自己了。"无产阶级是和资产阶级同时产生，随着资本主义的发展而发展，不断吸取更多的居民——小工业家、小商人和小食利者，手工业者和农民加入，当资本主义发展到机器大工业阶段时，形成了现代的无产阶级。

在资本主义制度下，工人不仅失去任何独立性，而且不得不为资产阶级工作，且受尽剥削：工人失去了所有的生活资料，为了生存，只得把自己当成像其他任何货物和商品一样去出卖，去艰难地获得一份工作，但工作的报酬仅仅只能维持生活和延续后代所必需的生活资料；在工作中，工人们的工作环境和条件极其恶劣，像士兵一样被组织起来，像奴隶一样被管理，他们每日每时都受机器、受监工、首先是受各个经营工厂的资产者本人的奴役；因为工业的发展和发达，手的操作所要求的技巧和气力越少，男工、女工和童工并没有太大的差别，性别和年龄的差别也没有更多的意义，他们只是作为劳动工具而存在；在工厂主剥削之外，工人还受到资产阶级中的房东、店主、当铺老板的剥削。可以说，无产阶级受到了整个资产阶级的压榨与剥削，但资产阶级并没有意识到他们同时生产出了自己的掘墓人，"资产阶级不仅锻造了置自身于死地的武器；它还产生了将要运用这种武器的人——现代的工人，即无产者。"

（2）无产阶级与资产阶级的斗争

无产阶级在与资产阶级斗争的过程中逐渐发展、成熟，这种斗争经历了从分散到有组织、从自发到自觉、从经济斗争到政治斗争的过程。

在资本主义早期，无产阶级并没有认识到造成他们贫困的根源是资本主义制度，而是将其归之为个别的、具体的资本家乃至于生产工具、外来商品等。因而，工人的斗争往往是自发的，"最初是单个的工人，然后是某一工厂的工人，然后是某一地方的某一劳动部门的工人，同直接剥削他们的单个资产者作斗争。他们不仅仅攻击资产阶级的生产关系，而且攻击生产工具本身；他们毁坏那些来竞争的外国商品，捣毁机器，烧毁工厂，力图恢复已经失去的中世纪工人的地位。"在此阶段，工人们并没有联合起来，没有形成团结的整体，即使联合也是资产阶级组织的结果，资产阶级为了达到自己反对封建制度的政治目的把整个无产阶级发动起来。"因此，在这个阶段上，无产者不是同自己的敌人作斗争，而是同自己的敌人的敌人作斗争，即同专制君主制的残余、地主、非工业资产者和小资产者作斗争。因此，整个历史运动都集中在资产阶级手里；在这种条件下取得的每一个胜利都是资产阶级的胜利。"

但随着工业的发展，无产阶级人数迅速增加，且机器使劳动的差别越来越小，工人的工资几乎到处都下降到同样低的水平，无产阶级的利益日趋一致，开始团结起来，成立反对资产者的同盟，两个阶级之间的冲突开始明朗化。在斗争中，工人的觉悟不断提高，阶级意识不断增强，他们联合起来保卫自己的工资和权益，有些地方的斗争甚至爆发为起义。工人有时也能够胜利，如工资的增加和劳动条件的改善，但这种胜利只是暂时的和局部的。在斗争的实践中，工人愈发认识到这场斗争的性质就是两个阶级的斗争，是一场你死我活的斗争，要想取得斗争的胜利，就必须团结起来，建立代表自己利益的政党，从而更好地领导这场斗争。工人阶级的政党是一种政治组织，它虽然经常遭到破坏，但总是不断重新组织起来，且一次比一次强大，变得更加坚固、有力。无产阶级政党的出现，表明无产阶级反对资产阶级的斗争进入到一个崭新阶段，无产阶级从经济斗争转向了政治斗争。

无产阶级在不断斗争中包括反对贵族、封建统治者、资产阶级的各种斗争中受到了教育和锻炼，不断成熟。"在这一切斗争中，资产阶级都不得不向无产阶级呼吁，要求无产阶级援助，这样就把无产阶级卷进了政治运动。于是，资产阶级自己就把自己的教育因素即反对自身的武器给予了无产阶级。"与此同时，无产阶级的队伍不断发展壮大，"工业的进步把统治阶级的整批成员抛到无产阶级队伍里去，或者至少也使他们的生活条件受到威胁。他们也给无产阶级带来了大量的教育因素"。尤其是在阶级斗争接近决战的时期，一大批资产阶级知识分子转向无产阶级，提升了无产阶级的理论水平和高度，"正像过去贵族中有一部分人转到资产阶级方面一样，现在资产阶级中也有一部分人，特别是已经提高到从理论上认识整个历史运动这一水平的一部分资产阶级思想家，转到无产阶级方面来了。"《宣言》特别指出资产阶级知识分子向无产阶级的转变不是因为任何其他原因，而是这些人认识到了历史运动的规律和趋势，自动地转向无产阶级，从而为全人类的利益而奋斗。这种转变是人的主观意志使然，但他们的这种主观意志的根源却来自于现实的社会实践的呈现。

（3）无产阶级是最团结、革命最彻底的阶级

与其他阶级随着大工业的发展而日趋没落和灭亡的境况相比，无产阶级却

是大工业本身的产物,因而其是真正进步的、革命的阶级。"中间等级,即小工业家、小商人、手工业者、农民,他们同资产阶级作斗争,都是为了维护他们这种中间等级的生存,以免于灭亡。所以,他们不是革命的,而是保守的。不仅如此,他们甚至是反动的,因为他们力图使历史的车轮倒转。""流氓无产阶级是旧社会最下层中消极的腐化的部分,他们在一些地方也被无产阶级革命卷到运动里来,但是,由于他们的整个生活状况,他们更甘心于被人收买,去干反动的勾当。"与这些或者具有两面性,或者不坚定的阶级相比,无产阶级的经济地位决定了他们的革命性,他们除了出卖自己的劳动力之外,再没有任何指望了,"无产者是没有财产的;他们和妻子儿女的关系同资产阶级的家庭关系再没有任何共同之处了;现代的工业劳动,现代的资本压迫,无论在英国或法国,无论在美国或德国,都是一样的,都使无产者失去了任何民族性。法律、道德、宗教在他们看来全都是资产阶级偏见,隐藏在这些偏见后面的全都是资产阶级利益"。因而,无产阶级除了革命,别无选择。

无产阶级斗争的性质是最彻底的:过去一切阶级的革命,总是为了维护本阶级的利益,而无产者没有任何自身的利益需要维护,他们只有以摧毁至今保护和保障私有财产的一切,才能掌握社会生产力,也即他们以彻底推翻私有制为最终目标;过去的一切运动都是少数人的或者为少数人谋利益的运动,而无产阶级的运动是绝大多数人的、为绝大多数人谋利益的独立的运动,因而也是最彻底的运动;"无产阶级,现今社会的最下层,如果不炸毁构成官方社会的整个上层,就不能抬起头来,挺起胸来。"

因此,无产阶级的胜利是和资产阶级的灭亡同步,是历史发展的必然。而无产阶级的解放,则是人类的解放。

5. 共产党人的性质和纲领

共产党首先是无产阶级政党,代表无产阶级的利益,但又与其他无产阶级政党不一样:"一方面,在无产者不同的民族的斗争中,共产党人强调和坚持整个无产阶级共同的不分民族的利益;另一方面,在无产阶级和资产阶级的斗争所经历的各个发展阶段上,共产党人始终代表整个运动的利益。"这就表明共产党具有国际主义性质,认为全体无产阶级的利益是根本一致的,没有国家、民族的区别。另外,共产党人始终以实现共产主义作为自己的远大目标,不会因为暂时的失败而放弃,也不会因为暂时的利益而放弃。因此,共产党人始终走在工人运动的前列,带领全世界无产阶级共同为实现共产主义而奋斗。

共产党的纲领可以简单地概括为一句话：消灭私有制。具体地说，无产阶级革命要消灭资产阶级的私有制。资产阶级私有制是无产阶级被剥削、压榨的根源，只有消灭了资产阶级私有制，才能根本改变无产阶级的命运。针对有人认为劳动是个人私有财产的根源，私有制也因此构成了个人自由和独立的基础，如果消灭了私有制，人就可能丧失自由和独立的观点。《宣言》强调这实际上是一种粉饰资本主义私有制的观点，在资本主义私有制度下，人们的劳动并不能为人们带来财产，"难道雇佣劳动，无产者的劳动，会给无产者创造出财产来吗？没有的事。"劳动者所创造的剩余价值已经为资本家无偿占有，无产阶级也因此并不存在自由和独立。私有制所带来的自由与独立，只能是资产阶级的自由和独立，而共产主义正是要消灭这种自由和独立。"而资产阶级却把消灭这种关系说成是消灭个性和自由！说对了。的确，正是要消灭资产者的个性、独立性和自由。"因此，消灭资本主义私有制，建立共产主义意义重大。"在资产阶级社会里，活的劳动只是增殖已经积累起来的劳动的一种手段。在共产主义社会里，已经积累起来的劳动只是扩大、丰富和提高工人的生活的一种手段。"也就是说，消灭私有制，建立共产主义，将改变财产的社会性质，把资本家占有的社会财产归还给社会，由全体社会成员共享。

《宣言》同时指出，消灭私有制并不会使得社会变得懒惰。"这样说来，资产阶级社会早就应该因懒惰而灭亡了，因为在这个社会里劳者不获，获者不劳。所有这些顾虑，都可以归结为这样一个同义反复：一旦没有资本，也就不再有雇佣劳动了。"因此，消灭私有制与懒惰之风盛行并没有关系，相反，由于资本主义社会存在的剥削与无偿占有，却会产生懒惰。面对种种为资本主义私有制辩护的主张，《宣言》指出，"你们既然用你们资产阶级关于自由、教育、法等等的观念来衡量废除资产阶级所有制的主张，那就请你们不要同我们争论了。你们的观念本身就是资产阶级的生产关系和所有制关系的产物，正像你们的法不过是被奉为法律的你们这个阶级的意志一样，而这种意志的内容是由你们这个阶级的物质生活条件决定的。"一语道破双方立场和观点差别的根本所在。

6. 实现共产主义的步骤

关于共产主义如何建立，《宣言》提出分三步走。

首先，无产阶级通过暴力革命，夺取政权，建立无产阶级专政，"工人革命的第一步就是使无产阶级上升为统治阶级，争得民主。"至于夺取政权的方式，就是暴力革命，"无产阶级用暴力推翻资产阶级而建立自己的统治"，"他们的目的只有用暴力推翻全部现存的社会制度才能达到"。对于革命的方式,列宁后来在《国家与革命》中进一步分析为什么要采用暴力革命的方式:"资产阶级国家由无产阶级国家(无产阶级专政)代替,不能通过'自行消亡',根据一般规律,只能通过暴力革命。"这就是说,暴力革命是无产阶级革命斗争的一般规律。

其次,当无产阶级取得政权后,利用执政的优势地位,首先要完成对社会的改造,"一步一步地夺取资产阶级的全部资本,把一切生产工具集中在国家即组织成为统治阶级的无产阶级手里,"同时尽快地增加生产力的总量,创造更多的社会财富。对于不同的无产阶级专政,完成这两项任务的方式各不相同,但在一些最先进的国家里,可以采取以下一些具体措施:剥夺地产,把地租用于国家支出;征收高额累进税;废除继承权;没收一切流亡分子和叛乱分子的财产;通过拥有国家资本和独享垄断权的国家银行,把信贷集中在国家手里;把全部运输业集中在国家的手里;按照总的计划增加国家工厂和生产工具;开垦荒地和改良土壤;实行普遍劳动义务制,成立产业军,特别是在农业方面;把农业和工业结合起来,促使城乡对立逐步消灭;对所有儿童实行公共的和免费的教育。取消现在这种形式的儿童的工厂劳动。把教育同物质生产结合起来,等等。虽然恩格斯在1872年德文版序言中曾经指出,由于时间的变化,这些措施后来看来并没有特别的意义,但后来的历史实践证明,这些做法还是具有相应的价值。

最后,当对资本主义国家改造完成后,社会生产力得到快速发展,社会财富为全体社会成员共享,无产阶级专政也将消失。"当阶级差别在发展进程中已经消失而全部生产集中在联合起来的个人的手里的时候,公共权力就失去政治性质。原来意义上的政治权力,是一个阶级用以压迫另一个阶级的有组织的暴力。如果说无产阶级在反对资产阶级的斗争中一定要联合为阶级,如果说它通过革命使自己成为统治阶级,并以统治阶级的资格用暴力消灭旧的生产关系,那么它在消灭这种生产关系的同时,也就消灭了阶级对立的存在条件,消灭阶级本身的存在条件,从而消灭了它自己这个阶级的统治。"在无产阶级专政之后的社会将会是这样一种形态,"代替那存在着阶级和阶级对立的资产阶级旧社会的,将是这样一个联合体,在那里,每个人的自由发展是一切人的自由发展的条件。"人的解放、人类的解放最终实现。

7. 对各种社会主义思潮的分析和批判

在构建自己理论体系的同时,马克思和恩格斯对各种各样的社会主义思潮进行了分析和批判,既明确了自己理论的边界,也鲜明地表达了对各种社会主义思潮的态度。《宣言》将所有的社会主义思潮分为三大类。

(1) 反动的社会主义,包括封建的社会主义、小资产阶级的社会主义、德国的或"真正的"社会主义

对于封建的社会主义,马克思和恩格斯认为它们虽然以抨击、批评资本主义的面目出现,并且有时也能够用辛辣、俏皮的评论刺中资产阶级的要害,但这无法掩盖它们虚伪的面目、无法遮蔽它们反动、落后的本质。封建社会主义对于无产阶级利益的维护,只不过是为了引起无产阶级的注意和同情,而它们对于资本主义制度及资产阶级的批评,只不过是为了责备在资产阶级的统治下封建社会和封建制度会被彻底毁灭。封建社会主义虽然以社会主义自居,但其伪善性一目了然,虽然它们尽可能将自己的目的隐藏起来。"为了拉拢人民,贵族们把无产阶级的乞食袋当作旗帜来挥舞。但是,每当人民跟着他们走的时候,都会发现他们的臀部带有旧的封建纹章,于是就哈哈大笑,一哄而散。"

对于小资产阶级的社会主义,马克思和恩格斯认为它们具有深刻的一面。"这种社会主义非常透彻地分析了现代生产关系中的矛盾。它揭穿了经济学家的虚伪的粉饰。它确凿地证明了机器和分工的破坏作用、资本和地产的积聚、生产过剩、危机、小资产者和小农的必然没落、无产阶级的贫困、生产的无政府状态、财富分配的极不平均、各民族之间的毁灭性的工业战争,以及旧风尚、旧家庭关系和旧民族性的解体。"但小资产阶级却因为自身地位的历史局限性,其对于资产阶级的批判并不是以推动历史前进为目标,而是试图倒退回到以往的历史阶段,"或者是企图恢复旧的生产资料和交换手段,从而恢复旧的所有制关系和旧的社会,或者是企图重新把现代的生产资料和交换手段硬塞到已被它们突破而且必然被突破的旧的所有制关系的框子里去。"究其本质,小资产阶级的社会主义实质是"工业中的行会制度,农业中的宗法经济"。因而,就历史发展的角度来看,它必然是反动的,同时又是空想的。

对于德国的或"真正的"社会主义,马克思和恩格斯认为其具有鲜明的形而上学特质。"真正的"社会主义实际是德国理论家对法国无产阶级反对资产阶级过程中所产生的思想的改造,但由于德国和法国历史条件的差异(德国刚刚开始资产阶级革命),这种改造失去了最重要的社会基础的支撑,因而只能

是一种形而上学的主观之物,是对法国新思想与德国旧哲学的调和。"在德国的条件下,法国的文献完全失去了直接实践的意义,而只具有纯粹文献的形式。它必然表现为关于真正的社会、关于实现人的本质的无谓思辨。这样,第一次法国革命的要求,在18世纪的德国哲学家看来,不过是一般'实践理性'的要求,而革命的法国资产阶级的意志的表现,在他们心目中就是纯粹的意志、本来的意志、真正人的意志的规律。"更为糟糕的是,"真正的"社会主义者认为无产阶级与资产阶级的斗争并不是因为经济原因,而是由于人的本质的异化使然,共产主义实际是人的不受损害的本质的必然要求。《宣言》批评了这种自以为是的理解,"法国的社会主义和共产主义的文献就这样被完全阉割了。既然这种文献在德国人手里已不再表现为一个阶级反对另一个阶级的斗争,于是德国人就认为:他们克服了'法国人的片面性',他们不代表真实的要求,而代表真理的要求,不代表无产者的利益,而代表人的本质的利益,即一般人的利益,这种人不属于任何阶级,根本不存在于现实界,而只存在于云雾弥漫的哲学幻想的太空。"而客观的真相在于,真正的社会主义实际是德国小市民——小资产阶级的利益代言人,它们不断美化这一阶级,给这些小市民的每一种丑行都加上奥秘的、高尚的、社会主义的意义,而维护这一阶级,就是要保存德国的现存制度。"真正的社会主义"既抗拒资产阶级工业运动也抵制无产阶级运动,把社会主义的要求同政治运动对立起来,用诅咒异端邪说的传统办法诅咒自由主义,诅咒代议制国家,诅咒资产阶级的竞争、资产阶级的新闻出版自由、资产阶级的法、资产阶级的自由和平等,并且向人民群众大肆宣扬,说什么在这个资产阶级运动中,人民群众非但一无所得,反而会失去一切。但正如《宣言》指出的,"德国的社会主义恰好忘记了,法国的批判(德国的社会主义是这种批判的可怜的回声)是以现代的资产阶级社会以及相应的物质生活条件和相当的政治制度为前提的,而这一切前提当时在德国正是尚待争取的。"总的来说,"真正的社会主义"不是真正的社会主义,它们既不敢正视德国落后的现实,又找不到解决问题的办法,只能停留在主观想象之中,最终成为一种反动的力量。

(2) 保守的或资产阶级的社会主义

由于资本主义社会弊病的客观存在,资产阶级中的一部分人出于维护资产阶级统治的需要提出变革的要求,他们虽然打着社会主义旗号,但实质是资本主义改良主义,蒲鲁东主义就是其中一个典型的代表。这种资产阶级的社会主义认为现存的资本主义雇佣劳动制度是美好的,不需要进行无产阶级革命,"资产阶级的社会主义把这种安慰人心的观念制成半套或整套的体系。它要求无产阶级实现它的体系,走进新的耶路撒冷,其实它不过是要求无产阶级停留在现今的社会里,但是要抛弃他们关于这个社会的可恶的观念。"而对于现实中存在的种种问题,资产阶级的社会主义认为可以通过改良的方式解决:"自由贸易!为了工人阶级的利益;保护关税!为了工人阶级的利益;单身牢房!为了工人阶级的利益。"《宣言》指出,这种主张的根本目的是为了维护资产阶级的生产关系和资本主义制度,"这种社会主义的另一种不够系统、但是比较实际的形式,是力图使工人阶级厌弃一切革命运动,硬说能给工人阶级带来好处的并不是这样或那样的政治改革,而仅仅是物质生活条件即经济关系的改变。但是,这种社会主义所理解的物质生活条件的改变,绝对不是只有通过革命的途径才能实现的资产阶级生产关系的废除,而是一些在这种生产关系的基础上实行的行政上的改良,因而丝毫不会改变资本和雇佣劳动的关系,至多只能减少资产阶级的统治费用和简化它的财政管理。"

(3) 批判的空想社会主义和共产主义

空想社会主义——圣西门、傅立叶、欧文等人的体系,在欧洲具有重要的地位和意义,它们也具有自身的局限性。

从性质上看,空想社会主义普遍提倡禁欲主义和粗陋的平均主义,因而其必然具有反动的一面。

从认识上看,空想社会主义看到了阶级的对立,以及占统治地位的社会本身中的瓦解因素的作用,但由于阶级对立的发展是同工业的发展步调一致的,所以空想社会主义者看不到无产阶级解放的物质条件,也看不到无产阶级的任何历史主动性和特有的政治运动,只好去探求某种社会科学、社会规律,以便创造这些条件,他们把自己摆在了创造者和救世主的地位。

从对无产阶级的认识来看,空想社会主义认为工人阶级是受苦最深的阶级,他们代表工人阶级的利益并为之争取利益,但是他们想通过和平的途径达到自己的目的,企图通过一些小型的试验,通过示范的力量来为新的社会福音开辟道路,他们因此拒绝一切政治行动,特别是一切革命行动。事实上,空想社会主义者以为自己超越阶级对立,他们要改善社会一切成员的生活状况,甚至生活最优裕的成员也包括在内,他们的方式就是不加区别地向整个社会呼吁,而且主要是向统治阶级呼吁,他们以为人们只要理解他们的体系,就会承认这种体系是最美好的社会的最美好的计划,就会跟着他们一起去实现。很显然,他们的结果只能是失败的、不成功的。

8. 共产党的斗争策略

《宣言》第二章阐述了共产党与其他无产阶级政党的关系,而对于如何处理与非无产阶级政党的关系,马克思和恩格斯认为要讲究斗争策略。马克思和恩格斯认为共产党既要为工人阶级的最近的目的和利益而斗争,又不能忘记自己的远大目标。

由于各国经济及社会发展的不平衡,共产党必须联合各国其他党派一起斗争,如在法国同社会主义民主党联合、在瑞士同激进派联合、在波兰同土地革命党联合、在德国同资产阶级联合,所有这些联合的唯一原则就是只要这些政党反对现存的社会政治制度,就与共产党具有某种程度的利益一致性,就可以成为暂时的同盟军。但是,在与一切非无产阶级政党联合的过程中,共产党必须牢记自己的使命和任务,在联合中成长、壮大,最终进行社会主义革命。"共产党一分钟也不忽略教育工人尽可能明确地意识到资产阶级和无产阶级的敌对的对立,以便德国工人能够立刻利用资产阶级统治所必然带来的社会的和政治的条件作为反对资产阶级的武器,以便在推翻德国的反动阶级之后立即开始反对资产阶级本身的斗争。"

9. 共产党人的最终目标

《宣言》最后鲜明地宣布了共产党人的革命目标:"共产党人不屑于隐瞒自己的观点和意图。他们公开宣布:他们的目的只有用暴力推翻全部现存的社会制度才能达到。让统治阶级在共产主义革命面前发抖吧。无产者在这个革命中失去的只是锁链。他们获得的将是整个世界。"为了实现这一目标,《宣言》提出了一个振聋发聩的口号,"全世界无产者,联合起来!"国际共产主义运动自此轰轰烈烈地开展起来,深刻地影响了人类社会的发展进程,也深刻地改变了人类的价值观念。

《宣言》内含的社会保障思想是开创性并具有(人类)指导意义的:历史唯物主义揭示了劳动(生产力)是人类社会、历史发展的终极动力,赋予劳动以无上崇高的历史、社会地位,劳动者的广泛权益因而具有"天赋性"。由此,劳动保护及劳动者的权益保障当然构成历史唯物主义的题中应有之义。《宣言》客

观上揭示了劳动及劳动者(工业无产阶级)的解放即剥削制度的消灭亦即社会主义制度的实现,才是劳动保护和劳动者权益保障得以真正实现的前提和基础。由此,《宣言》奠定了无产阶级社会主义保障学说的理论基石,并在相当程度上促进了人类的基本价值观念。

(陈建撰写,庞绍堂修订)

《资本论》
导读
Das Kapital

Das Kapital (1867—1905)

Karl Marx

  《资本论》是马克思(Karl Marx,1818—1883)花费了近40年心血写成的科学巨著。前后共有四部草稿,即:① 1857—1858年经济学手稿;② 1861—1863年经济学手稿;③ 1863—1867年重写的前三卷草稿;④ 1868—1883年修订二、三卷。分期出版共四卷,即:① 由马克思审定、于1867年出版的第一卷(共7篇、25章);② 由恩格斯审定、1885年出版的第二卷(共3篇、21章);③ 仍由恩格斯审定、于1894年出版的第三卷(共7篇、52章);④ 由考茨基审定、于1905—1910年分三册出版的第四卷(又名《剩余价值理论》)。

  《资本论》的副标题为《政治经济学批判》,第一卷分析"资本的生产过程",第二卷阐述"资本的流通过程",第三卷论述"资本主义生产的总过程"。

  《资本论》首先是一部伟大的政治经济学著作,作为马克思"整个一生科学研究的成果。它是工人阶级政治经济学的科学表述"[1],无产阶级政党的"全部理论内容是从研究政治经济学产生的"[2];其次也是一部哲学著作,"虽说马克思没有遗留下'逻辑'(大写字母的),但他遗留下'资本论'的逻辑","在'资本论'中,逻辑、辩证法和唯物主义的认识论都应用于同一门科学"[3];同时也是科学社会主义的重要文献,因为唯物史观和剩余价值的发现,使社会主义从空想变成了科学。正如恩格斯所说:"《资本论》在大陆上常常被称为'工人阶级的圣经'。任何一个熟悉工人运动的人都不会否认:本书所作的结论日益成为伟大的工人阶级运动的基本原则。"[4]

---

[1] 《马克思恩格斯全集》第16卷,人民出版社1964年版,第411页。
[2] 《马克思恩格斯选集》第2卷,人民出版社1972年版,第116页。
[3] 《列宁全集》第38卷,人民出版社1959年版,第357页。
[4] 《资本论》第1卷,第36页。本导读采用的是人民出版社1975年版的《资本论》第1—3卷,第4卷采用的是人民出版社1972—1974年版的《马克思恩格斯全集》第26卷第Ⅰ—Ⅲ册。

《资本论》第一卷

《资本论》第一卷中的"序言"和"跋"

《资本论》第一卷共收入"序言"和"跋"七篇,前四篇是马克思写的,后三篇是恩格斯写的,其中以马克思撰写的第一版"序言"和第二版"跋"最为重要。

第一版"序言"

"序言"首先指出《资本论》和1859年发表的《政治经济学批判》之间所具有的"初篇和续篇"的关系;接着指出,"万事开头难",本书第一章最难理解,但只要认真学习,困难是可以克服的。

其次,论述了本书的研究对象和目的。"我要在本书研究的,是资本主义生产方式以及和它相适应的生产关系和交换关系。到目前为止,这种生产方式的典型地点是英国。因此,我在理论阐述上主要用英国作为例证。"①但是,"工业较发达的国家向工业较不发达的国家所显示的,只是后者未来的景象"②。"一个国家应该而且可以向其他国家学习。一个社会即使探索到了本身运动的自然规律,——本书的最终目的就是揭示现代社会的经济运动规律,——它还是既不能跳过也不能用法令取消自然的发展阶段。但是它能缩短和减轻分娩的痛苦。"③

最后,马克思强调"政治经济学所研究的材料的特殊性,把人们心中最激烈、最卑鄙、最恶劣的感情,把代表私人利益的复仇女神召唤到战场上来反对自由的科学研究。"④但他义无反顾,引用伟大的佛罗伦萨诗人但丁(Dante Alighieri)的著名格言——"走你的路,让人们去说罢"——结束了本"序言"。

第二版"跋"

"跋"首先介绍了第二版的修改情况,然后说明德国当时所处的历史条件

---

① 《资本论》第1卷,第8页。
② 同上。
③ 同上书,第11页。
④ 同上书,第12页。

即资本主义生产方式的成熟滞后于英法两国,德国无产阶级比德国资产阶级在理论上已经有了更明确的阶级意识,这就使得德国资产阶级不可能在政治经济学研究领域取得科学的成就,而肩负推翻资本主义生产方式和最后消灭阶级的历史使命的无产阶级,却能建立起自己的科学的政治经济学。

接着,马克思着重讲了自己写作《资本论》时所使用的方法论。一方面公开承认自己是大思想家黑格尔的学生,并且"有些地方我甚至卖弄起黑格尔特有的表达方式",即运用了辩证法;另一方面又强调,"我的辩证方法,从根本上来说,不仅和黑格尔的辩证方法不同,而且和它截然相反。在黑格尔看来,思维过程,即他称为观念而甚至把它变成独立主体的思维过程,是现实事物的创造主,而现实事物只是思维过程的外部表现。我的看法则相反,观念的东西不外是移入人的头脑并在人的头脑中改造过的物质的东西而已。"①换言之,《资本论》的基本方法就是唯物辩证法。本导读的最后,我们还会详细探讨《资本论》的研究方法和叙述方法。

《资本论》第一卷:资本的生产过程

本卷系统阐述了剩余价值生产理论,共有 7 篇、25 章,大体可分为三个部分。第一部分即第 1 篇"商品和货币",以简单商品生产为对象,分析商品的价值和价值形式,这是研究资本的前提和出发点;第二部分包括第 2—6 篇,叙述货币转化为资本,资本占有剩余价值;第三部分即第 7 篇"资本的积累过程",分析剩余价值转化为资本,并对资本主义历史过程进行总结。

第一篇　商品和货币

本篇共分"商品""交换过程""货币或商品流通"等三章。

在第一章"商品"中,马克思首先指出:"资本主义生产方式占统治地位的社会的财富,表现为'庞大的商品堆积',单个的商品表现为这种财富的元素形式。因此,我们的研究就从分析商品开始。"②

商品具有内在的四对矛盾,即"商品内在的使用价值和价值的对立,私人劳动同时必须表现为直接社会劳动的对立,特殊的具体的劳动同时只是当作抽

---

① 《资本论》第 1 卷,第 24 页。
② 同上书,第 47 页。

象的一般的劳动的对立,物的人格化和人格的物化的对立"①;商品内在矛盾的外在形式则是使用价值形式和价值形式的矛盾。第1章就是通过解剖这五对矛盾来阐发马克思的劳动价值学说。

使用价值只在使用或消费中得到实现,但在商品生产中,它又是交换价值(体现了人与人的关系)的物质基础。交换价值的内容就是价值,即抽象人类劳动的凝结。价值量由社会必要劳动时间所决定,交换按凝结在商品中等量的社会必要劳动来交换,此即为价值规律。商品的价值量与体现在商品中的劳动的量成正比,与这一劳动的生产力成反比。"劳动生产力是由多种情况决定的,其中包括:工人的平均熟练程度,科学的发展水平和它在工艺上应用的程度,生产过程的社会结合,生产资料的规模和效能,以及自然条件。"②

劳动二重性学说是促成劳动价值论向剩余价值论过渡的关键,也是理解马克思政治经济学的枢纽。商品的使用价值是由具体劳动生产出来的,形成价值的则是抽象劳动。具体劳动解决的是人和自然之间的物质变换,因而不是所生产的使用价值的唯一源泉。抽象劳动体现的是人和人之间的关系,是所创造的价值的唯一源泉。从质的方面考察具体劳动,从量的方面考察抽象劳动,才会得出有意义的结果。劳动生产力发生变动,会正比例地影响使用价值量的变化,反比例地影响同一商品量中所包含的抽象劳动量(即价值量)。总之,劳动二重性(具体劳动和抽象劳动)是商品二重性(使用价值和价值)的根源。

接着,马克思不厌其烦地考察了价值形式的历史演变:起源于简单的、个别的或偶然的价值形式,经过总和的或扩大的价值形式,发展到一般价值形式,其间每一次更替都发生了实质性的变化。而由一般价值形式到货币形式的转化,只不过是一个特殊商品——金独占了一般等价物的地位。

价值的本质就是被物的外壳掩盖着的人和人之间的关系,但人们却常常见物不见人,只看到物和物的关系,看不到其背后掩藏着的人和人的关系。同理,货币原本是人们创造出来有利于交换的工具,但人们却把它当成一切经济活动乃至人生追求的终极目标。马克思说:"因此,要找一个比喻,我们就得逃到宗

---

① 《资本论》第1卷,第133页。
② 同上书,第53页。人们现在通常理解的生产力三要素即劳动者、劳动资料和劳动对象,其实是对马克思理论的误解,劳动者、劳动资料和劳动对象是劳动过程的三要素,而非决定生产力水平高低的要素,马克思这里提及的五要素才是决定生产力的要素。对此,历史已经给出、现实仍在继续给出有力的证明。

教世界的幻境中去。在那里,人脑的产物表现为赋有生命的、彼此发生关系并同人发生关系的独立存在的东西。在商品世界里,人手的产物也是这样。我把这叫做拜物教。"①商品拜物教的表现有:① 人类抽象劳动表现为商品的价值和金、银等物的形式;② 人类劳动力耗费的时间表现为劳动产品的价值量;③ 人与人之间相互交换劳动的社会关系表现为商品与商品相互交换的物与物的关系。

商品拜物教产生的根源在于私人劳动和社会劳动的矛盾。因为,私人劳动并不直接就是社会劳动,它要通过采取与自身直接对立的形式即抽象一般性的形式才变成社会劳动,而劳动的抽象一般性或等同性又必须通过劳动产品的交换才能表现出来。因此,在商品市场上由私人劳动向社会劳动的转化就成了名副其实的"惊险的跳跃"②,充满了危机。人们的拜物教心理由此油然而生。

在第2章"交换过程"和第3章"货币或商品流通"中,叙述了普通商品转化为货币商品的过程,集中论述了货币的特殊社会职能。

商品交换过程的顺利进行,要求一种特定的商品从商品界分离出来,成为一般等价物,因此货币是交换过程矛盾的必然产物。"金银天然不是货币,但货币天然是金银"。③一旦采取了货币形式,商品内在的使用价值和价值的对立,就表现为外在的商品和货币的对立。

货币是其他一切商品的一般等价形式,其他一切商品的价值的实现,要求货币具有价值尺度的职能;它们的使用价值的转手,又要求货币具有流通手段的职能。因此,货币就是价值尺度和流通手段的统一。在此基础上,货币作为贮藏手段、支付手段和世界货币,也依历史发展的次序,各起一定的作用。

商品交换过程是在"商品—货币—商品"($W—G—W$)的形式变换中完成的,那么究竟需要多少数量的货币呢?马克思给出了如下的公式:

执行流通手段职能的货币量 = 商品价格总额/同名货币的流通次数④

马克思早在《政治经济学批判》中就指出:"正如商品的交换价值通过商品的交换过程结晶为金货币一样,金货币在流通中升华为它自身的象征,最初采取磨损的金铸币的形式,而后采取金属辅币的形式,最后采取无价值的

---

① 《资本论》第1卷,第89页。
② 同上书,第124页。
③ 同上书,第107页。
④ 同上书,第139页。

记号、纸片、单纯的价值符号的形式。"①然而,纸币的流通规律只反映金货币的流通规律,一旦纸币发行过量,必然自身贬值,即出现通货膨胀。

第二篇　货币转化为资本

本篇只有同名称的一章(即第4章),专门探讨货币如何转化为资本。

资本运动的目的就是为了价值增殖,换言之,资本是一个能够带来剩余价值的价值,因而"资本的运动是没有限度的"②。资本流通的公式即"货币—商品—更多的货币"($G—W—G'$)。那么,资本运动中产生的价值增殖即剩余价值究竟源自何处呢?

剩余价值不能从流通中产生,因为如果每一次买卖都是等价交换,则剩余价值不可能产生;如果有些买卖并非等价交换,则可以解释局部的赚钱或亏损,但不能解释全体的增殖。正因为流通过程中不创造价值和剩余价值,所以分析资本的基本形式(产业资本)时,完全可以不涉及前资本主义社会的商业资本和高利贷资本。然而,剩余价值又不能不从流通中产生,增殖不可能产生于流通之外,因为商品生产者不同其他商品所有者接触,就不能使价值增殖。

在等价交换的前提下,要能产生剩余价值,货币所有者就必须在市场上找到一种特殊商品,"它的使用价值本身具有成为价值源泉的特殊属性"③,它的使用能创造出价值。这种特殊商品就是劳动力。劳动力的使用价值是劳动,它是价值的源泉,它能创造价值,而且能够创造比它自身的价值更大的价值。

劳动力在各种社会都存在,但它要成为商品必须具备基本条件:在市场上有劳动者将劳动力当作商品出售,也有货币所有者来买劳动力。换言之,"货币所有者要把货币转化为资本,就必须在商品市场上找到自由的工人。这里所说的自由,具有双重意义:一方面,工人是自由人,能够把自己的劳动力当作自己的商品来支配,另一方面,他没有别的商品可以出卖,自由得一无所有,没有任何实现自己的劳动力所必需的东西。"④因此,劳动力成为商品以资本占有制为前提,它本身又成为资本主义生产过程的前奏。

劳动力作为一种特殊商品,它和其他商品一样,本身也有价值,即维持劳动力所有者需要的生活资料的价值。包括以下三个因素:① 劳动者本人所必需

---

① 《马克思恩格斯全集》第13卷,人民出版社1962年版,第104页。
② 《资本论》第1卷,第174页。
③ 同上书,第190页。
④ 同上书,第192页。

的生活资料价值;② 劳动者子女所必需的生活资料价值;③ 劳动者一定的教育和训练的费用。

劳动力的消费过程,同时就是商品和剩余价值的生产过程,这是在市场之外、"非公莫入"牌子后面隐蔽的生产场所里进行的。于是,"劳动力的买和卖是在流通领域或商品交换领域的界限以内进行的,这个领域确实是天赋人权的真正乐园。那里占统治地位的只是自由、平等、所有权和边沁。……因为双方都只顾自己。使他们连在一起并发生关系的唯一力量,是他们的利己心,是他们的特殊利益,是他们的私人利益。正因为人人只顾自己,谁也不管别人,所以大家都是在事物的预定的和谐下,或者说,在全能的神的保佑下,完成着互惠互利、共同有益、全体有利的事业。一离开这个简单流通领域或商品交换领域,(进入门上挂着'非公莫入'牌子的隐蔽的生产场所),……就会看到,我们的剧中人的面貌已经起了某些变化。原来的货币所有者成了资本家,昂首前行;劳动力所有者成了他的工人,尾随于后。一个笑容满面,雄心勃勃;一个战战兢兢,畏缩不前,像在市场上出卖了自己的皮一样,只有一个前途——让大家来鞣。"①

第三篇 绝对剩余价值的生产

本篇由 5 章构成,分别是"第 5 章 劳动过程和价值增殖过程""第 6 章 不变资本和可变资本""第 7 章 剩余价值率""第 8 章 工作日""第 9 章 剩余价值率和剩余价值量"。

马克思首先分析了劳动过程。劳动过程有三要素,即劳动本身、劳动对象和劳动资料;三要素分为两类型,劳动本身属于"活劳动",劳动对象和劳动资料又合称生产资料,属于物化劳动或"死劳动"。活劳动抓住生产资料,使它们由死复生;死产品(过去的物化劳动)同活劳动相接触,保存和实现自身的价值。"从资本家的观点看来,劳动过程只是消费他所购买的劳动力商品,而他只有把生产资料加到劳动力上才能消费劳动力。劳动过程是资本家购买的各种物之间的过程,是归他所有的各种物之间的过程。因此,这个过程的产品归他所有。"②

接着分析了价值增殖过程。在劳动过程中,生产资料的使用价值被消费

---

① 《资本论》第 1 卷,第 199—200 页。
② 同上书,第 210 页。

了,但它们的价值则被转移到新产品的价值中去;活劳动物化在生产资料中,创造了新价值。"于是,劳动过程就表现为物化劳动借助于活劳动来进行的自我价值增殖过程。"①而价值增殖过程不外是超过一定点而延长了的价值形成过程。

正因为生产资料和劳动力在价值形成中的作用不同,前者的作用是转移价值,后者的作用是创造价值,于是,马克思原创性地提出了不变资本和可变资本的类型区分。在全部资本中,用来购买生产资料的这一部分资本是不变资本,只转移原来的价值;用来购买劳动力的这一部分资本是可变资本,在生产过程中增殖价值,从而带来剩余价值。"这个剩余价值就是产品价值超过消耗掉的产品形成要素即生产资料和劳动力的价值而形成的余额。"②可见,剩余劳动是剩余价值的源泉,而劳动资料是剩余劳动的"压榨器",劳动对象是剩余劳动的"吸收器"。

"资本是死劳动,它像吸血鬼一样,只有吮吸活劳动才有生命,吮吸的活劳动越多,它的生命就越旺盛。"③既然剩余价值是劳动力创造的超过劳动力自身价值的那部分价值,因此工人每天的劳动都可以分为为自己的必要劳动(创造出的价值等于劳动力自身的价值)和为资本家的剩余劳动(创造超过劳动力自身价值的那部分价值)。"资本由于无限度地盲目追逐剩余劳动,像狼一般地贪求剩余劳动,不仅突破了工作日的道德极限,而且突破了工作日的纯粹身体的极限。"④马克思将通过延长工作日而生产的剩余价值称为"绝对剩余价值"。

最后,马克思还从量化的角度研究了剩余价值率和剩余价值量。剩余价值率既可以表述为剩余价值对可变资本的比率(m/v);也可以表述为剩余劳动对必要劳动的比率。二者形式不同,其本质一样、数量相等,都是劳动力受资本剥削的程度或工人受资本家剥削的程度的表现。剩余价值量受以下三个规律决定:① 剩余价值量等于预付的可变资本量与剩余价值率的乘积;② 平均工作日的绝对界限就是可变资本的减少可以由剩余价值率的提高来补偿的绝对界限;③ 如果剩余价值率、劳动力价值已定,则剩余价值量与可变资本量成正比例。

---

① 〔德〕马克思:《直接生产过程的结果》,人民出版社1964年版,第71—72页。
② 《资本论》第1卷,第235页。
③ 同上书,第260页。
④ 同上书,第294—295页。

总之,"资本发展成为一种强制关系,迫使工人阶级超出自身生活需要的狭隘范围而从事更多的劳动。作为别人辛勤劳动的制造者,作为剩余劳动的榨取者和劳动力的剥削者,资本在精力、贪婪和效率方面,远远超过了以往一切以直接强制劳动为基础的生产制度。"①

第四篇　相对剩余价值的生产

本篇由 4 章构成,分别是"第 10 章 相对剩余价值的概念""第 11 章 协作""第 12 章 分工和工场手工业""第 13 章 机器和大工业"。

用延长工作日的办法所进行的绝对剩余价值的生产,既受到生理上的限制,又遭到工人阶级的抵抗。在工作日长度不变的条件下,如果缩短必要劳动时间,同样可以相对延长剩余劳动时间,从而获取更多的剩余价值。马克思指出:"我把通过延长工作日而生产的剩余价值,叫做绝对剩余价值;相反,我把通过缩短必要劳动时间、相应地改变工作日的两个组成部分的量的比例而生产的剩余价值,叫做相对剩余价值。"②

相对剩余价值是在各个资本家追逐超额剩余价值的竞争中,通过提高劳动生产力而形成的。在此过程中,提高劳动生产力、降低劳动力价值,这是资本的必然趋势;资本家提高劳动生产力的直接动机是追求超额剩余价值,超额剩余价值本身就属于相对剩余价值的生产;随着劳动生产力的普遍提高,超额剩余价值消失,但所有资本家都能获得相对剩余价值。"因此,提高劳动生产力来使商品便宜,并通过商品便宜来使工人本身便宜,是资本的内在的冲动和经常的趋势。"③

马克思用较大的篇幅具体研究了资本主义生产方式发展的三个阶段:协作、工场手工业、机器大工业。在此过程中,一方面,由于生产的社会化,劳动生产力逐步得到提高,尤其是机器大工业的出现,在生产力、劳动、管理、教育、工人、手工业、家庭劳动、农业和农村等诸多领域,都带来了革命性的变革;另一方面,劳动生产力越来越表现为资本的生产力,资本以此为手段又进一步强化了对劳动者的剥削。总之,"它在使生产过程的物质条件及其社会结合成熟的同时,也使生产过程的资本主义形式的矛盾和对抗成熟起来,因此也同时使新社

---

① 《资本论》第 1 卷,第 344 页。
② 同上书,第 350 页。
③ 同上书,第 355 页。

会的形成要素和旧社会的变革要素成熟起来。"①

第五篇　绝对剩余价值和相对剩余价值的生产

本篇由 3 章构成，分别是"第 14 章　绝对剩余价值和相对剩余价值""第 15 章　劳动力价格和剩余价值的量的变化""第 16 章　剩余价值率的各种公式"。

资本主义劳动过程一方面扩大了生产劳动及其承担者生产工人的概念，"为了从事生产劳动，现在不一定要亲自动手；只要成为总体工人的一个器官，完成他所属的某一种职能就够了。"②另一方面又缩小了生产劳动及其承担者生产工人的概念，"只有为资本家生产剩余价值或者为资本的自行增殖服务的工人，才是生产工人。"③

绝对剩余价值和相对剩余价值既有联系，又有区别：① 绝对剩余价值生产是相对剩余价值生产的起点；② 相对剩余价值以劳动对资本的实际隶属为基础，而绝对剩余价值只要劳动对资本的形式隶属就够了；③ 生产相对剩余价值的方法同时也是生产绝对剩余价值的方法。整个剩余价值的生产是以资本主义生产关系为基础，而非以自然条件和劳动生产力为基础。

劳动力价格和剩余价值量取决于工作日的长度或劳动的外延量、正常的劳动强度或劳动的内含量、劳动生产力。马克思具体分析了在这三个因素的不同组合中，劳动力价格和剩余价值量的变化，并从中揭示了如下的一些发展趋势："劳动生产力的提高和劳动强度的增加，……都能缩短工人生产自己的生活资料或其等价物所必需的工作日部分。……在其他条件不变的情况下，必要劳动将会扩大自己的范围。一方面，是因为工人的生活条件日益丰富，他们的生活需求日益增长。另一方面，是因为现在的剩余劳动的一部分将会列入必要劳动，即形成社会准备基金和社会积累基金所必要的劳动。劳动生产力越是增长，工作日就越能缩短；而工作日越是缩短，劳动强度就越能增加。从社会的角度来看，劳动生产率还随同劳动的节约而增长。这种节约不仅包括生产资料的节约，而且还包括一切无用劳动的免除。……在劳动强度和劳动生产力已定的情况下，劳动在一切有劳动能力的社会成员之间分配得越平均，一个社会阶层把劳动的自然必然性从自身上解脱下来并转嫁给另一个社会阶层的可能性越

---

① 《资本论》第 1 卷，第 550 页。
② 同上书，第 556 页。
③ 同上书，第 556 页。

小,社会工作日中必须用于物质生产的部分就越小,从而个人从事自由活动,脑力活动和社会活动的时间部分就越大。从这一方面来说,工作日的缩短的绝对界限就是劳动的普遍化。在资本主义社会里,一个阶级享有自由时间,是由于群众的全部生活时间都转化为劳动时间了。"①

第六篇 工资

本篇由 4 章构成,分别是"第 17 章 劳动力的价值或价格转化为工资""第 18 章 计时工资""第 19 章 计件工资""第 20 章 工资的国民差异"。

马克思批判了资产阶级经济学说关于"工资是劳动的价值或价格"的论点,也纠正了他和恩格斯在《共产党宣言》中尚未分清"劳动"和"劳动力"概念的错误,论证了工资的本质是劳动力的价值或价格,工资形式掩盖了资本主义的剥削。"工资的形式消灭了工作日分为必要劳动和剩余劳动、分为有酬劳动和无酬劳动的一切痕迹。全部劳动都表现为有酬劳动。在徭役劳动下,服徭役者为自己的劳动和为地主的强制劳动在空间上和时间上都是明显地分开的。在奴隶劳动下,连奴隶只是用来补偿他本身的生活资料的价值的工作日部分,即他实际上为自己劳动的工作日部分,也表现为好像是为主人的劳动。他的全部劳动都表现为无酬劳动。相反地,在雇佣劳动下,甚至剩余劳动或无酬劳动也表现为有酬劳动。在奴隶劳动下,所有权关系掩盖了奴隶为自己的劳动,而在雇佣劳动下,货币关系掩盖了雇佣工人的无偿劳动。"②

马克思还考察了工资的两种基本形式:计时工资和计件工资。指出计时工资是绝对剩余价值生产的最有效手段;计件工资既是绝对剩余价值生产,更是相对剩余价值生产的有效手段,因而是最适合于资本主义剥削方式的工资形式。在考察计时工资、计件工资和工资的国民差异时,马克思还提及名义工资与实际工资的区别和关系:"劳动力的交换价值和由这个价值转变成的生活资料的量之间的区别,现在则表现为名义工资和实际工资之间的区别"③;资本主义生产发达的国家名义工资较高,但实际工资不一定也是这样。

第七篇 资本的积累过程

本篇由 5 章构成,分别是"第 21 章 简单再生产""第 22 章 剩余价值转化

---

① 《资本论》第 1 卷,第 578—579 页。
② 同上书,第 590—591 页。
③ 同上书,第 594 页。

为资本""第 23 章 资本主义积累的一般规律""第 24 章 所谓原始积累""第 25 章 现代殖民理论"。

每一个社会生产过程都是再生产过程,不仅是物质资料的再生产,而且也是生产关系的再生产。资本主义生产的特点是扩大再生产,但扩大再生产的基础和前提是简单再生产,因而马克思的分析从资本主义简单再生产开始。

从再生产过程看,工人不仅不断创造包括养活自己的、维持劳动力再生产的价值,而且还包括养活资本家的剩余价值;工人不仅创造了可变资本,而且创造了全部资本,资本都是由剩余价值转化而来的;资本主义再生产还是资本主义生产关系的再生产,它不断地再生产的一方面是资本家,另一方面是雇佣工人。"现在资本家和工人作为买者和卖者在商品市场上相对立,已经不再是偶然的事情了。过程本身必定把工人不断地当作自己劳动力的卖者投回商品市场,同时又把工人自己的产品不断地变成资本家的购买手段。实际上,工人在把自己出卖给资本家以前就已经属于资本了。工人经济上的隶属地位,是由他的卖身行为的周期更新、雇主的更换和劳动的市场价格的变动造成的,同时又被这些事实所掩盖。"①

如果资本家把剩余价值当作收入来使用,再生产就只能在原有规模上反复进行,即简单再生产;如果资本家把剩余价值当作资本来使用,再生产就会在不断扩大的规模上进行。"剩余价值再转化为资本,叫做资本积累。"②资本积累的过程也就是资本主义扩大再生产的过程。资本主义占有规律,就是占有生产资料的资本家不付代价就占有工人的剩余劳动的规律,它是由商品生产的所有权规律转化而来的。积累的大小取决于剩余价值分为资本和收入的比率,这一比率又是由资本主义客观经济规律决定的。"竞争使资本主义生产方式的内在规律作为外在的强制规律支配着每一个资本家。竞争迫使资本家不断扩大自己的资本来维持自己的资本,而他扩大资本只能靠累进的积累。"③"他狂热地追求价值的增殖,肆无忌惮地迫使人类去为生产而生产,从而去发展社会生产力,去创造生产的物质条件;而只有这样的条件,才能为一个更高级的、以每个人的全面而自由的发展为基本原则的社会形式创造现实基础。"④

---

① 《资本论》第 1 卷,第 633—634 页。
② 同上书,第 635 页。
③ 同上书,第 649—650 页。
④ 同上书,第 649 页。

马克思深刻揭示了资本主义积累的一般规律。他分析了以下情况:① 资本构成不变,对劳动力的需求随积累的增长而增长;② 在积累和伴随积累的积聚的进程中资本可变部分相对减少;③ 相对过剩人口或产业后备军的累进生产;④ 相对过剩人口的各种存在形式。得出结论:"社会的财富即执行职能的资本越大,它的增长的规模和能力越大,从而无产阶级的绝对数量和他们的劳动生产力越大,产业后备军也就越大。可供支配的劳动力同资本的膨胀力一样,是由同一些原因发展起来的。因此,产业后备军的相对量和财富的力量一同增长。但是同现役劳动军相比,这种后备军越大,常备的过剩人口也就越多,他们的贫困同他们所受的劳动折磨成反比(马克思亲自校订过的法文版是'成正比'——译者注)。最后,工人阶级中贫困阶层和产业后备军越大,官方认为需要救济的贫民也就越多。这就是资本主义积累的绝对的、一般的规律。"①"这一规律制约着同资本积累相适应的贫困积累。因此,在一极是财富的积累,同时在另一极,即在把自己的产品作为资本来生产的阶级方面,是贫困、劳动折磨、受奴役、无知、粗野和道德堕落的积累。"②

值得注意的是,在研究资本主义积累一般规律的过程中,马克思特别关注相对过剩人口、产业后备军即失业人口问题。他首先论证了资本主义条件下出现失业的必然性,"工人人口本身在生产出资本积累的同时,也以日益扩大的规模生产出使他们自身成为相对过剩人口的手段。这就是资本主义生产方式所特有的人口规律"③。其次,揭示了失业人口对于资本主义生产方式的极端重要性,它为不断变化的资本增殖需要(扩大生产、经济的周期性变化等),创造出随时可供剥削的人身材料;并作为外在压力迫使就业工人更加过度地劳动、接受更低的工资报酬,从而满足资本的剥削欲和统治欲。最后,论证了"相对过剩人口的最底层陷于需要救济的赤贫的境地",否则产业后备军不能得以生存,这种救济"是资本主义生产的一项非生产费用,但是,资本知道怎样把这项费用的大部分从自己的肩上转嫁到工人阶级和下层中产阶级的肩上。"④

资本主义生产以商品生产者握有较大量的资本和劳动力为前提。那么,商品生产者最初握有的资本从何而来?自由得一无所有的劳动者又是如何形成

---

① 《资本论》第1卷,第707页。
② 同上书,第708页。
③ 同上书,第692页。
④ 同上书,第706页。

的？这就要追溯到资本的原始积累。所谓资本原始积累,只不过是生产者和生产资料分离的历史过程,这一过程一方面使社会的生活资料和生产资料转化为资本,另一方面使直接生产者转化为雇佣工人。"掠夺教会地产,欺骗性地出让国有土地,盗窃公有地,用剥夺方法、用残暴的恐怖手段把封建财产和克兰财产变为现代私有财产——这就是原始积累的各种田园诗式的方法。这些方法为资本主义农业夺得了地盘,使土地与资本合并,为城市工业造成了不受法律保护的无产阶级的必要供给。"①"如果按照奥日埃的说法,货币'来到世间,在一边脸上带着天生的血斑',那末,资本来到世间,从头到脚,每个毛孔都滴着血和肮脏的东西。"②马克思还引用《评论家季刊》的文论形象地刻画了资本追逐利润的本性:"资本害怕没有利润或利润太少,就像自然界害怕真空一样。一旦有适当的利润,资本就胆大起来。如果有10%的利润,它就保证到处被使用;有20%的利润,它就活跃起来;有50%的利润,它就铤而走险;为了100%的利润,它就敢践踏一切人间法律;有300%的利润,它就敢犯任何罪行,甚至冒绞首的危险。如果动乱和纷争能带来利润,它就会鼓励动乱和纷争。"③

马克思还高屋建瓴地概括出资本主义积累的历史趋势:"随着这种(资本的)集中或少数资本家对多数资本家的剥夺,规模不断扩大的劳动过程的协作形式日益发展,科学日益被自觉地应用于技术方面,土地日益被有计划地利用,劳动资料日益转化为只能共同使用的劳动资料,一切生产资料因作为结合的社会劳动的生产资料使用而日益节省,各国人民日益被卷入世界市场网,从而资本主义制度日益具有国际的性质。随着那些掠夺和垄断这一转化过程的全部利益的资本巨头不断减少,贫困、压迫、奴役、退化和剥削的程度不断加深,而日益壮大的、由资本主义生产过程本身的机构所训练、联合和组织起来的工人阶级的反抗也不断增长。资本的垄断成了与这种垄断一起并在这种垄断之下繁盛起来的生产方式的桎梏。生产资料的集中和劳动的社会化,达到了同它们的资本主义外壳不能相容的地步。这个外壳就要炸毁了。资本主义私有制的丧钟就要响了。剥夺者就要被剥夺了。从资本主义生产方式产生的资本主义占有方式,从而资本主义的私有制,是对个人的、以自己劳动为基础的私有制的第一个否定。但资本主义生产由于自然过程的必然性,造成了对自身的否定。这

---

① 《资本论》第1卷,第801页。
② 同上书,第829页。
③ 同上书,注释250。

是否定的否定。这种否定不是重新建立私有制,而是在资本主义时代的成就的基础上,也就是说,在协作和对土地及靠劳动本身生产的生产资料的共同占有的基础上,重新建立个人所有制。"①

人们通常都说,随着资本主义的发展,生产的社会化和生产资料私人占有的矛盾日趋尖锐,最终导致公有制代替私有制,从而使人类社会进入光明的社会主义和共产主义社会。但是,严格地说,一方面在共产主义社会的低级阶段仍然存在私有制的因素,但实现了公有和私有在公有制基础上的融合;另一方面,到了共产主义高级阶段,公有制本身也不存在了,那时已经无所谓"所有制",因为公有制和私有制的矛盾已经得到解决。正如马克思所描绘的:"从一个较高级的社会经济形态(即指共产主义社会——引者注)的角度来看,……甚至整个社会,一个民族,以至一切同时存在的社会加在一起,都不是土地的所有者。他们只是土地的占有者,土地的利用者,并且他们必须像好家长那样,把土地改良后传给后代。"②

《资本论》第二卷

《资本论》第二卷的"序言"

第二卷作为马克思的遗稿由恩格斯编撰,于1885年出版,恩格斯作序介绍遗稿及其编纂情况。

1865年以前,马克思已经基本完成《资本论》全书四卷的手稿,并于1867年出版了第一卷。这些遗稿"可以证明,马克思在公布他的经济学方面的伟大发现以前,是以多么无比认真的态度,以多么严格的自我批评精神,力求使这些伟大发现达到最完善的程度。"③恩格斯坦承,遗稿"虽然在实质上已经大体完成,但是在文字上没有经过推敲,使用的是马克思写摘要时惯用的语句:不讲究文体,有随便的、往往是粗鲁而诙谐的措辞和用语,夹杂英法两种文字的术语,常常出现整句甚至整页的英文。这是按照作者当时头脑中发挥的思想的原样写下来的";"要完成《资本论》第二卷的付印工作,使本书既成为一部联贯的、

---

① 《资本论》第1卷,第831—832页。
② 《资本论》第3卷,第875页。
③ 《资本论》第2卷,第4页。

尽可能完整的著作,又成为一部只是作者的而不是编者的著作,这不是一件容易的事情。"①

然而,恩格斯完成了这项伟业,整理出版了《资本论》的二、三两卷。列宁评价道:"整理这两卷《资本论》,是一件很费力的工作。奥地利社会民主党人阿德勒说得很对:恩格斯出版了《资本论》第二卷和第三卷,就是替他的天才的朋友建立了一座庄严宏伟的纪念碑,在这座纪念碑上,他无意中也把自己的名字不可磨灭地铭刻上去了。的确,这两卷《资本论》是马克思和恩格斯两人的著作。"②

《资本论》第二卷:资本的流通过程

《资本论》第二卷研究的对象是资本的流通过程,其中心是分析剩余价值的实现问题,共分3篇、21章。第一篇先对单个资本循环在各个阶段所采取的各种形式进行分析,着重点在分析货币资本的运动形式;第二篇在资本不断的循环周转中,考察它的周转速度和周转方式,着重点在分析生产资本的运动形式;第三篇综合研究社会总资本的再生产和流通,着重点在分析商品资本的运动形式。

第一篇 资本形态变化及其循环

本篇由6章构成,分别是"第1章 货币资本的循环""第2章 生产资本的循环""第3章 商品资本的循环""第4章 循环过程的三个公式""第5章 流通时间""第6章 流通费用"。

资本流通的最基本特征是:有劳动力这样一种特殊的商品在流通,这种特殊商品是由资本原始积累和资本主义生产关系再生产所准备好了的。从而生产的结果是一个待流通的、包含剩余价值的商品。这样,不仅货币转化为货币资本,生产资料和劳动力转化为生产资本,而且生产的商品也转化为商品资本。因此,资本流通就分别表现为货币资本、生产资本、商品资本的流通。

单个产业资本的运动,总是不断地由货币资本(G)转化到生产资本(P),由生产资本转化到商品资本(W'),再由商品资本转化到货币资本的形态变化过程,其内容就是不断为资本家占有剩余价值的准备、生产、实现的过程。由于

---

① 《资本论》第2卷,第3页。
② 《列宁选集》第1卷,人民出版社1972年版,第92页。

在单个资本的不断循环过程中,资本总是按比例地分割在 G、P、W′ 三种形态上,因而总是同时并列在过程中三个通过点上。

产业资本三种形态的循环公式分别如下:

货币资本的循环:$G—W\cdots P\cdots W'—G'$,或详细写为:

$$G—W<^{A}_{Pm}\cdots P\cdots W'(W+w)—G'(G+g)$$

生产资本的循环:$P\cdots W'—G'—W\cdots P$,在扩大再生产下为:

$$P\cdots W'—G'—W<^{A}_{Pm}\cdots P'$$

商品资本的循环:$W'—G'—W\cdots P\cdots W'$

"所有这三个循环都有一个共同点:价值增殖是决定目的,是动机。"① 把上述三种产业资本循环综合起来考察,便是产业资本的总循环运动。"资本在它的任何一种形式和任何一个阶段上的再生产都是连续进行的,就像这些形式的形态变化和依次经过这三个阶段是连续进行的一样。可见,在这里,总循环是它的三个形式的现实的统一。"②

为了保证产业资本总循环运动不致中断,必须具备以下条件:① 总循环运动以资本分割为三部分的并列性为条件,即资本的连续运行以资本的并列存在为条件。"资本作为整体是同时地、在空间上并列地处在它的各个不同阶段上。但是,每一个部分都不断地依次由一个阶段过渡到另一个阶段,由一种职能形式过渡到另一种职能形式,从而依次在一切阶段和一切职能形式中执行职能。因此,这些形式都是流动的形式,它们的同时并列,是由于它们的相继进行而引起的。"③ ② 循环运动的正常进行以价值变动得到克服和抵消为条件,即价值在循环的不同继起阶段保持自身的同一性,又在剥削劳动力的生产过程中增殖自己。"资本主义生产只有在资本价值增殖时,也就是在它作为独立价值完成它的循环过程时,因而只有在价值革命按某种方式得到克服和抵销时,才能够存在和继续存在。"④

资本通过生产领域和流通领域两个阶段的运动,都需要经过一定的时间。"资本在生产领域停留的时间是它的生产时间,资本在流通领域停留的时间是它的流通时间。所以,资本完成它的循环的全部时间,等于生产时间和流通时

---

① 《资本论》第 2 卷,第 116 页。
② 同上书,第 117 页。
③ 同上书,第 121 页。
④ 同上书,第 122 页。

间之和。"①具体来说,即等于生产时间(非劳动时间[备料时间+停工时间+自然作用的时间]+劳动时间)+流通时间(出售时间+购买时间)。资本主义生产的趋势,一是尽可能缩短生产时间超过劳动时间的部分;二是尽可能缩短流通时间,"流通时间越等于零或近于零,资本的职能就越大,资本的生产效率就越高,它的自行增殖就越大"②。

资本的循环不但要经历一定的时间,而且在流通中要花费一定的费用。流通费用既包括不创造价值的纯粹流通费用(指由买卖时间+簿记+货币所引起的费用),也包括创造价值和剩余价值的保管费用和运输费用。同样,资本主义生产的趋势也在于尽可能地缩减流通费用。

第二篇 资本周转

本篇由11章构成,分别是"第7章 周转时间和周转次数""第8章 固定资本和流动资本""第9章 预付资本的总周转。周转的周期""第10章 关于固定资本和流动资本的理论。重农学派和亚当·斯密""第11章 关于固定资本和流动资本的理论。李嘉图""第12章 劳动期间""第13章 生产时间""第14章 流通时间""第15章 周转时间对预付资本量的影响""第16章 可变资本的周转""第17章 剩余价值的流通"。

"在第二篇,循环是作为周期的循环,也就是作为周转来考察的。这里一方面指出了,资本的不同组成部分(固定资本和流动资本)怎样在不同的时间以不同的方式完成各种形式的循环;另一方面又研究了决定劳动期间和流通期间长短不同的各种情况。"③

预付资本每周转一次就带来一次剩余价值,周转次数越多,带来的剩余价值就越多;或者说,为生产一定的剩余价值量,周转越快,预付资本的量就越少。因此,周转速度就成为本篇讨论的中心问题,周转时间和周转次数则成了研究周转速度的两个主要指标。

如前(第一卷)所述,生产资本按其在价值形成中的不同作用可分为不变资本和可变资本两个部分;现在按其价值转移方式的不同又可分为固定资本和流动资本两个部分。固定资本和流动资本的区别产生于生产资本的不同周转:

---

① 《资本论》第2卷,第138页。
② 同上书,第142页。
③ 同上书,第391页。

在固定资本周转一次的时间内,流动资本周转多次;固定资本的价值是一次预付分次收回,流动资本的价值则是一次预付一次收回;固定资本的使用价值替换要在它的寿命终结时才会发生,流动资本的使用价值在一次周转中全部消费,并通过流通一次更新。具体来说,用于购买生产资料(包括机器设备、土地和原材料)的资本是不变资本,用于购买劳动力的资本是可变资本;用于购买机器设备和土地的资本是固定资本,用于购买原材料和劳动力的资本则是流动资本。"不管劳动力和不变资本中非固定资本的组成部分就价值的形成来说是多么不同,它的价值的这种周转方式却和这些部分相同,而与固定资本相反。生产资本的这两个组成部分——投在劳动力上的价值部分和投在非固定资本的生产资料上的价值部分——由于它们在周转上的这种共同性,而作为流动资本与固定资本相对立。"①

资产阶级经济学家不能科学地划分固定资本和流动资本。一方面他们把固定资本和流动资本的范畴混同于不变资本和可变资本的范畴,从而不能揭示剩余价值产生的秘密,掩盖了资本的剥削;另一方面他们又把由价值流通引起的经济形式的规定性混同于物质的属性,例如把房屋具有的物理不动性当作规定固定资本的标志。其实,不作为生产资本使用的房屋,它的不动性不能使其成为固定资本;作为生产资本使用的车辆、船舶、役畜等,它们的可动性也不会使其丧失固定资本的性质。

在对资本周转的研究中,马克思还得出了以下两个相当有意义的结论:

一是提出固定资本的周期性更新是危机周期性的物质基础。"随着资本主义生产方式的发展,生产资料的变换加快了,它们因无形损耗而远在自己有形寿命终结之前就要不断补偿的必要性也增加了。……这种由若干互相联系的周转组成的包括若干年的周期(资本被它的固定组成部分束缚在这种周期之内),为周期性的危机造成了物质基础。在周期性的危机中,营业要依次通过松弛、中等活跃、急剧上升和危机这几个时期。虽然资本投下的时期是极不相同和极不一致的,但危机总是大规模新投资的起点。因此,就整个社会考察,危机又或多或少地是下一个周转周期的新的物质基础。"②

二是指出"工资增加会引起价格上涨"的说法不过是资本家及其经济学家

---

① 《资本论》第2卷,第185页。
② 同上书,第206—207页。

对劳动者的欺骗和恐吓。实际情况是,工资随必要生活资料价格的提高而提高,上述恐吓却来了个因果倒置;在工资局部提高时,这些部门的产品价格可以因此而发生局部的提高,但就连这一点也还要取决于许多其他的因素;在工资普遍提高时,商品价格在可变资本占优势的产业部门将会上涨,但在不变资本或固定资本占优势的产业部门则会下跌;工资上涨虽然会暂时引起某些工人消费品涨价,但随着资本由奢侈品生产部门流入工人消费品生产部门,价格又会回落。

第三篇 社会总资本的再生产和流通

本篇由 4 章构成,分别是"第 18 章 导言""第 19 章 前人对这个问题的阐述""第 20 章 简单再生产""第 21 章 积累和扩大再生产"。

本篇的中心议题是社会总资本再生产的实现问题。列宁曾指出:"实现问题就是:如何为资本主义的每一部分产品按价值(不变资本、可变资本和额外价值)和按物质形式(生产资料和消费品,其中包括必需品和奢侈品)在市场上找到代替它的另一部分产品。"①马克思的剩余价值实现理论有两个基本前提:① 从价值来说,资本主义国家的总产品和个别产品一样,都由不变资本、可变资本和剩余价值三个部分组成;② 从使用价值(物质形式)来说,必须把资本主义生产划分为生产资料的生产和消费资料的生产两大部类。

资本主义的生产和再生产,必须有货币资本的预付;但生产规模并非绝对地受制于预付资本的大小。这是因为,首先,生产资本的物质要素具有伸张力,可以充分利用决定生产力的因素(劳动力、自然力、科学技术力),可以提高劳动生产力,可以缩短周转时间,这些都与货币资本量无关。其次,信用制度和联合经营打破了货币资本量的限制。这就为信用危机和生产过剩危机埋下了祸根。"直接摆在我们面前的问题是:生产上消费掉的资本,就它的价值来说,怎样由年产品得到补偿?这种补偿的运动怎样同资本家对剩余价值的消费和工人对工资的消费交织在一起?因此,首先要研究原有规模的再生产。"②也就是说,"这个运动不仅是价值补偿,而且是物质补偿,因而既要受社会产品的价值组成部分相互之间的比例的制约,又要受它们的使用价值,它们的物质形式的

---

① 《列宁全集》第 3 卷,人民出版社 1959 年版,第 25 页。其中的"额外价值"即"剩余价值"。
② 《资本论》第 2 卷,第 436 页。

制约。"①

在简单再生产条件下,生产生产资料的第Ⅰ部类(Ⅰ)和生产消费资料的第Ⅱ部类(Ⅱ)之间交换的平衡条件为:

$$Ⅰ(v+m) = Ⅱc$$

这个公式表明,在实物形态上,第Ⅰ部类产出的生产资料与第Ⅱ部类产出的消费资料相交换;而且第Ⅰ部类年产品中新创造的价值必须等于第Ⅱ部类年产品中转移的旧价值。

由于资本对雇佣劳动的剥削,两大对立阶级生活悬殊,社会消费品也就区分为必需品和奢侈品,第Ⅱ部类随之分为两个副类,即生产必需品的Ⅱa和生产奢侈品的Ⅱb,Ⅱbv必然小于Ⅱam。也就是说,"年产品中的奢侈品部分越是增大,从而奢侈品生产中吸收的劳动力的数量越是增加,……因而在Ⅱb中就业的那部分工人阶级要生存和再生产,……也就越是要取决于资本家阶级的挥霍,越是要取决于他们的剩余价值的很大一部分转化为奢侈品。"②

洛贝尔图斯等人认为危机来自消费不足,只要资本家发善心,提高工人工资,危机就能消除。但是,马克思指出:每一次危机都会暂时减少奢侈品的消费,Ⅱb就要紧缩生产,一部分工人随之失业;又引起生活必需品有效需求的降低,从而使Ⅱa的商品实现成为问题。尽管在危机前夕即繁荣时期,就业增加,物价上涨,工资也会有所增加,工人甚至可以暂时买点奢侈品以及高档"必需"品,然而并不能阻止随后危机的爆发。所以,不是消费不足引起危机,而是危机引起消费不足。

由于资本家垄断了货币,所以他总是起着流通起点的作用。于是出现两种假象:① 商业资本家和货币资本家好像是货币的预付者;② 产业资本家的货币好像又是从剩余价值的分割者(土地所有者、食利者等)那里来的。

资本主义生产的本质是扩大再生产,即资本家并不将剩余价值全部用于生活消费,而是把其中一部分转化为资本。在扩大再生产条件下,两大部类交换的平衡条件为:

$$Ⅰ(v+m) = Ⅱc + Ⅰ\triangle c + Ⅱ\triangle c$$

马克思关于社会总资本的再生产和流通的理论,揭示了社会再生产的客观

---

① 《资本论》第2卷,第437—438页。
② 同上书,第456页。

规律,至今仍有很大的现实意义,包括对于社会主义社会的建设而言。恩格斯曾这样评价本篇的研究:"这是重农学派以后第一次在这里对资本主义社会商品和货币的总循环最出色的阐述。内容很好,形式却难得可怕"①。列宁也指出:"马克思在这里考察的也不是个别现象,而是普遍现象;不是社会经济的零星部分,而是全部社会经济的总和。"②

其后,列宁和毛泽东在探索和领导社会主义建设的过程中,也深入研究了两大部类生产之间的关系。列宁指出:"社会产品的第一部类(生产资料的制造)能够而且应当比第二部类(消费品的制造)发展得快。但是决不能由此得出结论说,生产资料的生产可以完全不依赖消费品的生产而发展,也不能说二者毫无联系。……生产消费(生产资料的消费)归根到底总是同个人消费联系着,总是以个人消费为转移的。"③毛泽东也强调:"重工业是我国建设的重点。必须优先发展生产资料的生产,这是已经定了的。但是决不可以因此忽视生活资料尤其是粮食的生产"④,"农业和轻工业发展了,重工业有了市场,有了资金,它就会更快地发展"⑤。

《资本论》第三卷

《资本论》第三卷的"序言"

这是恩格斯在整理出版《资本论》第三卷时写的序言,对于理解全书的体系结构和精神实质具有重要的意义。

马克思早已完成了《资本论》的几乎全部手稿,但是反复修订、字斟句酌,在世时只出版了第一卷。恩格斯说马克思"发现的错误,那些蠢才们一百年也发现不了",催促马克思尽快把《资本论》全部出齐,而马克思则以对科学负责、对历史负责为由予以拒绝。马克思逝世以后,恩格斯放弃了自己研究自然辩证法的兴趣,接过了整理、出版《资本论》遗稿的任务,也反复修订、字斟句酌、纠

---

① 《马克思恩格斯全集》第39卷,人民出版社1974年版,第414页。
② 《列宁选集》第2卷,人民出版社1972年版,第594页。
③ 《列宁全集》第4卷,人民出版社1958年版,第44页。
④ 《毛泽东选集》第5卷,人民出版社1977年版,第268页。
⑤ 同上书,第400页。

错补齐，花了十年时间终于完成了二、三两卷的出版。

《资本论》第一卷出版后，资产阶级经济学家洛里亚攻击说，"在马克思看来，一个资本主义工业企业所生产的剩余价值（洛里亚先生在这里把它和利润等同起来）的量，取决于它所使用的可变资本，因为不变资本不提供任何利润。但是，这是同事实相矛盾的。因为实际上利润不是取决于可变资本，而是取决于总资本"①，在生息资本那里甚至完全取决于本金，而与工人的劳动无关。他们说马克思在"玩弄科学骗术"。马克思也看到了这个矛盾，承认从表面上看事实同他的理论相矛盾，但他要读者耐心等待，去看一个将要出版的"续卷"。马克思逝世后，资产阶级经济学家的这种攻击就更甚了，有人竟说这个续卷"很可能是马克思在拿不出科学论据时使用的一种诡计"②，因为马克思承诺的"续卷"并没有出版。这就迫使恩格斯放下自己的研究工作，全力整理《资本论》手稿。第三卷出版时，恩格斯说，现在"续卷"已经奉献在读者面前。它系统地说明了，由可变资本创造出来的剩余价值如何转化为利润，利润又如何转化为平均利润，平均利润又如何被分割为银行利息和企业主收入，最后农业生产中的超额利润又如何转化为地租。只有这时，马克思的剩余价值理论才同资本主义经济事实真正一致起来，上述攻击也就不攻自破。马克思本人也在第三卷的卷首指出："我们在本卷中将要阐明的资本的各种形式，同资本在社会表面上，在各种资本的互相作用中，在竞争中，以及在生产当事人自己的通常意识中所表现出来的形式，是一步一步地接近了。"③

对于《资本论》全书的结构框架，恩格斯这样写道："马克思的'资本论'第三卷现在正在排印中，……到那时，就只剩下最后一卷即第四卷了，第四卷将对剩余价值理论作历史的批判性的概述。第一卷表明，资本家怎样从工人那里榨取剩余价值，第二卷则表明，这个最初包含在商品里的剩余价值怎样实现为货币。可见前两卷所谈到的剩余价值，只是它在第一个占有者即工业资本家手里的情形；然而剩余价值只有一部分留在这个第一个占有者的手里；随后它就以商业利润、企业主收入、利息、地租等形式在各个有关方面的人中间进行分配；第三卷所阐述的就是剩余价值的分配规律。而讲完了剩余价值的生产、流通和分配，也就结束了剩余价值的整个生涯，此外对它就没有更多的东西好谈了。

---

① 转引自《资本论》第3卷，第21—22页。
② 同上书，第22页。
③ 同上书，第30页。

除了资本主义利润率的一般规律,第三卷还研究了商业资本、生息资本、信贷和银行、地租和地产等问题,这些问题连同前两卷研究过的题目,已把标题中所答应要做的'政治经济学批判'概括无遗了。"①

《资本论》第三卷:资本主义生产的总过程

第三卷共分 7 篇、52 章。第一篇叙述剩余价值如何转化为利润和剩余价值率如何转化为利润率;第二篇接着叙述利润又如何转化为平均利润,从而不同产业部门的资本家共同分享剩余价值;第三篇揭示了利润率趋向下降的规律;第四篇叙述商品资本和货币资本如何转化为商品经营资本和货币经营资本,从而剩余价值在工业资本家和商业资本家之间得以分割;第五篇叙述利润又如何分为利息和企业主收入,从而剩余价值又在银行资本家和产业资本家之间得以分割;第六篇叙述超额利润又如何转化为地租,从而导致土地所有者也来瓜分剩余价值;最后第七篇通过总结各种收入及其源泉,分析了现代资本主义社会的基本阶级构成。

第一篇 剩余价值转化为利润和剩余价值率转化为利润率

本篇由 7 章构成,分别是"第 1 章 成本价格和利润""第 2 章 利润率""第 3 章 利润率和剩余价值率的关系""第 4 章 周转对利润率的影响""第 5 章 不变资本使用上的节约""第 6 章 价格变动的影响""第 7 章 补充说明"。

马克思首先提出了公式"商品价值=成本价格+剩余价值",指出"商品的资本主义费用是用资本的耗费来计量的,而商品的实际费用则是用劳动的耗费来计量的。所以,商品的资本主义的成本价格,……,它小于商品价值"②。就成本价格的形式而言,"不变资本和可变资本的区别也就消失了","只有一个区别会显现出来,即固定资本和流动资本的区别"。③

于是,资本的增殖过程的神秘化就完成了。"剩余价值,作为全部预付资本的这样一种观念上的产物,取得了利润这个转化形式。"④上述公式就成了"商品价值=成本价格+利润"。剩余价值即利润就成了全部预付资本的产物,而非不变资本的产物,从而掩盖了资本家剥削工人劳动的秘密。

---

① 《马克思恩格斯全集》第 22 卷,人民出版社 1965 年版,第 511 页。
② 《资本论》第 3 卷,第 33 页。
③ 同上。
④ 同上书,第 44 页。

随着剩余价值转化为利润,剩余价值率 m/v 也就转化为利润率 $m/c+v$,可见剩余价值率总是大于利润率,因而这一转化也弱化了资本家剥削的程度。

由于利润表现为全部预付资本的产物,所以为了提高利润率,"资本主义生产方式一方面促进社会劳动生产力的发展,另一方面也促进不变资本使用上的节约"①,甚至靠牺牲工人而实现劳动条件的节约。此外,在其他条件不变的情况下,利润率的高低和原料价格成反比,"剧烈的价格波动,会在再生产过程中引起中断,巨大的冲突,甚至灾难。"②然而,"一切企图对原料生产进行共同的、果断的和有预见的控制——这种控制整个说来是和资本主义生产的规律根本不相容的,因而始终只是一种善良的愿望,或者只是在面临巨大危险和走投无路时例外采取的一种共同步骤——的想法,都要让位给供求将会互相调节的信仰。"③

第二篇 利润转化为平均利润

本篇由 5 章构成,分别是"第 8 章 不同生产部门的资本的不同构成和由此引起的利润率的差别""第 9 章 一般利润率(平均利润率)的形成和商品价值转化为生产价格""第 10 章 一般利润率通过竞争而平均化。市场价格和市场价值。超额利润""第 11 章 工资的一般变动对生产价格的影响""第 12 章 补充说明"。

马克思首先承认,"在不同产业部门,与资本的不同的有机构成相适应,并且在一定限度内与资本的不同的周转时间相适应,不同的利润率占着统治地位"。④但是,"不管所生产的价值和剩余价值多么不同,成本价格对投在不同部门的等量资本来说总是一样的。成本价格的这种等同性,形成不同投资竞争的基础,而平均利润就是通过这种竞争确定的。"⑤在市场竞争机制的作用下,资本纷纷涌入利润率高的企业或行业部门,导致该企业或行业部门资本过剩,利润率下降;而原先利润率较低的企业或行业部门由于众多的资本撤离,供不应求,利润率上升。这就是"利润平均化"的过程。

"那种在不断的不平衡中不断实现的平均化,在下述两个条件下会进行得

---

① 《资本论》第 3 卷,第 102 页。
② 同上书,第 135 页。
③ 同上书,第 137 页。
④ 同上书,第 171 页。
⑤ 同上书,第 172 页。

更快:1. 资本有更大的活动性,也就是说,更容易从一个部门和一个地点转移到另一个部门和另一个地点;2. 劳动力能够更迅速地从一个部门转移到另一个部门,从一个生产地点转移到另一个生产地点。"①因此,"竞争首先在一个部门内实现的,是使商品的各种不同的个别价值形成一个相同的市场价值和市场价格。但只有不同部门的资本的竞争,才能形成那种使不同部门之间的利润率平均化的生产价格。这后一过程同前一过程相比,要求资本主义生产方式发展到更高的水平。"②

总之,通过利润在行业内和行业间的平均化过程形成了平均利润,从而导致所有工业资产阶级共同瓜分工人所创造出来的剩余价值,产生了工业资产阶级的利益共同体。"因此,我们在这里得到了一个像数学一样精确的证明:为什么资本家在他们的竞争中表现出彼此都是虚伪的兄弟,但面对着整个工人阶级却结成真正的共济会团体。"③

第三篇 利润率趋向下降的规律

本篇由 3 章构成,分别是"第 13 章 规律本身""第 14 章 起反作用的各种原因""第 15 章 规律的内部矛盾的展开"。

马克思首先通过大量例证确认了"利润率的下降和绝对利润量的同时增加"这一事实;接着论述了这一事实是社会生产力日益发展在资本主义生产方式下所特有的表现,"可变资本同不变资本从而同总资本相比的这种不断的相对减少,和社会资本的平均有机构成的不断提高是同一的。这也只是劳动的社会生产力不断发展的另一种表现,而这种发展正好表现在:由于更多地使用机器和一般固定资本,同数工人在同一时间内可以把更多的原料和辅助材料转化为产品,也就是说,可以用较少的劳动把它们转化为产品"④;然后剖析了若干阻挠和抵消利润率下降规律的作用的因素,包括劳动剥削程度的提高、工资被压低到劳动力的价值以下、不变资本各要素变得便宜、相对过剩人口、对外贸易、股份资本的增加等等;最后强调指出"这种剩余价值的生产……是资本主义生产的直接目的和决定性动机。"⑤

---

① 《资本论》第 3 卷,第 219 页。
② 同上书,第 201 页。
③ 同上书,第 221 页。
④ 同上书,第 236—237 页。
⑤ 同上书,第 272 页。

马克思还通过对资本主义生产内部矛盾、尤其是生产过剩危机的分析,揭示了资本主义生产的局限:"资本主义生产的真正限制是资本本身,这就是说:资本及其自行增殖,表现为生产的起点和终点,表现为生产的动机和目的;生产只是为资本而生产,而不是相反;生产资料只是不断扩大生产者社会的生活过程的手段。以广大生产者群众的被剥夺和贫困化为基础的资本价值的保存和增殖,只能在一定的限制以内运动,这些限制不断与资本为它自身的目的而必须使用的并旨在无限制地增加生产,为生产而生产,无条件地发展劳动社会生产力的生产方法相矛盾。手段——社会生产力的无条件的发展——不断地和现有资本的增殖这个有限的目的发生冲突。"① "由资本形成的一般的社会权力和资本家个人对这些社会生产条件拥有的私人权力之间的矛盾,发展得越来越尖锐,并且包含着这种关系的解体,因为它同时包含着生产条件向一般的、共同的、社会的生产条件的转化。这种转化是由生产力在资本主义生产条件下的发展和实现这种发展的方式所决定的。"②

第四篇 商品资本和货币资本转化为商品经营资本和货币经营资本(商人资本)

本篇由5章构成,分别是"第16章 商品经营资本""第17章 商业利润""第18章 商人资本的周转。价格""第19章 货币经营资本""第20章 关于商人资本的历史考察"。

商品经营资本和货币经营资本合称"商人资本"或"商业资本"。出于提高专业化程度和追求效率的缘故,商品供销环节从整个生产流通过程中分离出来。"商人资本既不创造价值,也不创造剩余价值,就是说,它不直接创造它们。但既然它有助于流通时间的缩短,它就能间接地有助于产业资本家所生产的剩余价值的增加。"③从而商人资本就理所当然地要求从产业资本家那里分享剩余价值,于是一部分利润便转化为商业利润。同样在市场竞争机制的作用下,通过资本在生产部门和供销部门之间自由的流动,逐步使得产业资本和商业资本都能获取整个社会的平均利润。这就导致所有工业企业的资产阶级和所有商业企业的资产阶级共同瓜分工人所创造出来的剩余价值,产生了工商资

---

① 《资本论》第3卷,第278—279页。
② 同上书,第294页。
③ 同上书,第312页。

产阶级的利益共同体。

值得指出的是,逻辑和历史在这里出现了差异:在《资本论》的逻辑中,资本主义生产在前,商业资本在后;在历史进程中,"不仅商业,而且商业资本也比资本主义生产方式出现得早,实际上它是资本在历史上更为古老的自由的存在方式"①,"商人资本的存在和发展到一定的水平,本身就是资本主义生产方式发展的历史前提"②。然而,商人资本的发展就它本身而言,还不足以促成和说明一个生产方式到另一个生产方式的过渡;商人资本的独立发展与资本主义生产的发展程度成反比;在资本主义以前的社会中商业支配产业,在资本主义社会中情况正好相反;而且,不是商业使工业发生革命,而是工业不断使商业发生革命。因此,逻辑对历史作出这种修正,只是摆脱了历史进程中的偶然性,更加清晰地揭示了历史发展的规律性。

第五篇 利润分为利息和企业主收入。生息资本

本篇篇幅最长,"讨论的也是全卷最复杂的问题"③,由16章构成,分别是"第21章 生息资本""第22章 利润的分割。利息率。'自然'利息率""第23章 利息和企业主收入""第24章 资本关系在生息资本形式上的外表化""第25章 信用和虚拟资本""第26章 货币资本的积累,它对利息率的影响""第27章 信用在资本主义生产中的作用""第28章 流通手段和资本。图克和富拉顿的见解""第29章 银行资本的组成部分""第30章 货币资本和现实资本。Ⅰ""第31章 货币资本和现实资本。Ⅱ""第32章 货币资本和现实资本。Ⅲ""第33章 信用制度下的流通手段""第34章 通货原理和1844年英国的银行立法""第35章 贵金属和汇兑率""第36章 资本主义以前的状态"。

与商人资本相似,生息资本及其所带来的利息也比资本主义生产方式出现得更早。"把货币放出即贷出一定时期,然后把它连同利息一起收回,是生息资本本身所具有的运动的全部形式。"④"货币资本家在把借贷资本的支配权移交给产业资本家的时间内,就把货币作为资本的这种使用价值——生产平均利润的能力——让渡给产业资本家。"⑤因此,货币资本家也就必然要分享平均利

---

① 《资本论》第3卷,第363页。
② 同上书,第365页。
③ 同上书,第8页。
④ 同上书,第390页。
⑤ 同上书,第393页。

润。同样,在市场竞争机制的作用下,通过资本在产业资本和借贷资本这两种形式之间自由的流动,逐步使得产业利润和资本利息都能无限趋近于整个社会的平均利润。"事实上,只有资本家分为货币资本家和产业资本家,才使一部分利润转化为利息,一般地说,才创造出利息的范畴;并且,只有这两类资本家之间的竞争,才创造出利息率。"①"只要利润的一部分一般采取利息的形式,平均利润和利息之间的差额或利润超过利息的部分,就会转化为一种同利息相对立的形式,即企业主收入的形式。"②进一步的发展就是银行业的出现。"银行一方面代表货币资本的集中,贷出者的集中,另一方面代表借入者的集中。银行的利润一般地说在于:它们借入时的利息率低于贷出时的利息率。"③

生息资本是各种颠倒错乱形式之母。"资本主义思想方法的错乱在这里达到了顶点,资本的增殖不是用劳动力的被剥削来说明,相反,劳动力的生产性质却用劳动力本身是这样一种神秘的东西即生息资本来说明。……因此,和资本现实增殖过程的一切联系就彻底消灭干净了。资本是一个自行增殖的自动机的观念就牢固地树立起来了。"④

马克思还专门讨论了信用问题。"中央银行是信用制度的枢纽。而金属准备又是银行的枢纽。"⑤借助于信用制度,生产规模惊人地扩大,个别资本不可能建立的企业即股份公司出现了。于是,"那种本身建立在社会生产方式的基础上并以生产资料和劳动力的社会集中为前提的资本,在这里直接取得了社会资本(即那些直接联合起来的个人的资本)的形式,而与私人资本相对立,并且它的企业也表现为社会企业,而与私人企业相对立。这是作为私人财产的资本在资本主义生产方式本身范围内的扬弃。"⑥"资本主义生产极度发展的这个结果,是资本再转化为生产者的财产所必需的过渡点,不过这种财产不再是各个互相分离的生产者的私有财产,而是联合起来的生产者的财产,即直接的社会财产。另一方面,这是所有那些直到今天还和资本所有权结合在一起的再生产过程中的职能转化为联合起来的生产者的单纯职能,转化为社会职能的过渡

---

① 《资本论》第3卷,第415页。
② 同上书,第425页。
③ 同上书,第453页。
④ 同上书,第528—529页。
⑤ 同上书,第648页。
⑥ 同上书,第493页。

点。"①如果说股份公司是对资本主义生产方式的消极扬弃的话,那么作为积极扬弃的"工人自己的合作工厂,是在旧形式内对旧形式打开的第一个缺口,虽然它在自己的实际组织中,当然到处都再生产出并且必然会再生产出现存制度的一切缺点"②。

信用制度必然带来虚拟资本的出现。各种证券、股票等等"实际上都只是代表已积累的对于未来生产的索取权或权利证书,它们的货币价值或资本价值,或者像国债那样不代表任何资本,或者完全不决定于它们所代表的现实资本的价值"③。"随着生息资本和信用制度的发展,一切资本好像都会增加一倍,有时甚至增加两倍,因为有各种方式使同一资本,甚至同一债权在不同的人手里以不同的形式出现。这种'货币资本'的最大部分纯粹是虚拟的。"④于是,"赌博已经代替了劳动,并且也代替了直接的暴力,而表现为夺取资本财产的原始方法。"⑤货币资本的积累所反映的资本积累,总是比现实存在的资本积累更大,这就会在周期的一定阶段出现货币资本的过剩;而"一切真正的危机的最根本的原因,总不外乎群众的贫困和他们的有限的消费,资本主义生产却不顾这种情况而力图发展生产力,好像只有社会的绝对的消费能力才是生产力发展的界限"⑥。"在危机中,会出现这样的要求:所有的汇票、有价证券和商品应该能立即同时兑换成银行货币,而所有的银行货币又应该能立即同时再兑换成金。"⑦但是信用货币的这个基础是和生产方式本身的基础一起形成的。信用货币的贬值会动摇一切现有的关系。因此,为了保证商品价值在货币上的幻想的、独立的存在,就要牺牲商品的价值。"⑧

第六篇　超额利润转化为地租

本篇由 11 章构成,分别是"第 37 章　导论""第 38 章　级差地租:概论""第

---

① 《资本论》第 3 卷,第 494 页。
② 《资本论》第 3 卷,第 497—498 页。围绕这几段话,长期以来国内外学术界就股份公司、合作工厂的所有制属性产生了明显的分歧和激烈的争论。如果说我们可以把西方资本主义国家的股份公司、合作工厂的所有制属性问题暂时撇开不予讨论的话,那么对社会主义中国的股份公司、合作工厂则可以毫不犹豫地认定它们都是公有制的表现形式。1997 年中共十五大采纳了这一论点。
③ 《资本论》第 3 卷,第 531 页。
④ 同上书,第 533—534 页。
⑤ 同上书,第 541 页。
⑥ 同上书,第 548 页。
⑦ 同上书,第 650 页。
⑧ 同上书,第 585 页。

39章 级差地租的第一形式(级差地租Ⅰ)""第40章 级差地租的第二形式(级差地租Ⅱ)""第41章 级差地租Ⅱ——第一种情况:生产价格不变""第42章 级差地租Ⅱ——第二种情况:生产价格下降""第43章 级差地租Ⅱ——第三种情况:生产价格上涨。结论""第44章 最坏耕地也有级差地租""第45章 绝对地租""第46章 建筑地段的地租。矿山地租。土地价格""第47章 资本主义地租的产生"。

"如果说资本主义生产方式是以工人的劳动条件被剥夺为前提,那末,在农业中,它是以农业劳动者的土地被剥夺,以及农业劳动者从属于一个为利润而经营农业的资本家为前提。"①土地所有权古已有之,"资本主义生产方式产生时遇到的土地所有权形式,是同它不相适应的。同它相适应的形式,是它自己使农业从属于资本之后才创造出来的"②。"随着农产品发展为价值(商品)的条件和它们的价值借以实现的条件的发展,土地所有权的权力也就发展起来,使它可以从这个不费它一点气力就创造出来的价值中占有一个日益增大的部分,剩余价值中一个日益增大的部分也就转化为地租。"③于是,雇佣工人凭借劳动力获得工资,产业资本家凭借资本获得利润和利息,土地所有者凭借土地获得地租,"在这里我们看到了构成现代社会骨架的三个并存的而又互相对立的阶级——雇佣工人、产业资本家、土地所有者。"④

地租的形式包括级差地租和绝对地租。级差地租来源于支配一种被垄断的自然力(它总是和土地所有权相联系)的个别资本的个别生产价格和投入该生产部门的一般资本的一般生产价格之间的差额,它又分为两种形式:级差地租Ⅰ是投在面积相等而肥力和位置不同的土地上的等量资本所具有的不同生产率的结果;级差地租Ⅱ则是指生产率不同的各个资本连续投在同一地块上和同时投在不同地块上的不同结果。最坏耕地也有级差地租。绝对地租则是源于土地所有权,"单纯法律上的土地所有权,不会为土地所有者创造任何地租。但这种所有权使他有权不让别人去经营他的土地,直到经济关系能使土地的利用给他提供一个余额,而不论土地是用于真正的农业还是用于其他生产目的

---

① 《资本论》第3卷,第694页。
② 同上书,第696页。
③ 同上书,第720页。
④ 同上书,第698页。

(例如建筑等等)。"①

　　从地租的发展历史来看,地租历经劳动地租、产品地租、货币地租,才由其原始形式转化为资本主义地租,"一旦资本主义租地农场主出现在土地所有者和实际从事劳动的农民之间,一切从农村旧的生产方式产生的关系就会解体。"②而分成制则是由地租的原始形式到资本主义地租之间的过渡形式。在资本主义生产方式中,"土地互相之间的竞争,不是取决于土地所有者是否让它们去进行竞争,而是取决于有没有资本可以在新的土地上同其他的资本进行竞争。"③

　　马克思还从历史发展的长河中评析了土地私有权的不合理性,指出"从一个较高级的社会经济形态(即指共产主义社会——引者注)的角度来看,个别人对土地的私有权,和一个人对另一个人的私有权一样,是十分荒谬的。甚至整个社会,一个民族,以至一切同时存在的社会加在一起,都不是土地的所有者。他们只是土地的占有者,土地的利用者,并且他们必须像好家长那样,把土地改良后传给后代。"④

　　通过对剩余价值转化为利润并进一步平均化,平均利润又以企业主收入、利息、地租的形式在产业资本家、借贷资本家、土地所有者之间进行分割这一过程的分析,我们看到,"资本的趋势是,只容许这样的超额利润,这种超额利润,在一切情况下都不是由商品的价值和生产价格之间的差额产生的,而是由调节市场的一般生产价格和与它相区别的个别生产价格之间的差额产生的;所以超额利润不是产生在两个不同生产部门之间,而是产生在每个生产部门之内;因此,它不会影响不同生产部门的一般生产价格,也就是说,不会影响一般利润率,反而以价值转化为生产价格和以一般利润率为前提。但是,正如前面已经指出的,这个前提是建立在社会总资本在不同生产部门之间的不断变动的分配比例上,建立在资本的不断流入和流出上,建立在资本由一个部门转移到另一个部门的可能性上,总之,建立在资本在这些不同生产部门(对社会总资本各独立部分来说,就是同样多的可使用的投资场所)之间的自由运动上。"⑤

---

① 《资本论》第3卷,第853页。
② 同上书,第901页。
③ 同上书,第869页。
④ 同上书,第875页。
⑤ 同上书,第858页。

至此,资本主义社会的一般规则——等量资本产生等量利润——形成了。只要市场竞争继续存在并保持充分竞争的状态,无论资本家将资本用于购买劳动力或是购买生产资料,也无论资本家是投资工业、商业、银行或是地产,都能根据"等量资本产生等量利润"的规则获取相应的利润、利息或是地租。①

第七篇 各种收入及其源泉

本篇由5章构成(只完成了前4章),分别是"第48章 三位一体的公式""第49章 关于生产过程的分析""第50章 竞争的假象""第51章 分配关系和生产关系""第52章 阶级"(未完成)。

马克思强调:"资本—利润(企业主收入加上利息),土地—地租,劳动—工资",或者更确切地说,"资本—利息,土地—地租,劳动—工资","这就是把社会生产过程的一切秘密都包括在内的三位一体的公式"。②它们成了三个阶级即资本家、土地所有者、工人的常年收入。也就是说,"雇佣工人、资本家和土地所有者,形成建立在资本主义生产方式基础上的现代社会的三大阶级。"③

在揭露出资本剥削劳动的秘密之后,马克思还是高度肯定了资本主义生产方式相对于以往各种剥削制度的进步的一面:"它榨取剩余劳动的方式和条件,同以前的奴隶制、农奴制等形式相比,都更有利于生产力的发展,有利于社会关系的发展,有利于更高级的新形态的各种要素的创造。"④当然,资本主义的出现绝不意味着历史的终结。马克思以其特有的历史洞察力,深刻阐明了必然王国与自由王国、物质生产与人的发展、资本主义社会与未来新社会之间的辩证关系:"自由王国只是在由必需和外在目的规定要做的劳动终止的地方才开始;因而按照事物的本性来说,它存在于真正物质生产领域的彼岸。……自然必然性的王国会随着人的发展而扩大,因为需要会扩大;但是,满足这种需要的生产力同时也会扩大。这个领域内的自由只能是:社会化的人,联合起来的生产者,将合理地调节他们和自然之间的物质变换,把它置于他们的共同控制

---

① 马克思研究经济规律的目的是为了指导工人阶级的政治斗争。剩余价值转形(瓜分)理论论证了:① 平均利润的出现导致工(商)业资本家一体化;② 一部分利润转化为利息,导致工业、金融资本家合二为一;③ 一部分利润转化为地租,导致工业、金融资本家与土地所有者三位一体;④ 其后的资本输出又导致国际资本同盟的形成。这就引出政治结论:无产阶级必须建立自己的国际劳动同盟,社会主义革命必须走"共同胜利"之路。

② 《资本论》第3卷,第919页。

③ 同上书,第1000页。

④ 同上书,第925—926页。

之下,而不让它作为盲目的力量来统治自己;靠消耗最小的力量,在最无愧于和最适合于他们的人类本性的条件下来进行这种物质变换。但是不管怎样,这个领域始终是一个必然王国。在这个必然王国的彼岸,作为目的本身的人类能力的发展,真正的自由王国,就开始了。但是,这个自由王国只有建立在必然王国的基础上,才能繁荣起来。工作日的缩短是根本条件。"①

《资本论》第四卷

《资本论》第四卷即《剩余价值理论》。马克思把《资本论》前三卷称为理论部分,把第四卷称为历史部分、历史批判部分或历史文献部分。在这一卷中,马克思围绕剩余价值理论这个政治经济学的核心问题,对各派资产阶级经济学家的理论进行了系统的、历史的分析批判,同时以论战的形式阐述了自己的理论观点。

第四卷共分三个分册。

第四卷第一册

本册由7章构成,分别是"第1章 詹姆斯·斯图亚特爵士""第2章 重农学派""第3章 亚当·斯密""第4章 关于生产劳动和非生产劳动的理论""第5章 奈克尔""第6章 魁奈的经济表""第7章 兰盖"。

马克思首先强调:"所有经济学家都犯了一个错误:他们不是就剩余价值的纯粹形式,不是就剩余价值本身,而是就利润和地租这些特殊形式来考察剩余价值。"②

早期的重商主义是用交换、用商品高于它的价值出卖来解释利润的来源,然而"这种利润只是相对的,一方的赢利相当于另一方的亏损,因此,利润的运动归结为'财富的天平在有关双方之间的摆动'"③。也就是说,他们只涉及已创造的价值的新分配,而不是已创造的价值的新增加。

重农学派在政治经济学发展史上占有重要地位,因为它把关于利润即剩余价值起源的研究从流通领域转到直接生产领域。可是它完全脱离流通、交换进

---

① 《资本论》第3卷,第926—927页。
② 《马克思恩格斯全集》第26卷(Ⅰ),第7页。
③ 同上书,第13页。

行单独的考察,只能"不以人和人之间的交换为前提,而只以人和自然之间的交换为前提"①,也就是说只能到农业生产部门去考察,从而得出农业劳动是唯一的生产劳动,地租是剩余价值的唯一形式,于是剩余价值就表现为"自然的赐予"。所以马克思认为:"重农学派在农业劳动范围内是正确地理解剩余价值的,他们把剩余价值看成雇佣劳动者的劳动产品,虽然对于这种劳动本身,他们又是从它表现为使用价值的具体形式来考察的。"②

  斯密对劳动价值论和剩余价值的发现做出了积极贡献,这得到了马克思的高度评价。马克思强调,斯密"非常确切地指出,劳动生产力真正大规模的发展,只是从劳动变为雇佣劳动,而劳动条件作为土地所有权和作为资本同劳动相对立的时刻才开始的。因而劳动生产力的发展只是在劳动者自己再也不能占有这一发展成果的条件下才开始"③;斯密清楚地知道,再生产和维持劳动能力所耗费的劳动时间,与劳动能力本身所能提供的劳动是大不相同的;斯密正确地指出,"只有工人新加到材料上的那部分劳动(价值)才分解为工资和利润;所以,新创造的剩余价值本身,同花费在材料和工具上的那部分资本,是毫不相干的"④;斯密还直截了当地把地租和资本的利润称为纯粹是工人产品中的扣除部分,这个扣除部分是由工人的剩余劳动即工人劳动的无酬部分构成的。而且斯密还把剩余价值的概念推广到社会劳动的一切领域,"在重农学派看来,剩余价值只表现为地租形式,而在亚·斯密看来,地租、利润和利息都不过是剩余价值的不同形式。"⑤

  然而,斯密的理论又是不彻底的,他"在两种不同的交换价值规定之间摇摆不定:一方面认为商品的价值决定于生产商品所必要的劳动量,另一方面又认为商品的价值决定于可以买到商品的活劳动量,或者同样可以说,决定于可以买到一定量活劳动的商品量;他时而把第一种规定同第二种规定混淆起来,时而以后者顶替前者"⑥。正是这种摇摆不定,导致斯密把剩余价值和利润混淆起来,从而把利润、地租和工资都看成价值源泉;把社会产品的全部价值归结为收入,从而无法解释年利润和年工资怎样才能购买一年内生产的、除利润和

---

① 《马克思恩格斯全集》第 26 卷(Ⅰ),第 23 页。
② 同上书,第 32 页。
③ 同上书,第 47 页。
④ 同上书,第 59 页。
⑤ 同上书,第 64 页。
⑥ 同上书,第 47 页。

工资外还包含不变资本的商品；还把作为内在尺度同时又构成价值实体的那个价值尺度，同货币称为价值尺度那种意义上的价值尺度混淆起来。不过，"亚·斯密的矛盾的重要意义在于：这些矛盾包含的问题，他固然没有解决，但是，他通过自相矛盾而提出了这些问题。后来的经济学家们互相争论时，时而接受斯密的这一方面，时而接受斯密的那一方面，这种情况最好不过地证明斯密在这方面的正确本能。"①

斯密理论的二重性突出表现在他区分生产劳动和非生产劳动时给生产劳动所下的定义上。他的第一种解释把生产劳动看成是直接同资本交换的劳动，相应地，非生产劳动就是不同资本交换，而直接同收入即工资或利润交换的劳动。"这些定义不是从劳动的物质规定性（不是从劳动产品的性质，不是从劳动作为具体劳动所固有的特性）得出来的，而是从一定的社会形式，从这个劳动借以实现的社会生产关系得出来的"②，因而是正确的。他的第二种解释则把生产劳动看成是物化在商品中的劳动，认为生产劳动就是生产商品的劳动，非生产劳动就是不生产"任何商品"的劳动。这种解释导致一系列的混乱。李嘉图、西斯蒙第是第一种解释的拥护者，穆勒则是第二种解释的拥护者。其后，反对斯密提出的关于生产劳动和非生产劳动区分的论战，主要是由一些二流人物进行的，如加尔涅、加尼耳、费里埃、罗德戴尔（伯爵）、萨伊、特拉西（伯爵）、施托尔希、西尼耳、罗西、查默斯等人。马克思不厌其烦地逐一批驳他们关于"一切得到报酬的劳动都是生产劳动""对资产阶级有用的一切职能都是生产性的""统治阶级是各种最重要生产劳动的代表""产业资本家是唯一的最高意义上的生产劳动者"等等庸俗而又错误的观点，批驳他们所谓"减少生产人口"的荒谬主张以及为"非生产劳动不可遏止的增长"和"富人浪费"所作的种种辩护。

在对生产劳动和非生产劳动的理论进行历史回顾之后，马克思作了如下的总结：具有革命性的资产阶级，"那时它还没有把整个社会、国家等等置于自己支配之下。所有这些卓越的历来受人尊敬的职业——君主、法官、军官、教士等等，所有由这些职业产生的各个旧的意识形态阶层，所有属于这些阶层的学者、学士、教士……在经济学上被放在与他们自己的、由资产阶级以及有闲财富的代表（土地贵族和有闲资本家）豢养的大批仆从和丑角同样的地位。他们不过

---

① 《马克思恩格斯全集》第26卷（Ⅰ），第140—141页。
② 同上书，第148页。

是社会的仆人,就象别人是他们的仆人一样。他们靠别人劳动的产品生活。因此,他们的人数必须减到必不可少的最低限度。国家、教会等等,只有在它们是管理和处理生产的资产者的共同利益的委员会这个情况下,才是正当的;这些机构的费用必须缩减到必要的最低限度,因为这些费用本身属于生产上的非生产费用。……相反,一旦资产阶级占领了地盘,一方面自己掌握国家,一方面又同以前掌握国家的人妥协;一旦资产阶级把意识形态阶层看作自己的亲骨肉,到处按照自己的本性把他们改造成为自己的伙计;一旦资产阶级自己不再作为生产劳动的代表来同这些人对立,而真正的生产工人起来反对资产阶级,并且同样说它是靠别人劳动生活的;一旦资产阶级有了足够的教养,不是一心一意从事生产,而是也想从事'有教养的'消费;一旦连精神劳动本身也愈来愈为资产阶级服务,为资本主义生产服务;——一旦发生了这些情况,事情就反过来了。这时资产阶级从自己的立场出发,力求'在经济学上'证明它从前批判过的东西是合理的。加尔涅等人就是资产阶级在这方面的代言人和良心安慰者。此外,这些经济学家(他们本人就是教士、教授等等)也热衷于证明自己'在生产上的'有用性,'在经济学上'证明自己的薪金的合理性。"①

在这部分的最后,马克思高度评价了重农学派创始人魁奈的"经济表","这张表实际上只有五条线,连结着六个出发点或归宿点。这个尝试是在十八世纪三十至六十年代政治经济学幼年时期做出的,这是一个极有天才的思想,毫无疑问是政治经济学至今所提出的一切思想中最有天才的思想"②。马克思在对魁奈的"经济表"进行深入剖析以后,同样天才地看到,"资本家的剩余价值正是这样来的:他向工人购买的不是商品,而是工人的劳动能力本身,而劳动能力所具有的价值比它的产品所具有的价值小,或者同样可以说,劳动能力所实现的物化劳动量比实现在劳动能力自身的物化劳动量大。但是,现在为了替利润辩护,利润的源泉本身被掩盖起来了,利润借以产生的整个交易也被抛开了。因为实际上(只要过程是连续不断的)资本家只是用工人自己的产品支付工人,工人支取的只是工人自己的产品的一部分,因而预付纯粹是假象,所以现在有人说:在产品变为货币之前,工人已把产品中归自己所有的那一份卖给资本家了"③。

---

① 《马克思恩格斯全集》第 26 卷(Ⅰ),第 314—315 页。
② 同上书,第 366 页。
③ 同上书,第 334 页。

第四卷第二册

本册由 11 章构成,分别是"第 8 章 洛贝尔图斯先生。新的地租理论(插入部分)""第 9 章 对所谓李嘉图地租规律的发现史的评论[对洛贝尔图斯的补充评论](插入部分)""第 10 章 李嘉图和亚当·斯密的费用价格理论(批驳部分)""第 11 章 李嘉图的地租理论""第 12 章 级差地租表及其说明""第 13 章 李嘉图的地租理论(结尾)""第 14 章 亚·斯密的地租理论""第 15 章 李嘉图的剩余价值理论""第 16 章 李嘉图的利润理论""第 17 章 李嘉图的积累理论。对这个理论的批判。从资本的基本形式得出危机""第 18 章 李嘉图的其他方面。约翰·巴顿"。

在这一部分,马克思重点评析了以往经济学家们关于地租的理论。

首先,马克思尖锐批评了洛贝尔图斯地租理论的错误前提及其在决定利润率和地租率的因素问题上的错误,指出他关于农业中不存在原料价值的论点是站不住脚的,认为他不理解工业和农业中平均价格和价值之间的关系。"在肥力不同的地段上存在不同的超额利润,或者说,存在差别地租,还不能使农业同工业区别开来。使农业同工业区别开来的,是这些超额利润的固定化,因为在农业中,这些超额利润是建立在自然所提供的基础上的(诚然,这个基础可能或多或少地趋于平衡),而在工业中,在平均利润相同的情况下,超额利润总是具有转瞬即逝的性质,超额利润的产生,总是仅仅因为采用了生产率更高的机器和更有效的劳动组合。"① 正是在有别于工业的农业领域,土地私有权成了绝对地租存在的必要条件,并且随之渗透到所有涉及自然资源的资本主义生产领域。"单单土地所有者的存在这一事实本身,就使这种超额利润不是进入一般利润率的平均化过程,而是固定下来,落到土地所有者手中。"② 因为,耕地、煤层、铁矿、瀑布等等生产条件的所有者会对资本家说:"如果我让你使用这些生产条件,那你将赚你的平均利润,占有正常的无酬劳动量。但是你的生产提供一个超过利润率的剩余价值余额,即无酬劳动余额。这个余额,你不应象你们资本家们通常做的那样,投进总库。这个余额我来占有,它是属于我的。这种交易会使你完全满意,因为你的资本在这个生产领域给你提供的,同在其他任

---

① 《马克思恩格斯全集》第 26 卷(Ⅱ),第 98 页。
② 同上书,第 11 页。

何领域一样多,并且,这是一个十分稳定的生产部门。"①所以说,现代土地所有权实际上是封建的,但是由于资本对它的作用,发生了形态变化,因而它是派生的,是资本主义生产方式的结果。"根据资本主义生产方式……的本质,把直接参与生产,因而也是直接参与分配所生产的价值以及这个价值所借以实现的产品的阶级,归结为资本家和雇佣工人,而把土地所有者排除在外……,这丝毫不是李嘉图等人的错误,它倒是资本主义生产方式的恰当的理论表现"②。

在对所谓李嘉图地租规律的发现史的评论中,马克思痛斥了马尔萨斯等人为"统治阶级最反动的分子"所作的辩护,赞赏了李嘉图在科学上的公正。"李嘉图把资本主义生产方式看作最有利于生产、最有利于创造财富的生产方式,对于他那个时代来说,李嘉图是完全正确的。……李嘉图的毫无顾忌不仅是科学上的诚实,而且从他的立场来说也是科学上的必要。因此对李嘉图来说,生产力的进一步发展究竟是毁灭土地所有权还是毁灭工人,这是无关紧要的。如果这种进步使工业资产阶级的资本贬值,李嘉图也是欢迎的。……这就是科学上的诚实。如果说李嘉图的观点整个说来符合工业资产阶级的利益,这只是因为工业资产阶级的利益符合生产的利益,或者说,符合人类劳动生产率发展的利益,并且以此为限。凡是资产阶级同这种发展发生矛盾的场合,李嘉图就毫无顾忌地反对资产阶级,就象他在别的场合反对无产阶级和贵族一样。"③

价值决定于劳动时间是李嘉图的基本论点,这具有历史合理性和科学必然性;"同这个科学功绩紧密联系着的是,李嘉图揭示并说明了阶级之间的经济对立……这样一来,在政治经济学中,历史斗争和历史发展过程的根源被抓住了,并且被揭示出来了。"④另一方面,他的理论的缺陷也是很明显的:不懂价值形式,在绝对价值和相对价值问题上陷入混乱;把不变资本同固定资本、可变资本同流动资本混淆起来;把费用价格同价值混淆起来,不懂得利润率平均化和价值转化为费用价格的过程;把同一生产领域内的市场价值形成过程同不同生产领域的费用价格形成过程混淆起来等。"李嘉图的这整个错误和由此而来的对地租等的错误论述,以及关于利润率等的错误规律,都是由于他没有区分剩余价值和利润而造成的,总之,是由于他象其余的政治经济学家那样粗暴地、

---

① 《马克思恩格斯全集》第26卷(Ⅱ),第34—35页。
② 同上书,第167页。
③ 同上书,第124—125页。
④ 同上书,第183页。

缺乏理解地对待形式规定而造成的。"①

　　李嘉图的地租理论,只承认级差地租,而否定绝对地租。马克思认为:"这是因为他以工业和农业的资本有机构成相同为前提,从而他也就否定了农业劳动生产力同工业相比处于只是历史地存在的较低发展阶段"②;同时,也同他关于不存在土地所有权前提的观点有关,尽管这种观点对现代民族的殖民来说接近于正确,但它不适用于发达的资本主义生产,也不符合旧欧洲的历史发展进程。马克思通过五张表研究了级差地租和绝对地租的各种组合,探讨了绝对地租、级差地租、实际地租或者说总地租及其计算方法,强调"绝对地租存在的前提是:一方面有发达的资本主义生产,另一方面有土地所有权,这种土地所有权不仅在法律上存在,而且在实际上对资本进行抵抗,保护这个活动场所不受资本侵占,只有在一定条件下才把地盘让给资本。"③在这一探讨中,马克思还揭示了庸俗经济学家错误方法论的根源:"在竞争的条件下一切事情都以虚假的、颠倒的形式表现出来,……庸俗经济学家实际上只不过把陷入竞争中的资本家们的奇怪想法翻译成一种表面上比较理论化的语言,并企图借此来说明这些想法正确而已。"④

　　马克思实事求是地讨论了李嘉图的剩余价值理论和利润理论。李嘉图肯定了剩余价值的存在,但没有分析剩余价值的起源,在他看来,"产品的价值超过工资的价值的余额,就是剩余价值。……产品的价值大于工资的价值,这是事实。这个事实究竟是怎样产生的,仍然不清楚。整个工作日大于工作日中生产工资所需要的部分。为什么呢?李嘉图仍旧没有说明。"⑤究其原因,是因为他把劳动同劳动能力混淆起来。李嘉图把工作日看作一个固定的量,因而只知道相对剩余价值,并科学地分析了相对工资,却不知道绝对剩余价值。李嘉图在某些场合正确地区分了剩余价值和利润,却把剩余价值规律同利润规律混淆起来,其实,"在剩余价值率降低时利润可能提高,而在剩余价值率提高时利润可能降低,或者,如果剩余价值率的提高或降低由使用的工人人数的相反运动所抵销,利润可能不变。"⑥相应地,李嘉图准确地揭示了利润率下降的规律,却

---

① 《马克思恩格斯全集》第26卷(Ⅱ),第239页。
② 同上书,第271页。
③ 同上书,第340页。
④ 同上书,第296—297页。
⑤ 同上书,第461页。
⑥ 同上书,第466—467页。

没有看到其原因是劳动生产率的提高和对工人剥削的加重,而是错误地认为地租的存在和增加以及工资的提高才导致利润率的下降。

最后,马克思通过分析李嘉图的积累理论,阐发了自己关于资本主义经济危机的观点。在马克思看来,斯密和李嘉图都忽视了对不变资本的研究,因而不了解积累的本质。资本化的剩余价值同时转化为不变资本和可变资本,剩余价值的一部分直接转化为不变资本是农业和机器制造业中积累的特点。积累的扩大,必然会挤压可变资本的份额,从而提高资本的有机构成。在商品和货币的内在矛盾中包含着危机的可能性,现在这种可能性周期性地转化为现实性。因为资本主义条件下生产和消费存在着矛盾,资本的积累重于消费的增长,主要消费品生产过剩必然转化为普遍生产过剩,生产力不可遏止的发展和群众消费的有限性之间的矛盾是生产过剩的基础。李嘉图否认普遍的生产过剩,因而不了解危机,究其原因,在于他"总是只看到交换价值的量的规定,就是说,交换价值等于一定量的劳动时间,相反,他忘记了交换价值的质的规定,就是说,个人劳动只有通过自身的异化才表现为抽象一般的、社会的劳动。"①马克思强调:"任何时候都不应该忘记,在实行资本主义生产的条件下,问题并不直接在于使用价值,而在于交换价值,特别在于增加剩余价值。这是资本主义生产的动机。"②危机的出现是资本主义经济的一切矛盾的表现和总爆发。"在世界市场危机中,资产阶级生产的矛盾和对抗暴露得很明显。但是,辩护论者不去研究作为灾难爆发出来的对抗因素何在,却满足于否认灾难本身,他们不顾灾难有规律的周期性,顽固地坚持说,如果生产按照教科书上说的那样发展,事情就决不会达到危机的地步。"③显然这是很荒谬的。

第四卷第三册

本册由 6 章构成,分别是"第 19 章 托·罗·马尔萨斯""第 20 章 李嘉图学派的解体""第 21 章 以李嘉图理论为依据反对政治经济学家的无产阶级反对派""第 22 章 拉姆赛""第 23 章 舍尔比利埃""第 24 章 理查·琼斯"。

马克思首先对马尔萨斯与李嘉图之间的论战进行了述评。马尔萨斯根据斯密观点的弱点建立一种对立的理论来反对李嘉图根据斯密观点的优点建立

---

① 《马克思恩格斯全集》第 26 卷(Ⅱ),第 575 页。
② 同上书,第 564—565 页。
③ 同上书,第 570—571 页。

的理论,显得非常幼稚、庸俗和浅薄。"他所以能够反对李嘉图,以及能够以这种方式来反对,只是因为李嘉图有种种自相矛盾之处。"①马尔萨斯尽管强调了资本和雇佣劳动之间的不平等交换(对这一点李嘉图实际上并没有阐明),却不但没有超过李嘉图,反而在他的论述中企图使政治经济学倒退到李嘉图以前,甚至倒退到斯密和重农学派以前。马尔萨斯"为英国现状辩护,为大地主所有制、'国家和教会'、年金领取者、收税人、教会的什一税、国债、交易所经纪人、教区小吏、牧师和家仆('国民支出')辩护,而李嘉图学派恰好把这一切当作对资产阶级生产的无益的、陈腐的障碍,当作累赘来加以反对。李嘉图不顾一切地维护资产阶级生产,因为这种生产意味着尽可能无限制地扩大社会生产力……马尔萨斯愿意有资产阶级生产,只要这一生产不是革命的,只要这一生产不形成历史发展的因素,而只是为'旧'社会造成更广阔、更方便的物质基础。"②

马克思注意到了李嘉图的反对者西斯蒙第,指出"西斯蒙第深刻地感觉到,资本主义生产是自相矛盾的:一方面,它的形式——它的生产关系——促使生产力和财富不受拘束地发展;另一方面,这种关系又受到一定条件的限制,生产力愈发展,这种关系所固有的使用价值和交换价值、商品和货币、买和卖、生产和消费、资本和雇佣劳动等等之间的矛盾就愈扩大。他特别感觉到了这样一个基本矛盾:一方面是生产力的无限制的发展和财富的增加——同时财富由商品构成并且必须转化为货币;另一方面,作为前一方面的基础,生产者群众却局限在生活必需品的范围内。因此,在西斯蒙第看来,危机并不像李嘉图所认为的那样是偶然的,而是内在矛盾的广泛的定期的根本爆发。他经常迟疑不决的是:国家应该控制生产力,使之适应生产关系呢,还是应该控制生产关系,使之适应生产力?"③也就是说,尽管他论证了资本主义的矛盾性,揭示了资本主义生产过剩的必然性,但他企图通过政府干预经济生活使社会回到被他所理想化了的小生产方式中去。

马克思详尽地回顾了李嘉图学派的解体过程,特别是1820—1830年间那场拥护和反对李嘉图理论的理论斗争。指出"关于李嘉图学派的全部叙述表明,这个学派的解体是在这样两点上:(1)资本和劳动之间按照价值规律交换。

---

① 《马克思恩格斯全集》第26卷(Ⅲ),第4页。
② 同上书,第50页。
③ 同上书,第55页。

(2) 一般利润率的形成。把剩余价值和利润等同起来。不理解价值和费用价格的关系。"①詹姆斯·穆勒第一个系统地阐述李嘉图理论,也由此引起李嘉图学派的解体。"在老师[李嘉图]那里,新的和重要的东西,是在矛盾的'肥料'中,从矛盾的现象中强行推论出来的。作为他的理论基础的矛盾本身,证明理论借以曲折发展起来的活生生的根基是深厚的。而学生[穆勒]的情况却不是这样。他所加工的原料已不再是现实本身,而是现实经老师提炼后变成的新的理论形式了。一部分是新理论的反对者们的理论上的不同意见,一部分是这种理论同现实的往往是奇特的关系,促使他去进行把不同意见驳倒,把这种关系解释掉的尝试。在进行这种尝试时,他自己也陷入了矛盾,并且以他想解决这些矛盾的尝试表明,他教条式地维护的理论正在开始解体。"②而标志着李嘉图理论完全解体的则是既庸俗又可悲的麦克库洛赫,他不仅是李嘉图的庸俗化者,也是穆勒的庸俗化者,还是一个想利用李嘉图的经济理论来发财的人,而他确实令人吃惊地做到了这一点。他是现状的辩护士,对土地所有者大加奉承,对沉重地压在工人阶级身上的一切矛盾完全满意,唯一担心的就是利润率下降的趋势,并因此"把全部温情脉脉的关怀都倾注在可怜的资本家身上"③。

在政治经济学上的李嘉图时期,同时也出现了反对派——共产主义(欧文)和社会主义(傅立叶)。在这里,马克思的考察仅限于"本身从政治经济学家的前提出发的反对派",发现他们"实际上都是从李嘉图的形式出发的"④,也就是说,李嘉图的理论为无产阶级反对派提供了反对资本主义的依据。"李嘉图和其他政治经济学家的兴趣仅仅在于理解资本主义生产关系,并把它说成是生产的绝对形式,而我们所考察的这本小册子以及要在这里考察的其他这一类著作,则是要掌握李嘉图和其他政治经济学家所揭露的资本主义生产的秘密,以便从工业无产阶级的立场出发来反对资本主义生产。"⑤既然资本主义生产的矛盾在李嘉图的理论中得到了中肯的、尽管是无意识的表现,那么,站到无产阶级方面来的思想家抓住理论上已经给他们准备好了的矛盾就是十分自然的,"你们说,资本就是一切,而工人算不了什么,或者说,工人仅仅是资本的生产

---

① 《马克思恩格斯全集》第 26 卷(Ⅲ),第 259 页。
② 同上书,第 87 页。
③ 同上书,第 183 页。
④ 同上书,第 260 页。
⑤ 同上书,第 261 页。

费用的一个项目。你们自己驳倒了自己。资本不过是对工人的诈骗。劳动才是一切。这实际上是从李嘉图的观点,从李嘉图自己的前提出发来维护无产阶级利益的一切著作的最后的话。"①特别值得注意的是,马克思肯定了小册子中关于"自由时间是真正的财富"的思想,指出"如果所有的人都必须劳动,如果过度劳动者和有闲者之间的对立消灭了,——而这一点无论如何只能是资本不再存在,产品不再提供占有别人剩余劳动的权利的结果,——如果把资本创造的生产力的发展也考虑在内,那末,社会在6小时内将生产出必要的丰富产品,这6小时生产的将比现在12小时生产的还多,同时所有的人都会有6小时'可以自由支配的时间',也就是有真正的财富,这种时间不被直接生产劳动所吸收,而是用于娱乐和休息,从而为自由活动和发展开辟广阔天地。时间是发展才能等等的广阔天地。"②

马克思还分析了拉姆赛、舍尔比利埃、琼斯等人超越了李嘉图的理论观点。拉姆赛尝试着区分不变资本和可变资本,考察不变资本和可变资本的价值变动对利润率和利润量的影响,将总利润分为纯利润(利息)和企业主利润。马克思认为他确实接近于正确地理解剩余价值,但他终究搞不清楚剥削不等量劳动的各资本何以利润率会是相同的这个"无法解释"的现象。"如果说李嘉图为了贯彻价值理论,试图强行把利润率归结为剩余价值率,那末拉姆赛就是试图把剩余价值归结为利润"③,两人都没有研究清楚剩余价值的本质。舍尔比利埃不仅区分了可变资本和不变资本,而且猜测到一般利润率的下降和平均化,"但是他的这种猜测还不是清醒的理解。越接近入门,而实际上并未入门,表述上的歪曲程度就越大,并且认为已经入门的错觉就越大。"④琼斯则对各种生产方式的历史区别有了一些理解,这是一切英国经济学家所没有的特点,马克思认为他"直截了当地宣称,他把资本和资本主义生产方式只'看作'社会生产发展中的一个过渡阶段,从社会劳动生产力的发展来看,这个阶段同一切过去的形式相比是一个巨大的进步,但是这个阶段决不是最终的结果,而是相反,在它固有的对抗形式中,即在'积累的财富的所有者'和'实际的劳动者'之间的

---

① 《马克思恩格斯全集》第26卷(Ⅲ),第285—286页。
② 同上书,第280—281页。
③ 同上书,第373—374页。
④ 同上书,第414—415页。

对抗形式中,包含着它灭亡的必然性。"①

最后,马克思从认识论根源的角度,解释了庸俗经济学家的错误本质及其与诚实的政治经济学家之间的区别,指出"收入的形式和收入的源泉以最富有拜物教性质的形式表现了资本主义生产关系。这是资本主义生产关系从外表上表现出来的存在,它同潜在的联系以及中介环节是分离的。于是,土地成了地租的源泉,资本成了利润的源泉,劳动成了工资的源泉。现实的颠倒借以表现的歪曲形式,自然会在这种生产方式的当事人的观念中再现出来。这是一种没有想象力的虚构方式,是庸人的宗教。庸俗经济学家——应该把他们同我们所批判的经济学研究者严格区别开来——实际上只是[用政治经济学的语言]翻译了受资本主义生产束缚的资本主义生产承担者的观念、动机等等,在这些观念和动机中,资本主义生产仅仅在其外观上反映出来。他们把这些观念、动机翻译成学理主义的语言,但是他们是从[社会的]统治部分即资本家的立场出发的,因此他们的论述不是素朴的和客观的,而是辩护论的。对必然在这种生产方式的承担者那里产生的庸俗观念的偏狭的和学理主义的表述,同诸如重农学派、亚·斯密、李嘉图这样的政治经济学家渴求理解现象的内部联系的愿望,是极不相同的。"②

《资本论》的方法

马克思在《资本论》这部巨著中主要使用了以下方法:

1. 科学抽象:透过现象抓住本质

马克思在《资本论》第一卷第一版"序言"中开宗明义地指出:"分析经济形式,既不能用显微镜,也不能用化学试剂。二者都必须用抽象力来代替。"③他并且强调"如果事物的表现形式和事物的本质会直接合而为一,一切科学就都成为多余的了"④。在《资本论》全书中,我们多次看到"撇开""假定"这样的字眼,其实都是在使用科学的抽象;也多次看到"矛盾分析"和一系列的"二重性"、一系列的"辩证否定",也都是在使用科学的抽象。

---

① 《马克思恩格斯全集》第 26 卷(Ⅲ),第 472 页。
② 同上书,第 499—500 页。
③ 《资本论》第 1 卷,第 8 页。
④ 《资本论》第 3 卷,第 923 页。

《资本论》的主要范畴顺序为：

商品、货币、市场等都是社会现象；上述范畴顺序表中的"商品""货币""资本""利润""平均利润""利息""地租"等属于一级抽象后的（表层）概念，"价值""剩余价值"则属于二级抽象后的（深层）概念。

2. 从抽象上升到具体：运用本质说明现象

在《资本论》第一卷第二版"跋"中，马克思指出："在形式上，叙述方法必须与研究方法不同。"①为了表示对当时德国知识界漠视与贬低黑格尔之风的不满，他说："我要公开承认我是这位大思想家的学生，并且在关于价值理论的一章中，有些地方我甚至卖弄起黑格尔特有的表达方式。"②当然，他又强调："我的辩证方法，从根本上来说，不仅和黑格尔的辩证方法不同，而且和它截然相反。在黑格尔看来，思维过程，即他称为观念而甚至把它变成独立主体的思维过程，是现实事物的创造主，而现实事物只是思维过程的外部表现。我的看法则相反，观念的东西不外是移入人的头脑并在人的头脑中改造过的物质的东西而已。"③所以，列宁说过："不钻研和不理解黑格尔的全部逻辑学，就不能完全理解马克思的'资本论'。"④

《资本论》主要范畴顺序表就是一个由抽象上升到具体的过程。"具体之所以具体，因为它是许多规定的综合，因而是多样性的统一。因此它在思维中表现为综合的过程，表现为结果，而不是表现为起点，虽然它是现实中的起点，因而也是直观和表象的起点。在第一条道路上，完整的表象蒸发为抽象的规定；在第二条道路上，抽象的规定在思维行程中导致具体的再现。……从抽象上升到具体的方法，只是思维用来掌握具体并把它当做一个精神上的具体再现出来的方式。但决不是具体本身的产生过程。"⑤

---

① 《资本论》第1卷，第23页。
② 同上书，第24页。
③ 同上。
④ 《列宁全集》第38卷，人民出版社1959年版，第191页。
⑤ 《马克思恩格斯选集》第2卷，人民出版社1972年版，第103页。

3. 逻辑与历史的一致

既然思维的具体只是现实的具体在精神中的再现,其必然的结论就是逻辑与历史的一致。"整个说来,经济范畴出现的顺序同它们在逻辑发展中的顺序也是一样的。……历史常常是跳跃式地和曲折地前进的,如果必须处处跟随着它,那就势必不仅会注意许多无关紧要的材料,而且也会常常打断思想进程;……因此,逻辑的研究方式是唯一适用的方式。但是,实际上这种方式无非是历史的研究方式,不过摆脱了历史的形式以及起扰乱作用的偶然性而已。历史从哪里开始,思想进程也应当从哪里开始,而思想进程的进一步发展不过是历史过程在抽象的、理论上前后一贯的形式上的反映;这种反映是经过修正的,然而是按照现实的历史过程本身的规律修正的,这时,每一个要素可以在它完全成熟而具有典范形式的发展点上加以考察。……因为我们这里考察的不是只在我们头脑中发生的抽象的思想过程,而是在某个时候确实发生过或者还在发生的现实过程,因此这些矛盾也是在实际中发展着的,并且可能已经得到了解决。"①

4. 辩证法

在形而上学的研究方法看来,以前是有历史的,但是现在不再有了。然而,"辩证法,在其合理形态上,引起资产阶级及其夸夸其谈的代言人的恼怒和恐怖,因为辩证法在对现存事物的肯定的理解中同时包含对现存事物的否定的理解,即对现存事物的必然灭亡的理解;辩证法对每一种既成的形式都是从不断的运动中,因而也是从它的暂时性方面去理解;辩证法不崇拜任何东西,按其本质来说,它是批判的和革命的"②。通观《资本论》全书,几乎对资本主义生产方式的每一个要素,马克思都一方面肯定了它在历史上的合理性和进步意义,另一方面又指出它的暂时性和非永恒性,揭示了它向自己对立面辩证转化的必然性。

简单的讨论

无疑,《资本论》是一部宏伟的、兼具精准的科学性和高度的革命性的巨著。但是《资本论》毕竟也是时代——资本主义发展早期——的产物,并没有

---

① 《马克思恩格斯选集》第2卷,人民出版社1972年版,第122—123页。
② 《资本论》第1卷,第24页。

也不可能终结绝对真理。例如,它只从客观层面揭示了价值的本质在于是人类一般劳动的凝结,却没有从主观层面讨论价值与人的需求之间的联系(不过当时连心理学学科都尚未诞生,这也情有可原);它对复杂劳动和脑力劳动的研究缺乏具体的定量分析,这在高新技术迅猛发展的今天就显得很不够了;它的无产阶级日益贫困化的结论是否是资本主义社会发展的客观事实,值得深入探讨;它在社会生产两大部类的分析中提出生产资料生产优先发展的规律是否有些简单化,也可以进一步细究。①此外,《资本论》以原始细胞——商品——为逻辑起点,演绎出整个资本主义社会及其发展历史,这果真能做到"滴水不漏"吗?其实,"逻辑的发展需要历史的例证,需要不断接触现实"。所以,我们应当与时俱进,实事求是地分析当代资本主义的现实,不断概括出资本主义社会和现代工业文明的新规律。还是恩格斯说得好:"就一切可能来看,我们还差不多处在人类历史的开端,而将来会纠正我们的错误的后代,大概比我们有可能经常以极为轻视的态度纠正其认识错误的前代要多得多。"②

(童星撰写)

[附录一]

《共产主义原理》中关于社会保障的论述

1847年6月,正义者同盟进行改组并改名为共产主义者同盟,在其第一次代表大会上,经讨论决定以"问答方式"拟定同盟的纲领。9月,共产主义者同盟伦敦中央委员会(沙佩尔、鲍威尔、莫尔)把《共产主义问答》分发给同盟的各个区部和支部。这个带有空想社会主义影响痕迹的文件不能使马克思和恩格斯满意;同样,"真正的社会主义者"赫斯在巴黎拟定的"修正"草案也不能使他们满意。10月22日,在巴黎共产主义者同盟区部委员会的会议上,恩格斯尖锐地批评了赫斯的草案,使它遭到否决。恩格斯受委托起草新的草案。这个很快就写成的草案就是《共产主义原理》。不过,恩格斯把《共产主义原理》仅仅看成是纲领的初稿,他在11月23—24日给马克思的信中曾谈到应当以《共产

---

① 参见何祚庥:《马克思主义政治经济学也要"与时俱进"》,载《学术界》2013年第7—8期。
② 《马克思恩格斯选集》第3卷,人民出版社1972年版,第125页。

主义宣言》的形式来起草纲领的想法,而抛弃那陈旧的问答方式。马克思和恩格斯在共产主义者同盟第二次代表大会(1847年11月29日—12月8日)上捍卫了无产阶级政党的纲领的科学基础,大会委托他们以宣言的形式拟定纲领。在写作《共产党宣言》的过程中,马克思和恩格斯曾运用了《共产主义原理》中提出的一系列原理。①因此可以说,《共产主义原理》是《共产党宣言》的草稿。

《共产主义原理》中共有25个问答。在对第18个问题"这个革命的进程将是怎样的呢"作答时,恩格斯提出了12条"利用民主来实行直接侵犯私有制和保证无产阶级生存的各种措施",其中以下五条都涉及社会保障和社会福利,即:

(4) 组织劳动或者让无产者在国家的田庄、工厂、作坊中工作……并迫使残存的厂主付出的工资跟国家所付出的一样高。

(5) 直到私有制完全废除为止,对社会的一切成员实行劳动义务制。

(8) 所有的儿童,从能够离开母亲照顾的时候起,由国家机关公费教育。把教育和工厂劳动结合起来。

(9) 在国有土地上建筑大厦,作为公民公社的公共住宅。

(10) 拆毁一切不合卫生条件的、建筑得很坏的住宅和市街。②

[附录二]

《哥达纲领批判》中关于社会保障的论述

1875年5月22—27日,德国当时存在的两个工人组织——由李卜克内西和倍倍尔领导的社会民主工党(爱森纳赫派),和由哈森克莱维尔、哈赛尔曼和特耳克领导的全德工人联合会(拉萨尔派)——在哥达举行合并大会,成立德国社会主义工人党。大会前的4—5月初,马克思撰写了《哥达纲领批判》,对将要合并的党的纲领草案提出了批评意见。

马克思在对拉萨尔所谓"不折不扣的劳动所得"主张进行批判时,阐发了社会保障基金是剩余价值的一种扣除的思想。他指出:

如果我们把"劳动所得"这个用语首先理解为劳动的产品,那么集体的劳

---

① 《马克思恩格斯选集》第1卷,人民出版社1972年版,第729—730页。
② 同上书,第220页。

动所得就是社会总产品。

现在从它里面应该扣除：

第一，用来补偿消费掉的生产资料的部分。

第二，用来扩大生产的追加部分。

第三，用来应付不幸事故、自然灾害等的后备基金或保险基金。

从"不折不扣的劳动所得"里扣除这些部分，在经济上是必要的，至于扣除多少，应当根据现有的资料和力量来确定，部分地应当根据概率论来确定，但是这些扣除根据公平原则无论如何是不能计算的。

剩下的总产品中的其他部分是用来作为消费资料的。

在把这部分进行个人分配之前，还得从里面扣除：

第一，和生产没有关系的一般管理费用。和现代社会比起来，这一部分将会立即极为显著地缩减，并将随着新社会的发展而日益减少。

第二，用来满足共同需要的部分，如学校、保健设施等。和现代社会比起来，这一部分将会立即显著增加，并将随着新社会的发展而日益增加。

第三，为丧失劳动能力的人等等设立的基金，总之，就是现在属于所谓官办济贫事业的部分。

《福利经济学》导读

The Economics of Welfare

The Economics of Welfare (1920)

Arthur Cecil Pigou

亚瑟·塞西尔·庇古(Arthur Cecil Pigou,1877—1959),英国著名经济学家,剑桥学派的主要代表之一,旧福利经济学的创始人。庇古1877年生于英国怀特岛Rdye镇的一个军人家庭,青年时代进入剑桥大学学习,最初的专业是历史学,后来受英国著名经济学家阿尔弗雷德·马歇尔(Alfred Marshall)的影响,其兴趣逐渐转向经济学并师从于马歇尔。1901年起,庇古在剑桥大学教授经济学,1908年,庇古当选为剑桥大学马歇尔政治经济学(讲座)教授,他拥有这个教席长达35年,直到1943年退休。迄今为止,庇古提出的外部性原理仍然在福利经济学特别是环境经济学中占据着不可动摇的主导地位。除此之外,庇古关于劳动力市场理论的研究,也为后来的经济学家奠定了不可忽视的基础性工作:包括集体谈判、粘性价格、劳动力市场内生性、劳动力市场分割以及人力资本等。

《福利经济学》是庇古一生中最重要的代表作,也是西方福利经济学的第一部代表作。它将早期福利经济学系统化,标志着其完整理论体系的建立，它对福利经济学的解释一直被视为"经典性"的。庇古也因此被称为"福利经济学之父"。《福利经济学》的出版，使福利经济学成为重要研究领域，它源于庇古1912年出版的《财富与福利》。《福利经济学》一书于1920年首次出版，后经连续修订，于1932年出到第四版。

在《福利经济学》一书中，庇古用分门别类的处理方法和细致精密的逻辑推理，从经济福利的角度着重分析了私人产品和社会产品发生的差异，从而妨碍国民所得或国民收入增加的条件，进而提出了运用征税和津贴以及国家干预等措施加以矫正的必要性和可能性。他对边际私人成本和边际社会成本所作的区分后来成为经济学"外部性理论"的基础，而他所提出的用于消除外部性的经济措施后来被称为"庇古税"。

与意大利著名经济学家帕累托的序数效用论不同的是，庇古在《福利经济学》一书中运用基数效用论作为整个理论分析的基础，坚持以效用在不同的个人之间的可比性作为判断福利增减和政策优劣的依据，并用经济学中的"边际效用递减规律"去论证财富从富人向穷人转移、进而在不影响效率的前提下实行收入分配均等化的合理性，认为这有利于社会总福利的增加。

《福利经济学》的主要目的是"研究在现代社会实际生活中影响经济福利的重要因素"。全书的中心就是研究如何增加社会福利，包括两个主要部分：第一，根据边际效用价值理论提出一套有关福利，特别是经济福利的概念。第二，从国民收入量的增加和国民收入分配出发，推导出影响社会福利的一些重要因素以及如何可行地增加社会福利。

全书共分四篇，共66章。第一篇，福利与国民所得，共有11章，庇古在这一篇中主要论述了经济福利的有关概念，以及经济福利与国民所得之间的关系；第二篇，国民所得的数量和资源在不同用途间的分配，共有22章，在该篇中，庇古主要论述了社会资源的最优配置问题；第三篇，国民所得与劳动，共有20章，在该篇中，庇古主要讨论了国民所得与劳动的关系；第四篇，国民所得的分配，共有13章，在该篇中庇古详细地讨论了国民所得分配与经济福利的关系，并提出了收入均等化的政策建议。

《福利经济学》导读
The Economics of Welfare

一、福利经济学的研究对象、研究范围、性质与研究方法

1. 福利经济学的研究对象和范围

庇古认为，一切社会科学研究的主要目的都在于如何有助于改善社会状况，经济学尤其如此。经济学是一门研究人类一般经济生活的学问，它应致力于寻求一种方便的测定社会福利改善程度的方法。但福利是个范围广泛的东西，有广义和狭义之分。广义福利因素涉及影响福利的一切有关因素，这将使考察难以进行，故福利经济学只能转而关注于其中用科学方法直接或间接可用货币测量的那部分狭义福利，这种狭义福利亦称"经济福利"，它构成了福利经济学的研究对象和范围。最终的目的是考虑影响经济福利的各种重要因素及其在总体上对广义福利的一般影响。由于经济福利仅仅是广义福利的一部分，这两者有时会发生冲突，即用货币衡量的经济福利增长反而会引起社会总福利的下降。但是，这一问题在庇古的《福利经济学》研究中被认为并不十分重要，因为可以作如下假定：凡是对经济福利有利的效应一般来说也是对总福利有利的效应。由此可以推断出，关于经济福利乃至广大福利的知识可以通过福利经济学获得。

2. 福利经济学的性质

从性质上来说，经济学是一门实证科学，是研究"是什么"和"很可能是什么"，而非研究"应该是什么"的规范科学。但同时应该注意的是，在经济学的研究过程中，不应把经济学仅仅限制于一般化的实证研究，而应使理论能够最大限度地接近于实际应用。而福利经济学从性质上来说是一门实用经济学而非纯粹经济学，它应避免流于对一般化的可能的制度作研究，而应致力于对实际的现实世界作研究。因为纯实证经济学只是研究在任一组动机支配下可能达成的均衡和对均衡的扰动因素，并不研究生活在现实世界的人们中间力的值是什么的问题，力仅作为普通人的一般动机被给定，这就是经济学中对经济人的处理方法。与此相反，当人们并没有像哲学家那种为了知识而寻求知识的冲动，却类似于生理学家，寻求知识只是为了有助于治愈（社会）弊病时，人们的兴趣则更集中于对已知经验世界的研究，而并不醉心于对之作一般化的推广，

因为这种推广对于实用的目的并无多大裨益。

3. 福利经济学的研究方法

福利经济学的目的和性质又决定了它在方法上不能仅仅停留在"描述"被观察到的客观事实,而应具备对实践加以指导并作出预测的能力。这就要求通过对事实进行综合推理,找出隐藏在事实背后的一般规律。要做到这一点,就必须具备进行数量分析而非仅仅进行质的分析的能力。但是,经济学在方法论上仍处于无法将基本经济规律及其在特殊条件下对经济规律的影响用精确的数量关系形式表达出来的状态。这主要有以下三方面的原因:"首先,必须加以确定的关系非常之多。物理学中最重要的因素——表示距离和引力之间的关系的万有引力常数,对所有物质来说都是不变的。但经济世界中的主要因素——表示一群人对不同商品和服务的喜好和厌恶的函数——却不这么简单和一致……"①"因此,经济学和力学不一样,没有一个可以普遍应用的基本规律,而是存在着许多规律,所有规律即使都用同一形式的方程式来表达,但均有不同的常数(实际上是自变量)。由于这种多样性,因此,对这些常数的确定,或推而广之,对经济学所感兴趣的各种商品的供求弹性的度量,是一项非常庞大的任务"。其次,经济学从其他学科借用的主要分析工具并不完全适用于经济学本身。"在着手解决这一任务时,其他科学领域的研究所使用的主要武器在此不能被充分利用。"最后,因研究对象的特殊性,即使假设有关条件不变,事实上仍将面临这些不变条件随时间而发生变化所带来的困难。"即使经济学家希望确定的常数的数量不是很多,并且实验方法也较为可行,我们仍然不得不面对这样一个事实,常量本身随时间不同而不同。引力常数永远不变,但经济常数——供给和需求弹性——如它们所表现的那样,却很可能根据人们的观念而变化。""经济研究所涉及的实际内容的这种可变性意味着,所寻求目标本身就是永恒变化着的,因此,即使我们可由实验精确地确定今天的经济常量的值,我们也不敢有把握地说,这种确定性明天也能成立。因此这是我们这一学科的一个难以避免的缺点。""换句话说,我们的基本规律,以及这些规律在特殊情况下所得出的一些推论,还不能以精确的量的形式表达。其结果是,正如我们经常见到的,一个实际问题必须从各个角度加以考虑,即使完全从经济学角度进行考虑,经济学也几乎常常不能提供肯定的答复。"

---

① 〔英〕庇古:《福利经济学》,朱泱、张胜纪译,商务印书馆2006年版。本文引文均引自该书。

二、福利与国民所得

庇古的福利经济学是建立在边际效用价值理论的基础之上的。庇古对"福利"这一概念提出了两个命题:"其一,福利的性质是一些意识状态,或许是意识状态之间的联系;其二,福利可以在或大或小的范畴内产生。"这就是说,福利表示人的心理状态,寓于人的满足之中,福利的大小是可以衡量的。庇古认为,"在社会生活中,一种明显的可资利用的测量工具就是货币。"但庇古强调,福利包括的范围很广,在经济学中并不讨论一般福利,而只讨论与经济生活相关的福利,即能够直接或间接地用货币尺度所衡量的经济福利。"我们的研究范围被限制在能够直接或间接与货币这一测量尺度有关的那部分社会福利,这部分福利可以被称为经济福利。当然,不可能在任何严格的意义上,把它同福利的其他部分分隔开,因为能与货币尺度建立联系的部分也是各不相同的……因此,我们疆界的轮廓必然是模糊的。""不过,在经济福利和非经济满足之间并不存在什么明确的界限,但对货币尺度的可使用性的测试,却使我们对此能有一个粗略的区分。正如通过这一测试所大致确定的,经济福利是经济科学的主要内容。"因此,庇古指出,"本书的目的即是研究在实际现代社会中,对经济福利发生影响的某些重要原因。"庇古同时指出,虽然经济福利并不能作为总福利的晴雨表或指数,但这种经济福利与非经济福利是相关的,对非经济福利有决定性的影响。

庇古把福利作为满足,用效用来表示满足。而效用可以用一个人为避免失去某种满足而愿支付的货币量来衡量,即可以用单位商品的价格来衡量,为了衡量和计量效用,庇古假设货币的边际效用是不变的。在这种经济福利的概念之上,庇古论述了经济福利与国民收入的关系。他指出,"一般而言,经济因素都不是直接地、而是通过经济学家称之为国民所得或国民收入的经济福利的相应客体来对一国的经济福利产生影响的。正如经济福利是福利中与货币尺度直接或间接有关的那一部分一样,国民所得也是社会客观收入中,当然包括得自国外的收入,可以用货币加以度量的那一部分。因此,经济福利和国民所得这两个概念是对等的,因此,对它们之中任何一个概念内容的叙述,就是对另一个概念的内容的相应叙述。"这样,就把对经济福利的研究变为对国民所得或国民收入的研究。

庇古使用的是马歇尔给国民所得或国民收入所下的定义,即:"作用于其自然资源的一国的劳动和资本,每年生产一定的物质的和非物质的包括各种服务在内的商品总净额。这是该国每年的真正纯收益或净收入,或国民所得。"这就是指扣除折旧与中间产品消耗之后的国民生产净值。国民净产品的价值总量大致与一国的货币收入相等。

庇古从经济福利转到国民所得问题,接着讨论了这样两个问题:第一,国民所得(或国民收入)量的变动,这种变动的衡量及其与经济福利的关系。虽然一国的经济福利大小直接与国民净产品的大小有关,但是当国民净产品的产出规模发生变动时,有时却难以据此判断它对一国经济福利的确切影响。产生困难的主要原因在于,国民净产品的规模变动一般总涉及商品构成比重的变化,此时变动前后的两个实物指标因缺乏可比性而难以判定何者能带来更大的福利。所以,国民所得量的变动与经济福利的关系也相当复杂。因此,要想得出明确的结论,就必须假定社会成员的嗜好和购买力分配都不变,才能得出国民净产品规模增大的定义:从时期 I 的角度看,净产品规模的增加表示其产品内容有了下述变化——如果嗜好和购买力分配在两个时期相同,社会宁愿用较多的货币支出以保留加在时期 II 中的净产品项目,而不愿意用这些货币支出保留从时期 I 中取消的那些净产品的项目。也就是说,此时社会感到在时期 II 的国民净产品构成下能获得比时期 I 更大的经济满足。换句话说,只有在社会成员对新增加的产品比对所消失的产品愿意支付更多的货币时,这种增加才真正代表经济福利的增加。亦即产品结构符合社会需求结构,其增加才导致社会福利的增长。

第二,国民所得分配及其对经济福利的影响。庇古运用边际效用递减规律说明了如果在国民收入并未减少的情况下,国民收入由富人转向穷人,即国民收入分配的平等化,有利于增加经济福利。这是因为边际效用是递减的,穷人收入增加所带来的效用要大于富人等量收入减少所减少的效用。庇古指出,"如果国民净产品的增加伴随着穷人分配份额的减少,则这种增加会同时引起经济福利的减少。反之,若把收入从富人转移给穷人,社会的产品和劳务构成将会发生如下变化:奢侈品生产将让位于必需品生产,美酒将让位于肉类和面包。只有当收入分配作如此变动时,一般可以断言,这种有利于购买力从富人向穷人转移的变动——尽管净产品总量不变——必会增进经济福利。其所以如此,根据在于:任何人在任何时期享受的经济福利,都依存于他所消费的收入而非他所得到的收入。一个人越富,其在总收入中用于消费的比例就会越小,若他的总收入是穷人的 20 倍,其消费可能只有穷人的 5 倍大。因此很显然,把相对富裕者的部分收入转移分配给气质(需求)相同的穷人,必会使穷人增加的满足强度大于富人减少满足的损失,从而使社会的满足总量得到增加。"亦即社会总效用增加,亦即社会价值总量增加。庇古同时指出,"'效用递减律'无疑导致了下述命题:任何能增加穷人收入绝对份额的措施,只要它不会使国民净产品总量减少,一般来说必会增加经济福利。"当然,庇古也意识到,"当该命题应用于精神结构不同的两个民族的富人和穷人时,若富人对任一给定量的收入都能比穷人得到更大量的经济满足,则这种收入转移能否增加经济福利就值得怀疑了。此外,富人和穷人所受教养和训练的程度不同,亦会使他们对消费同一笔收入产生不同的满足。"但这些特例并不妨碍庇古得出如下一般性结论:"减少收入分配的不平等必会增加经济福利。"

三、国民所得的数量和资源在不同用途间的分配

庇古的《福利经济学》第二篇主要讨论的是一般的社会生产资源如何分配于各种不同的用途,其中心议题是社会资源的最优配置问题。庇古认为,国民收入总量增加是经济福利增加的主要源泉,所以,如何增加国民收入就是福利经济学的中心问题之一。庇古强调,要使国民收入增加就必须使生产资源在各个生产部门中的配置达到最优状态。如何才能实现这种最优配置就是这一篇的中心内容。

庇古认为,在影响国民净产品形成和使用的诸多因素中,最关键的因素乃一国生产资源在不同部门使用中的配置。故庇古在第二篇中重点转而考察,在现存法律制度下,若让私利驱使下的经济行为自由发展,则在多大程度上它能以产生最大国民净产品的最有利方式促成一国的资源配置,以及在多大程度上国家的行动有助于改善这种自发经济倾向的内在缺陷,消除实现资源最佳配置的障碍。政府对经济力量加以适当控制对改善经济福利及国民总福利具有重要意义。

为此目的,庇古首先对"社会净边际产品""私人净边际产品""社会净边际产品的价值"和"私人净边际产品的价值"四个概念进行了界定。

庇古认为,所谓"社会净边际产品,是任何用途或地方的资源边际增量带来的有形物品或客观服务的净产品的总和,而不管这种产品的每一部分被谁所获得。"但应计算(扣算)生产这种产品所形成的实际外部成本。例如,"火车头

喷出的火星会给周围的森林造成无法补偿的伤害,由此而可能使没有直接关系的人付出代价。在计算任何用途或地方的资源边际增量时,所有这些影响都应包括在内——其中有些是正面的,有些则是负面的。而且某一产业中一个企业所使用的资源数量的增加,会给整个产业带来外部经济,从而降低其他企业生产一定产量的实际成本。所有这一切都应计算在内。"但是,"心理上的影响被排除在外,除非特意作出相反的说明,否则任何数量的资源的社会净边际产品,都被认为只包括有形物品和客观服务。"所谓"私人净边际产品,是任何用途或地方的资源边际增量带来的有形物品或客观服务的净产品总和中的这样一部分,该部分首先——即在出售以前——由资源的投资人所获得。"并指出,私人净边际产品"有时等于,有时大于,有时小于社会净边际产品。"

庞古认为,"用于任何用途或地方的任何数量的资源的社会净边际产品的价值,就是该社会净边际产品在市场上所值的货币总额。同样,私人净边际产品的价值,就是私人净边际产品在市场上所值的货币总额。因此,当社会净边际产品和私人净边际产品相等而且投资者将所获得的东西售出时,则相对于一定数量的资源而言,这两种净边际产品的价值,便等于该两种净边际产品(量)乘以该数量的资源包括劳动用于生产该产品时的单位价格。"亦即两种净边际产品的市场价格总额。

庞古假定只有一种资源,且不计资源转移成本,则可证明,当该资源与各种使用用途中的配置达到使每一种用途的社会净边际产品的价值均相等时,必然是一种使国民所得或国民收入达到最大的配置。因为,将资源任何社会净边际产品的价值较小的用途转移到社会净边际产品较大的用途上去,都会增加国民所得或国民收入。当这一结论应用于多种资源多种用途的配置时,理论上亦应成立。当然,当实际上存在资源转移成本时,转移到新用途上去获得的额外收益应减去资源转移成本。对于有些资源配置变动造成的使某些用途上较高的社会净边际产品的价值更高,同时又使得另一些用途上较低的社会净边际产品的价值更低而却在总体上减少了各净边际产品的价值不相等的程度的事实,其效果究竟如何亦很难确定。不过,庞古毕竟提出了一个资源配置极大化的理论标准。事实上,如果存在生产技术条件改善下的规模报酬递增,或因产品需求强度引起的产品价格上涨,则对遵循报酬递减规律的产品生产,很可能存在几种使各净边际产品的价值都相等的资源配置方法,其中每种配置都对应着一个极大点,但在极大点中间,只存在一个最大点,这个最大点就代表最大的国民所得或国民收入。

接下来要考察的问题是,在自由竞争条件下的私人投资者,其追求私利的行为是否存在着与资源配置最大化的标准相一致的自然倾向?庇古假定,资源在任何时候被用于任一用途,都倾向于支付与其净边际产品的价值相同的单位报酬率,则很容易得出结论,如果自由竞争不受无知的妨碍,如果一个单位投资的报酬率不论从私人投资者角度还是从社会角度都不存在差异,如具备某些外部条件,私利在引导人们选择收益大的资源使用途径时,随投资数量用于有限用途的不断增加,必然会使投资分配最终达到各种用途使用中收益均等的极大化状态。当存在着资源转移成本时,则倾向于使各种收益之差与资源转移成本相等。这一自发倾向能使国民所得或国民收入达到极大。

但是,现实中由于存在种种障碍,使得包括完全竞争在内的各种自发形成的经济机制都不能自动使国民所得或国民收入达到极大值。这些障碍主要是:第一,市场信息的不完全引起对投资收益估计错误,影响资源流动。例如,资源在各种使用中使报酬趋于相等的倾向会由于信息的不完全而受到阻碍。信息的不完全会导致对某种投资预期收益估计过高或过低,造成资源转移的错置和转移成本的增加。这种信息不完全部分是由于未来的不确定性,部分是由于自由竞争中私有企业的利润保密原则,使得企业在进行资源配置决策时,得不到作为重要指南的各种真实收益率的引导。

第二,某些生产要素的不完全可分性阻碍了资源的流动,从而无法实现国民所得或国民收入的最大化。庇古指出,"有关经济问题的纯数学论述总是假设,当某个地方出现了机会,可以有利可图地利用给定数量的若干种生产要素时,那个地方就能够以一定的单位得到每种要素,而且这种单位能与任何其他要素的单位完全分开来。由于这个假设是不能成立的,因而可以很容易地看出,收益相等的趋势不会完全实现。"庇古认为这有两方面的原因:"一方面,如果一家企业,就某种生产要素而言,只能以 1000 英镑的单位筹资,那么,虽然将价值 1000 英镑的这种生产要素转移至另一个地方或从另一个地方转移走,在均衡条件下很可能无法使总收益增加,但是,若允许的话,转移少于 1000 英镑的款项,却很可能能够使总收益增加。……另一方面,如果一家企业,就任何两种生产要素而言,只能以要素 A 和要素 B 按一定比例相结合的单位来筹资,那么,虽然将这些复杂的相互结合的单位中的一个单位转移至另一个地方或从另一个地方转移走,在均衡条件下很可能无法使总收益增加。但是单独转移一定数量的这两种要素中的任何一种,却很可能会使总收益增加。因此,当交易单位是由固定比例的两种以上要素复合而成时,各种用途间收益相等的趋势,也会退化为导致不相等的趋势。"

第三,外部经济或外部不经济的存在。例如,1单位的投资所产生的报酬,从私人角度和社会角度看,会由于外部性的存在而发生严重背离。铁路公司并不需要将烧毁沿线林木的代价计入火车运行的成本,但从社会角度看,这种损失却应从火车运行产生的净产品中被扣除掉。因此,这里把1单位的投资对国民所得或国民收入所做的贡献称为"社会净边际产品",而把1单位投资的净产品能为私人出售并获其收入的那部分称为"私人净边际产品"。显然,工业家们感兴趣的并不是社会净产品而仅仅是他们经营的私人净产品。当私人净边际产品小于或大于社会净边际产品时,私利驱使下的极大化倾向只会使私人净边际产品的价值在各种使用中趋于相等,而不会使社会净边际产品的价值在各种使用中相等,这无疑阻碍了国民所得或国民收入的极大化。

完全竞争条件下发生私人净边际产品的价值与社会净边际产品的价值背离的根源在于:在某些资源使用中,单位投资品中总有一部分由于外部性原因无法为投资者所获得,而转移给了投资者以外的其他人,并对之产生了与投资者无关的益处或损害。例如,当固定资本存在所有权与承租权的分离时,土地承租者投资改良土地,就只能从其投资产生的全部土地收益中获取部分私人收益,因为租地期满后,土地必须归还地主,此时土地在正常使用情况下生产力提高的剩余收益就归地主所有了。在这种情形下,资源利用的社会净边际产品显然大于私人净边际产品。另一种情况与契约归属关系不同,表现为当个人A为个人B提供某种服务以获取收益时,他同时也为C、D、E等其他人提供了某种使后者在技术上无法对前者支付报酬或索取赔偿的效应。例如,因投资修路而使与道路接邻的土地价值升值就说明了这一问题。相反,背离亦可表现为投资的私人净边际产品超过社会净边际产品的情形。例如,私人在拥挤的闹市中心投资盖一栋高大的建筑,必然会减少邻近房屋的空间距离和采光面积,使居住环境质量下降。其他类似的例子还有,当投资涉及短期收益与长期收益的比较时,急功近利和目光短浅常会造成人们对资源实施破坏性利用的倾向:对优质煤层的胡乱开采将使仍有价值的煤层变得永远无法开采;竭泽而渔导致某些鱼类的绝种;掠夺式的耕种方式使土地肥力永久丧失等等。其后果都造成了对总体经济效用即价值的损害。

第四，收益或成本变动而引起的背离。从生产角度看，完全竞争下不同的规模报酬条件亦会造成产出的社会净产值与私人净产值的不同背离。对于规模报酬不变的产业，由于投入增量比例与产出增量比例相同，厂商追加投资所获收益率较前不变，故可倾向于认为其边际投资下的私人净产值与社会净产值亦相同不变。但对于规模报酬递增的产业，由于产出规模扩大引起的内部或外部经济性使单位生产成本较前下降，而其获得的收益在完全竞争的条件下并不能长久保留在生产者手中（否则会由于超额利润引起新的投资向该产业竞争性的流入），最终只会以降价的形式转移给产品的购买者，这使得递增收益下的产业的边际投资的社会净产值大于私人净产值。反之，对于规模报酬递减的产业，产出规模扩大导致单位生产成本递增，若厂商在租金变动可忽略不计的情况下将递增的成本全部转嫁给了产品购买者，则将使边际投资的社会净产值小于私人净产值。

这就是说，由于各行业的规模经济报酬不同，在成本递减的行业，规模扩大使边际社会纯产值大于边际私人纯产值；而成本递增的行业规模扩大则情况相反。

第五，垄断的存在使社会边际纯产值与私人边际纯产值的差异扩大。当生产结构处于完全竞争以外的各种垄断状态时，背离更将进一步加剧。单一垄断下的厂商净产品会以牺牲社会净产品为代价而远远高于完全竞争下的私人净产品。各种类型的区别性垄断亦会从消费者那里提取到大量的消费者剩余。垄断竞争和寡占使竞争集中于广告宣传，造成了投资的虚费和因资源错置带来的资源闲置。双头垄断下双方价格和产量的相互依存性及不确定性必将使投资量远远低于能带来最大社会净产品的量。

第六，某些耐久性生产要素（如土地、设备）的所有权与使用权不一致，使这些生产要素得不到应有的维护而损害社会收益。

综上所述，无论对完全竞争还是非完全竞争，由于上述原因的存在，现实经济运行的结果都必然造成私人净产品和社会净产品出现程度不同的背离，而且作为一种倾向性规律，这种背离很难用双方的契约关系加以修正，因为它往往涉及契约双方以外的其他人。在这种情况下，为了维护社会福利的极大化，一定程度的国家干预措施就不可避免了。

在考察国家干预措施之前，庇古首先考察了国家干预以外的一种可能性的矫正措施——成立所谓的"购买者协会"。庇古认为，迄今为止所作的考察，都是把生产者作为一方,消费者作为另一方对立起来进行的,而"购买者协会"的实质则是两者的结合,它是一种由购买自己生产的产品作为最终消费品的"消费者",或购买这些产品进一步生产其他产品的"生产者"组成的组织,其政策宗旨是使购买者的总收益减去总成本达到最大。在此情况下,由一般的极大化条件可知,只有当资源配置达到任一资源投入任一产品生产所获得的社会净边际产品的价值均相等时,才能实现极大化,而这无疑与国民所得或国民收入达到极大化的条件不谋而合。所以,"购买者协会"能在很大程度上消除掉完全竞争和垄断造成的不和谐,至少在理论上,这种形式有利于节省沟通生产和消费的广告成本,在协会成员之间普及最佳生产方法的有关知识,并可将成员之间用于讨价还价和防止欺诈花费的时间和精力减至最小。但问题是,与现实中通常的商业行为比较,这方面的先例历史上几乎没有,一旦真要组织它,穷人会因为对此问题缺乏直觉认识而不理解为什么要组织它,对于只占人们收入消费中很小部分的奢侈品之类,参加协会得到的节约又小到不值得去节省它。所以,这类组织成立的现实可能性是微乎其微的。

既然自发的购买者协会并非矫正现存商业形式缺陷的合适工具,庇古接下来考察了国家干预对国民所得或国民收入的影响。庇古认为,对于事关全局的产业,如铁路、电力、供水等,应由政府经营;而对于非全局性的产业,政府干预就不合适的观点是不能成立的。固然,虽然不能指望国家会自动追求最佳资源配置,而且私人企业对理想配置的偏离并不能成为国家直接干预的充分理由,且一个昏庸的市政委员会甚至国家立法的不当干预,反而会使私营企业的缺陷变得更糟。但是,随着时代的发展,政府机构已经得到了极大的改进,而且日益能担负起为社会谋利益的责任了。由于国家可以摆脱信息不灵、部门私利等方面的局限性,现在的政府干预已具备了能比以前时代对社会提供更大益处的可能性。因此,任何企业只要在私利引导下使得资源配置与最大国民所得(的追求)之间出现差异,就存在着政府干预的正当理由。

举例来说,对于私人净边际产品和社会净边际产品存在背离的情况,国家有可能通过特殊鼓励和特殊限制一类的手段对之加以矫正,其中最重要的手段就是津贴和税收。对于私人净边际产品超过社会净边际产品的行业,一般可以采取高额税收的方式加以矫正。其中,最明显的例子是生产和销售烈性酒饮料,几乎所有的国家都对这类行业征收特殊的高额税收。反之,对于私人净边际产品小于社会净边际产品的农业生产,各国一般都对之给予直接补贴或间接扶持,如由政府提供农业生产所需的全部资金等。有时,当各经济主体受影响的相互关系非常复杂时,政府除了采取津贴和税收外,还可实施其他形式的行政控制措施。

为了使国家对私人产业采取矫正措施时有参考标准,庇古把任一产业的一定量投资亦即资源投入正好达到使其投资的社会净产值在各种(资源)使用中均等时的该投资量称为"理想投资",把相应的产出称为"理想产出"。一般而言,产业的生产规模随产量的不断扩大都要经历从报酬递增到报酬递减的过程,在完全竞争下,若任一产业投资的社会净边际产品的价值大于(或小于)私人净边际产品的价值,则暗含其所达产量小于(或大于)理想产量。据此,国家便可采用奖励或津贴的办法,促使私人边际净产品的价值小于社会净边际产品的价值的产业扩大投资和产出以接近理想产量。反之,国家可采取课税等措施,以限制私人净边际产品的价值大于社会净边际产品的价值的产业过度扩张对最佳资源配置的偏离。同样的方法可分别应用于规模报酬递增和规模报酬递减的特殊产业,作为扩大国民所得或国民收入的有力措施。

对于非完全竞争下的各种垄断,庇古认为情况就不那么简单了。他认为,垄断虽然也有一定的结构性上的经济性,如有利于生产的专业化发展和提高效率、容易获得规模经济收益(报酬),可用更多的资金集中从事研制新产品、风险承受能力较大、更容易消除不确定性等,但垄断的共同特征是生产者可以通过控制产量来控制价格,所以私利引导下的垄断行为,无论如何也不可能做到使资源配置在各种使用中的社会净边际产品的价值相等,而只会比完全竞争状态造成更大的偏离。不仅如此,当对完全竞争行之有效的以津贴和税收为主的财政调控(矫正)手段应用于垄断时,也将失效。因为,如果用津贴手段促使垄断产量不致被限制在社会理想产量之下时,就必须以垄断者能够在其已经获得很大的垄断利润的基础上再加上从国家那里敲诈来的一大笔钱财作为代价才行。因此,必须寻求对付垄断的其他可行办法。

为简化分析起见,庇古假定完全竞争能使国民所得或国民收入达到极大化,并以此为准绳与垄断条件的净产品作比较。这样,问题就转化为,如何才能使垄断产业像完全竞争下那样地运行?

庇古首先提出了两种间接控制的方法。其一是保护"现实竞争"法,即对于从产业合并(集中)中发展起来的垄断力量,国家可以把目标选择在阻止垄断的力量从这种合并中产生出来,以及对已经产生出来的垄断力量加以摧毁方面。美国1890年诞生的《联邦反托拉斯法》就是这方面的例子。其二是保护"潜在竞争"法,即国家可以寻求保护潜在的而非现实的竞争的政策,使垄断力量失效。它的基本思路是:必须让垄断者意识到,一旦他们限制产量而使价格上升到足以带来非正常高额利润即垄断时,就会有新的竞争者进入该产业与之进行竞争,从而这种潜在的竞争威胁会迫使垄断者把产量和价格限制在合理的水平上。由于通常垄断者用以阻止新竞争者进入的手段无非采用无情竞争(又称毁灭性低价倾销)和各种形式的联合抵制的"大棒"策略(即通过向购买产品和供应原料的第三方施加压力,与之联合起来对付新进入者),故保护潜在竞争的政策重点便是借助于立法手段,对查出奉行"大棒"策略的垄断者予以惩处。如美国1916年的《联邦收入法》和英国1921年的《产业保护法》,都规定了当输入商品的售价低于实际市场价或批发价时,将予以课税、罚款乃至监禁的处罚。对于联合抵制之类的不正当竞争,亦有相应的惩治条款。但问题是,该政策在实施中不仅存在易被垄断者钻空子的逃避法律惩罚的问题,而且即使不存在这一问题,它能否有效地保护"潜在竞争"也很难说,因为现实中还存在阻碍完全竞争的其他障碍。这些障碍使得保护潜在竞争的政策如同保护现实竞争的政策一样,难以奏效。

间接控制方法的不力促使人们进而采用直接控制的方法进行补充。所谓的直接控制,是指对垄断产量和定价直接加以抗衡或干预。庇古认为,直接控制有三种方案:第一种方案是,国家鼓励垄断产品的购买者们组织起来,形成与卖方垄断力量相抗衡的买方力量,以抵消前者的影响。该方法存在的问题是,如此达成的最终产量和价格将是不确定的,最多只能部分地接近完全竞争下的产量和价格。考虑到最终消费者通常很难形成这样的抗衡力量,更多的可能性是由位于垄断销售者和最终消费者之间的中间商来形成这样的力量,其结果是,当产品经过垄断生产者和联合起来的中间商最后达到消费者手中时,定价可能比垄断价格低,但也可能比原先更高,反而弄巧成拙。

直接控制的第二种方案是,对销售价格直接加以干预,以期把产出控制在完全竞争水平上。但是,这种方法对规模报酬递减的产业不适用,因为如果垄断者仅能获得正常利润,则必然会通过减少产量降低供给价格(成本),以便拉大管制价格乘产量减去供给价格(成本)乘产量之间的差额来获取垄断利润,这样,产量将更加小于完全竞争水平。当然,这类问题在规模报酬不变和规模报酬递增的产业中是不存在的,因为减产并不会导致单位成本降低。因此,庇古指出,"当供给价格不变或供给价格递减时,若价格被规定在竞争水平上,垄断者把产量降低至竞争性产量以下,将是不合算的;因为他这样做不一定能降低成本。因此,如果政府能将价格规定在竞争水平上,它也能间接地确保竞争性产量。"

对价格的干预可进一步分为"反向控制"和"正向控制"两种。"反向控制"就是由政府来决定厂商提出的提价要求是否合理,从而决定批准还是拒绝该项提价要求。这样,政府部门的工作相对较为轻松,只需对某些不合理的提价加以干预即可。而"正向控制"则需对有关产品和劳务的价格上下限作出明确的规定,以此来检查厂商是否以牺牲消费者利益为代价通过高价来获取不正当收益,并对查有实据者给予惩罚。但是,无论是反向控制还是正向控制,都难以保证不留漏洞,让违法者逃脱有关条款的约束。不仅如此,"反向控制"有必要决定什么样的提价是合理的,"正向控制"则要求确定各种产品的正确价格。虽然已知这些控制的参照标准是竞争性价格,但问题在于,实际上的竞争性价格是不可能从任何企业收入中计算出来的。从理论上说,竞争性价格是一种给企业带来正常利润的价格,它由各项成本构成。由于正常利润亦包括在成本概念中,故要确定何为竞争性价格,就必须事先确定正常利润是什么,这实际上是难以做到的。所以,这些干预措施难免会犯两类错误:对价格管制不是过紧就是过松。要避免使错误增大,价格管制还须根据有关统计资料定期作出修正,或关注需求的变动,将它与生产成本的变动联系起来随时调整定价的适当范围。这一切无疑又都极大的增加了价格管制的成本。

直接控制的第三种方案是,索性让政府当局自己经营企业和负责投资。问题是,这一方案是否会比对私人企业加以各种控制的效果更好?要回答这一问题,必须从生产效率的观点对官营和私营的利弊加以权衡。虽然这种权衡仅凭有限的统计资料很难进行,但官营并没有理由一定比私营的效率低。不过官营确实也存在着某些危险。首先,官营者有可能试图通过不正当的非商业性手段,以牺牲有能力用更经济的手段满足同样需求的与之竞争的竞争对手为代价,来维持本身的生存。其次,官营效率很可能受到源自政府的非意愿的风险负担和试验的损害。最后,官营效率还可能遭受管理组织人浮于事、过度膨胀之害。

因此,要回答为使国民所得或国民收入增大,对企业究竟由政府控制好还是由政府直接经营好的问题,有必要针对不同的产业类型,从两种形式各自的生产效率和出于社会利益要求而产生的各种管制方法对其是否适用这两方面多作些具体分析。例如，对于与人民健康关系密切的产业，既要求产品的质量可靠，但对产品质量的检验又不易方便地进行时，官营就更可取了（即使该产业处于完全竞争而非垄断状态）。另外，对于典型的生产单位由小型私营企业组成的那类产业，有时就很难对之应用合适的官营办法，因为除少数例外，官营的方法一般只对于倾向走向垄断的大型生产单位才适用。由此看来，没有一种普遍的方法可以决定任一产业是适合官营还是政府管制好，必须对具体情况作具体分析。

四、国民所得与劳动

第三篇题目为国民所得与劳动，在该篇中，庇古主要讨论的是国民收入与劳动的关系。决定国民收入大小的主要是劳动，所以，第三篇所涉及的问题相当广泛，诸如，一般的劳动纠纷、工作时数、工资的支付方式、影响劳动在不同地区及职业间分配的因素、提高工资的可能性、减少失业的方法以及公平工资和最低工资等问题，对这些问题的探讨既有理论分析，又有政策建议。

在劳资纠纷方面，庇古重点讨论了劳资协调机制。庇古认为，罢工或企业关闭会降低直接受影响的行业的产量。同样也会产生溢出效应：对其他行业的原材料或设备供应也会减少甚至被切断，企业即失业者减少了对其他行业产品的需求，以及工人的孩子可能由于营养不良引发伤病等。因此，"建立和加强劳资协调机制"可以增加国民所得以及经济福利。庇古建议成立由工人及雇主代理人组成的劳动会议，定期讨论"工作环境、酬劳方式、技术培训、行业研究、流程改进"等问题，以及劳资双方争端的解决。仲裁只是最后的解决办法。此外，当这些自愿安排无法奏效时，庇古建议在罢工或企业关闭之前进行调停。最后，在所有尝试协调劳动力和资本的努力都失败的情况下，政府可实行强行干预。对由工资引起的争议进行调解、仲裁时，要确立"有望协商达到的工资范围"，其上限是为避免罢工、雇主所愿意支付的最高工资额；其下限是工人所能够接受的工资的最低额并且停止罢工。

针对工时制度，庇古认为超时工作会给女工和童工造成很多有害影响，不利于他们的身体，且降低了工作效率。庇古认为，对个体有利的工时标准并不能用来确立一个适用于普遍的标准工时，雇员和雇主都没有意识到过长的工时所带来的影响。收入低的雇员更愿意增加工作时间来获得更多的收入。有些雇员缺乏技术,并且和雇主之间缺少持久的沟通,那么超时的工作肯定会被认为有利于雇主而非工作本身。雇主总是不愿意减少工作天数,因为越来越多的工人都会要求减少工时。庇古已经意识到了政府有意采取行动减少工时,因为立法较之其他减少工时的手段,不太会导致更多的裁员。一个企业只有发展了更多的技术资产,才会去雇用更多的人员。

庇古认为计件工资是最好的补偿办法,因为它能在工资和产出之间建立精确的联系。但是,雇员边际产量的测定会造成一些问题:劳动力产出和资产产出不容易清楚地区分;雇员产出的质量也各有不同;服务行业和监督型职业中,边际产出不易确定。再有,雇员通过他们的边际产出获得相应的工资,那么他们就会乐于增加他们的产出同时要求更高的工资;雇主则会认为雇员的收入过多而降低他们的工资。反过来,雇员们会预料到降薪,从而蓄意减少产出。尽管计件法是最佳支付方式,但是不利于增加全民利润。

在工资方面,庇古重点讨论了公平工资问题,公平工资就是在所有地区与职业中支付给工人的工资等于其劳动的边际净产值,并使各种工人在不同地区与职业间的配置使国民收入达到最大。由这一标准看,不公平工资可以分为两类,一种是虽然不公平,但在工人所从事工作的地区与职业中等于劳动的边际净产值的。另一种是有剥削存在,工资低于劳动的边际净产值。前一种不公平要通过促进劳动在地区与职业间的流动来解决,后一种要由政府进行干预来解决。此外,即使工资是公平的,但如果低于最低生活工资,也应制定最低工资法来提高工资。通过立法增加工资,一般不会导致企业大量裁员。否则,企业除自身陷入工人短缺的困境外,还将面临法律的追究。

第一种不公平工资会造成雇员高额的转移成本。假如雇员不会被替换,工资的增加也就不会吸引其他人来竞争这个工作。这是因为计算预期(收入总和/工人数量)不变。此情况下,那些被解雇的员工也不会再有去其他地方谋职的机会。工资增加会创造新工作,劳动力的分布得到改善,国民所得也会增加。但是,雇员的聘用是完全可替代的,对劳动力的需求也就降到小于1,工资增加最终会通过减少劳动而减少国民所得。工资增加还会提升失业工人以及其他行业工人的期望值,失业也就会增加,国民所得的规模减小,弹性大于1。如果缺乏教育的贫穷劳动者固定在某地或分布于各地,那么,第二种不公平与剥削就有可能发生。此时,雇主不仅有垄断的能力,而且相对于他们的对手来说,他们还有相当大的战略决策力。只有政府干预可以平衡此况。将工资提高到有效水平会增加劳动力供给并增加劳动,还会迫使公司改进技术来增加利润,从而增加国民所得即国民收入。那些在工资增长中被淘汰的公司将会被更加有效的公司所替代。

庇古反对通过最低工资法来增加工资。因为每个劳动者都有不同的需求,强制最低工资并不能给大多数劳动者提供必须生活收入。最低工资可能增加老人、妇女和无技术劳动者的失业率。与其这样,还不如在国家基金的帮助下保证每个家庭都享有足够的最低生活标准。最低生活标准与浮动工资能产出更优的经济效果,即减少贫困人数和提高劳动力市场配置效率。庇古强调工资必须有效,不宜过高或过低。

庇古分析了劳动在各地区各职业间的配置问题。庇古认为通过合理配置劳动资源避免产出效率下降可以增加国民所得。他认为,即使各类劳动的需求价格及工资在不同的地区与职业间均能相等,而劳动在不同地区与职业间的配置却仍达不到理想状态。造成产出效率下降的原因有很多,知识的欠缺致使雇员忽视就业市场的空缺和更好的就业机会,而且会导致他们错误估计未来劳动力市场的需求以及他们的孩子的能力。转移成本(工人变换工作的时候,期望获得更多的利益,平均一天的收益即为此成本)会妨碍劳动力更有效的配置。工会会为会员保留其工作,以此来限制劳动力的流动。最后,"传统习惯"也会根据种族、肤色或者性别的不同,影响人们的就业。在经济萧条的时候,庇古不加区分地认为对劳动的需求会减少。

劳动配置中的失误会引起失业,减少国民收入与经济福利。庇古认为,解决这种失业的办法则是政府采用干预手段,例如,由政府提供必要的费用,或使工人终身受雇等等。

总之,劳动的规模、数量与国民所得亦即国民收入正相关,因而与经济福利乃至社会福利正相关。

五、国民所得的分配

庇古在第四篇中详细讨论了国民所得即国民收入分配与经济福利的关系,并提出了收入均等化的政策建议。庇古关于收入分配对经济福利的影响的论述是从这样一个基本观点出发的:"以下情况中的任何一种情况,即或者使民收入增加,而不减少穷人在其中占有的绝对份额,或者使穷人占有的绝对份额增加,而不减少国民收入,都一定会增加经济福利。"这里所研究的主要是后一种情况。在分析这一问题时,庇古假设货币的边际效用也是递减的,即一个人的货币收入越多,其边际效用愈小;而货币收入愈少,其边际效用愈大。因此,穷人的货币收入的边际效用大于富人,把货币收入由富人转移给穷人就可以增加社会的总效用,即增加经济福利。

庇古认为,在"经济萧条、工会力量强大和舆论坚持要求等情形存在时",把富人的收入转移给穷人以增加经济福利就是十分必要的。而为了实现这一点,就要求国家采取收入均等化的政策。

庇古指出,实现收入的转移可以有自愿转移与强制转移两种方式。自愿转移就是富人自动出钱举办教育、娱乐、保健、科学、文化等事业。但他也感到仅靠自愿转移是不够的。这样就需要国家实行强制转移。强制转移就是征收累进的所得税与遗产税,并把这种收入向穷人转移。转移的办法亦可分为直接的与间接的。直接转移就是兴办社会保险与社会服务,诸如养老金、失业补助、免费教育、医疗保险等。间接转移就是对穷人最需要的产品的生产进行补助,例如,对农业生产、交通、住房建筑进行补贴,以便这些行业的产品能以低价卖给穷人,使穷人间接受益。

庇古指出,为了避免受救济穷人偷懒,可以与生产率联系起来:工人生产效率越高,他能得到的救济就越多。并强调效率优先于公平,因为效率是保障公平的基础。政府要创立相应的社会保障网络,以促进就业和再就业。有就业能力和就业条件的人不就业或无端离职,不可获得救济并应蒙受损失。

庇古理论的逻辑可简要概括为:国民收入(国民所得)是经济福利的基础,其与经济福利正相关。而劳动是国民收入(国民所得)的基础,其与国民收入(国民所得)正相关。依形式逻辑可传律,劳动是经济福利的基础,其与经济福利正相关。庇古对劳动及劳动者福利(经济权益)的高度关注不言而喻。

社会保障归根结底是(社会财富的)分配问题。庇古的研究致力于增进社会及劳动者的经济福利,并宣称社会财富即国民收入(国民所得)分配应向穷人即广大劳动者转移,以实现平等化、均等化,同时提出了若干利于这一平等化、均等化的社会保障政策。庇古理论于社会保障的启发及意义广泛而深刻。

(任正臣撰写,庞绍堂修订)

《就业、利息和货币通论》导读

The General Theory of Employment, Interest, and Money

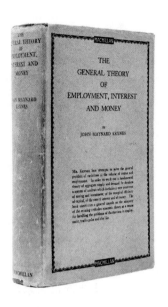

The General Theory of Employment, Interest, and Money (1936)

John Maynard Keynes

约翰·梅纳德·凯恩斯(John Maynard Keynes, 1883—1946),英国经济学家,宏观经济学创始人,因开创经济学的"凯恩斯革命"著称于世。1883年生于英格兰的剑桥市,曾在剑桥大学国王学院学习,1905年获剑桥大学文学硕士学位。1906—1908年在印度事务部工作,1908—1915年任剑桥大学经济学讲师,1915—1919年应邀到一战时的英国财政部工作,之后回到剑桥大学任教。

凯恩斯一生著作很多,共发表论文398篇、书评34篇、出版著作17本、合著2本,起草官方报告8份等,英国皇家经济学会将他的主要作品选编成《凯恩斯选集》,共计30卷。与同时代的学者相比,凯恩斯更加注重理论研究的政策意义与实践作用。其主要著作有:《印度的通货与财政》(1913年)、《合约的经济后果》(1919年)、《概率论》(1921年)、《货币改革论》(1923年)、《自由放任主义的终结》(1926年)、《货币论》(1930

年)。1936年,凯恩斯出版了其代表作《就业、利息和货币通论》(以下简称《通论》),创立了现代宏观经济学的理论体系,也是凯恩斯经济学说诞生的标志,在西方经济学史上具有划时代的意义。

《通论》是一部在20世纪发达国家影响最广泛、最深远的经济学著作。《通论》出版后,虽然西方经济学家们仍然围绕着《通论》的基本观点展开不同意见的交锋,但较多数的看法趋于一致,即认为这是一本从理论上推翻了传统经济学教义的著作,它对政府干预经济活动的必要性问题和政府需要采取何种干预方式的问题作了系统的研究和解释。

凯恩斯理论的核心,是论证了在资本主义经济中,总支出或总需求水平决定了总产量、就业量和国民收入水平。总支出或总需求并不必然和充分就业及总收入相等,因而通常会出现小于充分就业的均衡状态,但是只要总支出或总需求增加,总产量和总就业量也会随之增加直至达到充分就业水平。凯恩斯在第三章第二节中给出了关于本书的一个整体脉络,他将其总结为八点:(1)在技术、资源和成本既定的情况下,总收入取决于就业量N;(2)消费倾向一般趋于稳定,因此消费取决于总收入的水平,从而取决于就业量水平N;(3)就业量N取决于有效需求D;(4)在一定的消费倾向下,投资量决定就业量;(5)因此,均衡的就业量取决于总供给函数、消费倾向和投资量;(6)资本边际效率与利率共同决定投资量;(7)总需求等于总供给,这一古典学派的均衡是根据"供给创造他自身的需求"的萨伊定律下所假设的充分就业的均衡;(8)凯恩斯认为在通常情况下,是小于充分就业的均衡。[①]

《通论》全书分六编二十四章。简单地说,从内容上看,凯恩斯在第一编(第一章至第三章)中批评了古典经济学家的工资和就业论,提出"有效需求"的概念;在第二编(第四章至第七章)阐述了预期、收入、储蓄、投资等概念的定义及其相互关系;在第三编(第八章至第十章)分析了消费倾向的主、客观因素,并提出边际消费倾向概念和乘数理论;在第四编(第十一章至第十八章)分析了资本边际效率、长期预期状态、灵活偏好与利率、

---

① 参见〔英〕约翰·梅纳德·凯恩斯:《就业、利息和货币通论》,高鸿业译,商务印书馆2002年版,第34—35页。本导读对该书的引用均来自该版本。

资本性质、利息与货币的特征等;在第五编(第十九章至第二十一章)分析了货币工资的改变、就业函数、价格论等;在第六编(第二十二至第二十四章)提出了其对经济周期、重商主义、节约悖论等问题的见解,对传统西方经济学进行了总体评价。

一、萨伊定律和有效需求原则

1. 对萨伊定律的批判

凯恩斯在《通论》的第一编"引论"中致力于陈述和批判萨伊定律，但他提到自己并不是要攻击新古典学说的分配论和价值论，因为这些部分的"逻辑异常合理"。

凯恩斯认为新古典学说所缺少的是有关决定可供利用资源的实际就业之诸要素的纯理论。凯恩斯认为，以往传统经济学中所谈到的均衡，是根据"供给创造他自身的需求"的萨伊定律下所假设的充分就业的均衡。古典的萨伊定律坚持这样的命题，即自由价格制度有助于为日益增长的人口提供职位和增加资本。在一个扩张的社会中，新企业和新工人闯入生产过程，并不是通过排挤别人，而是通过在交换中提供他们自己的产品。市场并不被认为是固定的、有限度的或是不可能扩张的，市场的容量很大，尽可包容所有拿出来交换的产品。从一般性的概括来看，这种说法大体上描绘了一幅经济交换的景象，即需求的主要来源是生产过程本身产品的生产要素收入的流转。迄今未曾使用的资源的雇佣，通过增加收入和支出的循环流转，把收入源泉扩大了，扩大的数额等于因销售他的产品而从收入源泉中取得的数额，因此收支可以相抵；新的生产过程，凭借收入来支付给雇佣的新生产要素，这就是在增加供给的同时也产生了需求。凯恩斯说，这仅仅适用于特殊情况，而通常情况下则是小于充分就业的均衡。《通论》之所以命名为"通"论，正是因为凯恩斯自称只有他的小于"充分就业"的均衡理论才是"通常情况下的"就业理论。

引论中的第二章第一至第五小节的论述针对工资问题，即需求调节论点，第六小节则针对利率调节会自动地趋于解决储蓄投资问题这个论点。这两个论点可以看作萨伊定律的具体表达方式。凯恩斯从有关工资的前提入手，原因是在古典学派的分析中，工资率的调节是一个相当重要的部分，甚至可以说萨伊定律赖此成立。

凯恩斯从两个工资前提开始讨论。第一个前提是工资的边际生产力学说——"工资等于劳动力的边际产品"①,他承认这个前提还是可以适用的。边际生产力理论指的是在其他条件不变的前提下每增加一个单位要素投入所增加的产量。若我们假设在短期内资源、设备、组织与技术等都不变,仅就业增加,但边际产品(marginal product)②随之下降。这是从边际生产率递减规律(the law of diminishing returns)③推论得来的。因此,实际工资率与就业量之间存在着一种独特的关系——在均衡状态下,当就业量增加时,实际工资率必随之降低。凯恩斯接受了边际生产力工资说,若工业在边际成本递增之下运行,则就业量增加时,短期内实际工资率必将下降。第二个前提是,"当就业数量为既定时,工资的效用等于该就业数量时的边际负效用"④,这是古典就业理论成立的假定之一。边际负效用理解为,一个人或一群人由于各种原因可能导致其宁愿失业,也不愿意接受在他们看来效用低于某一最低限度的工资。这一前提包含以下观点:(1) 实际工资率若削减到现行的实际工资(率)以下,工人将不肯接受提供的就业机会;(2) 货币工资率的削减是削减实际工资率的有效手段。换句话说,现有的实际工资等于就业的边际负效用。凯恩斯对这个前提的有效性持否认态度。凯恩斯拒绝承认当消费者物价略有上涨时工人将不肯就业。在凯恩斯看来,现有的实际工资与劳动的边际负效用并不经常相等,因此劳工很可能准备根据目前的货币工资(即使这意味着较低的实际工资)接受增加的就业机会。"在一定的范围内,劳动者所要求的是一个最低限度的货币工资而不是一个最低限度的实际工资"⑤,即使在边际成本递增的条件下,就业增加会引起物价一定程度的上涨,从而降低实际工资率,但工人在一定限度内很乐意接受目前的货币工资率,这就意味着,若按此工资率将能提供更多的就业机会。凯恩斯认为古典学派这第二个前提中工资劳动者接受货币工资的削减是削减实际工资率的有效手段的理论是更为根本性的。他反对这一命题的理由是——工资劳动者的货币收入在相当程度上控制了消费品的全部需求,因

---

① 〔英〕约翰·梅纳德·凯恩斯:《就业、利息和货币通论》,第10页。
② 边际产品是指增加一个单位(可变)要素投入量所增加的产量,用MP表示。此处即:增加一个单位的劳动投入所带来的总产量的增加量。
③ 边际生产率递减规律,即边际效用递减规律,这是微观经济学的基本规律之一。指在其他投入固定不变时,连续地增加某一种投入,所新增的产出最终会减少的规律。换句话说,超过某一水平之后边际投入的边际产出下降。
④ 〔英〕约翰·梅纳德·凯恩斯:《就业、利息和货币通论》,第10页。
⑤ 同上书,第13页。

此,如果货币工资率全面下降,那么商品的货币需求函数也将下落。因此,增加就业的有效方法并不是操纵工资率,而是应该操纵需求。货币工资率稳定,就业能增加,在边际成本递增的条件下,实际工资率会降落到与增加的就业量相符的水平,就业并不是靠削减实际工资来增加的。相反,实际工资率的跌落是由于就业已经通过需求的增加而增加了,实际工资率并不决定于工资议价,货币工资才是通过合同而决定的。

2. 有效需求原则

凯恩斯理论与古典学派理论的显著区别,大部分是由于它们之间的假定不同。古典学派假定充分就业是正常情况,凯恩斯则认为非充分就业是正常情况,前者是静止均衡理论,后者是动态均衡理论。为了说明在资本主义经济中通常情况下总是低于"充分就业"水平,凯恩斯提出了传统经济学所列举的"摩擦性失业"和"自愿失业"以外的另一种失业概念,即"非自愿失业"。这种失业是指那些虽然愿意接受现行工资水平但却得不到资本家雇佣的工人。① 在传统经济学家看来,这种失业是不可能存在的。凯恩斯却认为,"非自愿失业"不仅存在,而且不可能通过劳工市场的自动调整而消失,因其存在的根源在于社会有效需求不足。

凯恩斯在第三章论述了他著名的有效需求原则,这一章是凯恩斯这本《通论》中极其重要的一部分,在这里凯恩斯给出了对萨伊定律的极其深入人心的反击。其实在第一次世界大战前后从事经济学研究的经济学家们,对于当时流行的经济情势分析往往感到很不快。虽然当时流行的古典经济学说巧妙地合乎逻辑,但经常与现实不相符,对萨伊定律的怀疑也不是在凯恩斯之后才有。只不过在绝大多数场合,批评家仅有软弱无力的理论甲胄,而凯恩斯把威克塞尔的投资需求分析融合到自己的体系中,加入了灵活偏好函数在决定利率中的作用,以有效需求不足理论反驳了古典学派的"萨伊定律"。

凯恩斯的有效需求是指商品总供给价格和总需求价格达到均衡状态时的总需求。总供给价格是指社会上全体资本家所要求的最低限度的卖价,即包括正常利润在内的产品总成本,所谓总需求价格是指全体资本家预期社会上对他们的产品所愿意支付的总价格,即预期的总卖价。社会就业量被认为是由总供给价格和总需求价格达到均衡状态时所决定的。凯恩斯断言总供给在短期内

---

① 参见〔英〕约翰·梅纳德·凯恩斯:《就业、利息和货币通论》,第20页。

不会发生大的变动,所以社会就业量实际上取决于总需求或有效需求。如果总需求或有效需求不足,就不能达到充分就业,即存在着"非自愿失业"。

在资本主义社会中,需求针对两类迥异的产品——消费品和投资品。对消费品的需求主要取决于消费者的购买力,即收入。对于一个家庭来说,家庭消费的决定性因素是家庭收入,如果收入增加,人们就会多买点东西,如果收入下降,就会少买点东西,这很合乎逻辑。凯恩斯假定每当一个人多挣 10 美元,他就会花掉多挣 10 美元中的大部分而将剩下的存起来。花费的部分称为边际消费倾向(Marginal Propensity to Consume, MPC),存起来的部分称为边际储蓄倾向(Marginal Propensity to Save, MPS)。例如,某人把多挣得的 10 美元中的 8 美元花掉,2 美元存起来,那么边际消费倾向即为 0.8,边际储蓄倾向即为 0.2。

对于企业来讲,购买商品和服务,决定其投资的因素更加不稳定,预期、利率、冒险心、政策甚至天气都可能改变投资计划。为了拥有充分就业的健康经济,家庭必须消费足够多的商品,而企业必须进行足够多的投资,这样商品的销售量和生产的数量才能相等。如果人们把他们所有的收入都花光,也就是当边际消费倾向为 1,就会产生萨伊定律的充分就业。但是,因为人们储蓄,企业投资就必须弥补储蓄。如若不然,产量超过销售量,存货增加,从而雇主解雇员工,导致失业产生,失业导致家庭收入减少,从而家庭消费减少,更多的产品卖不出去,存货增加,进一步导致雇主解雇员工,进入恶性循环。

可见,总需求是由消费需求(对消费资料的需求)与投资需求(对生产资料的需求)共同构成的,总需求等于消费需求和投资需求的总和,有效需求不足,或者来自消费需求的不足,或者来自投资需求的不足,或者兼而有之。因此,要说明资本主义经济中通常情况下达到的是小于充分就业的均衡,必须解释为什么通常会出现总需求或有效需求不足。凯恩斯把这归因于"心理上的消费倾向,心理上对未来收益之预期,以及心理上的灵活偏好"这"三个基本心理因素"的作用,亦称为三个基本心理规律,这是凯恩斯整个就业理论的支柱。

简单地说,凯恩斯把消费倾向看作收入和消费之间的函数关系,边际消费倾向就是增加的收入量和增加的消费量之间的函数关系。边际消费倾向使人们在每一收入增量中,用于消费的部分所占的比重是递减的,用于储蓄的部分所占的比重是递增的,造成这一现象的原因,在于人性的一些基本动机。资本边际效率就是资本家预期的利润率,即预期收益和供给价格的比率。按照资本边际效率规律,凯恩斯认为,在其他条件不变的情况下,随着投资的增加,预期的利润率将会下降,对投资的引诱力将会减少,加之不确定性、风险、期望、投资者的态度和信心等因素的影响,更扩大了预期需求量和现实消费量之间的裂痕,于是引起投资需求的不足。古典学派认为,解决这一问题的唯一办法是降低利息率,但是凯恩斯指出这会遇到流动性偏好规律的阻碍。利息率取决于个人和企业持有货币的愿望和数量,换句话说,货币供应数量影响利息率。流动性偏好是不同利息率水平上的人们对持有货币的不同需求,原因在于人们有货币在手比较灵活。由于人们手中总想保持灵活的现钱,以备投机之用,利息表现为人们放弃对灵活现钱的偏好的报酬,所以利息率不可能低于一定的水平,当预期利润率下降,而利息率不可能相应地降低时,更没有人愿意增加投资了。因此,流动性偏好规律的这种作用,将会进一步加剧投资需求的不足。

关于这三个基本心理规律,凯恩斯在第三编和第四编中进行了具体的论述。第三编考察消费倾向基本心理规律,第四编考察资本边际效率规律和流动偏好规律。凯恩斯在《通论》中以有效需求不足理论来反驳"萨伊定律",认为"需求本身会创造自己的供给",即所谓"凯恩斯定律"。他向传统经济学的挑战,实际上是两种在不同历史条件下解释资本主义经济运行的学说之间的争论。凯恩斯随即指出造成有效需求不足的原因是三个基本心理规律,即边际消费倾向递减规律、资本的边际效率递减规律和灵活偏好规律,这三个心理规律涉及四个变量:边际消费倾向、资本边际效率、货币需求和货币供给。他运用这三个基本心理规律来说明资本主义社会中生产过剩的经济危机是不可避免的。而正是由于资本主义经济在一般情况下不可能实现充分就业,所以必须依赖政府的调节,才能提高总需求,使总需求与总供给趋于一致。凯恩斯主张政府应当主要运用财政手段来干预经济活动。因为,消费倾向在短期内稳定不变的条件下,收入量和就业量主要取决于投资支出的变动,投资的增加将会使收入量和就业量成倍地增长;而在萧条时期,既然私人投资不足,那么政府投资就应当起着补充私人投资不足的作用,政府投资的增加也将成倍地促进收入量和就业量的扩大。他声称,20世纪30年代以前流行的那种认为资本主义经济会自动达到充分就业均衡,不需要政府干预经济的思想是十分有害的,因为那样就等于听任有效需求不足继续存在,听任经济危机和失业持久并恶化。唯有政府采取调节措施,刺激消费需求和投资需求,才能实现"充分就业"。

二、一般概念

《通论》第一编(即第一章至第三章)中提出的上述论点从第三编才开始进行解释和重新论证,第二编(即第四章至第七章)凯恩斯专门解释了后面论证中需要使用的概念和名词。

特别值得注意的是,在第五章,凯恩斯讨论了决定出产量与就业量的预期。以马歇尔为代表的传统经济学主要研究常态与均衡,确信充分就业是一种自然趋势,只要没有人为干扰,它总是会通过市场自动调节而建立起来。这种信念是以经济前景的确定性为依据的。而凯恩斯就业理论则主要在于研究经济失调和波动,即经济前景的不确定性——消费与储蓄倾向与不确定性有关,投资容易发生波动也是由于不确定性,流动偏好的存在只有经济前景的极不确定性才能加以说明。琼·罗宾逊认为,"凯恩斯所论证的问题的真正本质是不确定性"[1]。预期可以分为短期预期和长期预期,短期预期的改变往往不会很大,所以不会对就业量造成很大的影响,但长期预期容易发生剧烈的波动,所以可能引起就业量的巨大变化。关于长期预期,凯恩斯在第四编的第十二章专门进行了论述。

至于政府究竟应当采取什么样的措施来使总需求和总供给相适应,凯恩斯在《通论》中所看重的是以财政手段来调节经济,相比之下,货币调节措施被放在较次要地位。需要强调的是,《通论》中对财政手段的强调是同投资分析紧密地联系在一起的。按照凯恩斯在第六章中的定义,以收入为 Y,消费为 C,投资为 I,储蓄为 S,则:

$$Y = C + S, \quad S = Y - C$$
$$Y = C + I, \quad I = Y - C$$

所以,
$$C + S = C + I$$
$$S = I$$

凯恩斯写到:"从总量上看,被我们称之为储蓄的收入超过消费的部分,不可能不等于被我们称之为投资的对资本设备的添增部分。关于净储蓄和净投资,情况是类似的。事实上,储蓄不过是一个余留额,消费的决策与投资的决策在一起决定收入。假设投资决策变为现实,那么,投资必然会减少消费或增加

---

[1] [英]琼·罗宾逊:《经济理论的第二次危机》,载《美国经济评论》(1972年5月),译文详载《现代国外经济学论文选》,商务印书馆1979年版,第6页。

储蓄。因此,投资行为本身不可能不使被我们称之为储蓄的剩余额或多余额以相同的数量增加。"①

以储蓄作为余额,于是投资支出和消费支出成为真正重要的变量。凯恩斯在《通论》中采取的是短期的分析,假定消费倾向在短期内比较稳定。在短期内消费倾向不变的情况下,收入量或就业量必定只能随着投资的增加而增加。在萧条期间,由于私人投资不足,这时就有赖于政府投资作为增加收入量或就业量的手段。凯恩斯对财政调节措施的强调,正是以此为理论的依据。

三、消费函数与乘数

1. 消费倾向的主客观因素

在第三编(第八章至第十章),凯恩斯分析了消费倾向的主、客观因素,并具体论述了三大基本心理规律之一的边际消费倾向概念以及乘数理论。凯恩斯认为,总需求函数可以把任何一定的就业水平与可望由此就业量获得的预期收益(收入)联系起来。预期收益究竟有多少,决定于预期的消费支出和预期的投资支出。因此,有必要分析构成消费支出的因素与构成投资支出的因素,与前者相关的是消费需求函数的研究,与后者有关的是投资需求函数的研究。

消费函数在凯恩斯的整个理论体系中占有重要的地位,第八章和第九章大部分都在专门讨论构成消费函数并决定其形式和变动的各种因素。关于消费,可以考虑消费对就业量关系的函数或消费对实际收入关系的函数。在短期内,就业量与实际收入通常或多或少按比例一同增加或减少,但在长期,由于技术改进提高每人平均出产量,故与就业量相比,实际收入趋涨。短期内,如果就业量不增加,出产量也不容易增加,也就是说实际收入也不容易增加。

引起消费函数变动的因素分为客观因素和主观因素。主观因素包括人性的心理特征、社会习俗与制度以及社会协定,凯恩斯列举了八个人们不把收入用之于消费的动机:谨慎、远虑、筹划、改善、独立、进取、骄傲和贪婪。② "这些动机的强弱在很大程度上取决于经济社会的体制和组织、取决于种族、教育、成规、宗教和流行的风气所形成的习惯,取决于现在的希望和过去的经验,取决于资本社会的规模和技术以及取决于现行的财富的分配和已形成的生活水平",

---

① 〔英〕约翰·梅纳德·凯恩斯:《就业、利息和货币通论》,第70—71页。
② 同上书,第113页。

也就是说，主观因素虽然不是不可更改，但除非在反常的或革命的状态之下，在短时期内，由于已在原有的行为类型中生下了深根，它们多半是相当稳定的，大概不至于有重大改变。这些缓慢改变的因素基本上决定了消费函数的坡度与位置，并使其具有相当高的稳定性。也就是说，主观因素基本上构成消费函数的基础并且决定着消费函数。

关于企业和政府的行为，它们积累的动机包括进取动机、流动性动机、改善动机以及谨慎动机。① 凯恩斯特别看重企业多提折旧基金与其他准备金的行为，并且重视这些措施影响消费量对国民收入比例关系的重要程度。凯恩斯所谓的储蓄包括个人的、企业的和政府的储蓄，所有这些动机使得储蓄的力量将随着经济社会的制度与组织而大有不同。这样，消费的增长赶不上收入的增长，如果储蓄不能及时转化为投资，就会引起消费需求的不足。

凯恩斯将主观因素当作既定不变的，因此假设消费倾向仅仅取决于客观因素的改变。关于客观因素，凯恩斯列举了六种，包括工资单位的改变、收入和净收入之间的差额改变、获得横财或意外损失、利率的重大改变、预期的改变以及财政政策的改变，这些因素都可以在一定环境下发生重大的变动。但是一般来讲，一定收入中消费倾向的移动多半属于次要的事情，凯恩斯据此推导出以下结论——"在既定的一般经济情况下，以工资单位衡量的消费开支主要取决于产量和就业量"②，除非消费倾向改变，否则就业量以及产量只是随着投资的增加而增加。

2. 边际消费倾向及乘数理论

凯恩斯对边际消费倾向规律的看法是：首先，在人们收入增加的时候，消费也随之增加，但消费增加的比例不如收入增加的比例大。在收入减少的时候，消费也随之减少，但也不如收入减少的那么厉害。富人的边际消费倾向通常低于穷人的边际消费倾向。这是因为穷人的消费是最基本的消费，穷人之所以穷，是因为在穷人的消费中基本生活资料占了相当大的比重，而富人之所以富，在于富人早已超越了基本需求层次，基本生活资料消费在其收入中所占比例不大。社会越富裕，有效需求越感不足，阻碍生产越严重；社会越富裕，则其实际

---

① 〔英〕约翰·梅纳德·凯恩斯：《就业、利息和货币通论》，第113页。
② 同上书，第101页

产量与可能产量之间的差距越大,经济制度之弱点亦越易暴露。① 其次,边际消费倾向取决于收入的性质。消费者在很大程度上都着眼于长期收入前景来选择他们的消费水平。长期前景被称为永久性收入或生命周期收入,它指的是个人在好的或坏的年景下平均得到的收入水平。如果收入的变动是暂时的,那么,收入增加的相当部分就会被储藏起来。收入不稳定的个人通常具有较低的边际消费倾向。因此,人们对未来收入的预期对边际消费倾向影响甚大。边际消费倾向的降低,使得萧条更为萧条。

关于"乘数"的概念,凯恩斯在《通论》第十章中把它进一步系统化了。乘数即倍数,指影响国民收入的某个变量发生变化而引起国民收入变化之间的关系,用 K 表示。他认为,卡恩运用的"乘数",是衡量投资品工业中第一级就业增量(即投资直接引起的就业增量)与由此引起的总就业增量之比,可以称之为"就业乘数"。而《通论》中所运用的"乘数",是投资增量($\triangle I$)与由此引起的国民收入变化($\triangle Y$)的倍数,可以称之为"投资乘数(Investment Multiplier)":

$$K_I = \triangle Y/\triangle I$$

乘数效应如图所示:投资支出的增加$\triangle I$明显小于总产出水平的增加$\triangle Y$,一个较小的总支出增加带来了总产出的一个较大的增加。

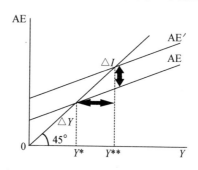

凯恩斯认为,由于各个部门需求量的增加与由此引起的就业增量之间的比例不尽相同,所以"就业乘数"与"投资乘数"不一定相同。但为了便于分析,可以假定二者相同。这样,凯恩斯写到:"在既定的消费倾向的数值下,便可以在总就业量、总收入和投资量之间,确立一个精确的关系。"②凯恩斯指出,一个人消费的任何变化开始后都会产生一种雪球效应,而且国民消费的最终变化将会

---

① 〔英〕约翰·梅纳德·凯恩斯:《就业、利息和货币通论》,第31—32页
② 同上书,第117页。

远远超过最初的变化。"我们还是应该依靠乘数的一般原理来解释为什么占有国民收入相对微小比重的投资波动,会造成总就业量和收入的波动,而波动的幅度远远超过投资波动本身。"①

消费程度越高,乘数越大。凯恩斯指出经济衰退的罪魁祸首便是储蓄,在他看来,"善意的储蓄人,包括无害的老妇人,对经济造成的损害比任何邪恶的实业家都要大得多"。如果需求不足引起衰退,那么药方必须是鼓励更多的消费,政府可以往经济中注入消费,通过弥补产量和销售量之间的最初差距来产生乘数效应从而治愈衰退。如果需求不足带来的衰退缺口是120亿,而边际消费倾向为2/3,那么乘数等于3,因而一个40亿的政府消费计划应该会刺激经济以填补缺口。

凯恩斯根据"乘数"概念,论证政府财政政策对国民收入的影响要比实际财政收支数字大得多:政府每增加一元的支出,可以引起国民收入成倍地增加,政府每减少一元的支出,也会引起国民收入成倍地下降。凯恩斯一方面恪守资本主义所有制社会结构,确信财产与收入分配不均有利于资本积累与"发财欲"(即因追求利润而增加投资量)的发挥,另一方面认为收入分配不均则不利于提高消费及有效需求,妨碍社会经济的发展,主张通过政府干预的税收措施使之缓解。政府对富有者的高税收(累进税制)可以构成扩大政府财政开支的基础。凯恩斯确认消费与所得的关系,认定所得是决定消费之最重要的因素,这一论点完全合乎经济现实。

四、投资引诱(诱导)

如上所述,凯恩斯一般就业理论体系中,总供给等于总需求,他假定总供给函数为已知,对总需求进行探究。总需求决定于消费倾向和投资量。总供给函数与消费倾向被认为是相对稳定的,从而就业波动主要是由于投资量的关系。因此,投资引诱理论在就业一般理论体系中居于主导地位。投资除了被当作解决失业问题的对策之外,它也被用来解释社会宏观经济的波动。投资展望与投资决策对就业波动起着关键性的作用,凯恩斯在第四编中分析了与投资引诱相关的资本边际效率、长期预期状态、灵活偏好与利率、资本性质、利息与货币的特征等问题。

---

① 〔英〕约翰·梅纳德·凯恩斯:《就业、利息和货币通论》,第126页。

1. 资本边际效率的决定

按照凯恩斯的理论,投资的多少取决于对投资即资本的诱导,换句话说,即取决于资本边际效率和利息率相对的高低。《通论》第十一章分析了资本边际效率的决定。

凯恩斯将资本的边际效率定义为"是一种贴现率,根据这种贴现率,在资本资产的寿命期间所提供的预期收益的现在值能等于该资本资产的供给价格"[①]。每一笔未来预期年收入都包括贴现和折旧费。资本边际效率的大小取决于生产设备的市场价格和由于投资生产设备而可能获得的预期收益。当决定投资于寿命较长的资本财货(capital goods)时,不仅仅只是考虑预期的现行产额,因为特别起重要作用的是对于资本资产所能获致的全系列未来收益的预期。这种资本财货将在今后若干年内与每单位产额重置成本较低的新设备,或者满足于较低的报酬率的新资本,处于竞争的地位。

凯恩斯把利润率改换为资本边际效率。他确认,资本边际效率与利率共同构成投资诱导的两个因素,而决定投资量,在一定的消费倾向下,投资量又决定就业量。资本边际效率因投资增加而有递减的趋势,而利率下降很慢,降到一定极限就不再下降。投资将会增加到资本边际效率随利率进行调节,而不是利率随资本边际效率进行调节。这是因为投资量的变动直接影响资本边际效率而不影响利率,正是投资量的变动才使得资本边际效率同利率相等。只有资本边际效率大于利率,投资才会继续进行,当资本边际效率大于利率的状况不复存在时,投资就停止了。在消费倾向保持不变的情况下,投资不增加,就业也就不增加了。而利息对投资以及产量和就业量的继续增长起着阻滞作用,可见资本边际效率同利率的这种独特关系对就业问题的重要影响是具有极为重大意义的。

2. 预期与资本边际效率的关系

上面提到,凯恩斯认为资本边际效率取决于生产设备的市场价格和预期收益,前者是客观存在并由市场决定的,凯恩斯不予讨论。但是后者不同,它取决于投资者的长期预期,也就是说,预期收益是一个被人们心理状况影响的主观因素。"一切生产之最后目的,都是为了满足消费者,然而,在生产者支付产品

---

① 〔英〕约翰·梅纳德·凯恩斯:《就业、利息和货币通论》,第139页。

的成本和消费者最终购买其产品之间,通常存在着时间的间隔——而有的时候,时间间隔还很大。"①企业家必须尽其所能作出最恰当的预期,并让这些预期来指导,没有其他选择。在凯恩斯就业理论体系中,预期对企业投资与生产决策具有无可替代的重要性。

预期分为两种,一种有关生产者,称为"短期预期(short-time expectation)",另一种有关未来的报酬,即从长期耐久资产所能预测得到的报酬,称为"长期预期(long-time expectation)"。短期预期与销售的前景有关,长期预期与固定资产的投资有关。"预期(不论是长期的或是短期的)的改变,只有经过相当一段时期,其对于就业量的充分影响才能产生"②。

凯恩斯十分重视企业家的预期收益对投资决策的决定性作用,他特别强调预期在经济运行中的独特重要地位。他认为,在一定的消费倾向下,投资量决定就业量,而资本边际效率与利率共同决定投资量。资本边际效率等于预期利润率,就是新投资的预期收益。资本边际效率具有不稳定性,这来自于预期收益的不确定性。在资本主义制度下,整个经济生活的不稳定性大部分要归咎于资本预期收益的不稳定性。可以说,凯恩斯分析问题的本质是不确定性考察,特别是对于决定投资引诱的两个规律——资本边际效率规律和流动偏好规律,未来事态前景的不确定性占有更为重要的地位。预期在凯恩斯的所有函数关系中起了基本的作用,成为投资需求函数、灵活偏好函数和乘数的基础。

凯恩斯对资本边际效率的具体特点也作了明确的论证和论断,具体归纳为两个方面:第一,就短期而言,资本边际效率波动不定。"各种资本品的资本边际效率,在市场估计办法之下,可以变动很大。"③"一个典型的(常常是最普通的)恐慌,其起因往往不是利率的上涨,而是资本边际效率的突然崩溃"④,凯恩斯认为资本边际效率的波动不仅直接导致投资的剧烈波动,而且对消费倾向也产生不利影响。在客观因素方面,"突出的客观事实是:我们对未来收益进行估计时所依据的知识是极端靠不住的"⑤。也就是说,投资者预测未来收益所根据的知识,其基础既不充分也不确切。在主观因素方面,投机心理和投资者

---

① 〔英〕约翰·梅纳德·凯恩斯:《就业、利息和货币通论》,第52页。
② 同上书,第53页。
③ 同上书,第139页。
④ 同上书,第268页。
⑤ 同上书,第153页。

心理则起到重要作用。总之,基于客观依据的不充分、不确切,主观判断的不理智、不周全,使预期难以准确、变幻莫测,有时过度乐观,有时又过度悲观,导致资本边际效率的波动不定。凯恩斯认为资本边际效率在短期内的波动不定是引起经济周期的主要原因,必须大力加以救治。第二,就长期而言,资本边际效率随投资的增加而逐渐下降。"与其说一个资本是生产性的,还不如说,在该资本的寿命期间,它的收益超过它的原有的成本。这里的原因在于,一个资本由它的寿命期间能提供服务而得到的收益总和之所以大于它的原有的供给价格,其唯一的原因是它具有稀缺性,并且由于制造资本品所需要的款项要求取得利息这一事实而继续保持其稀缺性。如果资本的稀缺性降低,那么,收益大于原有的成本的数量就会减少,而与此同时,它的生产性并未减少——至少在物质的意义上是如此。"[①]"资本必须在长期中被保持于足够稀缺的程度,才能使其边际效率在资本的寿命期间至少等于利息率的水平,而利息率则由心理状态以及社会的组织与结构所决定。"[②]"战后(指一战后)的英国和美国的经验向我们提供了现实的例证:被累积下来的财富已经达到如此之大的地步,以致它们的资本边际效率的下降要快于利息率在现有的社会制度和心理因素影响下所可能有的降低程度。这一情况在以自由放任为主的社会经济条件下,妨碍着生产的技术方面本来就可以提供的合理的就业水平和生活水平。"[③]随着投资的增加,资本边际效率逐渐下降,凯恩斯断言,我们很容易让资本边际效率下降到零,并且资本边际效率下降的速度快,货币利率下降速度慢,而且下降到一定界限后就不再继续下降了。这样,在自由放任的情况下,这两个变量是更多地取决于利率而非资本边际效率。当资本边际效率下降同货币利率水平相等时,投资不能继续增加,顿告停止,失业产生,这就是货币利率造成了障碍——货币利率为投资增加设置了极限,这使资本财产造成了人为的稀缺。凯恩斯明确指出,在经济周期变化过程中,尽管资本的生产力,就物质意义而言自始至终未减低,但是在自由放任的情况下,由于货币利率给新投资的继续增长设置了障碍,使资本不能充分发挥作用,从而就业量和生产水平不能达到并长期保持充分就业的高度水平。凯恩斯指出,他希望看到的是,"处于能根据一般的社会效益来计算出长期资本边际效率的地位的国家机关承担其更大的责任来直

[①] 〔英〕约翰·梅纳德·凯恩斯:《就业、利息和货币通论》,第220页。
[②] 同上书,第224页。
[③] 同上书,第226页。

接进行投资。"①这就是凯恩斯以救济失业、消除经济危机为战略目标的"投资社会化"②主张。

3. 信任状态

凯恩斯还对一系列为了收益所包含的风险因素作了考虑。一系列年收入的总和必须包括：折旧费、保险费和除去风险后的净报酬超过成本。凯恩斯讨论了企业家的风险和借贷者的风险。企业家风险即可能实际上得不到预期的收益，借贷者的风险则是企业家可能赖债不还。如果企业家运用他自有的资金，就不会发生第二种风险，但若他借债，那么借贷者风险就要被放在企业家风险之上。一旦计入风险因素，我们就会碰到一个棘手的问题，即究竟有哪些因素决定一个资产的未来收益？

预期是同不确定性和风险相冲突的。正由于以未来利润为中心内容的预期包含着不能全部实现的风险，企业对市场前景的信任状态就成为投资决定的重要因素。"信任状态在经济问题上的重要性来自它对资本边际效率的重大作用。影响投资量大小的两个因素不是全然无关的，即资本边际效率和信心状态。信任状态之所以重要，其原因在于它是决定前者的主要因素之一，而前者和对投资的需求曲线又是同一事物。"③这也就是说，信任状态是决定预期利润率，即投资需求的一个重要因素，进而影响投资量、就业量，对经济和发展关系至为重要。"但我们不应由此就得出结论，认为一切都取决于非理性的心理浪潮。恰恰相反，长期预期状态往往是稳定的，而且，当它不稳定时，其他因素会施加补偿性的影响，我们不过是在这里提醒我们自己：不论在个人事务、还是在政治和经济问题中，影响着人的将来的决策都不可能单独取决于精确的数学期望值，因为，进行这种计算的基础并不存在。推动社会的车轮运行的正是我们内在的进行活动的冲动，而我们的理智则在我们能力所及的范围内，在能计算的时候，加以计算，以便做出最好的选择；但以动机而论，我们的理智却往往退回到依赖我们的兴致、感情和机缘的地步。"④

总之，凯恩斯以利润率、投资量的波动，特别是在经济恐慌中的骤然波动及其缘由，作为其利润、投资理论的中心内容，认定信任状态的实际动态是对投资

---

① 〔英〕约翰·梅纳德·凯恩斯：《就业、利息和货币通论》，第167页。
② 同上书，第391页。
③ 同上书，第153页。
④ 同上书，第166页。

的预期利润率有着重大影响的因素,对由其所导致的预期,特别是长期预期进行明细分析,进而建立起资本边际效率和投资需求函数,最终确定投资量。

4. 利息与灵活偏好

凯恩斯认为企业家对投资品的需求,不仅取决于资本边际效率,更主要取决于资本边际效率扣除利息率后的预期纯利润率。如果扣除利息率后还有剩余,企业家投资就有利,也就会继续进行投资,反之就不再进行投资。所以,资本边际效率越高,市场利率越低,企业家投资也就越有利可图。这样,在凯恩斯就业一般理论体系中,利息率这个因素就同资本边际效率相结合,成为决定投资量,进而决定就业量的因素之一。

利息率是由货币的供给和需求所决定的,货币的供给可称为货币数量,其数量可以由国家的货币政策所控制,这已经成为共识,凯恩斯重点要解释的是货币需求的流动性偏好。由于利息率是放弃流动性的报酬,所以在任何时期的利息率都能衡量持有货币的人不愿意放弃流动性的程度。"流动性偏好是一种潜在的力量或函数关系的倾向,而这一潜在力量或函数关系的倾向可以决定在利息率为既定数值时的公众想要持有的货币数量。"[1]换句话说,流动性偏好是指人们愿意以货币形式或存款形式保持某一部分财富,而不愿以股票、债券等资本形式保持财富的一种心理动机。这一概念是凯恩斯最先提出来的,这是他的三大心理规律(边际消费倾向、资本边际效率、货币的流动偏好)之一。其目的在于说明利息率决定投资量,进而决定就业量这一中心问题。根据凯恩斯的观点,如果资本边际效率不变,投资决定于利率,而利率又决定于流动性偏好和货币数量。货币的供给是由中央银行控制的,如果货币供给既定,那么,利率则取决于人们心理上的流动性偏好。

流动性偏好实际上表示了在不同利率下,人们对货币需求量的大小。人们之所以偏好保持现金而不愿持有资本去获取收益(利润),是出于各种动机:或是出于交易的动机,为便于应付日常支出;或是出于谨慎的动机,以便应付意外的支出;或是出于投机的动机,以备投机取利。[2] 交易动机指的是现金需要,以备个人业务往来时作目前交易之用,表示货币处在积极的流通状态。谨慎动机指的是要求把全部资源的一部分保留现金方式,以备未来需用并充当无法预见

---

[1] 〔英〕约翰·梅纳德·凯恩斯:《就业、利息和货币通论》,第171页。
[2] 同上书,第174页。

的意外用途,表示货币以不活动的存款状态被持有着。人们以这两种方式要求的任何一种持有的现金数额,很少受到货币成本,即利率的影响。可是投机动机指的却是那种想使其自愿保持一种灵活状态,以便从市场变动中取利的要求,目的是凭借对未来变化的看法较一般人高明这一点来获利。因此,持有现金的投机动机是由于想把资源保持在一种灵活状态,以便从市场取利,同时也在于想避免在市价跌落时持有证券可能蒙受的损失。

人们为了上述三类动机而愿意持有的现金数额,都将随持有现金的"成本"而上下变化,这种"成本"就是利率,因此利息就被认为是对人们在一特定时期内放弃这种流动性偏好的报酬。① 利息率的高低取决于货币的供给和需求,流动性偏好代表了货币的需求,货币数量代表了货币的供给。货币数量是由中央银行的政策决定的,它的增加在一定程度上可以降低利息率。流动性偏好的作用也可以影响到利率率的降低,但是,这种降低总是有一定限度的,若利率并不是很高,则人们就乐于牺牲利率来换取充分的灵活性。也就是说,当利息率降低到一定水平时,人们就不肯储蓄而保留现钱了。若是现金的成本非常高,则人们在为了个人的交易和商业的交易或谨慎的目的而使用现金时就会设法节约。

人们为了交易和谨慎而愿意持有的现金的数额,主要是由于个人和业务上的交易的数量连同个人和业务经营上的举动所引起的意外需要的数量的函数,而由于投资目的需要的货币的数额,则主要是利率的函数。若是人们为了持有现金而必须放弃的利率越高,则人们为了投机目的而准备持有的现金数额则越少,凯恩斯很看重由于投资目的而需要的货币的数额是利率的函数,其随利息的变动而变动,富于弹性。

传统的利息论认为,利息率取决于对投资资金的供给和需求。前者是整个社会的储蓄量,利息率越高储蓄量越多,反之越小。后者是整个社会所需要的投资量,由于边际收益递减规律,投资量越大,资金的边际生产率越小,利息率小于或者等于作为投资代价的利息率时,投资者才愿意投资。凯恩斯认为古典的利息论是错误的,根据凯恩斯的消费倾向理论,消费量应该是收入的函数,储蓄是收入减去消费的差额,因此储蓄也该是收入的函数。古典学派认为储蓄自动地引起投资,但凯恩斯认为投资自动地引起来自现行收入的储蓄。古典学派

---

① 参见[英]约翰·梅纳德·凯恩斯:《就业、利息和货币通论》,第170页。

认为投资永远可以靠增加储蓄来增加,但凯恩斯认为投资会通过乘数作用提高收入水平。因此,通过乘数效应的作用过程,投资才是储蓄量的主要决定因素,而并非储蓄是投资量的主要决定因素。简单地说,凯恩斯认为储蓄的增加会使投资下降,从而最终减少总收入,减少总储蓄量。

"第十七章 论利息和货币的特性",这与第十三章和十五章的主题——货币和流动性偏好相关联。凯恩斯说,世界上积聚的资本资产还如此之少,并不是因为人们的消费倾向很高,而是因为先前持有土地的灵活升值太大,而现在则持有货币的灵活升值太大。在这一章,凯恩斯得出了很重要的结论:若是货币工资失去刚性,则货币也将失去其重要的性质,即购买力的合理稳定。如果货币工资具有充分的向下弹性,随之俱来的通货迅速紧缩,会使货币失去它的特有属性。不断的货币紧缩将使社会经济回到物物交换,换句话说,剧烈的通货紧缩必将摧毁货币的主要属性。要使货币保持它的最重要的性质,工资的刚性和合理的物价稳定是必要的。

至此,凯恩斯已经基本完成对此书的全部理论体系的论述,于是在第十八章,凯恩斯给出了其就业通论的复述及总结。凯恩斯建立其体系的目的在于对资本主义的国民收入和就业量的波动进行解释,根据这些解释提出避免或解决经济萧条和危机问题的政策。凯恩斯认为,货币政策固然有效,但是由于流动性陷阱的存在,通过货币数量的增加职能使利率降低到一定的水平便不能再低了;并且即使不存在流动性陷阱,当萧条存在时,任何投资都被认为是亏本的,国家不可能通过货币政策将利率降低到资本边际效率之下。所以,凯恩斯认为,货币政策远远不如财政政策有效。

五、货币工资与物价

1. 货币工资的作用

凯恩斯在以上各章的研究中,到处提到货币工资以及有关货币工资弹性和刚性的作用。第十九章至第二十一章,凯恩斯深入分析了货币工资的改变、就业函数、价格论等问题。古典学派认为任何现行的经济失调都应归咎于工资的刚性,凯恩斯断然否认这一点,他认为,如果略去所有不利的短期的动态影响不论,人们在纯粹理论上可以认为工资和物价的跌落所产生的货币上的后果,正同货币数量的显著增加一样。几乎没有人怀疑,在任何一个企业或行业中削减工资,必将对就业产生有利的影响。因为,货币工资的削减会降低成本,但却很少或不会改变对该企业或该行业产品的需求。可是如果货币工资率全面削减呢？

总货币支出、就业量和工资率是相互依存的一个整体，人们不能认为总货币支出可以独立于工资率。工资率的削减会带来货币收入和总货币支出按等比率的下降，庇古接受这种看法，但认为这只适用于特例，即当通过降低货币工资率来压低货币利率时。但货币利率却因灵活偏好具有高度的弹性受到阻碍而不能降低，因此把货币从交易领域腾出来放到资产领域来是不足以显著压低利率的。

凯恩斯认为对于工资削减对就业量的影响这一问题来说，并没有简单的答案。第十九章第二节中，凯恩斯通过分析收入与就业量变化的这种方法来评价这个问题，他想知道工资的削减是否会改变消费倾向、边际资本效率以及利率。

凯恩斯列出了现实生活中对消费倾向、边际资本效率和利率会产生重大影响的几种情况：①

第一，工资的削减可能引起收入的重新分配。工资收入的跌落可能更甚于租金、利息收入的下降。权衡得失，由于工资削减的结果，收入分配可能更不平等。收入从工资收入者转移到其他阶层，多半会减少消费倾向。

第二，在一个并非封闭的经济中，工资削减将有利于就业，因为削减工资的国家的出口，对于那些假设并没有削减工资的其他国家来说，所处的地位更为优越。

第三，在一个并非封闭的经济中，削减工资将使贸易条件恶化，这会引起实际收入的下降，在较低的实际收入条件下，消费对收入的比例诚然可以上升，但这并不可以证明消费倾向趋于上涨。

第四，若工资削减引起后来提高工资率的预期，则工资削减对于预期将产生有利的净影响。但若认为工资还将进一步下降，则其对预期将产生不利的影响。

第五，较低的工资将使货币交易的总量降低，从而使货币从交易领域转移到资产领域，更多的货币可以使用于投资动机，这意味着我们将在灵活偏好曲线上向下移动，因而利率趋于下降。假定投资需求曲线相当合理地随利率而伸缩，较低的利率将有利于投资。但若工资削减造成政治上的和社会上的不安，

---

① 参见[英]约翰·梅纳德·凯恩斯：《就业、利息和货币通论》，第270页。

则其影响可能引起不利的商业预期,这又会引起投资需求曲线向下移动而灵活偏好曲线向上移动。因此,影响将随着情况的不同而变化,就纯粹理论性而言,我们会说:获得的结论不可能是肯定的。

第六,劳工纠纷可以使原本有利的预期被抵消掉。每一行业的工人将拒绝削减工资,货币工资率的削减所引起的劳工的反抗比由于物价上涨而逐渐地、自动地降低实际工资,所引起的反抗要强烈得多。

第七,任何有利的商业预期,或多或少都将被公私债务的大量负担对投资产生的不利影响所抵消。

假定工资早已削减,而且不会再有削减,因此任何预期的变化都是向上的,这种情况将是最有利的情况,对于商业预期最坏的情况是工资率慢慢下跌。考虑到实际习惯和实际制度,稳定的工资政策要比那种工资更容易随失业的增加而逐渐下降的弹性政策,对商业预期产生的影响更为有利。凯恩斯说,"那些相信我们的经济制度具有自行调节能力的人不得不把他们的论证重点放在工资和价格的下降对货币需求的影响之上。"①凯恩斯认为至少在理论上能够以两种方式来造成对利息率的完全相同的影响:其一是降低工资,而让货币数量不变;另一是增加货币数量,而让工资水平不变。但不能因此就说,工资削减必能保障充分就业,更优于货币数量的增加(而保持工资水平不变)所能保证的充分就业。这些都要看灵活偏好曲线随利率而上下的弹性以及投资需求曲线的利率弹性而定。如果前者富有高度的弹性而后者则极无弹性,则货币数量的增加实际上不会取得什么效果。货币数量的增加如果比较温和也许影响不够大,但若增加的很多又可能会动摇社会信心。工资率的降低较温和或降低得很多,也会出现同样的情形。因此,凯恩斯说,弹性的工资政策并不能继续维持充分就业。我们不能通过这些途径使"经济制度具有自我调节的功能。"②在理论分析上,工资政策与货币政策尽管有很多相同处,但在实施上,两者存在天壤之别,"考虑到人类的本性和现有的制度,除非能指出有伸缩性的工资政策优于有伸缩性的货币政策之处,只有愚蠢的人,才会选择前者而不是后者"③。

但实行弹性货币政策将使得物价极不稳定,以至于使一切业务上的打算都归于无效。充满弹性的工资政策将使自由物价制度不能运行。为了能够正常

---

① 〔英〕约翰·梅纳德·凯恩斯:《就业、利息和货币通论》,第 274 页。
② 同上书,第 275 页。
③ 同上书,第 275—276 页。

地运行这样一个制度,就需要合理稳定的货币单位价值,而货币稳定的基础是工资稳定。凯恩斯的结论是,"稳定的货币工资的一般水平是在现行经济制度中最应采用的政策。"①

　　凯恩斯认为消费函数的移动是由于工资削减所易引起的收入分配而改变,而庇古则认为这种移动是来自货币工资与物价的跌落所易引起的货币实在价值的增加。不利于劳工的收入分配使得消费函数向下移动,而货币实在价值的增加却使得消费函数向上移动。庇古效应的分析必须探讨稳定的物价与长期趋向下降的物价比较起来哪一个更为优越。如果物价的长期趋势趋于下落,货币的实在价值必将上升。这可以通过两种方式达到,一是采取比较温和的方式,即在劳动生产率不断提高的社会中保持货币工资不变;二是采取比较剧烈的方式,即削减工资。在长期趋向下落的物价下,货币资产的实在价值不断上涨,因此庇古效应将逐渐发生作用。但物价长期趋于下降对企业利润的不利影响,比起物价水平稳定的情况来,会使消费者大众的就业情况恶劣。所以,不应通过削减工资,而应通过由中央银行资助的政府赤字来有意识地扩张货币资产持有量的办法,能够更有效地达到正面的效应。在有意识地扩张货币资产的场合,较低的物价和不断降低的物价的不利影响可以避免,而其有利的影响则更可肯定,因为人们持有的货币工资稳定且有增长。

2. 凯恩斯的价格论

　　第二十章和第二十一章探讨了总需求的改变和物价水平的改变之间的复杂关系,或者可以说是货币数量的改变与物价变化之间的关系。凯恩斯抱怨传统(古典学派)经济学家们把经济学分为价值论与货币和价格论这样两个互相隔绝的部分,其间并无门窗相通。关于价值论传统的分析是研讨供给与需求的弹性。但在货币中,供给的弹性已在较为简单的数量学说的讨论中变成零,而需求则已被认为是与货币数量成比例。凯恩斯把弹性概念引入货币论中,正像在价值论中一样。因此,他关心物价的弹性对总需求改变的反应,以及总需求弹性对货币数量改变的反应,如此,凯恩斯就把货币论和价值论整合为一个整体的学说。

　　"为了说明这里牵涉到的观点,我们进一步加以简化并且作出下列假设条件:(1)所有的失业资源都是相同的,而且在进行生产时可以相互替换使用,同

---

① 〔英〕约翰·梅纳德·凯恩斯:《就业、利息和货币通论》,第275—276页。

时又具有相同的效率。(2)只要存在着失业的进入边际成本的生产要素,它们便不会要求增加现行的货币工资。在这种假设条件下,只要存在着任何失业现象,生产的规模收益和工资单位均保持不变,就是说,只要存在着任何失业现象,货币数量的增加对价格没有任何影响;而且,就业量会和货币数量的增加所导致的有效需求作出完全相同的比例的增长。""可以看到,只要存在着失业现象,供给曲线便具有完全弹性;一旦达到充分就业以后,供给曲线就完全没有弹性。如果有效需求和货币数量保持相同比例的改变,那么货币数量论可以被阐明如下:'只要存在着失业现象,就业量就会和货币数量作出相同比例的改变;而当充分就业存在时,价格水平会和货币数量作出相同比例的改变'。"①也就是说,假定只要有任何数量的货币工资,供给曲线是完全有弹性的,这意味着只要有任何数量的失业存在,而且非工资要素在不变的报酬率下也可以充分提供,工人将满足于同一数量的货币工资。在这些假定之下,产量将随总需求作同一比例的改变,而总需求又在此假定下随货币数量作同一比例的改变。充分就业一旦达到,假若供给曲线变成全无弹性的曲线,则物价将随货币数量作同一比例的改变。

凯恩斯指出,现实世界则要比这些假定更为复杂,有效需求并不随货币数量作同一比例的改变,物价并不随总需求作同一比例的改变,边际成本将随就业量的增加而上升,在充分就业达到前就会发生瓶颈,在充分就业达到前货币工资率就会趋于上涨,劳动以外其他要素的报酬也并不随货币工资率作同一比例的改变。如果把所有这些复杂性都考虑进去,简化了的货币数量论显然是站不住脚的。对此,凯恩斯给予了较复杂的答案,即在充分就业到达以前,货币数量会使物价作出比较缓和的上升;而在此后,二者会作出相同比例的变化。这一观点的政策含义就是:当经济萧条和危机状态存在时,国家可以放心地推行扩张性的货币政策和财政政策,而不必过分担心通货膨胀的威胁。因为充分就业条件下,或为了实现充分就业,即使物价水平与货币数量等比例增长,人们也是可以接受的。

六、对几个重大问题的见解

《通论》的最后三章是凯恩斯根据在前二十一章已经完成的理论体系,对

---

① 〔英〕约翰·梅纳德·凯恩斯:《就业、利息和货币通论》,第307页。

几个在经济上比较重大的问题提出了自己的见解和解释。这些问题包括经济周期、重商主义、消费不足等，凯恩斯最后还对资本主义和传统西方经济学进行了总体评价。

1. 经济周期

经济周期指一国的经济活动周期性地经历繁荣、危机、萧条和复苏这四个阶段。凯恩斯的见解就是把《通论》的理论体系应用于对经济周期的解释。凯恩斯提出，周期主要是从资本的边际效率的变动上产生的，而资本的边际效率又取决于：(1) 投资于新资本财货所获得的一系列未来年收益；(2) 资本财货的成本。投资率的变动主要是由于这两个因素的改变，换句话说，投资的变动是导致经济波动的决定性因素。

资本边际效率的变动存在周期性的原因如下：当繁荣进展时，人们对于未来收益的可靠性突然发生怀疑，这是由于新生产的耐用品存货不断增加，因而现行收益有下降之势。同时新资本财货的现行成本上升。于是对资本财货未来收益的现行乐观估计，逐渐为幻灭心理所替代。资本边际效率或预期的报酬率超过成本的崩溃，促成灵活偏好的骤增，引起利率的上涨，因而使情势严重恶化。可见根本的因素则为资本边际效率的下降。资本边际效率崩溃后灵活偏好增加。此外，资本边际效率的下降也可能使得消费函数向下移动，对于那些在行情下落的证券市场中蒙受损失的人们来说更是如此。因此，预期的报酬超过成本（即资本边际效率）的周期变动，是基于：(1) 在大繁荣时期随着资本财货数量的净增加逐渐产生一种资本饱和的状态，因而预期未来收益不可避免的下降；(2) 新资本财货成本的增长。心理震荡、恐慌导致的资本边际效率的周期动荡，要比各种事实所证明的更加剧烈。因此，凯恩斯支持马歇尔强调信任心理的作用的看法，他认为经济学家经常低估信任心理的作用。

信任状态的恢复需要时间，这与支配资本边际效率复苏的各种因素有关。预期一部分在于悲观和乐观情绪的反复无常，但同时也取决于并非单纯地处于虚构幻想的真正事实。首先，在信任状态复苏开始前必须经历的时间，一部分决定于这个经济的常态增长率的大小，一部分要看资本财货的寿命。耐用性资产的寿命越短，萧条的时间也越短，同样，增长率越快，萧条的时间也越短。其次，在存货方面，萧条的持久期受"多余的存货的保管费"[①]的影响。投资、收

---

① 〔英〕约翰·梅纳德·凯恩斯：《就业、利息和货币通论》，第329页。

入、销售额的下降,引起不需要的存货的积贮,其保管费很少会小于每年10%,如此高的保管费足以加速清算过程。在投资方面,当实在资本数量的增加已经达到其适当水平时,也就是说投资繁荣期结束时,也许还需要一段时间进行少量的进一步投资,在这种情况下,资本饱和点已经达到,但投资多半还在奋力进行,这样就会遭遇投资过度的情况。况且,繁荣的幻想多半会引起错误的投资,这显然是资源的浪费。

凯恩斯同意,如果无法制定根本改革的方案,实行弹性的利率政策也许聊胜于无,但对此他也不十分肯定。他极力主张的是,不要妄图消除经济周期循环,而是要力图使繁荣期间达到的高度就业的措施至少能永久化。繁荣期,过度乐观打败了利率,在正确的预期状态中,以往历次繁荣期间的利率对充分就业来说,事实上已经太高了。人为维持的低利率将有利于较高就业水平的永久化。凯恩斯说,如果实施了极低的长期利率政策,那么1929年的繁荣可能在健全的基础上多多少少会无限期的继续维持下去,这一点遭到了经济学家的普遍批评。

凯恩斯对经济周期问题的看法可以概括为几点:(1)周期主要源于投资率的变动。(2)投资率的变动主要源于资本边际效率的变动。(3)资本边际效率的变动引起的灵活偏好的改变,强化了资本边际效率变动(下降)这个主要因素。(4)预期的报酬超过了资本边际效率的周期变动,导致预期恐慌(崩溃)。(5)人为维持的低利率将有利于较高就业水平的永久化。(6)遏止繁荣并不是一种健全的政策,更不该依靠提高利率来遏制繁荣。

2. 重商主义

重商主义(mercantilism)[①]建立在这样的信念上:一国的国力基于通过贸易的顺差——即出口额大于进口额——所能获得的财富。换句话说,一国想增加财富,必须在国际贸易上争取贸易顺差,以便得到更多的贵金属。重商主义者由于重视货币而受到赞扬,在他们看来,国内投资受到国内利率的控制,而国内利率又受到货币数量的控制,贸易平衡应该是经济政策主要关心的问题,若无国内黄金的增加,贸易平衡就不能实现(顺差应被看作一种更好的平衡状态),且会恶化国内货币(贵金属)的流失。

---

① 重商主义,也称作"商业本位主义",是封建主义解体之后的16—17世纪西欧资本原始积累时期的一种经济理论和经济体系,是资本原始积累时期商业资产阶级的经济理论和政策体系。

凯恩斯认为，重商主义所追求的贸易顺差对提高一国的国民收入或就业量具有"一箭双雕"的作用。① 原因在于，贸易顺差代表一国的出口大于其进口的部分，也就是一国向外国出口的消费和投资品大于外国向该国进口的消费和投资品的部分。因此，在该国的消费和投资之外，贸易顺差代表该国由于对外贸易而造成的额外的消费和投资。按照凯恩斯的理论，这笔额外的消费和投资不但会直接增加国民收入或就业量，还会通过乘数的作用使增加的国民收入或就业量得以扩大。同时，具有贸易顺差的国家会使其国内的货币数量增加。货币数量的增加可以降低利息率，在资本边际效率不变的条件下，利率的降低可以提高投资量，从而提高国民收入或就业量，而贸易逆差则会造成相反的结果。

3. 节约悖论

凯恩斯指出，消费是国民收入或就业量的组成部分，节俭意味着消费量的减少，导致国民收入或就业量的下降。回答节俭是否是美德要把失业问题考虑在内。在充分就业的情况下，节俭是一种美德，但当失业问题存在时，节俭便可能变成一件不好的事情。"使一国处于我们称之为繁荣的康乐状态之道就是向每一个人提供就业机会。为了实现这一目的，政府应该第一，促进尽可能多的不同类型的制造业、技术业和手工业，多到人类的智慧可以发挥的程度。第二，奖励农业和渔业以及其他各种分支行业，从而，迫使所有的人各尽其力。正是这种政策，而不是微不足道的对奢侈和挥霍的限制，才能使国家达到伟大和幸福的目标。因为，不论金和银的价值是上升还是下降，一切社会所享受之物总是取决于土地的果实和人的劳动；二者结合在一起，相对于秘鲁的金和玻利维亚的银而言，是一种更加肯定、更加难于枯竭和更加真实的财富。"②

4. 总结

凯恩斯在最后一章继续讨论他之前提出的问题，并且特别强调《通论》的重要的社会含义。凯恩斯说，他的关于旨在改善目前收入不均现象的分析及政策，其结论正好与传统经济学的结论相反：较大的平等会提高消费函数，而消费倾向的增加将有助于增加投资引诱。他的关于资本形成的结论也与古典学派的结论相反。根据古典学派的理论，高的储蓄倾向是高资本形成的源泉，而高的储蓄率则被认为可以通过低的消费倾向和高利率来促成。但凯恩斯认为，高

---

① 参见〔英〕约翰·梅纳德·凯恩斯：《就业、利息和货币通论》，第347页。
② 同上书，第373—374页。

水平的投资可以用低利率和高的消费倾向来促进。高度累进的税收由于促进收入的更大均等而有利于提高消费水平,但是它们会产生阻碍投资的结果。因此,一方面应减少收入的不平等程度,另一方面,收入的不平等亦具有激励的作用。"稳健的政治家就应该让游戏在规则和限度的约束下继续进行下去。"①

凯恩斯认为国家的作用必须大大增加,国家将要部分通过赋税制度、规定利率或是其他手段来对消费倾向施加指导性的影响。单靠降低利率的银行政策不能为充分就业保障足够的投资量,必须有公共投资。② 要紧的倒不是把生产工具归国家所有,而是调整消费倾向和投资引诱两者之间的关系。一旦达到持久的充分就业,价格制度可望指导生产资源走向正轨。我们可以信赖,"经济力量的自由运行"会使我们的生产要素获得有效的运用。凯恩斯强调,他的理论并不是要否定现行制度,他完全相信个人自由、市场、自由(竞争性)企业的极其重要的价值与作用,他说,我们需要的是正确的分析来医治疾病,同时保持效率和自由。《通论》中确实包含维护个人自由以及在充分就业的经济结构中自动调节力量即市场机制的重要性的说法。凯恩斯之所以强调扩大政府职能及其作用,不仅因为它是"避免现行经济形态毁灭的唯一切实办法",而且唯有如此,才能保证并促进个人自由的继续发展。

凯恩斯富于社会责任感,是一位具有浓郁社会关怀的经济学家。在全书总结中(第二十四章)他认为:现行社会至少有两个问题尚未解决,不能令人满意:一个是未能实现充分就业,一个是财富(社会总收入,即国民生产总值)分配不均。这两个问题紧密联系,内在相关。他希望《通论》能有助于这两个问题的解决。

凯恩斯理论体系完整,逻辑严谨,其基本思想可概括为:① 资本的预期收益和资本的重置即更新成本决定资本的边际效率。前者与之正相关,后者与之负相关。② 货币数量和流动性偏好决定利息率。前者与之负相关,后者与之正相关。③ 资本边际效率与利息率决定投资量,前者与之正相关,后者与之负相关。④ (边际)消费倾向决定消费量。二者正相关。但边际消费倾向是递减的。投资量、消费量决定就业量。前者直接决定,后者间接决定。③④构成有

---

① 〔英〕约翰·梅纳德·凯恩斯:《就业、利息和货币通论》,第388页。
② 同上书,第392页。

效需求。就业量决定社会总收入(国民生产总值)和个人收入水平,从而再决定上述①②③④,循环往复。这一经济运行的实际过程亦即逻辑过程可良性循环,亦可恶性循环。究竟如何循环,政府干预与否及得当与否是关键。政府干预的主要手段是财政政策和货币政策。但财政政策因其方向性明确、针对性强(现在的语词谓之精准)优于货币改策。凯恩斯理论因此谓之干预主义理论——相对传统(古典学派)经济学的自由主义(立场)而言,又称为凯恩斯主义。

凯恩斯并不是一位社会革命(论)者,但他是一位改良主义者。他所主张的政府干预是针对市场的缺陷而言的,他并不否认市场的基础性作用。这一理论立场使他主张的政策与体制根本区别于苏联的社会主义模式——以政府取代市场。所谓"凯恩斯革命",指谓的是他的经济学说颠覆了西方经济学自亚当·斯密以来的自由主义传统,使干预主义在社会(宏观)经济运行中名正言顺地登堂入室,并与发达国家二战战后重建相结合,塑造了发达国家战后的高度繁荣。凯恩斯运用财政政策和货币政策的干预主张,也为改革、开放的社会主义国家所借鉴。

建立、健全社会保障体系,正是改革分配、扩大有效需求的得力举措之一。而政府干预,不仅利于而且大大促进了社会保障体系的建设——不仅是整个社会保障体系的发展,而且社会保障已构成了政府财政支出和财政政策作用的方向之一。凯恩斯理论从上述诸角度,大大促进了二战后发达国家社会保障体系的建设。

(张航撰写,庞绍堂修订)

《贝弗里奇报告——
社会保险和相关服务》
导读

Social Insurance and Allied Services

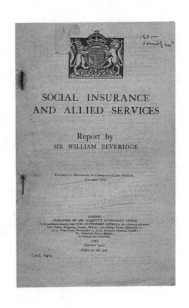

Social Insurance and Allied Services (1942)

William Henry Beveridge

　　威廉·亨利·贝弗里奇(William Henry Beveridge, 1879—1963)是英国著名的经济学家和社会改革家,毕生致力于消除社会贫困、维持充分就业、建立和完善英国社会保障制度。贝弗里奇出生于印度的一个英国法官家庭,是家中的长子。青年时期,他毕业于牛津大学,取得了数学和古典研究的学位。他先后担任过记者、汤因比会馆(Toynbee Hall)副院长、伦敦中央商业委员会委员、伦敦经济学院院长、英国上下两院议员,并在二战期间担任过英国劳工部次长。他对社会事务的关心和兴趣是在牛津大学时培养起来的,在此期间他还进入汤因比会馆从事对伦敦东区社会贫困状况的研究。这种早期直接面对贫困的研究,使他对失业问题和养老金问题产生了浓厚的兴趣,并影响其一生。一战期间,贝弗里奇参与动员和控制人力资源。战争结束后,他被封为爵士,常任粮食部秘书。1919—1937年,他担任伦敦经济学院院长,在担任此职务的近20年里,他的杰出能力和谋取资助的技巧使这所大学有了很大的发展,成为英国最负盛名的社会科学研究权威机构。离开伦敦经济学院后,他回到牛津大学,担任一所学院的院长。贝弗里奇在担任失业保险法定委员会主席期间,发表了《失业:一种工业问题》《全民保险》《社会主义制度下的计划》等重要著作,为英国的失业保险制度的发展和失业救济制度的建立做出了重要贡献。1941年,他受英国战后重建委员会主席阿瑟·格林伍德(Arthur Greenwood)的委托,担任社会保险和相关服务部际协调委员会主席,组织对英国现行的社会保险制度与相关服务进行调查,并于1942年发表了《社会保险和相关服务》(Social Insurance and Allied Services,即《贝弗里奇报告》)。该报告是社会保障发展史上具有划时代意义的著作,影响了英国、欧洲乃至整个世界的社会保障制度建设和发展进程,被视为福利国家的"奠基石"和现代社会保障制度建设的"里程碑"。

《贝弗里奇报告——社会保险和相关服务》导读
Social Insurance and Allied Services

历史背景与产生过程

在现代社会保障制度发展的进程中,《贝弗里奇报告》第一次提出了在全社会建立全方位社会保障体系的福利国家思想。《贝弗里奇报告》在英国的产生并不是偶然的,而是社会福利制度发展的必然结果。

英国是世界上最早进行工业革命、最早走上资本主义发展道路的国家,资本主义生产方式带来的诸如养老、疾病、失业等社会问题,需要现代社会保障制度来解决。因此,英国的社会福利思想由来已久,并有着长期的实践经验。早在1516年,空想社会主义者托马斯·莫尔(Thomas More)就针对英国工业化和资本主义发展过程中的"圈地运动"进行了批评,并对当时社会的不平等现象进行了抨击,在对其理想的"乌托邦社会"进行描述中提出了"人人都向社会竭尽贡献,老、弱、孕、残、幼均受到全社会保护"[①]。这一思想成为近代社会保障制度重要的思想来源之一。1536年,英国颁布了《亨利济贫法》,它标志着英国政府开始为解决社会贫困问题承担一定的责任。1601年,又颁布了著名的《伊丽莎白济贫法》,正式确立了政府对于救济穷人的责任。这是欧洲最早出现的国家济贫制度,也开辟了现代社会救济制度之先河。该法令首次正式确认了政府负有对没有工作能力的贫困者提供帮助,帮助贫困的孩子去做学徒,给身体健全者提供工作,以及保障穷人的最低生活水平等方面的责任和义务。该法令规定,济贫基金以每户固定缴纳的税款为主,较为富裕的地区须征税补贴贫困地区。该法令还将救济对象分为三种,区别对待。通过设立教区的贫民监督官和教区济贫委员会,建立贫民教养院、贫民习艺所,组织贫民和孤儿习艺所等措施,开展院外救济。随着工业革命的基本完成,英国在经济发展的同时,社会问题也层出不穷,于是在1834年,英国政府颁布了"新济贫法"(即《济贫法修正案》),对济贫方式作了重大的调整,并首次承认了贫困的产生不仅仅是因为个人的懒惰、愚昧、无能,政府与社会也要负责。该修正案是英国现代社会救助制度诞生的标志,同时也标志着英国福利国家模式的萌芽。

---

① 郭士征:《社会保障研究》,上海财经大学出版社2005年版,第2页。

19世纪中后期开始,英国社会经济的发展使得传统的以济贫法为核心的贫困救济制度已经难以有效地解决日益复杂的社会问题,于是,以社会保险为核心的新型社会保障制度开始逐步在英国创立。1908年,英国议会正式批准养老金法,认为政府有责任为低收入老年人提供生活保障,从而建立了国家养老金制度。1911年,英国颁布《国民保险法》,正式建立了失业保险制度。1925年,英国保守党政府提出的《寡妇孤儿及老年人缴费养老金法》被批准实施。1936年,《国民健康保险法》获得议会的批准,至此,英国正式建立起国民健康保险制度。养老、失业和健康保险等三项法律制度的实施,构成了英国现代社会保障制度的基本框架,体现了国家责任的特点,传统的济贫制度由此逐步"退居二线",成为新型社会保险制度的有益补充。此后一直到二战时,英国的社会保障制度始终处于发展和完善的过程之中,并制定了一些新的法律制度。英国近现代社会保障思想、法律和实践的不断发展和完善,为《贝弗里奇报告》中福利国家思想的产生铸造了坚实的理论和实践基础。

　　1941年6月10日,英国战时内阁财政部部长、国会议员阿瑟·格林伍德在众议院宣布:由于工作需要,他已以战后重建委员会主席的身份安排所有相关部委对英国现行的社会保险方案和相关服务进行一次全面的调查。同时,应他之邀,威廉·贝弗里奇爵士将出任部际协调委员会主席,负责此次调查工作。[①]该委员会还包括有内务部、劳动和兵役部、年金部、健康部、财政部、关税与消费部的11位政府官员及一位秘书。

　　社会保险和相关服务部际协调委员会成立之时,正值英国与德国法西斯作战激烈之际。二战的爆发激发了英国人的爱国热情,同时也对政府提出了新的希望与要求,他们希望英国政府能在战后给他们带来更加有保障的生活。英国人民在两次大战之间的岁月里,饱受了大萧条的痛苦,承受了失业与贫困的折磨,再也不想回到战前,回到苦难的三十年代,他们渴望一种新的经济政策和社会政策,以免战争结束后,再次被抛入失业的深渊。二战为英国提供了一个有利于社会福利制度发展的特殊的社会环境。一方面,战争使国内的阶级矛盾趋于缓和,因为在战争期间各阶级、阶层人士都面临着同样的危险和困难,为了保卫自己的祖国,二战使国内各阶级、阶层联合起来对付法西斯这个共同的敌人;

---

① 〔英〕贝弗里奇:《贝弗里奇报告——社会保险和相关服务》,华迎放等译,第1页。本导读采用的均是劳动和社会保障部社会保险研究所组织编译、中国劳动社会保障出版社2004年出版的版本。

另一方面，战争使人们获得了较大的平等，同时，由于受资源缺乏和美国罗斯福新政在危机中"统一分配必需品"政策的影响，战时所实行的生活必需品的分配制度不分等级，这也为后来贝弗里奇的政策建议提供了实践基础。为了打赢这场战争，丘吉尔政府必须要调动起全国人民的力量来共同努力。为此，政府就不得不首先理顺各阶级、阶层之间的关系，缓和社会矛盾，向工会等利益集团作出让步。同时，政府还向人民许诺，一旦打败法西斯，英国将建立一个公正、平等和富裕的社会。所有这一切，为《贝弗里奇报告》的诞生提供了很有利的社会条件和政治上的契机。当时英国的各新闻媒体也表达了民众对于未来的期望。1941年1月4日的《邮政画刊》写道："我们关于新英国的计划不是在战争之外的事情，也不是在战争结束以后的事情，它是我们正在进行的战争的目标的重要组成部分，实际上，它正是我们最积极的战争目标。"同年12月30日的《泰晤士报》也写道："有理智的人们不能不看到，人类不仅要经历世界大战的战火，而且要经历社会革命的烈火，并将看到由此产生的新世界。"[①]对此，《贝弗里奇报告》也坦陈："在战争最为残酷的时期制订社会服务重建计划，尽管会有重重困难，但却又有诸多有利因素。社会服务政策的根本目的是满足人们的基本生活需要、减轻或解除人们疾病的痛苦，这实际上代表和符合了所有公民的共同利益。由于战争能凝聚民心，所以在战争期间比在和平时期更有可能使人们就保障基本生活需要和解除生病的后顾之忧问题达成一致意见。由于战争使得国家空前团结，使得民众能够为了共同的事业而牺牲个人利益，所以在这个时候出台社会保障改革政策就有可能为社会各方所普遍接受，而在和平时期恐怕难以做到。"[②]

虽然当时英国的社会保障制度经过多次改革已慢慢得到完善，但是失业、贫困、养老和医疗问题依然是困扰英国政府的主要社会问题。养老金制度、失业保险制度与健康保险制度等三大制度自成体系，独立运行，社会保障机构繁多，管理混乱。当时，英国失业保险归劳工部管理，养老金和健康保险归健康部管理，济贫归地方政府事务部管理，工伤赔偿归内政部管理。社会保障津贴类型复杂多样：不同的社会保障管理部门向民众发放不同标准的社会保障津贴；各地济贫管理机构有权根据地方情况决定救济的数量标准；不同地区的不同社

---

① 周爱国：《"贝弗里奇报告"研究》，载《湖北社会科学》2007年第1期。
② 〔英〕贝弗里奇：《贝弗里奇报告——社会保险和相关服务》，第194—195页。

会团体常常根据本地健康保险基金以及健康水平,制定不同的健康保险津贴标准以及其他相关服务的标准;失业保险津贴以及失业救济补贴标准几乎年年在变化。①

有鉴于此,英国社会各界进行社会保障制度改革的呼声和要求日益强烈。1941年2月,英国工会联合会提出了改革现行社会保障制度的要求:"国家再也不能向其国民提供没有实际效果的社会保障服务了。我们请健康部率先对英国现行社会保障制度进行调查,以便为英国人建立一种更加合理、更加公平的社会保障制度。"1941年5月,英国工党年会明确宣布有关社会保障制度的基本主张和观点:建立综合的社会保险制度;提供充分的社会保障现金补贴;建立由国家财政负担的家庭补贴制度;建立国民保健服务制度。1942年,120名工业家联合发表声明,提出改革社会保障制度的十大主张:工人应该获得充分的发展机会;应该建立一种最低基本工资制度;工业企业应该从政府以及相关行业联合组织中得到咨询以避免失业加剧;疾病与残废补贴的领取者一旦失去工作能力,此类补贴应该免费发放;在整个工业部门应建立起发薪休息日制度;根据工作性质及其他情况,制定合理的工作时间;向所有未达到离校年龄的学生提供家庭补贴;应该提倡建立私人养老金制度;企业有责任向工人提供合适住房;学生离校的年龄应该提高到16岁。②各种社会舆论给英国政府带来了压力,这种压力推动着英国政府在战争尚未结束时就向民众作出承诺,其中之一就是部际协调委员会的成立。该委员会的授权调查范围是对现行的社会保险和相关服务进行调查,其次是提出建议。最初,政府的目的只是想把当时杂乱无章的各种社会保障和福利项目规范化、统一化,但是贝弗里奇则认为要做的工作"不是修修补补,而是革命。"③但在工作过程中,委员会内部实际上存在严重分歧,劳工部的代表坚决主张不能将家庭补贴制度包括在社会保障制度之中,财政部的代表只希望委员会就社会保障管理方面提出意见,还有一些部门的代表主张丧葬补贴不应该包括在社会保障制度之内。④为避免委员会将来提出的报告充满分歧,英国政府断然作出决定,社会保险与相关服务委员会的最

---

① 参见丁建定:《"贝弗里奇报告"及其评价》,载《社会保障研究》2007年第1期。
② 同上。
③ 关信平:《西方"福利国家之父"贝弗里奇——兼论"贝弗里奇报告"的诞生和影响》,载《社会学研究》1993年第6期。
④ 参见丁建定:《英国社会保障制度的发展》,中国劳动社会保障出版社2004年版,第97页。

后报告将由贝弗里奇本人签署,委员会中各部门的代表一律视为贝弗里奇的顾问。该委员会一共召集了44次会议。《贝弗里奇报告》提出的英国社会保障制度改革与发展的基本原则,在该报告出台以前的两份重要备忘录中已经确定。

一是1941年11月备忘录——《一项社会保障制度的要点》,该备忘录详细列举了社会保障制度应该覆盖的七种基本需求及其保障途径:儿童需求由儿童补贴保障;老年需求由养老金制度保障;残疾需求由残疾补贴保障;失业需求由失业津贴保障;丧葬需求由丧葬补贴保障;财产损失需求由损失补贴保障;妇女婚姻需求由各种具体补贴保障。

二是1942年1月16日备忘录——《社会保险津贴的范围以及贫困问题》,它指出,社会保险的基本目的是防止和减少由于失业、疾病、事故、老年、死亡、丧偶或其他因素所造成的收入中断或损失而带来的贫困,并在此基础上为其他因素所带来的困难提供帮助,社会保险直接通过阶级之间、个人之间、有收入时与无收入时的收入再分配来实现其基本目标。①

该委员会在1942年1月至10月之间举行了数十次听证会,收集了大量的资料,并与各方进行了广泛的协商,于10月份拟定最后的报告,12月份由贝弗里奇签署发表,这就是著名的《社会保险和相关服务》的报告。报告发表后,备受世人的瞩目,作为一份政府文件,该报告不到一个月售出10万份,最后销售总量达63.5万份,成为当时畅销的出版物。在英国国内,其首发之日,人们排成几百米的长队前来购买;在国外,它被空投到敌占区,作为盟军为之奋战的理想的表述。

基本内容

《贝弗里奇报告》正文共分六个部分。第一部分为"导言和概论",概要介绍了部际协调委员会的工作过程和整个报告的主要内容。第二部分为"主要改革建议及理由",审视了英国当时保障制度所存在的诸多问题,详细论述了报告所建议的23项改革的理由及具体建议,如废除批准社团制度、改革工伤赔

---

① 参见丁建定:《"贝弗里奇报告"评价中值得注意的几个问题》,载《中共福建省委党校学报》2007年第10期。

偿制度、统一社会保险制度及缴费和待遇标准、将医疗和康复服务作为公共服务向国民统一提供等。第三部分为"三个特殊问题",重点讨论待遇标准和房租问题、老年问题以及关于伤残赔偿的途径问题。第四部分为"社会保障预算",主要论述了社会保障预算所涉及的方方面面问题。在分析社会保险支出状况及各方的缴费能力和意愿之后,提出了由财政、雇主、参保人三方共同缴费的缴费方案,且就各方应承担的比例作了具体划分;同时,还专门论述了工伤保险费的筹资问题,明确了事故和职业病高发的行业应承担额外的工伤附加费的原则和比例。第五部分为"社会保障计划",首先论述了社会保障计划所赖以存在的三个假定,提出通过社会保险、国民救助和自愿保险三个层次保障人们的不同需要;同时,在明确养老金、保险金、补助金及补贴等基本概念的基础上,将全部国民分为六个群体,分析了各群体的不同保障需要,并就其参保的待遇、缴费等有关问题进行了系统阐述。第六部分为"社会保障和社会政策",详细讨论了子女补贴、全方位医疗康复服务和促进就业问题,提出把消除贫困作为战后的基本目标,即社会保障计划的目标是:确保每个公民只要尽其所能,在任何时候都有足够的收入尽自己的抚养责任,满足基本的生活需要。①

贝弗里奇在勾画社会保障计划时,强调要遵循三条指导原则。第一条原则是,在规划未来的时候既要充分利用过去积累的丰富经验,又不要被这些经验积累过程中形成的部门利益所限制。第二条原则是,应当把社会保险看成是促进社会进步的系列政策之一。成熟的社会保险制度可以提供收入保障,这有助于消除贫困;但贫困仅仅是英国战后重建需要解决的五大问题之一,而且在某种程度上可以说是最容易解决的一个问题;其他问题包括疾病、愚昧、肮脏和懒散。第三条原则是,社会保障需要国家和个人的合作。国家的责任是保障服务的提供和资金的筹集,但在尽职尽责的同时,国家不应扼杀对个人的激励机制,应该给个人参与社会保障制度建设的机会并赋予他们一定的责任。在确定国家最低保障水平时,应该给个人留有一定的空间,使其有积极性参加自愿保险,以为自己及家人提供更高的保障水平。②《贝弗里奇报告》在这里明确指出了国家责任的有限性,并指明国家责任不能替代个人责任,国家应当鼓励个人积极参加自愿保险。

---

① 参见〔英〕贝弗里奇:《贝弗里奇报告——社会保险和相关服务》,第1—2页。
② 同上书,第3页。

《贝弗里奇报告——社会保险和相关服务》导读
Social Insurance and Allied Services

《贝弗里奇报告》提出的社会保障计划的目标,是确保英国民众在任何情况下都不会陷入贫困。为此,它阐明了六条基本原则:基本生活待遇水平统一、缴费率统一、行政管理职责统一、待遇水平适当、广泛保障、分门别类。这六项原则集中表达了福利国家思想的社会保障政策主张。该计划覆盖所有公民,并且没有收入上限的规定。它把所有人群划分为六大类:雇员、其他从事有酬工作的人员、家庭主妇、其他在工作年龄段内却没有从事有酬工作的人员、尚未达到工作年龄的人员和超出工作年龄的退休人员。① 在《贝弗里奇报告》中,社会保障被首次赋予了普遍性原则和类别性原则,被认为是代表社会进步的可理解的政策的一个组成部分。它提出了保障基本生活原则,即社会保障只能确保每个公民基本的社会生活需要;提出了统一性原则,即社会保障的缴费标准、支付待遇和行政管理必须统一;提出了权利和义务对等原则,强调社会保障中政府责任和公民义务的统一。②

《贝弗里奇报告》的主要内容,概而言之就是批评当时英国社会保障制度的缺陷,在此基础上提出英国战后社会重建任务,并阐述建立新型社会保障体系的方案,有预见性地制定社会保障政策。当时英国社会保障制度存在的问题主要表现在:第一,涉及范围狭窄,当时的国民保险只包括了人口中的一部分,而其他的人则被排除在外,只能靠政府救济维持低保障;第二,社会保障的内容不完善,人们生活中可能出现的许多风险事件未能纳入社会保障项目之中;第三,保障的标准太低,保障的时期太短;第四,管理的项目分散,机构杂乱,浪费很大;第五,与其他社会事业不配套,例如,没有足够的就业服务来支持社会保障制度,因而使后者的功能无法正常发挥。贝弗里奇认为,尽管英国的现代社会保险制度已有几十年历史,但由于这些问题一直未能解决,因而这套制度仍是很不完善的。③

贝弗里奇认为,"贫困、疾病、愚昧、肮脏和懒惰"是英国战后重建面临的五大问题,为了解决这"五大社会问题",他提出了一系列的社会政策,例如,实行全面的社会保险、国民医疗计划以及提高教育水平等。报告认为,社会贫困的

---

① 〔英〕贝弗里奇:《贝弗里奇报告——社会保险和相关服务》,第7页。
② 参见岑子彬:《"贝弗里奇报告"的社会保障理念及其启示》,载《重庆科技学院学报(社会科学版)》2010年第15期。
③ 参见关信平:《西方"福利国家之父"贝弗里奇——兼论"贝弗里奇报告"的诞生和影响》,载《社会学研究》1993年第6期。

3/4 到 5/6 是因为中断或丧失谋生能力造成的,其余 1/4 到 1/6 则因家庭人口太多,虽有收入但不足以支撑整个家庭所致。①因此,只有通过社会保险并根据家庭需要进行双重收入再分配,才能摆脱贫困。要消除贫困,首先要改进国家保险,即国家要为中断或丧失谋生能力者提供生活保障;其次要根据家庭需求调整收入,即要根据家长是否有收入及收入多少对儿童提供某种形式的补助。②

报告阐述了社会保障的范围,社会保障用于表述下列情况下对收入的保障:替代因失业、患病或出现事故而中断的收入;为年老退休者发放待遇;为抚养人死亡后失去生活来源提供待遇;解决因出生、死亡、婚姻等发生的额外生活支出。社会保障主要是指达到最低标准的收入保障,但提供的待遇应尽可能让享受者不至于出现收入中断的情况。③报告着重阐述了实现社会保障的三种途径,即为保障基本需要而实施的社会保险,为保证特殊需要而实施的国民救济,为满足基本需要以外的需求而实施的自愿保险。社会保险是指对被保险人提供的基于强制性缴费基础上的现金津贴,它是三种社会保障措施中最重要的一种,应尽可能实现综合性和普遍性,但它不是唯一的保障措施,还需要国民救济与自愿保险作为补充。国民救济是对特殊需求所提供的保障,实行免费原则,它是社会保险制度必不可少的补充。自愿保险是社会保险制度与国民救济制度的补充。由国家组织的社会保险与国民救济旨在保障一种基本的生存收入,不同人的实际收入及需求存在很大的差异,为较高水平的生活提供保障应该是个人自愿保险的目标,但国家应该保证所实施的各项措施为其留下余地并加以鼓励。④

报告设计了一整套"从摇篮到坟墓"的社会保障体系,但这一保障制度能否得以实现还取决于相关的配套措施与政策。其一是子女补贴制度,即直接为被抚养子女提供生活费。生活费补贴发给负责抚养该子女的成人。其二是全方位医疗和康复服务,如果劳动者没有强健的体魄,他们对因疾病而造成的保险需求和开支就会增加,并因而给国民救助带来很大的压力,影响其正常的功能发挥。因此,全面的健康服务应是新型社会保障体系不可缺少的配套政策。

---

① 参见〔英〕贝弗里奇:《贝弗里奇报告——社会保险和相关服务》,第 4 页。
② 同上。
③ 同上书,第 135 页。
④ 同上书,第 135—136 页。

其三是维持就业,如果没有充分的就业,任何社会保障体系都不可能取得成功。一个令人满意的社会保险计划,应当能够维持就业和预防大规模的失业。《贝弗里奇报告》中提到对所有失去生计的人员,无论其所从事的工作是否有报酬,都提供培训保险金,以帮助他们顺利转向新的职业。[1]这一规定试图保证社会成员能够充分再就业。

第一部分　导言和概论

这一部分概要介绍了部际协调委员会的工作过程和整个报告的主要内容。部际协调委员会的调查显示,虽然"英国已经出台的福利足以满足现代工业社会中人们因收入中断和其他原因导致的绝大多数需求,而且其福利规模之大、水平之高,其他国家难以匹敌。"[2]但是还存在不少缺陷,如保障的范围狭窄,大部分人被排除在国民保险之外,只能靠政府救济维持低保障;保障的内容不完善,人们生活中可能出现的许多风险事件未能纳入社会保障项目之中;保障的标准太低,保障的时期太短;管理的项目分散,机构杂乱,浪费很大;保障与其他社会事业不配套等。在此基础上,《贝弗里奇报告》给出了社会保障建设的三条指导性原则:一是在规划未来的时候,既要充分利用过去积累的丰富经验,又不要被这些经验积累过程中形成的部门利益所局限;二是应当把社会保险看成是促成社会进步的系列政策之一;三是社会保障需要国家和个人的合作。[3]这三项原则在继承传统的基础上,打破部门利益的限制,从国家整体的角度,强调社会保障作为一项基本的社会政策的重要性,提出了社会保障发展中政府责任和公民义务相结合的现代社会保障思想。贝弗里奇把"摆脱贫困之路"作为报告实施的主要目的,为此,委员会成员进行了大量的社会调查,认为"只有通过社会保险并且根据家庭需要进行双重收入再分配才能摆脱贫困"[4]。报告的这一部分对英国的社会保障计划进行了概述,将社会保障人群划分为六类:雇员,指那些根据合同受雇为他人工作的人员;其他从事有酬工作的人员,包括雇主、商人和其他各类自由职业者;家庭主妇,指工作年龄内的已婚妇女;其他在工作

---

[1] ［英］贝弗里奇:《贝弗里奇报告——社会保险和相关服务》,第174—184页。
[2] 同上书,第2页。
[3] 同上书,第3页。
[4] 同上书,第4页。

年龄内未从事有酬工作的人员;未达到工作年龄的人员;超出工作年龄的退休人员,并规定了各类人群的社会保障的权利与义务。报告说明了社会保障计划的核心是社会保险方案。"社会保险基金由参保人及其雇主的缴费形成,在一些情况下,还包括政府资金。"①社会保险实行权利与义务相一致的原则,并且"社会保险应当以提供保障人民基本生活的最低收入为目标"②。在这一部分,报告还简要介绍了统一的社会保障计划以及设计的改革,从而为过渡到第二部分作铺垫。

第二部分　主要改革建议及理由

这一部分审视了英国当时社会保障制度所存在的诸多问题,详细论述了报告所建议的23项改革内容及其提出的理由,涉及社会保障制度设计及其管理体制等多方面的内容。在这些具体的改革建议中,体现了贝弗里奇福利思想的四个原则:一是普遍性原则和类别性原则,即社会保障应该满足全体公民不同的保障需求;二是保障基本生活原则,即社会保障只能确保每个公民基本的社会生活需要;三是统一性原则,即社会保障的缴费标准、支付待遇和行政管理必须统一;四是权利和义务对等原则,强调社会保障中政府责任和公民义务的统一。

具体的改革建议如下:

1. 统一社会保险缴费,也就是说,使每个参保人只要每周在一份专门的保险文书上贴一张印花缴费,就能享受所有的保险福利待遇。

2. 社会保险和国民救助由社会保障部统一管理,在地方设立分支机构,为所有的参保人提供便捷的服务。

3. 废除现行的对缴费相同的强制性参保者实行不同福利待遇的批准社团制度。

4. 废除现行的工伤赔偿计划,将工伤事故或职业病纳入统一的社会保险方案,条件是:(1)通过特殊的途径来解决工伤赔偿所需的费用;(2)向长期伤残者提供特殊养老金,对因工伤或职业病死亡的人员的家属发放补助金。

---

① 〔英〕贝弗里奇:《贝弗里奇报告——社会保险和相关服务》,第9页。
② 同上书,第12页。

5. 将医疗服务和现金待遇分开管理,建立一个由卫生部负责监管、覆盖全民、囊括所有诊疗项目及各种伤残的综合性医疗服务体系。

6. 将家庭妇女作为受雇人群中的一个特定保险阶层,并根据她们的特殊需求来调整福利待遇。

7. 将长期伤残保险的范围扩大到所有从事有酬工作的人员,将退休养老保险的范围扩大到所有工作年龄的人口,无论其是否从事有酬工作。

8. 对所有失去生计的人员,无论其所从事的工作是否有报酬,都提供培训保险金,以帮助他们顺利转向新的职业。

9. 统一失业、伤残(因工伤事故或职业病造成的长期伤残除外)和退休的福利待遇及养老金水平。

10. 统一享受失业和伤残(包括因工伤事故或职业病造成的长期伤残)福利待遇的等待时间。

11. 统一享受失业和伤残(因工伤事故或职业病造成的长期伤残除外)福利待遇的缴费条件,修订享受养老金的缴费条件。

12. 取消全额失业保险金的享受期限限制,条件是失业者失业一段时间后要从事指定的工作或到指定的培训中心接受培训。

13. 取消伤残保险金的享受期限限制,条件是伤残者符合特殊行为规定。

14. 规定只有从工作岗位退休后才能领取养老金(工伤养老金除外),对达到最低退休年龄(即男65岁、女60岁)后继续连续缴费者,每缴费一年,养老金提高一定数额。

15. 将为农业、金融和保险业人员专门设立的失业保险计划并入社会保险中的普通失业保险计划。

16. 废除下列人员的社会保险豁免权:(1) 特殊职业人员,如公务员、地方政府工作人员、警察、护理人员、铁路工作人员以及其他从事有资格领取养老金职业的人员;就失业保险而言,还包括私人室内家政服务人员。(2) 年收入高于420英镑的非体力工作者。

17. 取消为寡妇无条件提供低水平养老金的做法,转而根据寡妇之需求提供相应的福利待遇。

18. 将丧葬补助金纳入强制性保险的范畴,并面向全民。

19. 将目前由地方机构管理的公共救助职能(慈善性医疗服务除外)移交给社会保障部。

20. 将保障盲人生活的职责移交给社会保障部,并通过社会保障部、地方机构和自愿团体之间的相互合作,为盲人构建一个新的生活保障和福利计划。

21. 将国民救助署的职责、关税和消费税部管理的非缴费性养老金工作、劳动和兵役部管理的就业服务工作、失业保险以及其他部委涉及各种现金福利待遇(包括工伤赔偿)的管理职责移交给社会保障部。

22. 用社会保险法定委员会取代失业保险法定委员会,两者的权利相近,但是社会保险法定委员会的管理范围更广。

23. 将原来商业化运作的简易人寿保险的业务变为公共服务项目,并由简易人寿保险委员会负责管理。

值得赞许的是,该报告在每一条改革建议之后都详细列举了充足的理由。仅以第三条改革建议"废除现行的对缴费相同的强制性参保者实行不同福利待遇的批准社团制度"为例,其理由就长达13页。1911年,英国创建国民健康保险制度,由财务独立、行政自治的批准社团进行管理,到二战时,全国共有此类社团大约800个,其财务独立的分支机构达6600个;各社团的会员人数多的达三四百万,少的不足50人;有的中等城镇的参保人常被分散在数百个社团中。尽管批准社团制度坚持国家保险与自愿保险相结合的原则,也对英国社会保险的发展起到了积极的历史作用,但毕竟导致"缴费相同、强制保险待遇不同"的社会不公,经办机构多元化和保障"碎片化"不利于运行和管理的统一和规范化,也不能适应参保人变更工作和居住地点的需要。基于坚持"国家最低生活保障政策"的原则,必须废除批准社团制度,也就是说,废除批准社团制度是统一全国社会保险制度的必要条件。报告还实事求是地提出由国家统一强制保险的缴费和给付标准,同时吸收社团参与保险管理。贝弗里奇领衔的委员会还通过缜密细致的调查研究,论证了这一改革建议具有坚实的民意基础:早在20年代中期,皇家专门调查委员会即认为批准社团制度已完成其历史使命,建议仅保留批准社团作为健康保险计划的经办机构;对于取消批准社团发放附加待遇的权力问题,除两个组织(雇员全国联盟30万会员、农村全国联盟40万会员)外,其他组织(1800万会员,占90%以上)都赞成;对于废止"缴费相同,强制保险待遇不同"的制度问题,绝大多数机构都赞成,仅4个组织(互助会全国联合会、简易寿险全国联合会、保诚保险公司、雇员全国联盟)持反对意见。这就使报告提出的改革建议有理有据,令人信服。

第三部分 三个特殊问题

　　这一部分重点讨论待遇标准和房租问题、老年问题以及关于伤残赔偿的途径问题。贝弗里奇认为，即便是按战前已知的物价水平（以1938年为标准）来估算人们在失业和伤残期间维持基本生活所需的收入，在某种程度上也只是一个推断。任何单个的估算数据（如决定保险待遇水平所必需的一些数据）都不能完全符合不同家庭千差万别的情况；人们在生活费用方面的差别主要来自房租变动，此外，燃料和其他项目的费用也会因地区、家庭不同而有所不同。①与其他的相关生活费用如衣、食、燃料、照明等开支相比，房租问题是造成当时生活费用差别的主要因素。它的主要特点在于：不同地区的房租相差悬殊；在同一地区内，人口相同的各家庭之间房租缴纳也不相同；在暂时中断收入期间，家庭能够消减用于衣着、燃料和照明方面的开支，但无法减少房租支出。房租是个亟待解决的问题，但在当时的英国社会环境下想要设计出被普遍认同的社会保障待遇标准是不可能实现的。报告得出了以下结论：一是"为确定失业和伤残保险的待遇标准，按战前房租水平，房租标准定为：对家庭，每周10先令；对单身个人，每周6先令6便士"②。二是建议保险待遇和缴费因地区、行业实行差别对待。三是否定了根据个人实际房租支出调整保险待遇的建议。贝弗里奇认为，在住房条件大体相当的情况下，不同地区之间和同一地区内房租的过大差距是工业布局和人口分布失策的表现，也是国家和社会未能根据需要为人们提供住房的见证。③因此，社会保障是需要国家和个人合作的，房租问题的解决不能单单依靠个人，也需要国家和社会承担一部分责任。

　　报告的这一部分在大量调查统计数据的基础上，详细分析了工作年龄内的人、退休人员、年轻人和工作年龄内的未成年人、被抚养子女等不同群体对房租、食品、衣着、燃料等生活必需品的需求，由此得出了战后满足人们基本生活最低需要所需的保险待遇标准（以1938年的物价水平为标准）：工作年龄内的男人每周19先令，工作年龄内的女人每周18先令，一对夫妇为32先令；对退休人员，相应的基本养老金为单身17先令6便士，一对夫妇29先令8便士；儿

---

① 参见［英］贝弗里奇：《贝弗里奇报告——社会保险和相关服务》，第84页。
② 同上书，第92页。
③ 同上书，第93页。

童的补贴标准为每周7先令,高于以往所讨论的子女补贴标准。

报告认为,为老年人提供待遇的性质和范围最为重要,这在某种程度上也成为当时英国社会保障最难决定的问题。首先,成年人会因多种原因丧失收入能力,年老作为原因之一,其重要性已经超过其他所有原因的总和;儿童人口下降,总人口数将急剧下降,从而领取养老金人口的比例上升。其次,每个人年老后的社会经济后果大相径庭,养老金的覆盖面极为有限,年老的人究竟是否会引起贫困问题,在当时也引起了一定的争议。英国老年问题的特点在于:第一,老龄人口规模巨大,待遇发放水平必须保证人们的基本生活,这给国家财政带来了巨大的压力。第二,老龄化的到来不可避免,人们如今能够预见的,在当时很大程度上已经预见到了。第三,当时英国还处于战争时期,新旧养老金制度未能很好接轨,造成了保障制度上的缺陷。基于以上三个特点,英国社会保障计划以缴费为原则,迎合了公众对不安全情况提供保障待遇的情绪。报告中提出以提高养老金标准过渡期的办法来为战后重振经济、积累国民财富争取时间,其将有关人员分为三组,根据相关规定分别缴费。在养老金的发放方面,对旧的方案下已领取养老金者采取保护措施,在实施新的方案时,把退休作为领取养老金的条件,且将养老金分为几类,分别针对不同的人群。

报告还提出了赔偿途径问题。根据新的社会保障计划,收入保障的某些内容要求被损害一方向负有责任的另一方提出合法诉求,主要包括:(1)工伤事故。工伤雇员除根据《工伤赔偿法》外,还可按普通法向雇主提出合法诉求。(2)其他事故。受伤者可向因疏忽大意导致事故发生的另一方责任人提出诉求。(3)非因丈夫死亡导致的婚姻破坏情况。在离婚、分居或丈夫抛弃妻子的情况发生后,受害妇女有权要求丈夫承担抚养义务。①

第四部分　社会保障预算

这一部分在分析社会保险的支出状况以及各方的缴费能力和意愿之后,提出了由国家、雇主、参保人三方共同缴费的缴费方案,且就各方应承担的比例作了具体划分。在报告的第一部分,贝弗里奇就提出了"社会保障需要国家和个人的合作",认为国家应该承担主导责任,保障服务的提供和资金的筹集,但同

---

① 参见〔英〕贝弗里奇:《贝弗里奇报告——社会保险和相关服务》,第112页。

时应强化对个人的激励机制。贝弗里奇在制定社会保障预算草案时,考虑了三方缴费方案:一是国家财政,也就是说公民根据本人收入状况作为纳税人缴的税;二是社会保障方案未来的待遇享受者,也就是说公民根据本人收入状况作为参保人缴的费;三是签订劳动合同并据此雇用劳动者的雇主。①贝弗里奇还讨论了税和缴费的区别。他在制定社会保障预算时,一方面在社会保险的筹资方式上选择了与待遇相关的"缴费",而排除了与支付能力相关的"纳税",明确要求缴费水平不能超出参保人的支付能力,并坚持统一缴费费率原则,"每个享受同样待遇的人都要支付相同的缴费。缴费意味着对能够享受待遇的人,不论贫富都一视同仁。而征税则意味着富人因支付能力强,要向社会公用事业支付更多的款项"②。另一方面,在社会保险的待遇发放上坚持保险待遇标准统一的原则,即不考虑参保者原收入的多少,唯一例外的是"因工伤事故或职业病导致长时间伤残"的情况,并要求待遇标准高低适度,享受期限适当,仅足以满足人们的基本生活需要。

报告还专门论述了工伤保险费的筹资问题,明确了事故或职业病高发的行业应承担额外的工伤附加费的原则和比例。贝弗里奇提出:"雇主不仅要缴纳各种情况下社会保险印花中一定份额的保险费,而且如其从事有毒有害行业,还要缴纳工伤附加费。工伤附加费数额为本行业工伤和职业病费用高于其他行业平均水平的差额的一定比例。"③

贝弗里奇认为"社会保障物有所值",对于参保人而言,英国人社会保障缴费的能力和意愿是最明显、最给人深刻印象的。他认为当时的强制保险也有了广泛的群众基础,强制保险如果限于满足基本生活需要,个人就能切实相信它会以最小的管理成本满足人们的基本生活需要。个人在支付了一部分费用作为缴费的情况下就能得到保障,并且这种保障是个人的基本权利,而非慈善施舍。对于雇主来说,他所支付的保险费是劳动力成本的一部分,但却能带来很大的利益。对国家来说,国家为规模庞大且人数不断增长的超出工作年龄的人提供养老保险待遇,是其无法推卸的责任。贝弗里奇最后提到:"社会保障计划只不过是一种国民收入再分配方式……就在战前英国社会物质财富就已丰富得可以避免真正的贫困,这似乎毫无疑问。如果不希望英国社会还一如既往

---

① [英]贝弗里奇:《贝弗里奇报告——社会保险和相关服务》,第119页。
② 同上书,第121页。
③ 同上书,第130页。

地按重新富裕后的日子进行组织管理的话,那就大错特错了。社会保障预算只不过是用货币形式把这个现实、这个民族希冀表达出来的方法。"①

第五部分　社会保障计划

这一部分首先论述了社会保障计划所赖以存在的三个假定,即由政府提供普遍的家庭补助,一种全面的卫生保健服务,以及高水平就业的维持。这三个假定的具体内容将在第六部分进行阐述。这一部分则提出了通过社会保险、国民救助和自愿保险三个层次保障人们不同需要的重要观点:社会保险满足基本需要;国民救助解决特殊情况的需要;自愿保险用于满足超出基本需要的额外需要。社会保险是指参保人在自己或雇主事先强制缴费的前提下,获得的现金给付,而不考虑支付时个人是否需要,这是三者中最为重要的。所有处于工作年龄段的公民都需要根据自己的保障需求缴纳相应的费用,已婚的妇女则由其丈夫替其缴费。只要每周缴纳保险费,这些人的所有基本需求就可以得到有效的保障,而且只要这种需求存在,待遇就会一直支付下去,不需要经过任何经济状况调查。社会保险待遇应当是对国民缴费的回报,而不是政府提供的免费午餐;如果没有参保意愿,也不付出努力,那是不可以得到它的。国民救助用于满足未被社会保险覆盖的所有保障需要,其必须满足人们基本生活的需要,但标准必须比社会保险待遇要低,否则参保人就不会向社会保险缴费了。发放救助时须调查经济状况,且要有需要救助的证据,并且只能在救助对象希望尽快恢复劳动能力的情况下进行,救助费用由国家财政承担。强制社会保险只能解决人们的基本生活问题,满足最低的生活需求,规避一般的风险。自愿保险的范围则包括两方面:一是待遇水平,在防范一般风险方面,在强制保险金基础上再增加一块待遇,达到超出基本生活需要的待遇水平;二是保障需要,尽管两者有很多共性,但实际上社会保险解决的只是人们共同的和统一的需要,自愿保险还可以解决那些强制保险满足不了的风险防范和保障需要问题。

贝弗里奇还在这里详细解释了社会保险所要遵循的六个基本原则:基本生活待遇水平统一;缴费率统一;行政管理职责统一;待遇水平适当;广泛保障;分

---

① 〔英〕贝弗里奇:《贝弗里奇报告——社会保险和相关服务》,第134页。

《贝弗里奇报告——社会保险和相关服务》导读
Social Insurance and Allied Services

门别类。报告在明确养老金、保险金、补助金及补贴等基本概念的基础上,将全部国民分为雇员、从事有酬工作的人员、家庭妇女、其他有酬工作的人群、退出工作的老年人、低于工作年龄的子女等六个群体,分析了产生社会保障需求的八种原因。第一是失业,这里的失业指的是一种非自愿性失业,劳动者具有劳动能力而得不到工作;第二是伤残;第三是失去生计;第四是退休,劳动者的年龄达到了无法承受工作压力的时候需要离开工作岗位,此时劳动报酬将会终止;第五是婚姻,重点指的是妇女的保障需求,包括婚姻、生育、丈夫失业、寡妇、分居等情况下的保险需求;第六是丧葬需求;第七是儿童需求,主要是针对接受全日制教育的16岁以下少年儿童提供子女补贴;第八是身体疾病或丧失劳动能力。通过对这八种需求原因的阐述,充分说明了推行社会保障制度的重要性,分析了各群体的不同保障需求,并就其参保的待遇、缴费等有关问题进行了系统阐述。

报告还提出了要建立社会保障部对社会保障计划进行统一管理。社会保障部要建立地区或地方的社会保障办公室,形成组织网络。地方社会保障办公室负责管理现金待遇和救助,并承担其他相关工作。社会保障部不负责医疗服务,该项工作由卫生部门来负担。联合委员会由社会保障部同有关医疗保险和福利的所有相关部门组成。①

第六部分　社会保障和社会政策

这一部分详细讨论了子女补贴、全方位医疗康复服务和促进就业问题。

第一,子女补贴制度。即直接为被抚养子女提供生活费,生活费补贴发给负责抚养该子女的成人。贝弗里奇提出这个建议的依据主要是:(1) 如果人们上班挣钱时都不能保证有足够的收入,又因失业或伤残收入中断需要保障其基本生活时,追求超出基本需要的标准是不合理的。社会保险应当是国家最低生活保障政策的一部分。由于家庭人口有多有少,工资的高低只受劳动力生产情况影响,与家庭人口无关,而工资分配制度是不能完全实现最低家庭生活保障的。二战期间,英国的社会调查表明,尽管20世纪前30年工资实际增长高达1/3,但对减少贫困的意义不大,这主要是当时劳动者丧失或中断劳动能力、家

---

① 参见〔英〕贝弗里奇:《贝弗里奇报告——社会保险和相关服务》,第165页。

庭人口过多等因素造成的。①（2）人们在失业或伤残期间享受的保险待遇等于甚至高于工作期间的工资收入，那将非常危险。如果在有工资收入和工资中断期间都不发放子女补贴，这种危险就难以避免。贝弗里奇提出此项建议的主要目的是缓解多子女大家庭的贫困，并刺激当时下降着的生育率。他认为："要想身体健康，必须在儿童时期打好基础。子女补贴一方面应视为帮助父母尽抚养责任，另一方面也可理解为由社会承担了这项过去并未承担的责任。"②同时也是想拉开工作者和不工作者之间在家庭人均收入上的差距，以避免人们因家庭收入太低而放弃工作，转向社会救济。最后，贝弗里奇得出结论：（1）子女补贴应当由国家财政出资，当父母挣工资时，发给除第一个孩子外的所有其他子女，而当父母不挣工资期间连第一个孩子也要发给。（2）除现有的实物待遇外，子女补贴平均为8先令/周。实际补贴应根据子女年龄分几档发放。如实物待遇发放数量超过现有规模，则现金补贴应相应扣减。（3）子女补贴现金待遇由社会保障部负责管理。③

第二，全方位医疗和康复服务。贝弗里奇看到，如果劳动者没有强健的体魄，他们对因疾病而造成的保险需求和开支就会增加，并因而给国民救助带来很大的压力，影响其正常的功能发挥。因此，全面的健康服务应是新型社会保障体系不可缺少的配套政策，这个政策主要是指两方面的内容：一是预防并通过医疗医治疾病、伤残；二是在医疗过程中和医疗后进行康复和适应工作方面的治疗。④进而强调，"为每一个公民提供广泛的医疗服务，无论他需要什么样的医疗、需要什么形式的医疗（上门医疗和住院医疗、一般医疗、专家医疗或咨询）都包括在内，并且也保证提供牙科、眼科和外科器具，护理、妇产及事故后康复"⑤。理想的医疗保障方案是对所有的公民无一例外地提供治疗和预防性的各种医疗卫生服务，不设置报销限制，在转院时也没有任何经济上的障碍。贝弗里奇认为，让病人恢复健康是国家和病人自己的责任，这是最重要的事情。他在报告中提出了医疗服务的目标：（1）建立医疗服务制度，旨在实现积极的健康、预防疾病和治愈疾病；（2）为每个人提供必要的医疗服务，包括一般治疗

---

① 〔英〕贝弗里奇：《贝弗里奇报告——社会保险和相关服务》，第174页。
② 同上书，第175页。
③ 同上书，第179页。
④ 同上。
⑤ 同上书，第180页。

和专家诊疗、上门治疗和医院治疗。①

第三,维持就业。一个令人满意的社会保险计划应当能够维持就业和预防大规模失业。对于已经失去工作的人,报告中提到"在一定期限后享受失业保险待遇附加前提条件是到指定的工作场所或培训中心参加工作或接受培训"②。这一规定能够保证社会成员充分再就业,并防止产生"失业者完全无事可做还有收入,则存在严重的道德风险"的现象。报告指出,"完全由社会保险提供收入保障不足以保证人民的幸福,因此,把社会保险作为唯一的或主要的社会保障重建措施看起来还很不够。与此同时,还应当下决心利用国家权力,把所有人的就业都保障到必要的程度,当然并不是要达到绝对的连续工作,而是保障每个人都能实现合理的生产性就业。这点最为重要"③。贝弗里奇认为社会保障计划在促进就业方面是有正面影响的,"在经济萧条开始时,在有助于促进劳动力流动、激励其寻找工作并摒弃懒惰行为的前提下,以最慷慨的标准发放失业保险待遇,将有助于保持工作人群的购买力,并因此可减轻经济萧条的严重程度。"④但是同时,他也认为不应当夸大其重要性,这只是些辅助措施,并没有触及维持就业的主要问题,还需要采取其他措施。

报告提出把消除贫困作为战后的基本目标,即社会保障计划的目标是:确保每个公民只要尽其所能,在任何时候都有足够的收入尽自己的抚养责任,满足基本的生活需要。⑤报告通过详细的社会调查,显示在二战结束前的30—40年中,英国总体生活标准提高了,经济持续繁荣,工资不断增长减轻了贫困,但人们的基本需要并没有完全得到满足;如果要进一步促进社会经济繁荣,就要实施社会保障计划,建立国家最低生活标准,满足人们的需要,消除贫困。虽然英国当时正处于战争之中,但是贝弗里奇在报告中仍然鼓舞着人们要相信能克服当前的困难。在报告的结尾处他富有激情地宣称:"民主社会并不必然能免于贫困,富裕也不是民主所赋予的。摆脱贫困需要人们去努力争取才能得到。要想摆脱贫困,就要有勇气、有信心和怀有国家统一的情结:即要有勇气面对现实、面对困难、克服各种艰难困苦;要对未来充满信心;要有国家统一高于任何

---

① 〔英〕贝弗里奇:《贝弗里奇报告——社会保险和相关服务》,第180页。
② 同上书,第185页。
③ 同上。
④ 同上书,第186页。
⑤ 同上书,第187页。

阶层利益、国家利益至高无上的情结。本报告中的社会保障计划的提出应归功于在极度困难当中相信英国人民将来会摆脱贫困的人民,归功于富有勇气、充满信心和怀有国家统一情结的伟大的英国人民,归功于在实现社会保障、赢得社会保障赖以存在的、在各国的正义胜利当中发挥作用的、物质上精神上强大富有的人们。"①

《贝弗里奇报告》发表后引起了巨大的社会反响,许多人排长队购买一本两先令的"贝弗里奇小册子"。它是英国有史以来销售量最大的官方文件,当年12月中旬的民意调查表明,有95%的人知道贝弗里奇报告。报告甚至成为在前线打仗的士兵们的热门话题。②

但是,当时英国社会各界对报告的态度并不一致。大多数英国普通民众对报告持拥护和赞成态度,因为报告反映了普通民众的渴求,他们希望报告的一系列计划尽快变为现实,并将能否实现报告所提出的计划作为他们选择和评判各种政治力量的重要标准。而一些社会利益集团和社会组织对报告却持反对意见。英国雇主联盟认为,在战争还没有结束之前就许下有关战后福利政策的诺言是非常危险的,社会福利政策必须与更高的生产力发展水平相联系。商业保险公司谴责贝弗里奇是一位只会将建议写在书本上的经济学家,完全缺乏对工人阶级生活状况的了解。妇女自由联盟则认为,虽然报告承认了妇女的工作地位,但是没有给予她们独立的地位,认为这个报告没有贯彻福利国家公平的理念。该联盟主席威廉斯(Williams)指出,每一个公民不管他们是否就业、是否结婚、是否年老、是否贫困,都应该从国家得到一种基本的最低收入津贴,这种普遍的最低收入将由同一标准的社会保障税作为其财政来源,这才有利于社会保障制度管理的简单化。③

政府官方组织对贝弗里奇报告的反应也不一致。在英国议会讨论时,有121位议员持反对意见,还有更多的人投了弃权票。战时内阁首相丘吉尔(Churchill)起初对《贝弗里奇报告》反应冷淡,他认为当时关键是争取英国在

---

① 〔英〕贝弗里奇:《贝弗里奇报告——社会保险和相关服务》,第195页。
② See Pat Thane, *The Foundations of the Welfare State*, London and New York: Longman, 1993, p.253.
③ 参见丁建定:《"贝弗里奇报告"评价中值得注意的几个问题》,载《中共福建省委党校学报》2007年第10期。

《贝弗里奇报告——社会保险和相关服务》导读
Social Insurance and Allied Services

战争中取得胜利,有关改革的措施应推迟到战争结束以后,同时也对报告内容的可行性抱有怀疑,担心报告可能助长民众的乐观情绪和对未来的预期。他在一份重要的内阁声明中指出:"关于战后社会生活的一种危险的乐观主义情绪正在增长,依我看,各部大臣应该留心,不要引发一些虚假的希望,因为我不愿用这些虚假的希望以及关于未来的难以实现的乌托邦式的许诺来欺骗民众。"①据报道,他拒绝会见贝弗里奇,并且不许贝弗里奇进入任何一个政府部门。丘吉尔的态度令广大民众失望,以致在战后大选中这位"英雄首相"未能获得选民的支持,被迫迁出唐宁街十号。和保守党长期对抗的英国工党则抓住这一历史机遇,毫不犹豫地将《贝弗里奇报告》作为其施政纲领的重要内容提出,并获得了人民群众的广泛支持。1945年,工党领袖克莱门特·理查德·艾德礼(Clement Richard Attlee)当选为英国首相。他一上台就参照《贝弗里奇报告》的建议全面推行社会保障制度。英国下院通过了一系列专门的社会保障立法,其中最重要的有1945年的《家庭补助法》、1946年的《社会保险法》《国民卫生保健服务法》《国民保险法》,以及1948年的《国民救济法》。这些法令与1944年保守党政府颁布的《国民保险部组织法》等法令,共同构成了战后英国社会保障制度的新法典,使英国成为拥有最先进最完善社会保障体系的资本主义国家。1948年7月,这些法令全部开始实施,标志着英国现代社会保障制度形成。艾德礼首相宣布英国建成了"福利国家"。

由于英国在克服危机、恢复经济中的成功表现,西欧和北美各主要资本主义国家纷纷群起效仿,在战后五六十年代兴起了"福利国家"的建设高潮。在此过程中,各国都在很大程度上采纳了《贝弗里奇报告》中的"普遍性"原则,并效仿英国的模式。从这个意义上讲,战后西欧的"福利国家"制度事实上是以《贝弗里奇报告》为蓝图而构造起来的。如法国、联邦德国在战后政治经济重建过程中均借鉴《贝弗里奇报告》的思想,建立了适合本国国情的社会保障制度。意大利、丹麦、荷兰、比利时等国在英国经验基础上,建立了内容更为丰富的社会保障制度,社会福利水平更高。瑞典作为北欧福利国家的典型代表,其福利制度的建设深受《贝弗里奇报告》的影响,该国政府在该报告内容的基础上开始精心设计自己的"福利国家",从1946年到1950年短短的五年间,先后进行了广泛的社会福利方面的各项改革,颁布了不少有关退休养老金、子女补

---

① W. S. Churchill, The Second World War, London, 1954, p. 861.

助、医疗保健服务、住房补贴、教育补助等新的法规。美国总统杜鲁门(Truman)的"公平施政"纲领在一定程度上就是《贝弗里奇报告》的翻版。日本则按美国模式建立了自己的社会保障制度。新加坡在参照英国经验的基础上另辟蹊径,建立中央公积金制度,抑制国家机关消费,保障社会福利。目前,世界上开征社会保险税的国家多达118个,其中德国、法国、荷兰、瑞士等国的社会保险税已跃居头号税种。

社会保障制度在资本主义国家的广泛建立,有效地缓和了阶级矛盾,维护了资本主义国家社会政治的稳定。它对于阻止阶级矛盾的过分激化,对于英国等资本主义制度的巩固和发展,均发挥了重要作用。战后福利国家的发展以及劳资关系的改善,为这些国家经济的迅速发展创造了良好的社会条件,刺激了资本主义经济的继续发展,对战后经济恢复起到了巨大的作用,而且在刺激需求、促进经济增长的同时也不同程度地缩小了贫富差距。战后资本主义经济所经历的黄金发展时期,除了科学技术的推动作用外,在一定程度上还要归功于《贝弗里奇报告》所带来的社会政治的稳定和有效需求的增加。然而我们也应当看到,各资本主义国家过高的社会福利水平导致了生产率下降,经济发展后劲不足,国家财政难以为继,甚至出现了"福利病"。这些问题考验着《贝弗里奇报告》和按其蓝图建立起来的战后社会福利体制。但是,无论人们怎么样从理论上去评价《贝弗里奇报告》,它在实践上的意义都是不可低估的。《贝弗里奇报告》的发表是英国乃至整个世界现代经济和社会发展史上的一个丰碑。

(秦莉撰写,童星改定)

《通往奴役之路》导读

The Road to Serfdom

The Road to Serfdom (1944)

Friedrich A. Hayek

弗里德里希·奥古斯特·冯·哈耶克(Friedrich August von Hayek, 1899—1992),1899年5月8日生于奥地利维也纳,1917年到1918年,他受训成为一名军官,并被派往意大利前线。1918年底,他进入维也纳大学,先后于1921年和1923年获得法学和政治学博士学位。因其在伦敦经济学院(London School of Economics)的一系列产生重要影响的演讲,1931年被聘为托克经济科学和统计学教授。1940年到1949年间,《通往奴役之路》在英国出版,并获得了好评;1947年4月,哈耶克帮助成立了朝圣山学社(Mont Pelerin Society)。1950年到1962年,哈耶克进入美国芝加哥大学社会思想委员会(Committee on Social Thought)任职,1962年返回欧洲,先后在德国弗赖堡大学和奥地利萨尔茨堡大学任教。1974年,鉴于哈耶克"在经济学界自亚当·斯密以来最受人尊敬的道德哲学家和政治经济学家至高无上的地位",他和冈纳·缪尔达尔(Cunnar Myrdal)一起获得诺贝尔经济学奖。1984年,在英国首相撒切尔夫人推荐下,他获得伊丽莎白二世授予的名誉勋位(Order of The Companions of Honour)。1992年3月23日,哈耶克在德国弗赖堡去世。

哈耶克作为20世纪西方著名的经济学家和政治哲学家,被公认为20世纪最著名和最重要的自由主义思想家之一。他的研究广泛涉及经济学、社会学、政治学、法学、哲学等领域。在哈耶克的学术生涯中,一共出版了25本理论著作以及130篇学术论文。主要著作包括:《货币理论和商业盛衰周期性》(*Monetary Theory and The Trade Cycle*)、《价格与生产》(*Price and Production*)、《资本的纯理论》(*The Pure Theory of Capital*)、《通往奴役之路》(*The Road to Serfdom*)、《个人主义与经济秩序》(*Individualism and Economic Order*)、《自由宪章》(*The Constitution of Liberty*)、《法律、立法和自由》(*Law、Legislation and Liberty*)、《致命的自负》(*The Fatal Conceit*)等。

《通往奴役之路》导读
The Road to Serfdom

一、《通往奴役之路》的核心论点

《通往奴役之路》的核心论点最初来自于哈耶克在《当代评论》(1938年第4期)的一篇名为"自由与经济制度"的文章,后来,它被增订成为由芝加哥大学出版社推出的《公共政策丛刊》(1939年)之一。本书作为哈耶克学术生涯中极其重要的著作,为他赢得世界性声誉奠定了基础。哈耶克针对当时所处的时代特征,指出正在计划中的福利国家不是为个人自由而战斗,而是朝着专制主义的方向发展。追求计划经济实际上是对自由志愿原则的抛弃,其后果必然是极权主义。哈耶克力图通过论证计划经济对古典自由主义根基的破坏性,以唤醒当时的知识分子。本书从问世至今,相关书评、解读、批判以及应用均层出不穷,它深刻影响了新自由主义思想发展以及随后的欧美国家政府改革,同时,其在学术界引发的争议也颇多。本文按照《通往奴役之路》一书的章节顺序,浅探哈耶克的核心观点及其论证过程。

1. 自由主义与社会主义

哈耶克首先注意到西方社会所出现的一种新的趋势,尽管"直到最近,我们仍然相信我们为那种被含糊地称为19世纪的观念或自由放任的原则所支配"[1],但是,当时社会主义思潮在一些欧美国家风靡一时,而且1929年的那场世界资本主义经济危机为社会主义运动提供了广泛的社会基础。他提醒道:现在我们已看到这一种新的奴役形式在我们面前兴起,而我们却把这种警告[2]忘得一干二净。"现代的社会主义趋向,不仅对不久的过去,而且对西方文明的整个演进过程意味着多么鲜明的决裂,如果不仅以19世纪为背景,而且以更长远的历史观点来看,就显然很清楚了。我们在迅速放弃的不仅是科布登和布赖特、亚当·斯密和休谟,甚至洛克和弥尔顿的观点,而且是在基督教以及希腊人和罗马人奠定的基础上逐渐成长起来的西方文明的显著特点之一。不仅是19世纪和18世纪的自由主义,而且连我们从伊拉斯谟和蒙田,从西塞罗和塔西

---

[1] 〔英〕哈耶克:《通往奴役之路》,第19—20页。本导读采用的是王明毅等译、中国社会科学出版社1997年出版的版本。

[2] 指德·托克维尔和阿克顿勋爵这些伟大的19世纪思想家的警告,即"社会主义意味着奴役"。

佗、伯里克利和修昔底德那里继承来的基本的个人主义,都在逐渐被放弃。"①

自由主义的基本原则使我们尽可能多地运用自发的社会力量而不是强制力量来安排社会事务,自由主义原则能够被灵活地运用于社会事务之中。但是,当前自由放任的原则已经被欧洲所遗弃。社会主义日益取代自由主义成为绝大多数进步人士所坚持的信条。在哈耶克看来,社会主义与法西斯主义之间的联系日益明显,支持社会主义的人们仍然相信社会主义和自由可以结合,但社会主义的纲领的实现则意味着自由的毁灭。在对自由的认知层面,社会主义的奠基者们毫不掩饰他们的意图,并认为自由思想是19世纪社会的罪恶之源。没有人比德·托克维尔更清楚地意识到,民主在本质上是一种个人主义的制度,与社会主义有着不可调和的冲突。"民主扩展个人自由的范围,而社会主义却对其加以限制。民主尽可能地赋予每一个人价值,而社会主义却仅仅使每一个人成为一个工具、一个数字。民主和社会主义除了'平等'一词毫无共同之处。但请注意这个区别:民主在自由之中寻求平等,而社会主义则在约束和奴役之中寻求平等。"②

社会主义作为集体主义的一种类型,通常对于社会主义概念的理解,仅停留在社会正义、更大程度的平等和保障等社会主义的终极理想目标。但是,达到社会主义者所希望的理想目标的方法需要被加以重视,因为社会主义实际带来的是社会效率和激励机制的损失。从实现社会主义目标的手段角度看,社会主义意味着废除私有企业,废除生产资料私有制,创造一种所谓"计划经济"体制,在这种体制中,中央的各项计划机构取代了为利润而工作的企业家。许多人自称为社会主义者,热烈地信仰社会主义的终极目标,但他们既不关心也不理解这些目标何以才能实现。他们确信的仅仅是这些目标一定会实现,而从未深刻思考实现目标所付出的代价如何。但对几乎所有那些把社会主义不仅当作一个希望、也当作实际政治中的一个目标的人来说,现代社会主义所特有的方法与目标本身同样重要。另一方面,许多和社会主义者一样重视社会主义的终极目标的人们,由于看到社会主义者所倡导的方法对其他价值的危害,而拒绝支持社会主义。因此,有关社会主义的争论,在很大程度上正成为有关手段而不是有关目标的争论——尽管社会主义的不同目标能否同时实现这个问题

---

① 〔英〕哈耶克:《通往奴役之路》,第21页。
② 同上书,第30页。

也被提到。

2. 计划经济与竞争、民主、法治、自由

"经济计划"是社会主义改造的首要工具,为了使收入的分配符合其社会正义观念,就必须对经济活动进行集中管理。因而,所有要求以"为使用而生产"代替"为利润而生产"的那些人,都需要"计划",但是这也可能带来一种风险,即"如果收入的分配以一种在我们看来违背正义的方式进行调节的话,这样的计划就同样是不可或缺的了。世界上的好东西大部分应归于某个高贵的种族,如北欧日耳曼人,还是应归于某一党派的成员或一个贵族阶级,对此我们必须采取的方法,是和那些能确保一种平均分配的方法相同的。"① 通常,"计划"受欢迎的原因很大程度应归于这个事实,即每个人当然都希望我们应当尽可能合理地处理问题,并在这样做时,应当尽量运用我们所能获得的预见。而在自由主义者看来,需要运用竞争力量作为协调人类社会发展的工具,而非仅仅是放任自流,为了能够使得竞争有效运转,需要精心设计出一些法律框架。但经济自由主义者反对以协调个人努力的低级方法去替代竞争,因为竞争是最有效的方法,它是在没有强制和武断干预时唯一相互协调的方法。哈耶克还特别强调,"对于本书的论证来说,最重要的是,读者要牢记:我们一切批评所针对的计划只是指那种反对竞争的计划——用以代替竞争的计划"②。

在厘清计划及其本质,以及自由主义计划与社会主义计划的区别基础之上,哈耶克对计划的"不可避免性"观点进行了评论。在说明计划的不可避免性的各种论证中,似乎技术的改变已经在数量逐渐增多的领域中使竞争没有可能,而留给我们的唯一选择是由私人垄断组织控制生产还是由政府管理生产。对于倾向垄断和计划的趋势之论证,包括主张由于技术进步导致的必然后果论和主张由于政策所造成的结果论两种。哈耶克首先评价了技术进步论,通常垄断的发展是由技术原因造成的论点强调规模生产的必然性,但该观点只是孤立地看待有时随技术进步而产生的影响,而无视相反方向作用的其他影响,那么,它就很难从对事实的认真研究之中获得支持。如美国"全国经济临时委员会"对"经济力量集中化"的研究认为,大规模生产的更大效率是使竞争消失的原

---

① 〔英〕哈耶克:《通往奴役之路》,第38页。
② 同上书,第46页。

因,"从现有的任何证据中很难获得支持"①。对于由于社会复杂性导致集中成为必要的说法,哈耶克认为这种观点,"完全是从一种对竞争作用的误解上产生的"。使竞争成为适当的实现这种调节的唯一方法的,正是在现代条件下劳动分工的这种复杂性,而绝不是竞争只适用于比较简单的条件。②实际上,与分权加上调节来解决经济问题的方法相比较,集中管理是"令人难以置信的笨拙、原始和范围狭小的方法"③。倡导计划不可避免性的运动之所以力量强大,主要是由于部分专家和献身于单一任务的男女,这不是对社会进行全面观察的结果,而是一种非常有局限性的观察的结果,并且常常夸大了他们所重视的目标的结果。因此,倾向垄断和计划的趋势,并不是我们不能控制的"客观事实"的结果,而是种种看法的产物。这些看法已酝酿和传播达到半个世纪之久,最后,它们达到了支配我们一切政策因素的地步。

在计划与民主的关系层面,社会主义者认为,当今社会缺乏对单一目标的"有意识"的指导,其活动受到不负责的人们的奇思异想所左右。哈耶克认为,"形形色色的集体主义,如共产主义、法西斯主义等等,它们之间的不同在于它们想要引导社会努力所要达到目标的性质的不同。但他们与自由主义和个人主义的不同之处就在于他们都想组织整个社会及其资源达到这个单一目标,而拒绝承认个人目的至高无上的自主领域。简言之,他们是极权主义者这个新词真正意义上的极权主义者;我们采用这个新词是为了说明在理论上我们称之为集体主义的不期而然却又不可避免的种种现象。"④社会为之组织起来的"社会目标"或"共同目的",通常被含糊其辞地表达成"公共利益""全体福利"或"全体利益"。它预先假定存在一个完整的伦理准则,其中人类的各种不同的价值都适得其位。其实,我们生活在自由社会里,根本就不存在这种完整的伦理准则。"个人主义者得出结论说,在限定的范围内,应该允许个人遵循自己的而不是别人的价值和偏好,而且,在这些领域内,个人的目标体系应该至高无上而不屈从于他人的指令。就是这种对个人作为其目标的最终决断者的承认,对个人应尽可能以自己的意图支配自己的行动的信念,构成了个人主义立场的实

---

① 〔英〕哈耶克:《通往奴役之路》,第48页。
② 同上书,第52页。
③ 同上书,第53页。
④ 同上书,第59页。

质。"①计划与民主之间的冲突只不过起因于这个事实,即对经济活动管理所需的对自由的压制来说,后者是个障碍。但是,只要民主不再是个人自由的保障的话,那么它也可能以某种形式依然存在于极权主义政体之下。一个真正的"无产阶级专政",即使形式上是民主的,如果它集中管理经济体系的话,可能会和任何专制政体所曾做的一样完全破坏了个人自由。②

在计划与法治的关系层面,哈耶克首先阐明了法治的基本点,即留给执掌强制权力的执行机构的自由裁量权,应当被减少到最低限度。集体主义类型的经济计划必定与法治精神背道而驰。在法律面前的形式上的平等,是和政府有意识地致力于使各种人在物质上或实质上达到平等的活动相冲突的,并在事实上是不相容的,而且任何旨在实现公平分配的重大理想的政策,必定会导致法治的破坏。在一个有计划的社会里,法治不能保持,这说明了政府强制权力的使用不再受到事先规定的规则的限制和决定,形同虚设的法律能够使类似经济集中管理的专断行动合法化。对于法治精神的公然违背,必然导致极权主义势力的出现,个人自由必然被渐渐侵蚀。

当人们的经济生活被控制的时候,他们生活的其他部分也就都被控制了。哈耶克指出,问题的关键在于,用于达成控制经济活动目标的手段便决定了哪一种需要予以满足和哪一种需要不予满足,因此一旦经济活动被控制,人们的需要就被限定在拥有强制权力机构的价值选择上。集中计划经济意味着经济问题由社会解决而不由个人解决,那么,各种需要的相对评价主体则由社会的代表们来充当并作出决定。由于在现代条件下,我们的每一件事几乎都要依赖别人来提供手段,因而经济计划几乎将涉及我们全部生活的各个方面,计划制订者也就对我们全部生活加以"有意识的控制"。在有计划的社会中,当局对于消费、生产的直接影响是其控制权的来源,所谓人们"选择的自由"只会是纯粹虚假的。哈耶克总结道:"人们往往说,没有经济自由的政治自由是没有意义的。这当然很对,但在某种意义上,它是和我们的计划者使用这句话的意思几乎相反。作为任何其他自由前提的经济自由,不能是那种社会主义者允诺给我们的、免于经济劳心的自由,也不可能是只能通过同时解决个人选择的必要性和权力才能获得的自由;经济自由必须是我们经济活动的自由,这种自由,

---

① 〔英〕哈耶克:《通往奴役之路》,第62页。
② 同上书,第71页。

因其具有选择的权利,不可避免地也带来那种权利的风险和责任。"①

3. 计划经济与社会保障

在对关于保障与自由之关系的探讨中,哈耶克首先指出,"经济保障"这一概念与在这个领域内的许多其他用语一样,存在不明确和含糊其辞的特征,而当前的社会思潮中,强调赞同普遍保障可能是对自由的一种威胁。哈耶克区分了两种形式的保障:"一种是有限度的保障,它是大家都能够获得的,因而,不是什么特权,而是人们可以期望的正当目标。一种是绝对的保障,在自由社会里,这种绝对的保障不可能让所有人都得到,也不应当把它当作特权给予任何人,除非在极少数的特殊情况下,例如法官,其完全的独立才是非常重要的。这两种保障中的第一种是,防止严重的物质匮乏的保障,即确保每个人维持生计的某种最低需要;第二种是,某种生活水准的保障,或者说,一个人或集团与其他的人或集团相比较的相对地位的保障;或者,我们可以简单地说,一个最低限度的收入的保障和一个人被认为应有的特定收入的保障。"②在疾病和事故保险领域、自然灾害救助领域,要求政府协助组建一种全面的社会保险制度的理由是很充分的,政府所提供的保障,也是与维护个人自由没有抵触的。

但是,对于自由具有潜在的危险影响的保障计划,意在保护个人或集团不会发生那种虽然并不是应有的,但在竞争的社会却是司空见惯的收入减少;保护他们免于遭受给人带来极大困苦的损失,虽然这种困苦在道义上并没有正当的根据,但它们却是与竞争的制度形影不离的。因此,这种对保障的要求就是对公平报酬的要求的另一种形式,即一种适用于主观评价的报酬,而不是和个人努力的客观结果相适应的报酬。哈耶克指出了这种保障形式对于自由的威胁,"我们越试图用干涉市场制度的方法来提供更充分的保障,有些人就越缺乏保障;并且,更糟的是,在作为一种特权而得到保障的那些人的保障和没有这种特权的人日益增加和无保障之间的对立也变得越大。并且,保障越具有特权的性质,而没有特权的人所面临的危险越大,保障就越为人们所珍视。随着有特权的人数的增加,在这些人的保障和其他人的无保障之间差别的增加,就逐渐形成了一套全新的社会价值标准。"③以自由为代价来赞扬保障是很危险的,

---

① 〔英〕哈耶克:《通往奴役之路》,第98页。
② 同上书,第118页。
③ 同上书,第125—126页。

如果我们希望保存自由,就必须恢复作为盎格鲁-撒克逊国家的自由制度之基础的那种信心,诚如本杰明·富兰克林(Benjamin Franklin)所言:"那些愿意放弃基本自由来换得少许保障的人,既不配得到自由,也不配得到保障"①。

4. 计划经济与道德、真理

坚持计划经济的人在了解到极权主义的罪恶以后还依然辩解,"德国极权主义政权的建立导致了施特赖歇尔和基林格尔、莱伊和海因斯、希姆莱和海德里希之流的当政,这或许可以证明德国人性格上的邪恶,但并不能证明这些人的得势是极权主义制度的必然结果。"②他们认为,极权主义是一种可以为善也可以作恶的强有力的制度,并且运用这个制度达到何种目的,完全取决于独裁者,所以,应当怕的不是这一制度而是这一制度被坏人来领导。但是,社会主义只有用大多数社会主义者都不赞成的方法,才能付诸实施。价值标准极为类似的人数最多的集团,是具有低级标准的人民,极权主义政党的成功需要将其组织起来。在为狭小的集团服务的集体主义政党中,往往视集体比个人更重要,为集体目标而奋斗的个人才被认同和尊重,他们不会宽容非集体主义者的存在。同时,集体主义者将权力视为一种目标,通过建立前所未有的强大权力去支配别人。集体主义的道德后果是良心必须让步于集体或者上级命令,个人必须服从集体、跟随领袖。既然个人成为集体的工具,那么,这就使得心有信仰和传统道德的人要么放弃,要么就不可能晋升上位,于是,最坏者当政也就成为必然。

极权主义造成的道德后果则是真理的终结。在社会主义体制下,信仰被统治者视为有效工具,"一切宣传都为同一目标服务,所有宣传工具都被协调起来朝着一个方向影响个人,并造成了特有的全体人民的思想'一体化'。"③其后果必然是对于一切道德都具有破坏性,因为它们侵蚀了一切道德的基础,即对真理的认识和尊重。为了诱使人们接受官方标准,虚假被置于真理之上,独立思考的真理探究精神被扭曲。当科学不能为真理而只为一个阶级、一个社会或一个国家的利益服务的时候,"真理"这个词的本身就已失去了它原有的意义。哈耶克认为,从思想演进的本质来看,给思想的成长或进步定出"计划"或进行

---

① 〔英〕哈耶克:《通往奴役之路》,第128页。
② 同上书,第129页。
③ 同上书,第147页。

"组织",这种说法本身就是词语上的矛盾。他认为人的思想必须"自觉地"控制它自己的发展这种见解,是把个人理性,即单独能够"自觉地"控制一切的那个理性,同个人相互之间的过程即产生理智的那个成长过程,混为一谈了。如果我们试图对它加以控制,那我们只会阻碍它的发展,迟早一定会引起思想的停滞和理性的衰退。①集体主义思想企图把理性推到至高无上的地位,却以毁灭理性而告终,因为它误解了理性成长所依据的那个客观科学过程。

5. 极权主义的根源

哈耶克进而考察了纳粹主义的社会主义根源,"国家社会主义看成仅仅是对理性的反叛,是一个没有思想背景的反理性的运动,是一个常见的错误"②,实际上,纳粹的社会主义根源存在已久。"国家主义学说是一个长期的思想演变的顶点,是远在德国国境之外具有极大影响的思想家们都曾参加过的一个过程的顶点。"③哈耶克认为,纳粹的成功并非国家主义的失败、遭难和波动,更不像许多人主观想象的那样,是由于反对社会主义进展的资本家的反动的缘故。相反地,使这些观点得势的那种支持恰恰是来自社会主义阵营。它们的得势绝不是由于资产阶级的缘故,而是由于没有强有力的资产阶级的缘故。德国纳粹主义始终与国家主义结合在一起,从费希特、洛贝尔图、拉萨尔再到桑巴特、张伯伦,对国家主义的渴望使得他们走向了一条纳粹主义的不归路。

极权主义政府所犯下的罪行极为深重,人们不担心英国会出现极权制度,但是目前民主国家的情况不是与现在的德国,而是与二三十年以前的德国越来越相似。英国左派和右派之间的经济观点越来越相同,他们共同反对作为英国政治的共同基础的自由主义,英国盛行着对社会主义计划经济的向往,但却忽视了计划经济对于自由的侵蚀。哈耶克宣称,极权主义者就在我们中间。如经济垄断组织为了维持其市场垄断地位,宣称自身的存在有利于公共利益;科学家与工程师们依靠自己的理性对人类社会生活进行计划,理性的扩张使得极权主义在我们中间出现。人们过于迷信自己的力量,认为"我们已经以令人惊骇的程度学会了如何驾驭自然力量,但可惜的是,我们在如何成功地利用社会合作的可能性这一方面是落后了。如果此话就此打住,那么它是相当对头的。但

---

① 〔英〕哈耶克:《通往奴役之路》,第157页。
② 同上书,第159页。
③ 同上书,第159页。

是,如果他们继续作出对比并且争辩说,我们必须像学会如何驾驭自然力量那样学会如何驾驭社会力量,那他们就错了。这不仅是一条通向极权主义的道路,而且是一条通向我们文明的毁灭的道路,一条必然阻碍未来进步的道路"①。非人为力量的协调作用在复杂人类社会中起着重要作用,不可违背经济规律来解决人类发展问题。在自由社会中应当坚持经济和人的基本自由,而不应当使其从属于某一目标,"在一个摧残人身自由和个人责任的制度里,无论是善意或者组织效率都不足以使人安身立命"②。

6. 国际秩序

在国际秩序层面,人们已经意识到放弃 19 世纪自由主义而付出的代价。在全国规模内独立实行的好多种经济计划,就其总体效应而论,即使是从纯经济观点来看,也必定是有害的,而且它们还必定会产生国家间的严重摩擦。哈耶克认为,在新近的经历中,我们只汲取了很小一部分的经验。依然存在一种幻想,即认为用国家之间或有组织集团之间的谈判方式来代替围绕市场和原料展开竞争的方式,就可以减少国际摩擦。而这只不过是借助强力的争夺来取代被喻为"斗争"的竞争,并将那种在个人之间无须诉诸武力便可决定胜负的抗争,转变为在强有力的、武装的国家之间进行的没有更高法律约束的抗争。这些国家都是本身行为的最高评判者,都不听命于更高的法律,它们的代表们除了各自的本国眼前利益之外又不受任何其他考虑的约束——这些国家之间的经济交易必定会导致权力的冲突。③哈耶克强调,国际性经济计划的施行必然涉及价值排序问题,一旦强权出现,就不可能有民主的维系,同时,这种制度安排是缺乏效率的,也必然无法满足人们生存发展的需要。现在人们普遍确信,我们需要一个国际经济主管机构,它无权指挥各个民族必须如何行动,但必须能够制止他们作出损害其他民族的行为。必须委托给国际主管机构以一定的权力,这不是近年来各个国家所僭取的新权力,而是一种没有它就不能维持和平关系的最低限度的权力,也就是说,基本上是那种极度自由主义的"自由放任"国家所拥有的权力。并且,甚至比在一国范围内更为紧要的是,应当由法治来严格限制国际主管机构的这些权力。因此,哈耶克主张联邦制形式,由各

---

① 〔英〕哈耶克:《通往奴役之路》,第 195 页。
② 同上书,第 206 页。
③ 同上书,第 209 页。

国选举产生,在法治前提下,旨在平衡各国利益,制衡各经济利益集团,但却不管各国经济。

在本书的结论部分,哈耶克总结道,"本书的意图不在于描述一份有关合乎我们愿望的未来社会秩序的详细方案"①,而是要建立一个成为未来发展基础的体制,商定其中的某些原则,以及使得我们从不久以前曾支配着我们的某些错误中解脱出来。"不管我们多么不情愿承认这一点,但我们必须承认,在这次战争以前,我们确曾又一次到达过一个阶段,当时更重要的是清除那些因人类的愚蠢而加诸于我们前进道路上的障碍,解放个人的创造力,而不是设计更多的机构去'指引'和'指挥'他们。"②哈耶克特别强调,应当创造有利于进步的条件,而非通过设计各类计划来促进进步即"计划进步"。哈耶克再次呼唤要将思想从那种最坏形式的当代蒙昧主义中解放出来,使我们变得更加明智。为了充分发挥古典自由主义在当代的价值作用,这位自由主义思想大师提出必须要在战争之后拥有从头做起的勇气,"如果年轻的一代不怎么相信那些曾支配过大多数老一辈人观念的话,他们是对的。但是,如果他们认为这些观点依旧是他们实际上很少了解的、19世纪的自由主义观念的话,他们就犯了错误或者误入歧途了"③。哈耶克还尖锐地指出,当时的人们对于实现自由主义的理想并没有做得比祖辈们优越,反而把事情弄得一团糟,但是,必须要积极吸收19世纪自由主义的精神财富,"如果我们在创造一个自由人的世界的首次尝试中失败了,我们必须再次尝试。一项维护个人自由的政策是唯一真正进步的政策,在今天,这一指导原则依然是正确的,就像在19世纪时那样"④。

二、哈耶克的社会福利思想解析

从总体上看,基于新自由主义的立场,哈耶克对于社会福利的看法是同《贝弗里奇报告》中所体现的社会福利思想针锋相对的,因为后者的思想基础是国家干预主义,而国家干预主义所坚持的主要手段——计划,恰恰就是哈耶克所深恶痛绝的。

---

① 〔英〕哈耶克:《通往奴役之路》,第226页。
② 同上。
③ 同上书,第227页。
④ 同上。

《通往奴役之路》导读
The Road to Serfdom

1. 哈耶克与新自由主义福利观

作为凯恩斯国家干预主义理论的主要反对力量,新自由主义逐渐发展壮大。尤其在20世纪70年代欧美经济危机中,凯恩斯主义无法解释并应对当时发达国家所出现的经济停滞、通货膨胀和失业增加并存的所谓"滞胀"问题,这使得凯恩斯主义受到强烈挑战。新自由主义思潮①的崛起与此有关,并且对随后的英国和美国政府的改革有着重要影响。1979年,在撒切尔夫人的领导下,英国保守党在选举中获胜,撒切尔政府上台伊始即对经济社会政策进行了大刀阔斧的改革。撒切尔政府接受了哈耶克的新自由主义思想和弗里德曼(Miton Friedman)的货币主义理论,并将其付诸实施。表现在社会福利领域:其一,政府首先放弃了维持充分就业的承诺。撒切尔夫人认为,政府不应试图人为地保持充分就业,而应允许市场力量来决定自然的就业水平,并且为对付通货膨胀而采取坚定的货币主义方法,其本质就在于以失业必然上升为条件对经济进行挤压。其二,降低社会福利项目的待遇水平,减少政府的财政开支。撒切尔夫人认为,面对愈加沉重的公共财政压力,必须要对福利支出作出结构性的深度调整。其三,推进社会福利私有化改革,转而强调个人的责任和义务。与此相类似,美国里根政府在20世纪80年代也积极推动福利紧缩计划,大幅削减联邦政府的社会福利保障经费,并改变了美国社会保障模式,推动实行多元化的社会保障运行模式。

新自由主义思想包括众多学派,如伦敦学派、现代货币学派、公共选择学派、理性预期学派、供给学派以及新制度经济学派,但影响较大的是以哈耶克为代表的伦敦学派、以弗里德曼为代表的货币学派以及以卢卡斯(Robert Lucas)为代表的理性预期学派。这些新自由主义学派的共同点是:其一,推崇个人自由主义,反对国家干预。新自由主义主张个人自由主义,认为个人自由是自由市场制度存在的基础,也是经济自由的基本出发点。个人有了自由选择的权利,才能保证社会的进步和创造。尊重个人自由,就要让个人在市场中自由选择,国家不应该进行干预。其二,推崇竞争市场经济,反对国家引导或计划经济体制。新自由主义强调,经济活动是有规律的,国家调控是造成经济不稳定的

---

① 该思潮因崇尚市场机制,反对政府干预,故在经济上被称为新自由主义,而与凯恩斯国家干预主义相对立,并以示其同亚当·斯密的古典自由主义之间的渊源关系;在政治上则被称为新保守主义,而与激进主义相对立,并以示其同传统保守主义之间的渊源关系。

主要根源。管得最少的政府才是最好的政府。主张市场经济是民主的基本堡垒,借助财产所有权的分散,防止权力集中于少数人手中。同时认为,在自由市场制度下,个人在为自己利益进行努力的同时,可以自动为别人和社会的利益作出贡献。其三,主张私有化,推进全球自由化。新自由主义经济学家认为,私有制经济具有自身内在的稳定性,在市场这只"看不见的手"的调节下,私有制经济能够自动实现经济的均衡。新自由主义还认为,私有制经济的最大好处在于它保证了个人的自由。因此,为了提高公司的效率,新自由主义强烈反对最低工资等劳工政策,以及劳工集体谈判的权利。在新自由主义看来,各国取消经济保护,实现生产要素、贸易和金融的完全自由化和国际化,最有利于资源的高效配置和比较优势的充分发挥。同时,新自由主义支持通过国际组织和条约对他国施加多边的政治压力,以此来推进全球自由化。①

新自由主义的福利观集中体现为反对国家干预下的福利国家制度,认为市场是解决社会保障问题的最有效方式,社会保障的实施不能威胁到民主国家的自由精神与创造力。具体来说,其一,新自由主义福利观强调市场机制在财富和资源配置中的重要性,反对所谓"分配正义"主张,将分配正义及其政策设计视为对自由的重大伤害。其二,新自由主义反对集体主义,强调个人主义。认为自由与责任紧密联系,在社会保障制度中应当发挥个人责任,反对以强制性收入再分配方式来满足个人需求,市场力量、个人责任以及家庭互助应当成为福利供给的重要主体。其三,实现消减社会福利,倡导社会保险领域的私有化。反对强制性保险,提倡有选择的保险制度,主张积极消减社会福利规模和项目,倡导社会保障制度模式的私有化转型。其四,倡导积极劳动就业政策。新自由主义者将保护性劳动就业政策与积极就业政策相结合,力图通过改变失业保障制度来消除其所造成的福利依赖以及对经济活力的冲击。总体而言,新自由主义对于福利国家的态度是消极和否定的,新自由主义者认为经济增长是最好的社会保障,经济增长可以通过滴漏效应(trickle-down effect)自动解决贫困和社会不公平问题。新自由主义强调要对福利国家"黄金时期"的政策后果进行深刻反思,主张补缺式的社会保障模式,并为随后而来的欧美福利国家改革提供了重要理论参考。

哈耶克在新自由主义思想发展脉络中是一个不可或缺的标志性人物,哈耶

---

① 参见林闽钢:《现代西方社会福利思想——流派与名家》,中国劳动出版社2012年版,第25页。

克的社会保障思想构成其自由主义思想的重要方面。从哈耶克所出版的著作中,对于社会保障与福利国家方面的讨论主要集中于《通往奴役之路》与《自由秩序原理》这两本著作,为了能够更加全面地梳理哈耶克的社会福利思想,本文将上述两本著作作为分析样本。

2. 福利国家与自由原则

在个人主义方法论的维度下,哈耶克将集体主义、经济计划视为对自由的极大威胁。社会福利构成了集体主义目标中的理想要素,而安全与保障的承诺与实施必将使得市场机制受损,进而影响市场中的个人态度与行为,使这些个人失去了自由的本质意义。哈耶克认为福利国家必将威胁自由原则。为此,他区分了两种不同类型的社会福利制度,即"有限度的保障"和"绝对的保障"。有限度的保障是"防止严重的物质匮乏的保障,即确保每个人维持生计的某种最低需要"①。而绝对的保障则是强调"某些生活水准的保障,或者说,一个人或集团与其他人或集团相比较的相对地位的保障;或者……说,一个最低限度的收入的保障和一个人被认为应有的特定收入的保障"②。哈耶克认为:"这个称谓(福利国家)实际上是有许多不尽相同甚至彼此冲突的要素的混合,它们当中一部分要素会使自由社会更具有吸引力,而另一些要素则与自由社会不相融合,或至少会对自由社会的存续构成潜在的威胁。"③因此,向社会成员提供所谓"有限度的保障",可以保持市场经济的竞争力;同时,向社会成员所提供的维持生计的最低标准的保障,不会存在任何特权以及由此产生的限制自由的问题。可见,哈耶克并非完全否定社会福利计划,而是注意到在面临不可预知的灾害、疾病以及事故中,应当给予人们以基本生活水平的保障,并使个人能够自己采取有效手段以解决自己的生活问题,满足自己的发展需要。实际上,有限度的保障对于促进成员生存和市场活力具有积极意义,这是一种防止出现赤贫的适当保障,"要求政府协助组织一种全面的社会保险制度的理由是很充分的"④。

在哈耶克看来,在自由市场条件下,个人所得到的劳动报酬同社会成员所

---

① 〔英〕哈耶克:《通往奴役之路》,第117页。
② 同上书,第118页。
③ 〔英〕哈耶克:《自由秩序原理(下)》,第10页。本导读采用的是邓正来译、生活·读书·新知三联书店1997年出版的版本。
④ 〔英〕哈耶克:《通往奴役之路》,第118页。

提供的服务与物品有关,社会成员的个人努力与创造力是其获得生活和发展保障的根本,同时这也保障了其自身在社会中的最大自由。然而,绝对的保障则是对自由原则的一种破坏,旨在保护市场社会中常见的和必然的收入损失风险,而这种保障是与自由市场中的竞争原则相悖的,它限制了个人自由选择职业及其在行业间自由流动的机会,违背了市场配置资源的基本规律,抹杀了社会创新所需要的企业家精神。同时,在实施绝对的保障过程中,人们必须要努力获得一个可以带来保障的身份,而这种身份的获得与评价必然涉及权力主体的选择问题,那么,特权及特权集团的出现也就成为必然。福利国家的出现实际上是将"有限度的保障"目标转变为"绝对的保障"甚至全面保障。从哈耶克的观点出发,福利国家是对自由社会的极大背叛,"我们越试图用干涉市场制度的方法来提供更充分的保障,有些人就越缺乏保障;并且,更糟的是,在作为一种特权而得到保障的那些人的保障和没有这种特权的人日益增加和无保障之间的对立也变得越大。并且,保障越具有特权的性质,而没有特权的人所面临的危险越大,保障就越为人们所珍视"①,"那些愿意放弃基本自由来换得少许保障的人,既不配得到自由,也不配得到保障"②。福利国家破坏了盎格鲁-撒克逊国家的自由精神。

3. 福利国家与自发秩序

哈耶克认为,福利国家不仅违背了自发秩序,违反了正义原则,而且这种"社会正义"或"分配公正"的施行,必然扼杀个人自由,滋长社会特权,带来政治上随意专断的统治。③"自由经济只能做到交换的公正,而社会主义,在很大程度上也是大众的社会公正理想,则要求分配公正。交换的公正是指按人们实际给予其同胞的服务的价值而得到回报,而分配的公正不但要求取消个人自由,而且要求贯彻一套不容争议的价值,即实行一种严密的集权统治。"④当一个社会为了所谓的"社会目标"或"共同目的"而组织起来时,"公共利益""全体福利"或"全体利益"就成为千百万人为之奋斗的"幸福"。与此同时,千百万人的福利和幸福只凭一个多寡的尺度来衡量。而哈耶克认为,"一个民族的福利,如同一个人的幸福,依赖于许许多多的事物,这些事物被以无数种组合形式

---

① 〔英〕哈耶克:《通往奴役之路》,第125—126页。
② 同上书,第128页。
③ 参见林闽钢:《现代西方社会福利思想——流派与名家》,中国劳动出版社2012年版,第38页。
④ 〔英〕哈耶克:《通往奴役之路》,第98页。

提供出来。它不能充分地表达为一个单一目标,而只能表达为一个种种目标的等级、一个每个人的每种需要都在其中占据一席之地的全面的价值尺度。根据一个单一的计划指导我们的一切活动,就预先假定了我们的每一种需要都在一个价值序列中占有一个等级,这个价值序列必须十分完整,足以使计划者在必须加以选择的各种不同的方针中有可能作出决定。简而言之,它预先假定存在一个完整的伦理准则,其中人类的各种不同的价值都适得其位"①。

哈耶克明确指出:"所有保证'公正'分配的努力,必然导致把市场的自发秩序变成一个组织,或换言之,变成一种极权主义秩序。"②也就是说,试图利用政府的强制权达到"实际的"(即"社会的"或"分配的")正义,这种理想及相关社会政策的推行,必然导致政府权力掌握了人们收入、财产和自由的主动权,它不仅将破坏自发市场秩序的基础,而且必然导致对个人自由的践踏,最终建立起一个至高无上的由精英集团控制的集权国家。哈耶克进一步指出,正义与否只能应用到普遍公平规则下的行动者的有意行动,而社会并不是一个"人",所以说社会行动是否合乎正义是一件荒谬的事。"'社会正义'是一种彻头彻尾且毫无意义的胡言,就像'一块道德的石头'这种说法毫无意义一般。"③而在哈耶克看来,"干预本身就是一种独立的强制行为",它"始终是一种不正义的行为";"干预必然会干扰整体秩序并阻止整体秩序之各个部分进行相互调适的行为,而自生自发的秩序正是以各个部分的相互调适为基础的。"④因此,国家强制干预必然导致市场信号的扭曲,甚至导致市场秩序的毁灭。⑤

4. 社会保障再分配功能分析

哈耶克出于对社会自生自发秩序的崇拜,对分配正义尤其是收入分配正义作了尖锐的批判。自由主义聚焦交换正义而非分配正义。在哈耶克看来,为赤贫者以及不可预知的灾害提供福利救济,这是应当予以肯定的;而对于"绝对的保障"即对某种收入水准和生活水平的保障,则是完全没有道理的。再分配应当仅限于为所有人提供一种最低生活保障的福利救济。在战后背景下,尤其

---

① 〔英〕哈耶克:《通往奴役之路》,第60页。
② 〔英〕哈耶克:《经济、科学与政治——哈耶克思想精粹》,冯克利译,江苏人民出版社2000年版,第403页。
③ 〔英〕哈耶克:《法律、立法与自由(第2卷)》,邓正来译,中国大百科全书出版社2000年版,第139页。
④ 同上书,第220页。
⑤ 参见林闽钢:《现代西方社会福利思想——流派与名家》,中国劳动出版社2012年版,第38页。

是在英国,"恢复和提高过去的生活水准,事实上可能要比在其他许多国家更为困难些",哈耶克强调,"如果我们做得聪明,通过苦干和把大部分的精力用到检修和更新我们的工业装备和工业组织上去,就会在几年之后恢复甚至超过我们以往所达到的水平,这几乎是不成问题的","我们不应当由于眼光短浅而不通过增加收入的途径,而是用收入再分配的办法去救治贫困,这会使得众多阶层的人们感到沮丧,以致使他们变成现行政治制度的死敌"。哈耶克再次强调了"有限度的保障"的重要性,"让我们尽一切努力来确保每个人享有一个统一的最低水准,但同时也让我们承认,有了这种基本的最低保障以后,个别阶层必须放弃对确保享受特权的一切要求,必须取消允许某些群体为维持他们自己的特殊标准而排斥新来者分享他们相对繁荣的一切借口。"①总之,在哈耶克看来,保持市场活力是经济有序发展的基本路径,而以再分配为基本手段则是一种短视行为,实际上破坏了自由市场秩序。

经由累进税(progressive taxation)进行再分配的做法,在现代社会渐渐被普遍认为是一种正当之举。而在哈耶克看来,向高收入者课征高额累进税所获得的财政收入,在全部财政收入中占极小的比例,因此可以说它并不足以减缓其他人所承受的负担;问题还在于,采用累进税后的很长时期内,实际上并不是贫困者能从中获益,相反,却是那些构成最大多数选民的经济状况较好的劳动阶级和中产阶级中的较低收入阶层成了受惠者;同时,对于富人承担大多数税收负担的幻想导致了大众接受比原本更为沉重的税负。"尽管累进税制原本旨在减少不平等的现象,但事实上却反而致使现存的不平等现象得以长期存在下去",哈耶克还指出,累进税制根除了自由社会所具有的对这种不平等现象进行补救的最为重要的机制——自由企业制度。②简而言之,在哈耶克看来,累进税制可能降低企业与个人创造的财富总量,抑制其积极性,在总体社会层面造成社会福利的损失;同时,累进税制并未达到减少不平等的目标;此外,累进税制助长了个人惰性,破坏了经济发展所需的动力基础。

5. 社会保障与国家垄断

哈耶克认为,社会保障管理方式将导致国家垄断,进而成为对自由社会的最大威胁。福利国家所有的目标都需要通过有损自由的方法方可实现,"当下

---

① 〔英〕哈耶克:《通往奴役之路》,第199页。
② 参见〔英〕哈耶克:《自由秩序原理(下)》,第90页。

的主要危险在于,一旦政府的一个目标被认为合法而得到接受,那么人们也就因此而认定,甚至采用哪种与自由原则相悖的手段也是合法的"①。尤其是那些最急于充分运用现有知识和权力的人,最有可能因其所采用的方法而损害未来的发展。社会保险领域所采用的"控制的单一渠道"的发展模式,已经成为福利国家的特征,也将成为未来发展的主要障碍。一旦政府力图使每个人都达到一定的生活标准,那么,只有通过剥夺个人在此问题上的选择权方能做到这一点。这样,福利国家便成了一个家族式国家(a household state),在这种国家中,"家长"控制着社会的大多数收入,他依据他所认为的社会成员的需求或应当得到满足的需求的数量和品种来分配这些财富。②于是,服务的性质发生了转变,"如果政府不是运用它所控制的有限资源以提供某种特定的服务,而是运用它的强制性权力以确使人们得到某类专家认为他们需求的东西,又如果人们因此不再能够就生活中一些最重要的问题(例如:健康、卫生、就业、居住、老年救济)进行抉择,而是必须接受某个被任命的权力机关根据其对他们需求的评价而为他们做出的决定,又如果某些服务变成了国家排他性控制的领域,而且整个职业——医疗、教育或保险等——也渐渐只是作为统一行政等级的机构而存在,那么人们便会发现,真正决定人们将得到什么东西的,已不再是自由的竞争性试验,而是权力机关所做的决策。"③当人们的福利被这样管理和控制的时候,那么,人们对管理机构就失去了控制,个人则变得无力和孤立无援,自由也受到了前所未有的挑战。

6. 社会保障制度及其项目批判

哈耶克先是从整体层面对社会保障制度进行评价。他详细论述了社会保障制度的演进过程,发现社会保障制度的初始形式是以济贫法形态出现的,"自大都市兴起以及人口流动日益增长瓦解了旧有的邻里纽带以来,最初用以满足此类需求的地方性制度安排便已不敷需用了;而且(如果地方政府的职责不是阻碍人口流动)这些服务的供给也不得不在全国范围内加以组织,并由专门创设的特殊机构予以提供。"④哈耶克认为,公共援助或公共救济的形式虽然在各个国家存在差异,实际上却都是传统济贫法(old poor law)适应现代条件的

---

① 〔英〕哈耶克:《自由秩序原理(下)》,第12页。
② 同上书,第13页。
③ 同上。
④ 同上书,第285页。

变异。随着济贫范围的扩大与水平的提高,济贫制度面临着促使个人放弃自我努力的危险。于是,社会保险制度出现了,它最初的用意是迫使人们自己维持生活,避免成为公众的负担。但是,随着社会保险的发展,国家凭借其政治权力设置机构、承担开支,成了各种服务的唯一提供者,并迫使人们隶属于统一的组织。[1]这样一来,济贫制度"不再是绝大多数自立者同意给予少数无法生存的人以救济的再分配,而是多数因为少数拥有更多财富而从少数人那里取走其部分收入的再分配"[2]。

哈耶克认为,社会保障制度其实极为复杂,从而很难为人们所理解,因而给民主制度造成了严重问题。正是由于社会保障存在的复杂性,连那些一般的经济学者、社会学者或者法律人士也对这一复杂且变化不定的制度的诸多细节茫然无知,因而导致"制度性专家"逐渐占据支配地位。所谓制度性专家(institutional expert),其实只是一些全面理解其组织构造并因此而变得不可或缺的人,其未必掌握对制度价值的判断。这类"新型专家"会毫不犹豫地拥戴或赞同他们据以成为专家的那个制度,结果造成"在越来越多的政策领域,几乎所有那些被公认为'专家'的人,从定义上来讲,都是些对现行政策所赖以为基础的诸原则持赞同意见的人士"[3],而那些持反对意见的人士却不会被视作制度性专家。这些制度性专家对于组织机构和制度膨胀有着极为重要的影响。

在由国家单一控制的社会保障机构的背景下,"强制性收入转移(compulsory income transfers)视作一种法律上的权利和做法,并不能改变这样一个事实,即这种收入转移只能根据特别需要的程度而被证明为正当,因此它们仍是一种施舍措施,而并不是什么法律权利。"通过"黑箱"作业的方法,"诱使公众舆论接受一种新的收入分配方法",而新机制的管理者的真正目的,则是直接实现收入再分配的安排。哈耶克强调,要想阻止该发展趋势,就必须对两种救济作出明确的区分:"一是受益者因为在事先已做出了充分的偿付从而在道德上和法律上享有权利而获得的救济,二是受益者仅依据需求并因而依赖于对需求的证明的方式而获得的救济。"[4]从而发展前者,抑制后者。在哈耶克看来,国家单一控制的社会保障机构还具有另一特性,即"有权使用经由强制性手段

---

[1] 参见谭磊:《哈耶克社会福利思想解读》,载《社会》2004年第1期。
[2] 〔英〕哈耶克:《自由秩序原理(下)》,第67页。
[3] 同上书,第52页。
[4] 〔英〕哈耶克:《通往奴役之路》,第54页。

而征集起来的资金,为扩张这一强制性制度进行宣传"①。在一个民主制度下,一些公共机构将公共资金用于有利于扩展它们自身活动的宣传,这种做法在社会保障领域极为普遍,这将造成选民和立法者都只能从制度性专家的宣传中获取信息,而这些专家所从事的活动本来确实应当接受选民和立法者指导的。哈耶克认为,这种单一控制下的权力"与那些垄断着所有信息供应手段的全权性国家所拥有的权力毫无二致"②。

在养老制度层面,如果政府致力于对所有的老年人不仅发放一种最低限度的津贴,而且还力图提供"适当的"津贴,而不考虑个人的需求,也不考虑其所做出的贡献如何,在哈耶克看来,这种做法会产生非常严重的问题。具体地说,一旦国家获得了提供此类保障的垄断权,那么国家不仅会给予那些凭其贡献而获得保护的人以保障,而且还会给予那些未来得及作出贡献的人以保障。而且当支付退休金时,这笔钱并不是从为此目的而积累起来的资金所带来的收益中支出,也并非从受益人因努力而获得的额外收入部分中支出,相反,"它们乃是从那些当前正在从事生产的人的工作收入中转移出来的一部分"③。于是,这种抛弃保险特性的做法以及决定"适当的"收入的做法,必将使整个保险制度演变为一种政治工具,成为政客为拉选票而使用的一种筹码。因此,"在一个未遭到通货膨胀侵袭的富裕社会,大多数退休者通常要比那些仍在工作的人过的更舒适"④。

在疾病保险层面,哈耶克认为,不仅存在着养老保险所存在的上述问题,而且由于疾病问题属于"个案性需求",它所产生的紧迫性和重要性必须依据满足此项需求的费用来加以权衡。哈耶克强调,健康保险有其重要意义,有了这项制度,许多人便能够救济自己;相反,这些人则会成为一种公共负担。但哈耶克反对单一的国家健康保险方案,以及全民免费健康服务方案,他之所以反对这两类方案,是由于这两类方案本质上是一种政治上的不可撤销的举措(politically irrevocable measure),即"这种措施一旦实施,就必须执行下去,而不论这种措施是否已被证明为一种失误之举"⑤。在哈耶克看来,那些支持全民免费

---

① 〔英〕哈耶克:《通往奴役之路》,第55页。
② 同上。
③ 〔英〕哈耶克:《自由秩序原理(下)》,第58页。
④ 同上书,第59页。
⑤ 同上书,第61页。

医疗方案的人忽视了有关维持健康和保护生命的决策所涉及的问题的性质,在判断医疗服务中具体需要多少照顾和努力方面,并没有什么客观标准可以依循;而且人们越来越意识到,要做客观上所有有可能的事情,资金花费是没有限度的。在医疗保险面临的或然性和偶然性的背景下,所有的决策必须在现实中的初始化条件下进行抉择。在人道主义层面,减轻病人痛苦和延长病人生命都是正当的;而在经济层面,却不能被证明为是合理的。在有限的条件下,人们面临着痛苦的抉择。在国家控制医疗的制度下,这种抉择一定由当局机构强加给个人;而在自由社会,"那些具有充分工作能力的人所得的不具危险的暂时伤病,通常会得到迅速的医治,并在一定程度上以忽视老年人的疾病和绝症的医治为代价;这种做法看上去颇为残酷,但却很可能会符合所有人的利益"①。哈耶克还尖锐地指出了医疗国有化带来的"鲜为公众所觉察"的、"一个最重要的问题"。医疗国有化的措施,不可避免地要把那些作为对病人负有完全责任的自由职业人员的医生吸纳到国家机构之中,成为领薪的公务人员;然而作为国家的领薪公务人员,他们又必须听从于当局的指令,而且不能向当局保密其所知道的情况。经验表明,这一方面的新发展所具有的最大的危险很可能在于:每当医学知识的发展趋向于赋予那些拥有这些知识的人以越来越多的支配他人心智的力量的时候,国家便会把他们归属于某个受单一指导的统一组织之中,并根据国家用以决定政策的理由来指导或命令他们。这种制度的前景实在令人可怕:医生一方面是个人之不可或缺的帮助者,另一方面又是国家的代理人员;这种制度既使医生可以洞察到病人最具私性的事情,同时也规定了种种条件,迫使医生不得不将他所知道的事情泄露给上级领导,并且将这些情报用于实现当局所决定的目标。②

在失业保险方面,哈耶克认为,防止大规模失业显然要比为失业者提供救济的方法更为重要,但是我们无法确定的是,已经彻底解决防止大规模失业问题,失业保险是否就不再具有重要意义。同样不能确定的是,失业救济对于失业规模的影响究竟如何。我们已经建立了统一的最低限度救济的公共救济制度,但是与经济大萧条期间的失业不同的是,现在失业问题的产生存在着诸多因素,区分失业的实际类型相当重要,在不同行业间应对失业风险的方式也不

---

① 〔英〕哈耶克:《自由秩序原理(下)》,第63页。
② 同上书,第64页。

同。然而,使用国家"保险"这类方案时,却是运用从其他领域的工人那里征集到的款项,或从大众那里课征到的一般性税收,来救济这些领域中的失业者。哈耶克指出,"当某一特定行业所特有的失业风险并不是用此行业中的收益而是用此行业之外的收益来救济时,它将意味着,由于对此类行业中的劳动供给所提供的补贴来自其他行业,所以只能说明这种行业的扩展已超出了其在经济上可欲的程度"①。在西方所推行的全面失业保险,解除了工会对其政策造成的失业所应承担的责任,同时又迫使政府来保障因工会的缘故而失业的工人的生活,全面失业保险制度只能使就业问题更加复杂。自由社会的国家则为失业提供统一的最低限度的补贴,并尽可能减少周期性失业,而对于维持生活水平所需的进一步补贴则交由市场来实现。哈耶克认为,强制性的失业保险方案(a compulsory scheme of so-called unemployment insurance)始终在于"矫正"不同群体间的相对报酬,以稳定的行业为代价去补贴不稳定的行业,并支持与高就业水平不相协调的工资需求,它只可能恶化其力图解决的问题——失业,因而是得不偿失的。

(陶鹏撰写,童星改定)

---

① 〔英〕哈耶克:《自由秩序原理(下)》,第66页。

《民主社会主义的目标和任务:法兰克福宣言》[①] 导读

Aims and Tasks of Democratic Socialism: Frankfurt Declaration

---

[①] 该宣言虽影响深远,但篇幅较短,译成中文仅不足五千字,常作各种专著的附录收入。此处采用的是各大网站均可查阅的标准版。

Aims and Tasks of Democratic Socialism: Frankfurt Declaration (1951)

  1951年6月30日至7月3日,民主社会主义的国际组织"社会党国际"在法兰克福召开了第一次代表大会。英国工党、奥地利社会党、比利时社会党、丹麦社会党、芬兰社会民主党、法国社会党、德国社会民主党、冰岛社会民主党、以色列工党、日本社会党、卢森堡社会主义工人党、荷兰工党、挪威工党、西班牙工人社会党、瑞典社会民主党、瑞士社会民主党等民主社会主义政党参加了该次大会。

一、《法兰克福宣言》诞生的历史背景

要准确、完整地解读《民主社会主义的目标和任务：法兰克福宣言》（简称《法兰克福宣言》），有必要简略回顾国际及欧美工人运动史，又称为国际共产主义运动史。国际共运或工运源自马克思主义的诞生（此前的工运，往往是国别性的、分散的，马克思主义使其联合起来，成为国际性的）。这充分显示了马克思主义与空想社会主义的区别——实践性。按现代数理逻辑以及由其衍生的逻辑实证主义、批判理性主义的说法，凡可行的（能行的、能进行的、能持续做的）才是科学的，或才具科学性。这从科学哲学角度足证了马克思主义的科学性是以其实践性为基础、前提及支撑的，也涵括了其理所当然必须在实践中不断发展之内涵。

1836年，主要由无产阶级化的手工业工人在伦敦组建了德国政治流亡者的秘密组织，谓正义者同盟。后来，也有不少其他国家的政治流亡者和英国工人参加，成为一个国际性的工人组织。因指导思想的非科学性、目标的非清晰性等原因，其活动很快陷入低谷。19世纪40年代中后期，该组织的领导人之一魏特林注意到了马克思、恩格斯的思想，遂希望马克思、恩格斯能担当组织的领导工作。1847年6月，正义者同盟在伦敦召开第一次代表大会，按照恩格斯的倡议，把同盟的名称改为共产主义者同盟。因此，这次大会也是共产主义者同盟的第一次代表大会。共产主义者同盟是第一个建立在马克思主义基础上的政党，是一个国际性的无产阶级政党。大会还批准了以民主原则作为同盟组织基础的章程草案，并用"全世界无产者，联合起来"的战斗口号代替了正义者同盟原来的"人人（或四海之内）皆兄弟"的具有行帮色彩的口号。很快，共产主义者同盟召开了第二次代表大会，"决定委托马克思恩格斯两人起草一篇宣言，把党的基本原则规定下来并公布于世。《共产党宣言》就是这样产生的，它在1848年2月革命前不久第一次发表，后来被译成欧洲几乎所有的文字"[①]。共产主义者同盟极大地推动了发达国家工人运动的发展，成为培养工人运动骨干乃至无产阶级革命家的大学校。同盟成员迅速增加，遍及欧美。

---

① 〔德〕恩格斯：《卡尔·马克思》，载《回忆马克思》，人民出版社2005年版，第3页。

《民主社会主义的目标和任务：法兰克福宣言》导读
Aims and Tasks of Democratic Socialism: Frankfurt Declaration

1864年，英、法、德、意四国无产阶级的代表在伦敦开会，决定成立国际工人联合会，又称国际工人协会，这就是著名的"第一国际"。第一国际由共产主义者同盟发展而来。马克思、恩格斯代表德国无产阶级参加第一国际的工作，是第一国际实际上的领导者。第一国际以马克思主义的科学社会主义理论作为指导思想，以推动各国工人运动、实现社会主义为任务和目标。列宁曾总结道，第一国际推动了世界各国工人运动进入了无比壮大的时代，即工人运动广泛发展的时代，各民族国家内相继成立群众性的社会主义工人政党的时代。第一国际仍然是国际性的无产阶级政党。

随着以马克思主义为指导的各国工人运动的蓬勃发展，在各国内建立民族国家的无产阶级政党的条件已经成熟。1863年5月，全德工人联合会在莱比锡创立。1869年8月，德国社会民主工人党成立。1875年5月，两者合并，更名为德国社会主义工人党。1891年10月，更名为德国社会民主党，这是全世界第一个民族国家内的无产阶级社会主义政党，一般认为它始自1863年或1869年。19世纪70年代始，欧美各国无产阶级社会主义政党纷纷诞生，名为社会民主党、社会民主工人党、社会党、工党等。1898年，俄国无产阶级社会主义政党诞生，名为俄国社会民主工党。随各国无产阶级社会主义政党的陆续建立，第一国际完成了自己的历史使命。（列宁语）在1876年美国费城召开的代表会议上，第一国际正式宣布解散。

1883年，马克思去世。各国无产阶级政党和社会主义者均要求加强国际联系，以便沟通、交流、协调。恩格斯继承了马克思的事业，经过大量工作，促使多国无产阶级社会主义政党的代表于法国大革命100周年纪念日，亦即法国100周年国庆节，即1889年7月14日，在巴黎召开"国际社会主义者代表大会"，有多达22个国家的393名代表参加。大会主要讨论了国际劳工立法和工人阶级的政治、经济斗争任务；通过了《劳工法案》《五一国际劳动节案》，每年的5月1日定为"国际劳动节"。大会还决定以同盟大罢工作为工人阶级斗争的主要手段、方式。卡尔·李卜克内西、倍倍尔、拉法格等许多著名的无产阶级革命家参加了大会并作为主席团成员。巴黎大会宣告了各国无产阶级社会主义政党的国际联合组织的建立，是为"第二国际"，又称为"社会主义国际""社会党国际"。恩格斯是其实际上的领袖。

1895年，恩格斯去世。爱德华·伯恩斯坦公开宣称应该根据欧洲主要指西欧（因为马克思主义也主要是以西欧、北美发达国家为研究对象的）当时的实际情况以及哲学社会科学理论的新发展修正并发展马克思主义,并认为应通过"议会道路"即议会的斗争和选举,使无产阶级社会主义政党成为控制议会的多数党,从而执掌政权,进而通过推进改良、改革实现社会主义的路径或许已经成为欧洲实现社会主义的唯一道路。革命尤其是暴力革命基本已不再需要,欧洲可以"和平长入社会主义"。伯恩斯坦及其追随者构成了第二国际右派,又称为修正主义派。修正主义派的理论立场及实践主张遭到了第二国际以卡尔·李卜克内西、罗莎·卢森堡、克拉拉·蔡特金等为代表的左派的坚决反对。通过与修正主义派的论战,第二国际左派正式形成。右派与左派在第二国际内都是少数派,而以恩格斯之后第二国际最主要也是最重要的理论家兼领导者卡尔·考茨基为代表的绝大多数人,则对两派的争论极力调和,持中立立场,构成了第二国际中派,即第二国际多数派或绝对多数派。以列宁为代表的俄国社会民主工党布尔什维克派(产生于1903年在伦敦召开的俄国社会民主工党第二次代表大会上,因超过半数的与会代表赞同列宁的建党方针及其政策,称为布尔什维克派,布尔什维克是俄语"多数"的意思。不赞同列宁的建党方针及其政策者,成为孟什维克派。孟什维克是俄语"少数"的意思。俄国社会民主工党就此分化,但对外仍保持了统一性)坚定地支持左派,孟什维克派则基本上持中派立场。这是一个有趣的现象:俄国党的多数派成为第二国际少数派之一的左派的一部分。而俄国党的少数派则成为第二国际绝对多数派的一部分。随时间推移,以考茨基为首的中派和以伯恩斯坦为首的右派在理论上和政策主张上逐渐趋同:均强调、认同利用议会选举制度开展斗争,参与发达资本主义国家的政权,通过对资本主义制度实施逐步的改良、改革实现社会主义。使争取社会主义的斗争合法化,以动员最广大的人民群众参加。1914年,第一次世界大战爆发,以列宁为代表的左派指责这是一场帝国主义战争,并号召各国无产阶级及其政党反对这场战争。并利用战争所激化的各种国内矛盾的形势,发动国内革命,"使本国帝国主义政府在这场战争中失败",以争取本国社会主义革命的胜利。中派和右派则完全合流,虽也认同一战的帝国主义战争性质,但认为应当区分侵略者和被侵略者,各国无产阶级及其政党应当"反对侵略,保卫祖国"。考茨基针对列宁关于帝国主义是资本主义的最高亦即最后阶段,因而帝国主义时代同时是无产阶级革命时代的理论,提出了极富改良色彩的"超帝国主义论"。他认为垄断的发展导致资本国际化,使得帝国主义国家的利益渗透交织,进而由帝国主义大国共同控制欧洲。加之帝国主义战争造成的两败或

《民主社会主义的目标和任务：法兰克福宣言》导读
Aims and Tasks of Democratic Socialism: Frankfurt Declaration

多方俱伤等原因，使帝国主义国家由斗争走向联合，致资本主义乃至整个世界市场范围内的生产力发展得以协调，生产发展的无政府状态得以改善。"卡特尔（垄断的一种形式，此处泛指垄断）应用于对外政策上是完全可以设想的"，帝国主义大国的利益均衡，将使共同的和平发展取代帝国主义战争（考茨基由此在当代被称为欧盟的预言者）。各国无产阶级及其政党通过"议会道路"参与并掌握政权，实施一系列的改良、改革走向社会主义。这已与伯恩斯坦的观点如出一辙，虽然在理论上更加深化了。至此，中派与右派的联盟主导了第二国际，左派在第二国际内被边缘化。各国党的左派（在俄国是社会民主工党的布尔什维克派；在德国是社会民主党的斯巴达克派，又称斯巴达尔团；在其他各国，直称社会民主党或社会党或工党左派）纷纷从第二国际分化出来，建立共产党。十月革命胜利之后，各国共产党于1919年在莫斯科在以列宁为首的布尔什维克党后称联共（布）的领导下，建立了第三国际即共产国际。第三国际成立后，派出了许多马克思列宁主义者及职业革命家分赴各国（包括中国），推动并帮助各国建立历史新时期的无产阶级革命政党——共产党。自此，由无产阶级导师马克思、恩格斯开创的国际工运，或称国际共运、国际社会主义运动，经过列宁的发展，分化为两条道路、两种方式，形成了不同的理论、路线、方针、政策。

  因一战的分化和仍存在的部分理论上的分歧，1919年2月，第二国际右派成立了伯尔尼国际。1921年2月，第二国际中派则成立了维也纳国际。1923年5月，这两个国际在德国汉堡合并，成立了统一的"社会主义工人国际"，简称社会党国际。各国社会民主党、社会党、工党弥合了因一战及某些理论分歧所造成的分化，实现了新的联合，并开始致力于在发达资本主义国家内推进社会主义事业，为与其不认同的苏联模式的也是第三国际所致力推进的社会主义——共产主义事业相区别，汉堡国际强调社会主义的民主性质，并开始使用"民主社会主义"一词。法西斯主义横行欧洲以后，对其进行了残酷迫害。民主社会主义各党均参加了各国的及全世界的反法西斯统一战线，与各国法西斯政权及其势力进行了坚决的斗争。反法西斯战争即第二次世界大战胜利之后，1951年6月30日在德国法兰克福召开国际即全世界社会（民主）党、工党第一次代表大会。大会通过了社会民主党纲领和章程，正式宣告社会党国际的重建。并通过了《民主社会主义的目标与任务：法兰克福宣言》，向全世界宣示了民主社会主义的基本价值观念及社会发展主张。在社会党国际和各国社会

(民主)党、工党的大力推进下,发达国家的多数民众均参与了民主社会主义的进程,推动了社会的进步。民主社会主义再度主导了发达国家的社会主义思潮和运动。

二、《法兰克福宣言》的主要内容及思想

《法兰克福宣言》全文分为五大部分:序言;政治民主;经济民主;社会民主与文化进步;国际民主;加之仅两句话的结束语。全面阐述了民主社会主义的目标和任务,从而明确了民主社会主义的努力及奋斗方向。

1. 序言:由13条构成

第1条,对资本主义进行了尖锐的批判:"十九世纪以来,资本主义发展了巨大的生产力。其代价则是排除了绝大多数公民对生产的影响。它把(资本)所有权置于人权之上。它创造了一个没有财产和社会权利的,靠工资生活的新阶级。它使阶级之间的斗争尖锐化了。""虽然世界蕴藏的资源足以供每个人过像样的生活,但资本主义未能满足人类的基本需要。它自身证明了:没有灾害性的危机和大规模失业,它就无法运行。它产生了贫富之间的悬殊差别和社会的不安定。它诉诸帝国主义扩张和殖民剥削手段,从而使民族之间和种族之间的冲突更加剧烈。在某些国家中,强有力的资本(主义)集团还帮助过去的野蛮主义,使之以法西斯主义和纳粹主义的形式重新抬头。"上述批判,继承了马克思主义对资本主义所作的科学分析。指出,生产资料私有制是资本主义生产关系乃至整个制度的基础。它制造了两极分化,造就了与生产资料相分离的仅靠出卖劳动力(工资只是劳动力商品的价格)维生的雇佣劳动者阶级即无产阶级。资本主义生产力的不断发展和其以生产资料私有制为基础的生产关系之间的矛盾,必导致周期性的经济危机,资本主义周期性经济危机的唯一正功能,是以破坏生产及其成果的形式,强制性地平衡和恢复社会再生产所必须的比例关系。这是荒唐的——为了正常生产必须破坏生产及其产品。资本主义还为了资源、市场和廉价劳动力而侵略扩张,导致全世界民族乃至种族冲突加剧。甚至法西斯主义也是资本主义的必然产物,它是大资本(垄断)集团对前资本主义许多野蛮做法的利用。民主社会主义对资本主义的批判,坚持了马克思主义的基本立场与观点,民主社会主义一直以马克思主义继承者自居。20世纪30年代初,德国社会民主党所属的艾伯特基金会回购了特里尔市马克思的故居,不仅修缮一新,而且内部摆设均恢复原状,辟为马克思故居展,直至今

《民主社会主义的目标和任务:法兰克福宣言》导读
Aims and Tasks of Democratic Socialism: Frankfurt Declaration

天。但其不认同列宁主义和苏联模式的社会主义。但在对帝国主义扩张的指责上,其又自觉不自觉地引用了列宁的思想——帝国主义的侵略必然导致国家、民族的冲突与战争,这是值得注意的。

第2、3、4条,概述了社会主义运动的产生、发展及目的。"社会主义作为一个反抗资本主义社会固有弊病的运动在欧洲诞生。""社会主义的最初发展乃是一个靠工资生活的工人的运动。自此以后,越来越多的公民——专业人员与办事人员、农民与渔民、手工业者与零售商、艺术家与科学家——都开始认识到,社会主义对所有相信必须消灭人对人剥削的人们具有号召力。""社会主义的目的是要把人们从对占有或控制生产资料的少数人的依附中解放出来。""社会主义在世界事务中已成为一支主要的力量。它从宣传走向实践。在某些国家中,社会主义社会的基础已经奠定。"民主社会主义判断,社会主义已发展成为一个旨在消灭剥削制度及其社会的全民运动,一个世界性的运动。对这一判断,苏联学者其实持相同观点。苏联科学院院士、马克思主义哲学家费多谢耶夫曾言:社会主义已成为全体进步人类的共同奋斗目标。因为历史唯物主义(所揭示的方向)与人类的美感一致。民主社会主义还认为在发达国家已具备了社会主义的基础。作出这一判断的依据是生产力决定生产关系进而决定上层建筑的历史唯物主义基本原理。马克思恩格斯据历史唯物主义基本原理,一贯认为作为超越资本主义的更高级的社会发展阶段(形态)的社会主义社会,乃是发达资本主义发展的自我扬弃,以发达资本主义的发展为基础。

第5、6条,表达了社会(民主)党为民主社会主义进行的奋斗。"在许多国家中,不受控制的资本主义正让位于一种由国家干预和集体所有制限制私人资本家活动范围的经济。""这种发展多半是社会党人和工会工作者多年奋斗的结果。""近年来,世界上不发达地区的人民发现社会主义是争取民族自由与提高生活水平这一斗争的可贵手段。""社会党人为政治与经济的民主而奋斗:他们谋求通过进行土地改革与工业化、扩大公有制和发展生产合作社和消费合作社来提高群众的生活水平。"民主社会主义认为其在发达国家和不发达国家都取得了重要的进展,这些进展均源自社会(民主)党人的奋斗,并且列举了其采用的部分推进民主社会主义的方式,如国家干预私人资本、推行集体所有制(主要形式为股份制和股份合作制)等(在发达国家);推进土地改革、扩大公有制、促进工业化等(在不发达国家)。民主社会主义认为国家除阶级职能外,还有大量的公共职能。近现代国家中,后者日趋突出,前者则日趋淡化。民主政

195

治的推进与民主政体的规约是这一重要发展的基本原因。因此,国家基于全民立场对私人资本的限制和干预乃民主社会主义的进展之一。这种干预使"社会保障,自由工会运动和工业民主都正在取得进展。"

第7、8、9、10条,对苏联模式的社会主义进行了批评与指责。"在俄国布尔什维克革命以后,共产主义造成了国际劳工运动的分裂,并使社会主义在许多国家的实现推迟了几十年。"民主社会主义为表示与苏联模式的社会主义的相区别,一直将后者称为共产主义。"共产主义妄称继承了社会主义的传统。但事实上,它歪曲了这个传统,使它面目全非。它建立了一种僵硬的、同马克思主义的批判精神不相符的神学。""国际共产主义是新帝国主义的工具。不论在什么地方,只要它获得政权,它就破坏自由与获得自由的机会。"这已经是在指责当时存在的整个社会主义阵营了。必须指出,民主社会主义对于当时以苏联为首的社会主义阵营的批评,充满了偏见与偏激,诸多方面与事实相悖。当然,自列宁始,苏联时期以及整个社会主义阵营对民主社会主义的批判,也充斥着偏见和蓄意曲解。背离了实事求是,就是背离马克思主义,不论何方。

第11条,民主社会主义承认指导思想的多元化和不同国家走向民主社会主义道路的多元化。"社会主义是个国际性运动,它不要求对待事物的态度严格一律。不论社会党人把他们的信仰建立在马克思主义或其他的分析社会的方法上,不论他们是受宗教原则还是受人道主义原则的启示,他们都是为共同的目标原则而奋斗。"

第12条,民主社会主义强调随科技进步、生产力的发展,人类掌握了更大的力量。这种力量可以改善人类的境遇,也可以毁灭人类。所以,"人类需要加以系统的计划。但这种计划必须尊重个人保持个性的权利"。民主社会主义强调的计划,就是监督、管理、控制、协调的意思。同时,强调计划不应损害个人自由,实现二者的统一。

第13条,民主社会主义认为自身是民主的最高形式。它建立在每个信仰者积极贡献的基础之上,建立在人民群众全面、积极参与的基础之上。这是它的成功之道,也是它的真正的实现。它批评苏联模式的社会主义只是使"人民充当了被动的角色",意即并非人民群众自觉的参与和自愿的选择。

综上所述,序言概述了民主社会主义的基本理念、历史、目标、原则,并强调与苏联模式的社会主义的区别。

《民主社会主义的目标和任务：法兰克福宣言》导读
Aims and Tasks of Democratic Socialism: Frankfurt Declaration

2. 第二部分"政治民主"：共8条

第1、2条，民主社会主义宣称"社会党人为通过民主手段建立一个自由的新社会而奋斗。""没有自由，就不可能有社会主义。社会主义只有通过民主制才能完成，而民主制也只有通过社会主义才能完全得到实现。"民主社会主义认定民主（合法）斗争、民主改良（改革）是实现社会主义的唯一路径。这是对考茨基、伯恩斯坦思想的直接传承。民主社会主义同时认为民主及其制度是自由的保障，因此也是民主社会主义的最高价值范畴。

第3、4条，定义了民主及其制度的内涵，包括：民主制度是民有、民治、民享的政府——源自林肯葛底斯堡演说（被认为是英语演说历史上的最著名的演说）的三个著名词组：of the People, by the People, for the People。民主制政府必须而且能够保障："每一个人有过私人生活的权利，保护其不受国家的任意侵犯"；政治自由；普选权——每个公民均享有选举权与被选举权；"由多数派组织政府，同时尊重少数派的权利"；所有人在法律面前一律平等；任何拥有自己语言的集团即民族，有权实行文化自治（民族自治思想是马克思列宁主义的一贯思想。在当时以苏联为首的社会主义阵营中，也普遍实行了民族区域自治）；司法独立；尊重并保护人权，"必须使联合国大会通过的世界人权宣言在每一个国家中生效"。

第5条，宣示了民主社会主义主张政治的多元化，它既是民主政治的必然产物，又是民主政治的客观保障。"民主制要求不止一个政党有存在的权利和当反对派的权利。但是，民主制也有权利与责任保护自己，以反对那些只是为了破坏民主而利用民主机会的人，保卫政治民主符合人民的根本利益。"这大约是吸取了纳粹上台的历史教训。无可否认，纳粹是利用民主制上台的，这是一个历史的讽刺。民主政治的基本功能"是实现经济民主和社会民主的一个条件"。政治民主是经济民主和社会民主的前提和基础。

第6、7、8条，批判了资本主义、法西斯主义以及苏联模式的社会主义对民主政治的破坏和损害。这种破坏与损害还直接对世界和平构成威胁。"不论是在私人利润还是在政治独裁统治下，都是对所有人民的生活水平和道义标准的威胁。""只有在工人（阶级）的积极帮助下，民主才能得以维护，工人（阶级）的命运有赖于民主的保存。"诉诸先进生产力主体的力量以推动社会及人类的进步，这是自《共产党宣言》以来，马克思主义的一贯价值观，一贯立场，亦是历史唯物主义的基本原理之一。"政治民主"部分概述了民主政治的价值、功能、内涵、多元,同时号召保卫并发展民主政治。

3. 第三部分"经济民主":共9条

第1条,宣示了民主社会主义制度的经济目标。"社会主义谋求用这样一种制度来代替资本主义。在这种制度下,公共利益优先于私人利润的利益。社会主义政策的当前经济目标是充分就业,增加生产,提高生活水平,实行社会保障和推行收入与财产的合理分配。"

第2、3、4、5条,给出了实现民主社会主义经济目标的手段、方法及路径。"为了达到这些目的,生产必须是为人民的整体利益而计划的。这种计划化同经济权力集中在少数人之手是不相容的,它要求对经济进行有效的民主监督。因此,民主社会主义既同资本主义的计划(指资本主义私人企业生产经营的有计划性),也同各种形式的极权主义计划(主要指苏联模式的计划经济体制)尖锐对立,因为后两者都把对生产的公共监督和对生产成果合理分配的公共监督排除在外。""不应把各种不同形式的公有制本身看成是目的,而应看成是对决定经济生活和社会福利的基础工业和服务行业的监督手段,也是使效益差的工业合理化,或是阻止私营垄断企业和卡特尔剥削公众的手段。"公有制本身并非目的,它只是改变改善分配——使分配有利于广大劳动者——进而消灭剥削的基础与前提,这也是马克思主义政治经济学的基本原理之一。"社会主义计划并不以所有生产资料的公有为先决条件。它同重要领域内——私有制的存在是可以相容的。国家必须防止私有者滥用他们的权力。国家可以而且也应该在计划(即监督)经济的范围内帮助私有者,使其对增加生产和福利作出贡献。"这也反映了民主社会主义的经济多元化思想,即多种所有制并存共进,通过多元化的经济实现民主社会主义的经济目标。

第6、8、9条,强调经济民主必须有工会组织和广大公民个人的参与。民主社会主义追求的经济民主就是使经济成为(造福于)社会的经济,广大民众的经济,而不是由少数人控制甚至垄断的经济。由此,工会和广大民众的直接参与不仅是经济民主的题中之义,而且是实现经济民主的路径之一,"工会以及生产者与消费者的组织是民主社会的必要因素,——这些经济组织,在不侵犯宪法承认的议会特权的情况下,应当参与制定总的经济政策"。议会乃立法机关,是国家最高权力机关,由全民民主选举产生,任何其他组织包括政府和个人不可随意参与,更不能干预。除此之外,工会以及生产者和消费者组织可以参与一切经济决策。当然,也可以通过议会参与,即将诉求及建议提交议会,由议会通过后规约政府。"所有公民均应通过他们的组织或出于个人的主动性,参与生产进程,防止公营或私营企业内官僚主义的发展。应使工人同他们所在的产业部门民主地联结在一起。"在社会(民主)党执政的诸多国家,此条已成为立法,使许多股份制企业的董事会中,都有工人(代表)董事参加。"民主社会主义的(经济民主)目的,是在实现经济与社会日益繁荣的基础上扩大个人自由。"

第7条,提出了民主社会主义所设想的理想的计划与市场、社会的关系。"社会主义的计划并不意味着一切经济决定都置于政府或中央机构手中。只要与计划的目的相符,无论在什么地方,都应当实行经济权力的非集中化。"非集中化的经济权力只能是市场与社会。

民主社会主义的经济民主是让社会经济回归并凸显社会性以造福每一个人,使其实现的主要手段是计划与公有制。而计划与公有制的实质就是监督、管理、协调、控制。工会等各种社会组织和公民个人都是理所当然的参与者,政府当然也是。这种情况下,各类私营企业存在也是与之相容的。换言之,民主社会主义为了实现经济民主即经济的社会化,并不刻意追求变革私有制,更不主张实行苏联模式的公有制和计划经济。而是希望通过国家、社会(的各种组织)、个人的介入、参与、监督与管理,通过各种有效的组织形式及政策加以实现。简言之,通过这样,使分配利于民众,利于社会。

4. 第四部分"社会民主与文化进步":共8条

这一部分与"经济民主"相呼应,以经济民主为基础,推进社会的全面发展。第1、2、3条,明确提出了民主社会主义的分配原则:"资本主义的指导原则是私人利润,而社会主义的指导原则是满足人类的需要。""在分配生产成果时,应把满足人类的基本需要放在第一位。但这并不剥夺个人根据自己的才能工作的积极性。"分配应面向社会面向民众,满足社会及民众的需要。作为社会产品分配和再分配的重要内容,社会福利和社会保障是必须的:"社会主义不仅意味着基本的政治权利,而且意味着经济和社会权利。后者包括:工作的权利;享受医疗保险和(生育妇女)产期津贴的权利;休息的权利;因年老、丧失工作能力或失业而不能工作的公民有获得经济保障的权利;儿童有享有福利照顾的权利;青少年有按照其才能接受教育的权利;得到足够住房的权利。"

第4、5、6、7、8条,陈述了民主社会主义所追求的文化进步的内涵,包括:消除性别之间、民族之间、城乡之间、地区之间、社会集团之间的一切法律上、政治上、经济上的歧视;有助于解放和发展人的个性和社会生产力的新型经济和社会制度;全社会的正义感和先进的道德价值观;开放的艺术与科学(体系),以提高全社会的文化水平并促进"人类精神中的创造愿望";破除资本主义对于文化及人们精神生活的控制与垄断;反对侵犯人的尊严的任何形式的极权主义。民主社会主义所追求的社会与文化民主、进步的目的和功能是:"社会主义为使人类从恐惧和忧虑下解放出来而斗争,因为恐惧和忧虑同各种形式的政治与经济的不安全是分不开的。这一解放(即文化与社会民主与进步)将为意识到自己责任的人们在精神上得到发展和在文化上逐渐形成完整的(健全的)个性开辟道路。"

以政治民主为前提和手段,以经济民主为基础,进而扩展为社会民主和文化进步,此即实现民主社会主义的逻辑路径,基本契合历史唯物主义所揭示的人类社会发展、进步的客观逻辑。社会进步的突出标志,乃个人经济生活的安全性得以保障。文化进步的根本标志,则是人人享有尊严,个人得以自由、全面、健康地发展,激发出每个人的创造性。

5. 第五部分"国际民主":共10条

第1、2、3、4条,宣示民主社会主义运动从一开始就是一场国际性的运动。因为它的最终目的是实现人类的解放,而任何国家都不可单独地达到这一目标。因此,民主社会主义运动"必须超越对民族主权的限制。"它在本质上是全人类的进步运动,而不仅仅是某一个或某几个民族的运动。民主社会主义并不输出革命、输出斗争,它强调只有在世界和平的基础上,通过和平的斗争去实现民主社会主义。

第5、6、7、9、10条,阐释了民主社会主义关于世界和平和维护世界和平的理念。"民主社会主义者认为维护世界和平是我们当前时代的最高任务。""只有把和平建立在国家之间自愿合作的基础上,社会党人所争取的新的社会新的世界才能在和平中繁荣昌盛。""民主社会主义认为联合国的建立是走向国际共同体的重要步骤,它要求严格履行《联合国宪章》的原则。""只有集体安全体系才能保障和平,为国际裁军创造条件。""民主社会主义反对各种形式的帝国主义,它为反对压迫和剥削任何一国人民而斗争。""维护和平的斗争和争取自由的斗争密不可分。"

第8条,突出强调了促进落后国家和不发达地区的发展对于维护世界和平和实现民主社会主义的极端重要性。"世界上任何地区的贫困都威胁着其他

《民主社会主义的目标和任务：法兰克福宣言》导读
Aims and Tasks of Democratic Socialism: Frankfurt Declaration

地区的繁荣。贫困是民主制发展的障碍。民主、繁荣与和平，要求对世界财富重新分配和提高不发达地区的生产率。这些地区物质与文化水平的提高，同所有人都有利益关系。民主社会主义应鼓励这些地区的经济、社会与文化的发展，不然它们就会沦为新压迫方式的受害者。"新压迫方式指新帝国主义——新殖民主义，以经济手段侵略、控制落后国家和地区，即使以当今世界形势论，民主社会主义这一战略思想也是有先见之明的。

维护世界和平，在和平中以和平斗争方式推进民主社会主义事业，最后实现人类的解放。这究竟是可行的战略，还仅仅是良好的愿望，尚有待历史的检验。

《法兰克福宣言》的结束语仅短短两句话，重申了马克思关于每个人自由全面的发展与社会及人类解放的深刻辩证思想。"社会党人为建立一个和平与自由的世界而努力。在这个世界中，没有人对人或民族对民族的剥削与奴役，个人个性的发展是人类充分发展的基础。社会党人呼吁所有劳动人民团结起来，为这个伟大的目标而奋斗。"

二、《法兰克福宣言》与发达国家社会保障事业的发展

社会（民主）党、工党二战后在许多发达国家都先后担任过执政党，现在在一些国家仍是执政党，或参与或联合执政。即使在非执政期间或国家里，也都是强大的在野党。社会（民主）党、工党推进的民主社会主义事业促进了发达国家社会经济的发展及其社会化、公平化；改善并较大幅度地提高了劳动群众的物质文化生活水平；扩大了劳动群众的经济民主和政治民主权利；也为改善不合理的国际经济、政治秩序和维护世界和平做出了有益的贡献。中国共产党十一届三中全会之后，世界各国几乎所有的社会（民主）党、工党都与中国共产党建立了稳定、有益、建设性的党际关系。

二战后，发达国家的社会福利及社会保障事业蓬勃发展，进步巨大，均深受民主社会主义思想，以及执政或参与、联合执政的社会（民主）党、工党的大力推进及其政策的示范作用的影响，如欧盟等国家和地区。北欧诸国则被公认为社会保障和社会福利事业最发达的地区，它们均是社会民主党长期执政的国家。

发达国家社会保障及社会福利事业的进步，固然有当代资本主义自我改良的因素，但更多的是民主社会主义事业的促成。将之归因于资本主义的改良，

并且划分出所谓福利资本主义的若干类型则是荒谬的,是某些标榜为"左"派的资产阶级学者的蓄意误解。对发达国家社会保障及社会福利事业进步的政治前提和基础的误判,必然导致分析与事实的不符,从而导致对读者的误导。实际上,在发达国家社会保障及社会福利事业的进步中,更多存在的是马克思主义通过民主社会主义产生的直接和潜移默化的影响。

(庞绍堂撰写)

《经济增长的阶段——非共产党宣言》导读

The Stages of Economic Growth: A Non-Communist Manifesto

The Stages of Economic Growth: A Non-Communist Manifesto (1960)

Walt W. Rostow

  这是一本非传统的发展经济学名著。之所以谓之非传统,不仅在于作者本人如此认为,而且其内容确实有别于传统的单纯的经济发展理论。如该书认为"人类动机是经济增长的基础",而非单一经济动机、经济因素。而经济增长直至起飞,也是诸多社会因素包括精神层面的文化因素共同作用、促成的结果。所以,人类社会的经济增长直至起飞是非线性的,适用于作非线性动力学的分析等。该书 1959 年问世,并引起轰动,它的许多观点以及在非线性乃至混沌状态下所作的预测,已得到了历史(实践)之验证,这也是该书久盛不衰的根本原因。

  该书作者为美国著名经济学家、经济史学家、历史学家沃尔特·惠特曼·罗斯托(Walt W. Rostow)。他 1916 年出生于纽约,1936 年获耶鲁大学文学学士学位,1938 年获牛津大学巴利奥尔学院文学硕士学位,1939 年获耶鲁大学哲学博士学位。1961 年之前,先后任教于牛津大学、剑桥大学、哈佛大学、麻省理工学院。因其从1957年开始,比较深入地研究了美国的军事及外交政策,遂于1961年应邀出任肯尼迪政府的总统国家安全事务特别助理。1961年—1966年任美国国务院政策计划委员会顾问。1964年—1966年还担任了泛美联合进步委员会美方大使级委员。1966年—1969年出任约翰逊总统的国家安全事务特别助理。1969年离开政府,任教于得克萨斯大学(奥斯汀分校),直至退休,2003年去世。作者自述,写作此书的动机,源于"20世纪30年代中期我在耶鲁大学读书时所立下的决心。当时我决定专门研究两个问题,一个是范围比较小的问题,即用现代经济理论分析经济史;另一个是范围比较大的问题,即在整个社会各种活动中,把经济力量与社会和政治力量联系起来。从那时起,作为一个学生和教师,我一直在从事这两个问题的研究。特别是,我发现马克思对经济行为和非经济行为之间的关系问题提出的解决办法——以及其他研究这一问题的人所提出的解决办法——是不能令人满意的。"[1]作者自信,他的研究证明了经济的增长直至繁荣存在唯一的世界性亦称全球化道路,即必须经过特定的一个个发展阶段,每一个阶段都是诸多社会因素共同作用、促成的结果,虽然经济因素是基础性的。此看法类似于现代化理论——现代化是社会大文化系统的整体跃迁,虽然它源自经济层面。

---

[1] 〔美〕罗斯托:《经济增长的阶段》,郭熙保、王松茂译,中国社会科学出版社2001年版,第1版"序言"第1页。本导读对该书的引用均来自该版本。

《经济增长的阶段——非共产党宣言》导读
The Stages of Economic Growth: A Non-Communist Manifesto

一、《经济增长的阶段——非共产党宣言》的主要内容

1. 导论

第一章"导论",开宗明义,写道:"本书提供了一个经济史学家归纳整个现代史的方法,这种归纳方式就是一系列的增长阶段。"①"一开始,我要强调指出,增长阶段论是考察现代史发展顺序的一个武断的和有局限性的方法,而且也不是绝对正确的方法。事实上,增长阶段论的目的不仅是要描述现代化顺序的一致性,而且也同样地要说明每个国家经历的独特性。"②很清楚,罗斯托不仅致力于探析经济增长——现代化发展进程(阶段)的一般规律,普遍性与普适性,而且也同时分析每个国家——民族的自身特点。当然,这些特点最终将被证明是服从一般性、普遍性与普适性的,至少与一般性、普遍性及普适性是相容的、不矛盾的。由此,经济增长——现代化发展进程(阶段)的一般规律论证将被强化,独特性服从于一般性,而这正是罗斯托的基本贡献,即给出了现代化进程——经济增长阶段的普适性规律,尽管他不无谦虚地说增长阶段论有武断性和局限性,并非绝对正确。

对增长阶段规律性的探索,具体、深入地表现于罗斯托对诸多一般性问题的探析:"增长阶段论的目的是要解决相当多的问题。在什么力量的推动下,传统的农业社会开始现代化过程?常规的增长什么时候和如何成为每个社会的内在特征?何种力量推动持续增长的过程和决定它的轮廓?增长过程在每个阶段具有什么共同的社会和政治特征?每个阶段中每个社会的独特性在哪些方面表现出来?什么力量决定了较发达地区和较不发达地区的关系?增长的先后顺序与战争的爆发有什么关系(如果有关系的话)?最后,复利增长即呈现几何级数的增长将把我们带到什么地方?它正把我们带向共产主义呢,还是把我们带到具有完善社会基础资本的富裕郊区?或者把我们带向毁灭,还是把我们带到月球,或带到其他(什么)地方?增长阶段论的目的就是要解决这

---

① 〔美〕罗斯托:《经济增长的阶段》,"导论"第1页。
② 同上。

些问题,因为它是一种代替卡尔·马克思关于现代史理论的理论。"① 可见,罗斯托对一般性、普遍性现代化——经济增长理论解释(框架)的追求。

为达成一般性、普遍性理论,对社会发展的考察必须是综合的、全面的、多元的,一元的单纯经济分析不仅是谬误,且非可行。"有一点应该是清楚的:虽然增长阶段论是从经济方面观察整个社会的方法,但是它绝不意味着政治、社会组织和文化等方面只是建立在经济基础之上并且唯一的是从经济中派生出来的上层建筑。相反,我们从一开始就接受了马克思在最后承认的而恩格斯只是在晚年才完全承认的看法,即社会是(多方面)互为作用的有机体。虽然经济变化的确具有政治和社会后果,但在本书中经济变化本身被看做是政治和社会以及狭义的(即单纯的)经济力量(共同作用)的结果。而且,就人类动机而言,很多最深刻的经济变化是人类非经济动机和愿望的结果。"② 必须指出,罗斯托对马克思、恩格斯思想的理解有误。社会是经济、政治、文化——经济基础、上层建筑有机统一整体的观点,乃马克思、恩格斯的一贯思想。《德意志意识形态》已明确表达了这一思想。他们只是认为,在这一社会有机体中,经济(因素)的作用是基础性的,但绝非唯一性的。

2. 增长的五个阶段概述

在第二章"增长的五个阶段概述"中,罗斯托认为:"从经济角度将所有社会归于五种类型之一是可能的。这五种社会是:传统社会、起飞前提条件、起飞、走向成熟、大众高消费时代。"首先是传统社会。"所谓传统社会是指这样一种社会:它的结构是在有限的生产函数内发展起来的。它是以前牛顿时代的科学技术和前牛顿时代人类对物质世界的态度(即认识)为基础的。"③ 所谓生产函数,指生产是诸多的自变量如劳动力、自然资源、科学技术、组织管理水平等等的因(应)变量。可见,自变量越多越有利,生产(增长)越发达。显而易见,传统社会即古代社会、农业社会,决定其生产函数的自变量是极其有限的。"然而,传统社会的概念绝不是静态的,它并不排除产量的增加。"④ 也不排除与农业生产直接相关的技术创新。"但是,传统社会的一个基本事实是该社会能达到的人均产量水平存在一个最高限度。这个限度产生于这样的事实:即来自

---

① 〔美〕罗斯托:《经济增长的阶段》,"导论"第 2 页。
② 同上书,第 3 页。
③ 同上。
④ 同上书,第 4 页。

《经济增长的阶段——非共产党宣言》导读
The Stages of Economic Growth: A Non-Communist Manifesto

现代科学技术的潜力不是不存在,就是未被经常地和系统地利用。"①"由于对生产率的限制,传统社会不得不把大部分资源用于农业生产。"②传统社会是一个农业体系,它产生了一种分层的社会结构。"这种社会结构的纵向流动性虽然存在但范围是很狭小的。家庭和宗族关系在社会组织中发挥很大的作用。"③传统社会的价值体系一般是长期宿命论的——即注定的、循环的思想占主导地位。政治权力的重心操在拥有或控制土地的人手中。

起飞前提条件,即为起飞创造前提条件的阶段,它包括处于转变过程中的所有社会。起飞的前提条件最初是在17世纪末18世纪初的西欧发展起来的。世界市场的扩张和国际竞争加剧的环境使已发展起来的现代科技知识——以牛顿(经典)力学体系为代表——开始转化为新的生产函数。由此,"现代史的更一般的情形是,前提阶段不是从内部产生的,而是由较先进社会的外部入侵产生的。"④"但是,这一阶段的经济和社会的主要特征仍然是传统的低效率生产方式;旧的社会结构和价值观念以及与这两者相联系而发展起来的政治制度。"⑤在这种经济和社会背景下,这一阶段进行得很缓慢。这一阶段是介于传统社会和起飞之间的过渡阶段,"建立一个有效的中央集权的民族国家是前提条件阶段的一个决定性的因素,而且差不多普遍是起飞的一个必要条件。"⑥

起飞阶段是"稳定增长的障碍和阻力得以最终克服的时期。促进经济进步的力量(在过去只是产生有限的突破和现代活动的飞地)扩大并开始支配整个社会,增长成为正常状态,复利即几何级数增长似乎变成为习惯和制度结构。"⑦有效的投资率和储蓄率占到了国民收入的10%以上;新兴工业迅速扩张,其利润又进一步用于新兴工业的发展;农业商业化(市场化),新技术在其中迅速扩散。

"起飞之后紧接着是一段长时期的持续的(即便是有波动的)增长。""起飞开始后大约60年(或者说起飞结束后40年左右)一般到达所谓的成熟阶段。""我们可以把成熟正式地定义为这样一个阶段,在这个阶段中,经济展现出超

---

① 〔美〕罗斯托:《经济增长的阶段》,第4页。
② 同上书,第5页。
③ 同上书,第6页。
④ 同上书,第7页。
⑤ 同上。
⑥ 同上。
⑦ 同上书,第8页。

越曾推动它起飞的初始工业的能力,以及在非常广泛的资源范围上(如果不是全部资源范围的话)吸收和有效地采用(当时条件下)现代科技的最先进成果的能力。"①随着科技的进步,人类发掘并利用资源的能力及范围必将不断增强与扩大,这是成熟阶段的特征之一。

达到成熟阶段之后,社会中逐渐产生两种现象:一是人均实际收入上升到一个较高水平,使得大多数人能获得超过基本食物、住房和穿着的消费;二是劳动力结构发生了变化,城市人口比重持续上升,在办公室或各种技术岗位上工作的人口比例也持续上升。由此,"社会不再接受把现代技术的进一步扩展作为压倒一切的目标。正是在这个成熟以后的阶段,西方社会通过政治程序选择把更多的资源用于社会福利和社会保障。福利国家的出现就是社会超越技术成熟的表现。"②这就是大众高消费时代。社会福利和社会保障的日益发展与健全,是这一时代的根本标志。

大众高消费时代之后,是否会出现一个新的增长阶段,还有待于观察和分析。已经开始呈现的精神颓废问题是否是必然的,值得警惕,如何防止其蔓延,应当研究和讨论。

"五个增长阶段具有内在的逻辑关系和连续性,拥有一个以动态生产理论为根基的分析框架。""这样一种动态生产理论不仅分离开收入在消费、储蓄和投资之间的分配(即生产在消费品与资本品之间的平衡),而且直接和较为详细地集中在投资的构成和经济中某些特殊部门的发展。"③"在任何一个时期,各个部门的增长率都是有很大差别的。……在经验上分离出某些主导部门是可能的——这些主导部门的急剧扩张率在保持经济的整体增长势头方面发挥着关键的直接和间接作用。"④"根据主导部门来描述一国经济的特征(即阶段)是有用的。增长阶段的技术基础部分原因就在于主导部门次序的变化。"⑤罗斯托的看法是:经济总量的增长并不能清楚区分经济增长阶段,如同农业社会经济总量也会增长一样。必须关注消费、储蓄和投资在各经济部门之间的分布,这一分布既显现了经济结构(是否已超越传统社会)现状,又凸显了在经济

---

① 〔美〕罗斯托:《经济增长的阶段》,第9页。
② 同上书,第11页。
③ 同上书,第13页。
④ 同上书,第14页。
⑤ 同上。

增长中起主导作用的主导部门(并不一定仅仅是一个部门)。这些主导部门之所以能起主导作用源自其性质:是科技与社会文化直接影响并决定的部门。换言之,是新型生产函数集聚的部门。对主导部门演变的追踪,可有效提示并区分经济增长的(不同)阶段。此即罗斯托构建的动态生产理论(之基础),是其分析经济增长阶段的基本理论框架。

3. 起飞的前提条件

自第三章始,至第六章,罗斯托表示将"更明确地、更严格地考察前提条件、起飞、走向成熟以及导致大众高消费时代的过程。"第三章更深入地考察了起飞的前提条件。起飞的前提条件是一个社会为持续增长作准备(或者由外部力量准备)的过渡时期。对广大不发达国家而言,它们起飞的许多前提条件是发达国家(入侵)带来的或造成的,如大量工业品输入,导致了自给自足的传统经济结构的解体等。这种情况谓之起飞的前提条件是由外部力量准备的。处于起飞前提阶段的国家可分为两类:一类是一般的、普遍的情况(类型),绝大多数国家属于此类。对此类国家,创造起飞的前提条件要求已经确立的传统社会必须发生根本性变革,包括其生产技术、经济和政治制度以及社会结构。变革可以是缓慢的,但传统社会必须承认并接受一系列新的因素与条件。另一类是"生而自由"的少数国家,如美国、澳大利亚、新西兰、加拿大等。它们是从在过渡进程中已经走了较远的英国的基础上产生的,起点较高,资源及技术条件较好,没有传统社会的束缚。无论哪一类国家,过渡的内涵亦即为起飞准备的前提条件是一样的、必须的,包括从农业经济转向工商业、交通服务业经济;土地收益及土地资本转化为工商业及交通服务业资本;传统的血缘评价观念、生儿育女(劳动力再生产)观念必须转化为个人能力评价和依靠先进技术的观念;畏惧大自然的观念必须转化为勇于探索、科技创新和有效利用自然资源的观念;掌握并采用现代科技改进和发展生产(新兴)产业的能力;冒险(的企业家)精神;人们视野的开阔和新的精英阶层的兴起;等等。这些前提条件的具备和充分与否,集中(体现)于一点,即投资率(投资新兴产业)和人均资本存量的提高,投资率必须超过国民收入的10%,在资本—产出比大致为三的前提下。而传统社会的投资率总是低于人口增长率的,传统经济结构也没有提供新的值得投资的部门。

投资(资本)源自积累。在起飞前提条件阶段亦即过渡时期,积累只能来自农业和开采业(开采业)。费希尔将农业和开采业定义为第一产业。在过渡阶段,农业和开采业的需求扩大,功能扩张,发展加速,成为过渡阶段的主导部门。农业和开采业的剩余收入和利润的积累形成了社会基础资本。社会基础资本所占积累的比例表征着前提条件的具备与否。社会基础资本有三个特点:建设周期和收获(回报)周期较长;一次性投资巨大;其收益回流到整个社会而不仅仅是企业家。可见,社会基础资本即社会用于现代化基础产业(如能源、重化等)和基础设施(有很多是公共物品)的投资。由此决定了政府必须在建立社会基础资本的过程中发挥极为重要的作用。

过渡时期的政治条件在后进或不发达国家中还普遍表现为反应性的民族主义,即对先进者或先进的入侵者的抗争或竞争。这种反应性的民族主义极易与其他的前提条件联合起来,结合在一起。"这些过渡性质的联合往往只有一个坚强的共同信念:建立一个独立的现代国家对它们(各种前提条件和各阶层、集团)利害攸关。"①民族主义造就的联合会同时容纳诸多传统因素与传统结构。所以在民族主义的任务完成之后,还必须致力于起飞前提条件的建设与强化。新一代人、现代化的人(或人的现代化)及现代化的政治领袖的作用由此至关重要。英国由于地理、自然资源、贸易机会、科学技术、先进文化、社会和政治结构的优势,成为第一个充分发展并具备了起飞前提的国家。

4. 起飞

第四章深入讨论起飞阶段。起飞阶段也就是常规增长、持续增长的实现阶段。根据第三章所区分的两类国家,"在第一种和最普遍的情况中,要为起飞创造前提条件,政治和社会结构甚至有效的社会价值观必须发生重大变化。""在第二种情况中,起飞阶段是由比较狭义的(即相对单纯的)经济过程引起的。"②"我们确定起飞阶段需要具备以下三个相关的条件:(1) 生产性投资率提高,例如由占国民收入(或国民生产净值)5%或不到5%提高到10%以上;(2) 有一个或多个重要制造部门以很高的增长速度发展;(3) 有一种政治、社会和制度结构存在,或迅速出现。这种结构利用了推动现代部门扩张冲力和起飞的潜在的外部经济效应(即这一结构有利于现代产业和经济的发展),并且使增长具有不断前进的性质。"③罗斯托用统计资料证明了处于起飞阶段的国

---

① 〔美〕罗斯托:《经济增长的阶段》,第29页。
② 同上书,第36页。
③ 同上书,第40页。

《经济增长的阶段——非共产党宣言》导读
The Stages of Economic Growth: A Non-Communist Manifesto

家,不论是第一类还是第二类,生产性投资率均有较大幅度的提高。"大体来讲,供起飞阶段需要的可贷资金有两种来源:由于改变对收入流的控制而获得的资金,其中包括由于收入分配的改变和资本输入而获得的资金;以及由于迅速扩张的特殊部门所得利润重新投资而获得的资金。"①第一种资金来源包括两种情况:在传统社会结构中本来用于消费的资金的一部分或一大部分,在新经济社会结构中投资于新兴产业部门;传统经济部门的收入(如农业和土地的收入)转化为投资新兴产业部门的资本。对于这些新兴部门来说,这种转化就是资本的输入。第二种资金来源,反映的是新兴部门特别是主导性(产业)部门的自我积累,自我增长(发展)。推动生产性投资率大幅上升的原因,无疑是利润动机和动力以及企业家的冒险精神。"尊重新教伦理观念(通过个人的能力、努力、成就证明自己是上帝合格的子民)已日益成为司空见惯的事。"②

　　一国经济的总增长率是由其各个经济部门的不同增长率(综合)造成的。不同部门的增长率部分是因总需求因素造成的;部分则是由供给因素的变化所产生的直接和间接影响所造成的。根据这种看法,一国经济的各部门可分为三类:(1) 主要增长部门。这些部门因技术与管理创新以及对新资源的开发利用,创造了很高的增长率并带动了经济中其他部门的扩张。(2) 补充性增长部门。这些部门的迅速发展是对主要增长部门的直接连锁反应,或者是其为主要增长部门发展的条件。(3) 派生增长部门。这些部门的发展是与实际总收入、人口、工业生产或是其他一些亦适度增长的部门存在某种相当稳定的关系。主要增长部门即主导部门。在起飞的较早阶段,主要是主导部门和补充性增长部门的增长。派生增长部门则主要和需求的变化相联系,同时也受生产函数持续变化的影响,其迅速增长存在于起飞阶段的中后期。至大众高消费时代,因主导部门更加依赖于大众需求,该部门渐渐成为主导部门。纺织业和制造业是英国起飞的主导部门。美国等国起飞的主导部门之一则是大力兴办铁路业。罗斯托还提出:"武装力量的扩大和现代化在起飞阶段也可以起主导部门的作用。"③起飞是一种工业革命,是生产方式及方法的剧烈改变,它在相对比较短的时期内就产生了有决定意义的后果。起飞的四个因素是必不可少的:具有足够的资本积累并投资于关键性的主导部门;科技创新并运用于生产,创造了新

---

① 〔美〕罗斯托:《经济增长的阶段》,第48页。
② 同上书,第52页。
③ 同上书,第57页。

的生产函数;对主导部门产品的有效需求的不断扩大;主导部门的迅速扩张引发其他相关部门的迅速发展并产生了新的生产函数。主导部门特别是新型制造业部门的迅速增长是起飞的有力且必不可少的发动机。起飞的非经济因素高度概括而言,是追求经济现代化的人对坚持传统社会不放或寻求其他目标的人在社会、政治、文化方面取得决定性的胜利。胜利可以表现为相互适应的形式,而不是新兴的集团摧毁传统集团。非经济因素的现代化必须深入社会经济组织的核心以及社会政治和现有价值观念的核心,才能对起飞起思想、文化的支撑作用。

5. 走向成熟

第五章"走向成熟"深入讨论了该阶段的内涵。罗斯托给出的成熟阶段的定义是:"这是一个社会已经把(当时的)现代技术有效地应用于它的大部分资源的时期。从部门的发展来看,在走向成熟的阶段中,工业向多样化发展,新的主导部门逐步发展壮大以代替起飞阶段的老的主导部门。在这些老的部门,由于速度降低,发展的步伐日益缓慢。"[1]许多国家达到成熟的途径是建立一套综合性的工业化体系,现代铁路交通运输体系则是这一综合性工业化体系的集中呈现。因为其与钢铁工业、现代机械制造工业、现代采掘业,如大规模的煤矿与石油开采、化工工业(大量原材料和产品的运输)、电力工业、军事工业等几乎所有现代工业部门息息相关,紧致结合,不可或缺。因资源禀赋和发展历史路径的不同,不同的国家在走向成熟阶段的经济结构不尽相同,但结构差异并不妨碍走向成熟的一致性、普遍性。如俄国(苏联),"它还有40%以上的劳动力从事农业,在纺织工业和其他消费品工业中,还有很多现代的技术没有采用。……尽管俄国的领导人由于政治上的理由(冷战和军备竞赛),宁愿承受农业劳动生产率很低这种代价,并且把资本和技术集中使用于其他部门而不是用于制造消费品,但是大致说来,仍然应该认为当前俄国的经济是成熟的经济。换一个方式来说,俄国经济结构的完全现代化的障碍并不是资本、企业管理者、技术人员的供给问题。"[2]成熟阶段有三个巨大的变化:"第一,劳动力起了变化。劳动力的构成、实际工资、眼界和劳动技能都起了变化。"这一变化还体现在政治、文化和组织上,"工人们的变化程度越来越高,知识日益丰富。……工

---

[1] 〔美〕罗斯托:《经济增长的阶段》,第61页。
[2] 同上书,第71页。

人们也可能意识到,如果他们组织起来并且使社会感觉到他们的存在,他们大概就能得到更高的工资(尽管他们的实际工资已可能在不断增加)、更大的就业保障和更多的福利。"①"第二,领导的性质改变了,由具有海盗作风的棉纺织业大王、铁路大王、钢铁大王、石油大王变为高度官僚化和高度精细机构的有效率的专业化经理。""第三点同前两点有关系,但比前两点更重要:整个社会对于工业化的奇迹开始感到有些厌烦。"②

成熟阶段的突出问题是既富裕,又贫穷,贫富分化,但向成熟推进的过程所伴随的社会文化的进步,为政治和社会压力的产生奠定了基础,这些压力导致一系列的连续不断的人道主义的改革。在成熟阶段接近完成的时候,"围绕着下面这个问题产生了一个如何权衡取舍的尖锐问题。这个问题是:具有内在复利(即几何级数)增长规律的成熟的工业机器(体系)将如何加以利用?""是让所有的公民都得到更大的保障、享有更多的复利、也许还有更多的闲暇时间呢?还是对那些有能力赚钱的人提供更高的实际收入,包括种类繁多的工业消费品呢?还是确立新成熟的社会在世界舞台上(具有示范性和号召力)的地位呢?……成熟阶段是一个提供新的富有希望的选择的时期,也是一个带有危险性的时期。"③正确的选择是从贫富分化的成熟走向普遍富裕的成熟。

6. 大众高消费时代

走向普遍富裕的成熟社会的可靠路径是"大众高消费时代"。第六章严格讨论了这一时代的必须和必然。社会达到成熟阶段之后,"有三个主要目标在某种程度上互相争取资源和政治支持,有三个方向可能增加广义的福利。首先,国家追求在国外的势力和影响,也就是把增加的资源用于军事和外交政策。有些集团在它们的社会达到成熟阶段的时候,要在它们的疆界之外寻求可以征服的新世界。"④"使用成熟经济的资源的第二个方向,我们可以称之为福利国家:这就是用国家的力量(包括以征收累进税来重新分配收入的权力)来实现个人和社会的目标(包括增加闲暇时间)这些目标是较纯粹的自由市场制度所不能实现的。"⑤"由于成熟阶段的实现而产生的第三个可能方向是提高消费

---

① 〔美〕罗斯托:《经济增长的阶段》,第74页。
② 同上书,第75页。
③ 同上。
④ 同上书,第76页。
⑤ 同上书,第77页。

水平,使之越出衣食住的基本需要的范围。不仅使人们有更好的衣食住,而且要使人民大众能消费20世纪成熟经济所能提供的耐用消费品和服务。"①实证性统计资料表明,虽然存在不同的选择和方向,但大多数到成熟阶段的国家,最终都选择了第三种方向——提高整个社会的消费水平,进入大众高消费时代。美国作出了这样的选择,即进入这一时代的突出标志是汽车的家庭化普及。实现这一普及的前提是大众实际工资水平的提高和社会保障体系的发展(消除了民众消费的后顾之忧)。西欧诸国也作出了这一选择,法国走在最前面。汽车的家庭普及化也是西欧这一选择的突出标志。但由于政治方面的原因——主要是法西斯主义的蔓延和战争,西欧诸国到二战后才消除了将经济主导部门完全转移到大众高消费领域的技术上(非军事化)、政治上和社会上的各种障碍,完成了这种转移,或言之实现了对第三种发展方向的选择。"西欧战后经济的增长应主要以消费品和服务业的广泛繁荣来解释:对大众高消费时代的接受和欢迎。"为什么诸多发达国家均选择"大众高消费时代"作为经济增长的新阶段,罗斯托在第六章中并未集中阐述,但在前几章和后几章中,作了较离散的但仍系统化的论证,可概括如下:(1)随充分或较充分就业的实现和民众实际工资收入的不断提高,民众需求包括对耐用消费品的需求日益形成经济持续增长的基本动力,经济结构中的主导部门必须转向满足大众高消费的方面。简言之,大众高消费需求既是经济增长的动力,又是经济增长的结果。(2)由于全社会文化水平的提高和思想、价值观念的进步以及整个社会的历史性进步,特别是在二战后,民众亟须并追求的社会保障体系日益发展,社会福利的不断提高,促进了许多与之相关的服务部门的发展,诸多服务部门遂成为经济结构中的主导部门。社会保障、社会福利本身就是大众高消费的内涵之一、构成之一。由此,上述第二种和第三种选择是内在相关的,本质也是一致的——以增长的经济造福于社会,普惠于民众。之所以大多数发达国家选择高消费而非福利国家,主要是出于对财政可持续性的考虑与担忧。而且,财政源自税收,高福利必然导致高税收,这不仅会造成新的不公平,而且会损害创造收入及利润的人们的积极性。但北欧国家还是选择了高福利的发展道路。欧盟诸多国家也逐渐从高消费走向了高福利。虽然这些国家后来均发生了程度不等的财政问题,但它们确实都进入了"大众高消费时代"这一增长阶段。可见

---

① 〔美〕罗斯托:《经济增长的阶段》,第77页。

上述第二、三两种方向在本质上是一致的。"大众高消费时代绝对还没有到达终点,……大众高消费时代正在越来越有力量。我们可以肯定,由于复利(几何级数)增长规律的作用和最广泛意义的需求收入弹性在不同社会中表现出来,将有各种不同的(新型的)消费形态发生。"①

大众高消费(阶段)时代存在的问题包括:(1)资源稀缺性是始终存在的,如何在维持体面生活的同时保持充分的社会基础资本(社会基础性产业即基础性制造业和基础设施的建设与发展)——罗斯托的这一担忧被证明是富于远见的。大众高消费时代,社会经济的主导产业演化为耐用消费品制造业和各种服务业如医药行业、金融业等,导致社会基础产业(能源、交通、原材料即冶金与化工、机械制造及其信息化控制系统等)弱化、虚化,金融业则畸形膨胀。这种结构是导致美国2007、2008、2009年经济危机的主要原因。该场危机由次贷危机发展为金融危机再发展为实体性即制造业经济危机。大众高消费时代的主导经济部门——住房建筑业和汽车制造业首当其冲,受到巨大打击。虽然美国领先世界的军事工业多少弥补了这一结构的严重缺陷。奥巴马总统和他的经济顾问之一、2008年诺贝尔经济学奖获得者克鲁格曼,对危机原因诊断准确,遂提出了"再工业化"的应对方案,并使之成为振兴美国基础产业和基础制造业的方案。(2)在生活舒适和长治久安的社会环境中,"人类会不会陷于长期精神停滞状态,找不到发挥他们的精力、才能和谋求永生的本能的有价值的出路?"②以至人们"无聊至极",从而产生许多颓废的生活方式。罗斯托的这一担忧也是有先见之明的。(3)将庞大且强大的经济力量用于军备竞赛和战争,使人类的发展走上歧途甚至自我毁灭的道路。罗斯托认为这一歧途的可能性主要来自于以苏联为首的共产主义(阵营)的扩张与挑战以及地区强国(新兴国家)建立地区霸权(威望)的企图。所以,大众高消费时代并不是一个一劳永逸的时代,一个高枕无忧的时代,而恰恰是一个需要我们(人类)关注问题和未来的时代。

7. 俄国(苏联)和美国的增长

在第七章"俄国(苏联)和美国的增长"中,罗斯托详尽考察并对比分析了美苏两国增长的异同。相同之处是:苏联工业增长的速度之快前所未有,科技

---

① 〔美〕罗斯托:《经济增长的阶段》,第93页。
② 同上书,第95页。

进步也举世瞩目——以第一个人造地球卫星和宇宙火箭的多次成功发射为标志,这些均与美国曾经的快速发展类似。但苏联工业的整体水平及人均生产水平仍远远落后于美国,尽管它已是世界一流强国之一。即使苏联的工业总量赶上美国,人均依然落后很多。因为,"苏联的这种速度是靠一个国家限制消费、维持史无前例的投资率和保持充分就业的控制制度来强行维持的。"①美国和苏联增长(阶段)的差异包括:苏联深受其历史悠久的传统社会诸多因素的掣肘,而美国没有这种历史负担或包袱;在增长的每一阶段,美国的人均消费量均高于苏联,这使美国经济始终拥有自身的内在动力;美国经济在南北战争之后,一直是在政治上相对自由的环境中发展的。苏联则在1928年之后,实际上是一种以战争和准备战争为背景的闭关自守的经济(罗斯托显然考虑到了列宁新经济政策的背景,因此政策,1928年之前的苏联经济具有相当程度的开放性)。苏联经济不仅限制消费(的发展),而且限制(准确地说应该是牺牲,起码是部分牺牲)农业和住房建筑业(的发展),而美国经济的发展则是比较均衡的、全面的。苏联经济是靠限制消费和高投资并且集中于军事工业部门来维系的。虽然其也取得了较大的技术进步,但由于缺乏足够的投资,新技术并未被广泛应用于国民经济各部门,苏联的这种增长模式将不可持续。

但是,苏联对于西方发达国家的军事威胁则是现实的。西方发达国家一方面不应对苏联的(不可持续的)增长过度担忧;另一方面应做好经济上、军事上、政治上的相应准备:"动员它们的丰富资源(广义的)来做它们必须做的工作。"②

8. 相对的增长阶段和侵略

在第八章"相对的增长阶段和侵略"中,罗斯托探讨了不同增长阶段与战争之间的关系。他强调,研究这种关系是要给出一种不同于马克思列宁主义的对于战争的解释。他们的解释就是给战争贴上"帝国主义"的标签。另外,这也是运用增长阶段理论分析世界历史的尝试。

罗斯托将战争划分为三种类型:第一种是殖民战争,它包括以下的冲突:(1)由一个殖民国家最初侵入一个传统社会而引起的冲突。入侵的殖民国家一般已进入起飞阶段,为了市场(贸易)、原材料及劳动力的需要而入侵处于传

---

① 〔美〕罗斯托:《经济增长的阶段》,第97页。
② 同上书,第110页。

统社会的国家。(2) 由企图把权力从一个殖民国家转移到另一个殖民国家而引起的冲突。这是处于相同增长阶段(基本均处于起飞阶段或者走向成熟的阶段)的殖民国家争夺殖民地的战争。特别是后来居上的殖民国家,争夺殖民地的愿望更加迫切。(3) 由殖民地人民奋力摆脱宗主国的统治而要求获得独立引起的冲突。这种战争一般在殖民地国家民族主义的号召和凝聚下发生。殖民国家的入侵大多使得这些国家从传统社会走向了逐步具备起飞前提条件的阶段。

第二种战争可以解释为地区性侵略。这种有限战争是由于新组成的民族国家出于困境和精力旺盛而产生的。当这些国家在现代化的初期阶段面临着各种可能的发展选择时,它们回首往日所遭受的屈辱,并期望得到新的机会。这种战争基本发生在起飞前提条件的阶段,分两种情况:(1) 在克服传统社会的种种障碍时遭遇困境,起飞前提条件阶段的民族主义把人们的注意力部分转移到对外目标,这在历史上被证明是有巨大诱惑力和作用的。(2) 进入起飞前提条件阶段的国家利用民族主义的凝聚力入侵传统社会国家,以显示自身的发展,摆脱自己曾经落后并招致歧视甚至入侵的耻辱,扩张权力,争取全民族在政治上的更大的支持。

第三种战争就是 20 世纪发生的争夺欧亚大陆控制权也就是世界霸权的战争。它一共就发生了两次,即第一次与第二次世界大战。还有一次则处于待发状态,这就是冷战。从这三场大斗争中"我们可以看出一种内在的连续性。这种连续性是由于德国、日本、俄国(苏联)三国先后都想到利用它新近取得(达到)的成熟状态,以及中国、东欧仍然处于过渡阶段即起飞前提条件阶段的社会这一弱点,夺取对欧亚大陆(这一斗争的夺权舞台)的控制权。"①但是,因与它们处于同一阶段甚至比它们所处阶段更先进阶段的美国和西欧诸国的联合反对,德国和日本都无可挽回的失败了。美国和西欧的这一联合,也必将挫败苏联的霸权企图。

罗斯托强调,增长阶段论对于战争的分析并不完备。但是,战争与所谓"帝国主义"也不存在必然的联系。它是由相对的增长阶段的先进及其军事潜力决定的,特别是起飞或成熟阶段的国家,对过渡社会的优势。但是,人类进入核武器时代之后,战争的性质可能发生变化——导致巨大的灾难甚至人类的毁

---

① 〔美〕罗斯托:《经济增长的阶段》,第 123 页。

灭。因此,维护和平是人类社会的当务之急。

9. 相对的增长阶段与和平问题

第九章"相对的增长阶段与和平问题"。对于核武器,一方面人类不敢轻易使用;另一方面一旦全面使用,将毁灭我们的星球。但若有一国占有全面的压倒性的优势,拥有足以一举摧毁所有其他国家的力量,那它就很可能会使用或迫使全世界接受它的统治。因此,核(威慑)均衡是必须的。进入起飞阶段的国家越来越多,包括中国和印度,使得长期被西方和苏联垄断的经济、政治、军事权力日益扩散,并很快地迈入核门槛(这又是一个很准确的预言)。这一方面使得人类的权力斗争(即人类相互之间的争夺)第一次真正成为全球性的,另一方面又使得核均衡的形势更加错综复杂——掌握并且能够使用核武器的国家日益增加。这种互相的威慑同时导致使用核武器概率的下降而不是增加。因此,维护和平是可能的。维护和平的核心就是维护核均势,在相互有效的威慑中,使得没有任何国家敢于首先发动核攻击。因此,"从技术上来说,和平问题就是在(核)军备协定范围内建立武器控制和检查制度。"①能否实现,关键在于苏联。

苏联往往并不清楚其国家利益之所在,它的政策在两个基本方面(完全)是违背国家利益的通常标准的:一是对外方面,决心要夺取共产主义的全世界胜利(霸权)。二是对内方面,限制消费并对全社会实行高度严密的警戒控制,这样可以保证把占极高比例的投资用于军事目的并控制人民的情绪。这两个方面的基本政策直接损害了苏联的国家利益。就对外方面而言,许多国家正在起飞,"俄国的前景将是看到有很多新国家进入它不能控制的世界舞台"。这些新国家并不理睬俄国的共产主义,甚至包括印度和中国(因为这两个国家长期与苏联关系友好)。经济、政治乃至军事权力的扩散可能(使世界)变得较为安全(因为力量均势,互相掣肘),也可能变得极其危险,但是权力的扩散是不能阻止的,由苏联来控制全世界,这是不现实的选择。即使设想由莫斯科和华盛顿来共同控制整个世界,也是不现实的选择。为了不可能的目标大量消耗资源(广义上的),损害了苏联的国家利益。就对内方面而言,前面已经分析,苏联的这种经济结构是不可持续的,实际上它的发展速度已在逐步下降。这种模式还导致人民的不满,遏止了国民的创造性和活力。苏联的经济水平已经完全

---

① 〔美〕罗斯托:《经济增长的阶段》,第135页。

可以进入大众高消费时代,但这种结构(模式)把它扭曲为畸形,阻止它进入这一充满活力的新时代。

必须说服苏联,它"所能作出的重大选择是建立一种有效的武器控制制度(可检查、可核查的)。并且和美国以及其他国家一起,集中力量使这种制度生效。它们的共同目标应该是使这种武器控制制度在今后几十年中非常巩固可靠。这样,当大量的新兴国家(中国和南方的国家)达到成熟阶段时,它们进入的世界将是一个政治上井然有序的世界,而不是一个继续以大规模毁灭性武器作为赌注进行权力争夺的世界。"① 这些新兴国家将遵从这一政治秩序。苏联在这个世界上将扮演一个主要的、负责任的大国的角色,并获得突出地位。苏联如果接受谈判并制定这种核武器控制制度,就开始融入了国际社会,这将使得苏联渐渐转化成为一个开放的社会,并进入大众高消费时代。如此,苏联的共产主义在实质上会萎谢。事实上,苏联的领导人对此心中是清楚的,因为这一条路径更符合苏联的国家利益并且对民众更有号召力和吸引力。除劝说外,必须告诉苏联:西方不会让它(过于)领先(在军事方面),以致使它认为以军事手段是可以解决问题的。不发达国家能够在民主世界范围内,顺利地通过前提条件阶段并起飞,无须苏联的共产主义途径。帮助这些国家将是西方发达国家工作日程上最重要的一项。所以,苏联存在一条有意义的而且很愉快的道路可走。苏联走上这条道路,就是世界和平的实现。美国的西欧盟友们,应当把握住自己的命运,对世界的和平前途做出自己应该而且能够做出的贡献,即和美国高度、紧密联合,促使乃至迫使苏联走上维护世界和平之路。

苏联走上和平道路之后,北南矛盾即富国与穷国的矛盾将突出,发达国家必须高度重视。大力援助不发达国家,使它们顺利地通过过渡时期(前提条件阶段)走向起飞,应成为发达国家的重要工作。尽管不发达国家的情况各异,发达国家也应当这样做。因为苏联共产主义的公开目标之一,就是(与西方)争夺不发达国家。如果苏联存在争夺的机会甚至形成争夺的优势,它依然希望获取世界霸权而不会走上和平道路。所以,西方必须大力援助不发达国家。当然,不发达国家的起飞,最终还是要靠它们自己、它们的人民来把握去实现。

10. 马克思主义、共产主义和增长阶段论

第十章"马克思主义、共产主义和增长阶段论"。这一章作为全书的最后

---

① 〔美〕罗斯托:《经济增长的阶段》,第136页。

部分，回到了作者的创作目的：以经济增长的阶段理论取代马克思主义历史唯物主义及阶级斗争理论对于历史（发展）的解释。罗斯托首先武断地将马克思主义概括为七个命题："第一，各社会的政治、社会和文化特点是由经济发展过程决定的。""第二，一系列的阶级斗争推动历史前进。"阶级斗争归根结底是经济利益的冲突。"第三，封建社会（即传统社会）之所以被摧毁，是因为它们允许中产阶级在其框架内成长壮大，而中产阶级的经济利益依靠贸易和现代制造业的扩张。中产阶级和传统社会进行斗争并取得胜利，成功地建立起一种新的政治、社会和文化的上层建筑。这种上层建筑有利于掌握新的现代生产工具的人追求利润。""第四，马克思预测，资本主义工业社会由于具有下列两个固有的特征，同样地将为它们的毁灭创造条件：它们创造了一支主要由不熟练的工人组成的劳动大军，对这支劳动大军它们持续地只付给仅能维持生活的最低实际工资；以及追求利润将引起工业生产能力不断扩大，引起争夺市场的斗争，这是由于工人的购买力不足以满足对潜在产出的需求。""第五，资本主义的这种内在矛盾（相对停滞的劳动实际工资，以及为不断扩大的生产能力寻找市场的压力的增大）将会产生以下自我毁灭的特殊机制：无产阶级的觉悟越来越高，斗争的决心越来越大，最后在面临越来越严重的失业危机的情况下，将被迫夺取生产手段（生产资料所有权）"，把生产资料所有权转移给国家。"第六，这是列宁对马克思主义的一个发展——资本主义崩溃的机制不仅由于连续不断发生越来越严重的失业危机，而且还由于帝国主义战争。""第七，一旦代表工业无产阶级利益的社会主义国家夺得政权（这个阶段称为'无产阶级专政'），生产将在没有危机的情况下不断增加。"①

　　罗斯托的概括虽不无正确之处，但有失偏颇之处更多：第一，马克思主义所涵括的命题远比罗斯托概括的七个方面多得多。实际上，他对马克思主义的概括仅限于五个命题，第六、第七个命题为列宁主义的命题，如此，他的概括就更加偏颇。第二，他竭力回避使用马克思主义的诸多核心范畴，如社会化大生产、生产资料的资本主义私有制、生产资料的（社会化）公有制、资本主义经济危机等。甚至不愿使用资产阶级这一概念，尽管这一概念马克思多次说明并非自己的发明。第三，曲解甚至臆造了马克思的某些思想，如工业无产阶级主要由非熟练劳动力（工人）构成、资本主义对工业无产阶级持续地只付给仅能维持生

---

① 〔美〕罗斯托：《经济增长的阶段》，第153—155页。

活的最低实际工资等。第四,罗斯托对马克思主义的认识基本源于苏联人对马克思主义的解读,如他所概括的第四、第五条等,实际上是斯大林的概括。

罗斯托认为马克思的历史过程(即发展)论和他的增长阶段论存在相似之处:"第一,两者都是从经济(发展)角度来看待一切社会演变问题的。两者都是对复利增长成为习惯和制度的所有社会(即工业化社会)的问题和后果进行探讨。""第二,两者都同意经济变化有社会、政治和文化后果。但增长阶段论反对认为经济部门作为一个部门以及经济利益作为一个人类动机必定处于统治(决定)地位的看法。""第三,两者都同意,在政治和社会过程中,和经济利益相联系的集团和阶级利益是现实存在的。但增长阶段论否认在由传统社会发展到大众高消费阶段的过程中,集团和阶级利益是唯一的决定性力量。""第四,两者都同意经济利益有助于决定引起某些战争的环境这一现实。但经济增长阶段论否认,作为引起战争的最终原因,经济利益和动机居于首要地位。"经济增长阶段论认为引发战争的还有实力对比消长的诱惑、地缘政治原因、民族主义因素等。"第五,两者最后都提出了当'劳动本身已成为生活的第一需要时'(马克思语),真正富裕的目标和问题。虽然增长阶段论对于所能进行的选择的性质还有更多的意见(即没有马克思主义那么一味乐观)。""第六,在经济技术方面,两者都以增长过程的部门分析为基础;不过马克思只谈到消费品和资本品部门,而增长阶段论则是以对主导部门等更小部门的划分进行的分析为根据的,这种分析起源于动态生产理论。"①

增长阶段论与马克思主义的根本不同之处在于:(1)"这两种分析的第一个和最基本的差别在于对人类动机的看法。""在增长阶段的过程中,人被看作是一种比较复杂的单元。"并非仅以经济利益及其最大化为动机。在现实社会中,人们是在不断的各种不同的选择中趋于均衡并保持平衡的。(2)"马克思和黑格尔均强调历史由于互相冲突的利益和看法发生矛盾而向前发展,这是对的。但是,在一个正常的增长社会中,冲突的结果可能是由(维系)社会继续存在的最后考虑来支配的。"②即由矛盾所推动的历史发展,并非均以某一社会解体并被另一社会取代的形式呈现。(3)罗斯托认为马克思思想中有暗含的马尔萨斯人口论:人口的不断增长将形成一支失业后备军。由于这支失业队伍的

---

① 〔美〕罗斯托:《经济增长的阶段》,第155、156页。
② 同上书,第158页。

存在,必然压低竞争性劳动力市场的工资水平,甚至使实际工资停滞,于是贫困就成了这样一种人口增长的必然结果,这种结果可以反过来控制人口的增长。罗斯托的这种解读是将马克思的劳动力市场分析囿于马尔萨斯的人口论框架中,有先入为主之嫌。罗斯托指出,当代发达国家的人口增长率在下降,但其并非以贫困与疾病的约束为基础,而是以社会全面的进步(科技、文化、经济、政治等)为基础。(4)"当复利增长规律起作用时,劳资双方都获得了进步的好处,阶级之间的斗争变得缓和了。""复利增长以及这一规律通过提高实际收入平均水平而逐渐创造的各种机会,就成为增长阶段中重要的自变量。社会可以在福利国家、大众高消费和维护自己的权力之间进行选择。"①(5)至于列宁所论证的垄断发展,至少得不到美国半个世纪以来实证数据的支持。因此,以此为基础的危机也没有日益严重。相反,民主政治对较小的失业问题亦会给予高度的关注。科技进步导致利润—边际收益不断递增。当代发达国家的增长并不依赖殖民地。发达国家的问题倒恰恰是不愿意充分关心不发达国家并帮助它们,这可能促使它们接受苏联的共产主义。这才是发达国家应该高度注意的。(6)对于人类高增长时代实现之后,马克思持有非常乐观的19世纪浪漫主义派的立场。但增长阶段论认为可能还有一系列的严重问题,包括精神问题、核军备竞赛问题、(环境)破坏问题等等。

归根结底,马克思接受了黑格尔的历史决定论(基本否定历史发展的偶然性,且决定因素为单一的——源自欲望、利益的冲突斗争)以及古典经济学家关于人的行为均源自经济利益动机并追求它的最大化的思想即理性经济人假设,并深受其影响。他还将其对英国相对单纯(基本没有外部干预和作用)的增长(由其社会内部诸因素的综合动力所促成)所进行的研究加以简单的推广,赋予其普遍性,因而导致了他的理论缺陷。虽然不能否认马克思所创造的惊人体系的"伟大而且正规的贡献。"②马克思否认英国以及西欧发达国家工人阶级愿意接受(逐步)改良的可能性。而后来的事实证明他们愿意接受改良和民主资本主义,但并不愿意进行马克思所预言的"最后的流血斗争",以实现"由工人控制的国家"。③ 但是,马克思和恩格斯最后对此看法有所纠正,特别是恩格斯。上述看法构成了马克思、恩格斯著作的一个缺点,包括《资本论》在

---

① 〔美〕罗斯托:《经济增长的阶段》,第162页。
② 同上书,第166页。
③ 同上。

《经济增长的阶段——非共产党宣言》导读
The Stages of Economic Growth: A Non-Communist Manifesto

内。罗斯托的这一分析,至少证明了马克思、恩格斯对当时及早期资本主义批判的正确性与深刻性。否则,何须改良?

坚持上述看法是列宁主义(罗斯托称之为现代共产主义)的起点。列宁主义产生的背景还包括:必须根据工人和农民的实际情形和他们打交道;必须与一个竞争性民族主义已成为一股强大力量的世界打交道即维系并发展俄国的大国地位。"列宁是怎样进行的呢?他的第一个和最根本的决定是追求政治权力。"以便"在他所遇到的政治力量的斗争中坚持下来。"①"列宁的第二个决定是直接从第一个决定中产生的,即在1917年3月(俄历,公历为二月)革命后的混乱局势中夺取俄国政权——虽然根据马克思主义的标准,落后的俄国在历史上实行社会主义还不够成熟。"②第三,列宁通过使用武力镇压喀琅施塔特叛乱(1921年3月,部分波罗的海舰队水兵叛乱),坚定了使用权力(暴力)进行统治的信念。"第四,在20世纪30年代,斯大林高兴地接受了以警察国家专政作为统治的基础之后,用以下方式根本改变了社会的风气:对愿意在现代共产主义国家范围内努力工作的人给以大量的物质刺激;用伟大的俄国民族主义的强大力量来补充共产主义的意识形态,并导致了一切事情的修改,从士兵的制服到历史教科书的内容、小学教育和认可的家庭生活方式等等都在修改之列。"③"第五,在1952年10月(苏共)第十九次党代表大会上,更明显的是在斯大林去世之后,共产主义的扩张方向按照列宁的主张,而且也的确是按照他的实践,从先进国家转到了不发达地区(国家)。列宁的(上述)方式在理论上和实践上都仍然是赫鲁晓夫的指南。"④这样,出现的结果是建立了一个现代国家组织制度,这个制度不是以(马克思主义的)经济决定论为基础的,而是以政治或权力决定论为基础的。不是生产资料所有制决定一切,而是对军队、警察、法院和宣传工具的控制决定一切,列宁和他的继承人在实际上是回到了黑格尔的主张(普鲁士国家是绝对理念本体外化、表达的最后、最高呈现,是绝对理念本体的目的和实现),他们把马克思主义颠倒了过来。经济决定论并没有对他们起多大作用,但是(国家)权力决定论却正好填补了这个缺口。"由于掌握了政权,社会资源就可以被组织起来,使经济按照巩固和扩大共产党(精英)的权力的

---

① 〔美〕罗斯托:《经济增长的阶段》,第167页。
② 同上书,第168页。
③ 同上书,第168—169页。
④ 同上书,第169页。

方向发展。"①这一制度在民族主义、经济持续增长、技术成熟发展等诸多方面都产生了问题。必须指出,罗斯托并没有掌握或理解列宁对于历史唯物主义的恪守:十月革命后,列宁几乎是不厌其烦地(无数次)强调了发展生产力对于俄国的决定性作用和意义。

罗斯托认为,列宁主义所创造的现代共产主义社会,实际上是处于他所说的起飞的前提条件阶段亦即过渡时期。在这种情况下,中央集权的国家制度"可以为起飞阶段提供一种必不可少的技术上的前提条件,和一种向成熟推进的持久的力量,即有效的现代国家组织。"②但是,现代共产主义社会所产生的前述的一系列问题以及它并不能在起飞阶段的几十年中有效地解决农业问题表明它是过渡时期的一种"病症"。它只是一味地用政治权力去推动经济(发展),而并不注重(如何实现)经济自身的内在的持续增长。即经济增长依靠非经济的外部权力推动,经济自身的内源增长机制(动力)短缺。加之大量资源被用于军备,使其即使能走向成熟阶段,也不能进入大众高消费时代——特征之一就是社会保障的普及和社会福利的增长,所以这一制度是过渡乃至起飞阶段的一种"病症"。"如果一个过渡社会不能够有效地把它内部愿意进行现代化工作的成员组织起来,这个社会就会得这种病症。"③

列宁主义以及当代的共产党人及其现代共产主义社会自认为对于历史的判断是正确的,因此他们认为只要对实现历史的规律或其自身的利益(二者在这里常常是一致的)是必要的,无论使用什么力量都是合理的。且不说他们的历史判断及其对历史规律的揭示并不正确(罗斯托自认为他所揭示的经济增长的阶段才是普适性的历史规律),就其所创造的社会(制度)而言,也直接否定了人类文化(社会大文化意义上的)的多元性和人们的可选择性。不仅西方社会的价值观念,"而且没有任何一种重要文化(包括俄国和中国的文化在内)不以它自己的方式,考虑人的特殊性和多样性,并且在它的制度和规范中保持平衡和让个人有后退以及表达自己意见的余地。""大致说来,大多数人如果有选择自由的话,他们将会选择这种信条(观念)。"④而民主制度涵盖了文化多元化和个人自由选择的原则,"它本身在强制性约束、自我约束和个人表现(表

---

① 〔美〕罗斯托:《经济增长的阶段》,第169页。
② 同上书,第171页。
③ 同上书,第172页。
④ 同上书,第174页。

达)之间的平衡关系中可以起非凡的作用。"① 包括提供基于个人自由选择基础上的经济的内源增长机制(动力),因此它优于苏联的现代共产主义制度。罗斯托强调应当帮助不发达国家和地区逐步走向、进入起飞阶段,最终实现全世界都进入大众高消费时代,才能有效避免苏联式的制度及社会。人类有权在文明的环境中生活。这种文明环境的特点是对他们的特殊性和尊严有一定程度的尊重。这样的社会采取平衡兼顾的政策,而不仅仅迷恋于生产的统计数字,或追求与精英分子所确定的所谓公共目标的一致性。② 人类,不能将目标和实现目标的手段截然分开。③

二、《经济增长的阶段——非共产党宣言》的附录与序言

该书第一版附录 A 的内容是对书中附表 A-1、A-2 的注释,以私人(私用)汽车在发达国家普及的时间,验证了其发生在成熟阶段中、后期或大众高消费时代。汽车工业成为这一阶段的主导部门。1970 年,该书出了第二版,罗斯托写了第二版的序言并增加了附录 B 的内容。在第二版序言中,罗斯托声明:"有两个原因使我决定把本书的变化限制在前言(即第二版序言)和附录 B'批语与证据上'。"④ 也就是说,1970 年出的第二版,仅仅是在第一版的基础上增加了第二版序言和附录 B。除此之外,第一版的内容没有任何变动。对于第一版不作任何修改的原因,罗斯托陈述道:"第一是理论的分析框架问题。""我不想改变对经济增长的基本观点。而且我把过去 10 年中有关过去和当代世界的累积证据看做从整体上说是加强而不是削弱了增长阶段的概念。"⑤ 罗斯托相信自己经济增长阶段的理论建构是正确的,并被 10 年以来的一系列研究和资料一再证明。"第二个因素导致我把对第一版的修改局限于(增加)第二版序言和附录 B 乃是因为本书既是一个科学的努力,也是时代的产物。在写作第一版时,我把本书所包括的方法(所运用的分析工具)与当时令我们大家关心的许多特殊问题联系起来。美国和其他可以预见的富裕国家在超过大众高消费时代以后的问题和可能性是什么?苏联的增长前景和美苏相对增长率的意

---

① 〔美〕罗斯托:《经济增长的阶段》,第 176 页。
② 同上。
③ 同上。
④ 同上书,第 2 版"序言"第 1 页。
⑤ 同上。

思是什么？在这个权力扩散的世界上，从冷战走向稳定和平的前景如何？世界南方发展中地区的前景是什么？它们是怎样与和平的前景联系起来的？在发达的北方的我们应该怎样帮助它们？"①

在第二版序言中，罗斯托还强调，分析经济增长，不能仅仅考察总量，如GNP（国民生产总值）收入中用于投资的比例等。更应当考察与新技术及科学突破直接相关的部门即主导部门的增长。创新的科学技术首先促进了主导部门的增长，继而带动了全社会的增长，并最终使新型的科学技术被有效地吸收到即扩散推广运用至整个经济中。在不同的增长阶段，主导部门也是不一样的，主导部门随科技创新及增长阶段的递增而不断变换。此即动态生产理论，历史已证明了这一理论的正确性和创新价值。库兹涅茨等人片面强调了总量的增长，就看不清科技发展带动主导部门增长进而带动整个社会经济增长并促进经济增长进入更高阶段的客观普遍过程。因为即使处于传统社会，总量也会增长。所以，"对增长的基本（即主导）部门的、总量分解的分析方法是正确的。"②

附录B"批评与证据"共七段。（1）争论的方法。罗斯托承认，第一版问世后，引发了许多争论。但所有这些争论，应当依据世界增长过程的客观事实与证据，而不是与某些脱离事实的独特思路相联系。（2）增长与自动性。罗斯托强调，起飞以后的增长过程有许多具有自动性即自然而然的，但也有许多不是。增长可视为范围广得多的即绝非单纯是经济的现代化过程的一种表现。许多非经济的因素，也包括某些经济因素，会构成自然增长的障碍，如政策的失误等，甚至会导致倒退。但是，从根本上来说，倒退是不可能的，因为现代化前景的巨大利益诱惑（亨廷顿后来说：现代化增进了几乎所有人的福祉）。尽管有诸多增长并非自动的，而是需要通过政策、一系列非经济因素去（人为）促进的。（3）唯一性与普遍性。罗斯托假设：自18世纪晚期以来，每个国家的发展历程都是唯一的，从而可以对它们进行有意义的归纳。归纳的结果，就是经济增长阶段的普遍性（成立）。（4）连续性和非连续性。在第三段"唯一性与普遍性"中，罗斯托再次强调了科技创新——主导部门对增长阶段分析的重要性和清晰性，单纯总量分析的模糊与"迷雾"。在第四段连续性与非连续性中，他

---

① 〔美〕罗斯托：《经济增长的阶段》，第2版"序言"第6—7页。
② 同上书，第6页。

《经济增长的阶段——非共产党宣言》导读
The Stages of Economic Growth: A Non-Communist Manifesto

继续强调:"简而言之,我过去坚持认为:起飞的本质在于(主导)部门扩张及其扩散效应;通常情况下,起飞可能引起投资率提高;与前提条件(阶段)的后期相比,投资率提高的程度可能随一些因素(如技术进步程度及其扩散规模以及社会接受程度等)的变化而变化;投资率提高不是起飞的充分标准(仅是必要条件)。如果投资率本身不是决定性的,那么如何确定起飞的时间?研究历史数据时,关于主导部门的增长率和增长规模以及它们的高增长势头何时通过后向和横向联系诱导经济进一步大规模扩张,我使用了所有可以获得的统计和质量数据以作出近似的判断;我在本书第一版中提出的起飞日期是考察一组初始主导部门对特定经济的工业化过程的全部影响的结果。"①起飞"是经济生活中的一个时期,在这一时期,一个或多个现代工业部门第一次表现出高增长率,不仅引进了新生产函数,这诱导了大规模的后向和横向扩散效应。经济还必须显示出开发前向联系的能力,从而可以在老的主导部门减速时出现新的主导部门。"②起飞也有可能中断(失败),出现非连续性,再次起飞即恢复连续性(增长)是可以实现的。起飞是历史发展中能够识别的(即明显的)不连续,但它不是一个脱离历史的过程,它是连续发展中的历史的一个高涨阶段,是连续性和非连续性的统一。起飞的高涨是受几十年以来经济和整个社会的变化支配的,这些(连续的)变化导致了高涨(非连续性),但这种不连续仍是连续性历史中的一段。大众高消费时代的主导部门系列是耐用消费品生产及其相关部门,还有社会的高福利、高保障。主导部门增长的加总凸显了(发展的)不连续,仅仅从社会经济总量考察增长,则可把握(发展的)连续性。(5)"有关经济史的一些争论"。罗斯托用英、法、美三国的(经济史)资料(数据)验证了它们各自的起飞(高涨)时间均在第一次工业革命之际,其主导部门为纺织业、机器(蒸汽动力)制造业、能源(采煤)业、冶金(钢铁)业及铁路运输业。(6)"关于当代世界的一些证据"。罗斯托用一系列现代各国数据证明了技术进步所导致的主导部门的出现及其变换,以及由此引起的生产函数的变换、收入中投资率的增长。(7)"对马克思主义批评者的说明"。罗斯托虽然再次承认马克思主义的贡献,但坚持认为自己在第一版中的分析是正确的:马克思主义对人、对社会的分析线性化、简单化了。而人、社会(的发展)是非线性的、复杂的,人类能够在

---

① 〔美〕罗斯托:《经济增长的阶段》,第206页。
② 同上书,第207页。

此中寻找并把握平衡。

1990年,《经济增长的阶段——非共产党宣言》出版了第三版,罗斯托写了很长的第三版序言,并增加了"尾声:到1990年为止争论的思考。"第三版序言共九段。第一段,简要介绍了第三版:以第一版和第二版的全部内容为基础,增加了新的序言和尾声,因为有些争论的问题尚未完全解决,还有现实中产生的新问题需要回答。第二段,强调经济增长阶段论不仅是理解历史,而且是观察当今世界的一种方法。第三段,重申非总量分析模式即科学技术创新所造成的主导部门及其变换、扩散的增长分析模式,是"经济增长阶段论"的核心。这一分析模式同样可以应用于社会主义国家和发展中国家的增长分析,虽然在苏联和东欧国家,政治因素及行政手段扭曲或阻遏了成熟和大众高消费阶段的顺利到来。但是,这一扭曲和阻遏将使这些国家的经济和社会以不同的程度走向破产。这再次证明了经济增长阶段的发展规律。第四段,认为戈尔巴乔夫的"新思维"恰恰证明了经济增长阶段的分析:增长已扩散至全世界,美、苏两国无论谁都不可能垄断、掌控整个世界。苏联通过推动全球暴力革命进而独占世界的企图更无实现的可能,和平是唯一的选择。加之苏联经济的停滞,与发达国家技术差距的扩大和核讹诈的失败(核威慑均衡的建立),才导致了戈尔巴乔夫的"新思维"。未来人类和平的条件是:核(力量)均衡;发展中国家持续发展,摆脱贫困以避免苏联共产主义的乘虚而入;发展中大国如中国、印度等避免悲剧性的对抗;创立推广增长并维护和平的全球性和地区性机构。第五段,呼吁关注发展、增长所带来的物质环境及生态环境问题,人类既不能悲观失望,但更不能轻率自满。第六段,强调支持不发达国家的发展——只有逐步实现全球的均衡发展,才能最终消除全球的、区域性的对抗,实现全球的和平。不发达国家三个方面的进展尤其重要:粮食生产必须增加;农业和采掘业的出口收入必须提高;在基础设施和教育方面的投资必须增加。第七段,指出发达国家还有苏联东欧国家面临着一系列的不确定性:维系和平;援助不发达国家;保护生态环境等。通过区域和全球协作性组织推进的合作,将有助于消除这种种不确定性,提高可预期性。第八段,预感诸多国家内部民族主义、种族主义兴起并导致的冲突有可能威胁国家的统一;国家内部政治势力(集团)的消长有可能危及国家的安定;国际各种政治势力的消长也有可能威胁人类的和平;所有这一切,均会阻遏、破坏增长,应予以关注。第九段,罗斯托宣称,他并不认为经济增长阶段论是完善的、无瑕疵的,但对以经济增长阶段分析当代世界的结论持有相

《经济增长的阶段——非共产党宣言》导读
The Stages of Economic Growth: A Non-Communist Manifesto

当程度的信心:(1)由于三种力量冷战将很快结束:① 苏联的制度不能完全前进到大众高消费阶段或维持技术前沿的地位;② 发达国家在大众高消费和科技创新上显然显示了更大的成功并产生了示范效应;③ 单极力量不可能统治世界,苏联的野心在现实中已逐渐消失。(2)许多国家(包括中国和印度)已超过了起飞走向了技术成熟阶段。(3)对环境的巨大压力很可能是(2)造成的。(4)不发达国家寻求援助合情合理,它们也有走向起飞及现代化的愿望。(5)发达国家已在以上四个方面发挥了重要作用。它们应当注意不要因国内的问题而削弱了这些作用。(6)建立跨国的区域性合作和全球性合作组织,将有助于推动增长。这些组织的产生也是迫于增长过程的动态压力。① 罗斯托的上述预见迄今仍广获赞誉。

在"尾声:到1990年为止争论的思考"中,罗斯托反驳了针对经济增长阶段论的三种主要的不同观点:其一,以库兹涅茨为代表的观点:(1)起飞时间无法清晰界定。起飞时期的投资率大幅提高的罗斯托观点并无可靠数据支持。罗斯托指出,正是库兹涅茨本人的诸多著述及其引用的资料证明现代经济增长的开始与起飞时期相当一致,并验证了投资率的急剧上升。(2)库兹涅茨虽也承认经济总量分解对研究经济增长的意义,但更强调的却是总量分析。罗斯托则认为,只有部门分析才能准确、清晰把握科技创新对部门进而对全部经济增长的推动,因而优于总量分析。其二,索洛、萨缪尔逊等对经济增长的分析仅仅局限于经济因素,因此,"主流经济学对增长的研究是误导的,其最终原因是,文化、社会和政治因素与经济因素一样都在起作用;增长过程从本质上说是相互作用的,这不仅导致参数变化,甚至引起行为规则的变化。从某种意义上讲,在从多维复杂性中建造一个统一的人类和社会理论之前,不可能存在索洛作为目标提出的那种规范的增长理论"② 其三,熊彼特希望通过引入创新概念(范畴),使瓦尔拉斯静态一般均衡模型动态化是不可能的,即由经济创新所导致的经济线性动态均衡增长分析是失败的,虽然很多人据此反对经济增长阶段论。因为经济增长是多元因素导致的,是非线性的,也是人类历史及经济过程的连续性与非连续性的统一。"这个尾声较狭隘的启示是:经济增长阶段论与非线性动力学的观点以及与不借助数学也能掌握这些观点的古典经济学家的

---

① 参见〔美〕罗斯托:《经济增长的阶段》,第三版"序言"第29—30页。
② 同上书,第265页。

传统是一致的。"①

罗斯托经济增长阶段论的核心思想是：(1) 经济增长阶段包括传统社会——起飞前提条件(过渡时期)——起飞——走向成熟(自发和非自发的持续增长)——大众高消费时代，是一个客观规律、普遍规律。虽然并非每一个国家每一个民族都能顺利地实现依次阶段的增长，但他们都抱有实现这一增长阶段的愿望。这一增长阶段的本质就是指向现代化，它是人类社会、人类历史的发展规律。(2) 经济增长阶段并非单纯的经济增长，或经济增长并非由单纯经济因素(原因)所引发、导致。它是包括经济因素在内的诸多社会因素——文化、社会、政治等因素共同作用的结果，是一种多元性的非线性的发展。所以，经济增长阶段也就是社会的综合性、整体性发展(这与现代化理论关于现代化是人类社会整体跃迁的观点一致)。(3) 不同阶段，其经济的主导部门不一样。可以通过分析主导部门的状况确认处于什么阶段。深入主导部门的分析框架优于传统的总量分析框架。(4) 起飞阶段的到来，是因为社会、文化因素的变革、创新支持了科技的创新、突破，创造了新的主导部门——直接吸纳、采用创新科技的部门，并最终全方位传导至整个经济领域，产生了新的生产函数(科技创新、突破是最重要的自变量)或新的生产函数因变于科技创新、突破。(5) 经济增长阶段将导致人类社会最终进入大众高消费时代，高福利、高保障是这一时代的内容与特征之一，或是其可行的选择之一。(6) 马克思主义所揭示的历史路径其实也服从或相容于经济增长阶段规律，但这一规律并非必须通过你死我活的阶级斗争才能实现。民主制度下促成的改良是包括工人阶级在内的全社会都乐意接受的。这一改良的本质是社会各方面利益的均衡。(7) 列宁主义及其所造就的苏联式共产主义是经济增长阶段的一种扭曲和病态。因其不可实现的统治全球的野心和民众利益的严重受损而不可持续，所以最终必将回归正常的经济增长阶段的路径。

罗斯托称其理论为"民主资本主义理论(的一种形式)"。据此理论，以及以罗宾逊夫人为首的新剑桥学派的思想，分配改革不仅必需，而且必然，甚至自然——在达到经济增长的起飞阶段之后。分配改革还是经济增长持续起飞的必要条件之一。罗斯托理论和新剑桥学派思想为二战后发达国家的分配改革

---

① 〔美〕罗斯托：《经济增长的阶段》，第277页。

(有不少学者称之为分配革命)提供了强有力的理论支持,并对相关政策发挥了深刻、广泛的影响,促进了发达国家社会保障制度及社会福利制度的大发展。

此期(20世纪50、60年代),人民资本主义理论也从另一角度支持了发达国家社会福利制度和社会保障体系的发展。人民资本主义理论突出强调股份制发展,认为资本的社会化就是资本的人民化;民众普遍持有股份将使他们普遍获取红利(分红),导致收入革命;股份制造成所有权与经营管理权分离,使专业化的管理阶层(经理阶层)兴起,专业化管理将有助于创造高额利润,支撑(以分红为基础的)收入革命;国家对经济的有效干预将在最大程度上规避经济周期(性危机)。所有这一切,均增长了民众的利益与福祉,使社会保障体系及社会福利制度更加坚实和牢靠。民众持有资本的广泛性及其收入的普遍提高还大大增强了民众的自我保障能力与水平。人民资本主义的代表作为:*The Capitalist Manifesto*,中译本译作《资本家宣言》,上海人民出版社1961年11月第一版,实际上应译作《资本主义宣言》。

让劳动者人人都拥有生产资料——在价值形态上即劳动者人人拥有资本,这正是马克思主义公有制思想的核心。由于苏联模式一度的普遍性,使其公有制实现形式——国有制的局限性被掩盖,反而使人们认同了传统模式而遮蔽了马克思的光辉思想。发达国家的发展,恰恰印证了马克思主义所科学预言的人类历史趋势。

(庞绍堂撰写)

《世界贫困的挑战——世界反贫困大纲》导读

The Challenge of World Poverty:
A World Anti-Poverty Program in Outline

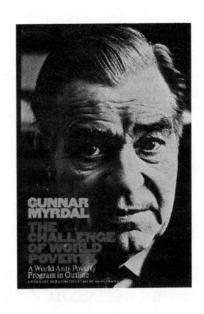

The Challenge of World Poverty: A World Anti-Poverty Program in Outline (1970)

Gunnar Myrdal

冈纳·缪尔达尔(Gunnar Myrdal,1898—1987),瑞典经济学家,是瑞典学派和新制度学派以及发展经济学的主要代表人物之一。因其在货币和经济波动理论方面的开创性贡献,以及对经济社会和制度现象的内在依赖性进行的精辟分析,他在1974年和哈耶克一起获得诺贝尔经济学奖。

缪尔达尔于1927年获斯德哥尔摩大学哲学博士学位,于1933年成为该校政治经济学和财政学教授。在学术活动之外,他还活跃于政界,曾两度当选为瑞典参议员,担任过商务部长和战时计划委员会主席,并长期担任联合国欧洲经济委员会执行秘书。自1957年起,缪尔达尔对南亚和东南亚的政治经济问题进行了长达十年的研究。1961年,他回到斯德哥尔摩大学任国际经济学教授,并为该校筹建了国际经济研究所。①

缪尔达尔一生学术成果颇丰,其主要著作有:《经济理论发展中的政治因素》(1930)、《货币均衡论》(1931)、《1630—1930年间的瑞典生产费用》(1933)、《财政政策的经济效果》(1934)、《人口问题的危机》(合著,1934)、《人口:一个民主问题》(1940)、《美国的困境:黑人问题和现代民主》(1944)、《国际经济》(1956)、《富裕国家与贫穷国家》(1957)、《超越福利国家》(1960)、《亚洲的戏剧:对一些国家的贫困的研究》(1968)、《世界贫困的挑战——世界反贫困大纲》(1970)、《反潮流:经济学评论集》(1973)等。

缪尔达尔的学术贡献主要表现在三个方面:第一,提出了循环积累因果原理,即社会经济各因素之间的关系不是趋于均衡,而是以循环的方式运动;不是简单的循环流转,而是具有累积效应的运动,呈现出一种"循环积累因果关系"。第二,作为发展经济学的先驱之一,他对亚洲一些国家的贫困和不发达问题进行了长期的研究,其最终成果反映在他于1968年出版的三卷本著作《亚洲的戏剧:对一些国家的贫困的研究》(以下简称《亚洲的戏剧》),以及我们将要重点导读的《世界贫困的挑战——世界反贫困大纲》(*The Challenge of World Poverty: A World Anti-Poverty Program in Outline*,以下简称《世界贫困的挑战》)。第三,他在经济分析中采用整体方法论建立宏观动态经济理论,并和其他学者一起形成了现代西方经济学发展过程中独树一帜的斯德哥尔摩学派,又称瑞典学派。

总之,缪尔达尔的经济发展思想的产生和发展顺应了发展中国家的现实需要,符合历史发展的客观规律。缪尔达尔的经济发展思想出现于发展中国家寻求发展的较早时期。在这个时期,发展中国家对自身如何摆脱贫困以求得发展,仍然非常困惑,不得不求助于西方的一些主流经济学理论。而直接运用这些产生于发达资本主义国家的理论,未必真正有利于发展中国家的发展。缪尔达尔的经济发展思想正是在这种两难的情况下产生的,因而也是缪尔达尔的个人经历与当时客观条件的产物。缪尔达尔批判地继承了传统经济学理论,结合发展中国家的现实,构建了自己的经济发展思想。缪尔达尔的经济发展思想在发展经济学的形成和发展过程中具有

---

① 他的家庭生活也相当美满,妻子阿尔娃·缪尔达尔曾在联合国和联合国教育、科学及文化组织担任高级职务,担任过瑞典驻印度大使,以及瑞典裁军和教会部长,于1982年获得诺贝尔和平奖。他们育有两个女儿——西色拉和凯依,一个儿子——詹安。

《世界贫困的挑战——世界反贫困大纲》导读
The Challenge of World Poverty: A World Anti-Poverty Program in Outline

不可替代的作用。在发展经济学中，缪尔达尔的动态非均衡理论以及制度分析方法，成为结构主义经济发展思路的重要假设和最主要的分析工具之一。他的这些理论和方法被后来的发展经济学家所吸收，并结合新古典分析方法的优点，形成了新的更符合现实的经济发展理论。世界银行高度评价了缪尔达尔的经济发展思想，认为他的著作是发展经济学早期的重要著作，并将他誉为发展经济学的先驱。

自 1957 年起，缪尔达尔对南亚和东南亚的政治经济问题进行了长达十年的研究，并于 1968 年出版了他最具代表性的三卷本巨著《亚洲的戏剧》。《世界贫困的挑战》则为《亚洲的戏剧》之续篇，通过继续深入的研究和实践，在前书分析状况的基础上又提出了许多具体的政策性结论和建议。正如作者自己所说：本书在一定意义上也是《亚洲的戏剧》一书的导读，更主要的是从政策角度对它的一个总结。因此，读懂本书有利于读者对缪尔达尔有关不发达国家经济发展问题的思想有一个全面的了解。

本书于 1970 年问世，当时人类面临巨大的挑战，即我们应该怎样合理地利用世界资源，从而使人类能够接受贫困的迫在眉睫的挑战，并走向更好的未来。缪尔达尔小心地避开了当时两种极端的思潮——乐观主义和悲观主义，而采取现实主义的基本态度。由于受篇幅的限制，作者对相关问题的论述是概括性的，而且将分析仅限于非共产主义国家，然而由此所得出的政策性结论将与整个不发达世界相关联。

综观全书，我们可以看到缪尔达尔一直在尽其所能，坚持并发挥如下一些基本观点：第一，特别强调平等问题。这有两个背景，一个是有关不发达国家发展问题的经济文献或计划，从未给予平等问题以重要地位；另一个是大部分西方经济学家都认为，在经济发展和平等改革之间有冲突，平等改革必须付出放缓经济发展的代价。第二，寻找造成不平等现象的国际原因。第三，就不发达国家内部来说，将不平等现象的原因归结为所有权上的不平等。他的所有这些观点及其鲜明的研究立场，特别引人注目。[1]

全书的基本架构主要分为四个部分：在第一部分中，缪尔达尔批判了当时一些比较盛行的研究方法，纠正过去的偏差，消除方法的偏见，分清楚

---

[1] 参见乌尔达：《发展中的平等和效率问题——兼评缪尔达尔〈世界贫困的挑战〉》，载《当代思潮》1995 年第 1 期。

发达国家与不发达国家条件的差异,坚持因地制宜的原则,这是一切政策性建议的基础。在第二部分中,缪尔达尔依据实地考察的经验,提出了不发达国家自身内部的五个贫困的影响因素,这也可以被看做是不发达国家需要彻底改革的五个方面,包括平等问题、农业问题、人口问题、教育问题以及"软政权"问题;并在分析问题的基础上,讨论了不发达国家自身所需要实施的政策性建议。在第三部分中,缪尔达尔主要讨论了发达国家对不发达国家的责任,提出了发达国家为促进不发达国家的发展应当做些什么的问题,并探讨了发达国家对不发达国家进行援助的方法和形式。他特别强调,发达国家的援助尽管在战略上具有重要意义,也只是使不发达国家的发展成为可能并且加速进行而需要的工作的一小部分;比这些援助重要得多的,则是不发达国家自身所必须进行的社会和经济改革。在第四部分中,缪尔达尔讨论了政治发展的关键问题,即不发达国家是否需要革命性的改革,这在很大程度上取决于第三部分所论述的发达国家的政策。

缪尔达尔穷毕生精力,关心和研究不发达国家的经济和社会发展,并试图将被经济学界淡忘已久的"平等"观念,重新引回经济学理论中,协助不发达国家既缓又稳地踏上富裕之途。与其他经济学家尤其是发展经济学家相比,这本著作无论是研究的依据还是研究的方法,都更具有现实主义色彩。首先,他的研究全部建立在深入的田野调查的基础之上;其次,正是基于对发展中国家贫困问题事实性的把握,缪尔达尔选择了制度主义的研究方法。①正是由于他的努力,才使得后来的发展经济学具有了人类关怀的精神。正如当时的一位著名学者所言:尽管他开出的药方合情合理,但由于这本书超前于时代将近二十年,可能要到贫困国家和富裕国家两者的传统、骄傲、偏见与实践被足够的时间改变以后,才能被证明是可以接受的。有幸的是,就在这本书问世几年以后,全世界包括发达的富裕国家已经从不发达国家面临的困难中,认识到平等和经济发展的关系,承认了缪尔达尔这位经济学家的卓越贡献。《世界贫困的挑战》这本著作也在经济学界引起了很大的震动,被有识之士誉为"充满智慧的著作",并随着时日的推移,最终成为发展经济学的经典之作。②

---

① 参见卢周来:《文明与贫困 重读缪尔达尔〈世界贫困的挑战——世界反贫困大纲〉》,载《博览群书》1999年第7期。
② 参见何清涟:《为经济学引回人类关怀——读〈世界贫困的挑战〉》,载《读书》1996年第3期。

《世界贫困的挑战——世界反贫困大纲》导读
The Challenge of World Poverty: A World Anti-Poverty Program in Outline

第一部分 方　　法

这一部分包括两章内容。

第1章　消除方法偏见

为了纠正当时在为不发达国家制订发展计划时一些方法上的偏见,本章着重批评了脱离不发达国家现存的观念、制度和民众极低生活水平的"战后方法",主张在对不发达国家进行研究时应符合那里的实际情况。

缪尔达尔开篇就指出,我们在为不发达国家制订发展计划时,首先要明确必须符合不发达国家的实际状况,可是现在对"不发达""发展"和"发展计划"的概念都存在着机会主义的巨大偏差,因此,所得出的结论都是建立在现实被扭曲的基础上的。这是由于有关现实、意识形态和理论的概念,受到社会中统治集团利益的左右,迎合统治集团的利益需要。

"要想将我们的思维从偏见中摆脱出来以达到对现实更为真实的理解,第一个前提便是弄清楚有哪些影响我们寻求真理的机会主义利益,并了解它们是如何影响的。"[1]殖民时代的经济学家们没有花费更多心思去研究落后地区的贫困问题,因为殖民统治政权不会通过给予政治上的重要性和公众兴趣来唤起对经济落后进行大规模的研究。现在情况有了巨大的改变,二战结束后,对不发达国家的研究不仅在数量上大大增多,而且研究方法也从以前的静态研究转变为动态研究。这个巨大转变不是社会科学的自主转变,而是政治逆转的结果。发达国家对不发达国家正在发生和应该发生的情况给予政治上的关注和研究上的兴趣,这倒没有什么不好。然而,这种研究工作趋于成为"外交辞令",并且通常过于乐观,即绕过棘手的现实问题,用不适当的专门术语将其掩盖起来,或以一种辩解的和"理解的"方式对待之。换言之,没有考虑不发达地区的实际情况,就将研究发达国家所形成的理论工具直接加以应用,因此得出

---

[1] 〔瑞典〕冈纳·缪尔达尔:《世界贫困的挑战——世界反贫困大纲》,顾朝阳、张海红、高晓宇、叶立新译,北京经济学院出版社1991年版,第4页。本导读对该书的引用均来自该版本。

的结论肤浅,且漏洞百出,研究者自身也陷入了纯粹的数字游戏之中。

缪尔达尔的观点则是:在发达国家,用纯粹的"经济"术语——总量概念的就业和失业,储蓄、投资及产业,以市场和相当有效的市场为先决条件的需求、供给及价格——进行的分析,可能有意义并能得出合理的推论,那是因为这些概念、模型和将它们综合在一起的理论相当符合发达国家的现实。但是,在不发达国家就不能直接采用这些方法,否则就会让分析离题,且产生严重错误。[1]

源于发达国家的这些方法脱离了不发达国家的观念和制度,用这种"战后方法"分析不发达国家的经济问题,往往会产生一种不适当的乐观。因为,发达国家的国民有高收入、优质的社会保障福利和良好的营养,在研究经济问题时可以忽略它们,而仅考虑其他影响因素,但在分析不发达国家的贫困问题时,这些因素却不能简化,必须要考虑进来。"战后方法"包含着无根据的简单化,没有把不发达国家的棘手困难和不良倾向等许多问题考虑在内。在研究不发达国家发展的问题时,一定要尽量避免这种方法上的偏差,充分考虑到发达国家和不发达国家的不同之处,因地制宜,从实际出发,"不能在面包已经烤好后才把发酵粉放进炉子里"[2]。然而,肤浅的"战后方法"得到了利益集团的支持,因而研究者大多脱离本该考虑进来的非经济因素。例如,大多数不发达国家都存在着腐败的问题,但是在"战后方法"中却很少提及,人们从未实质性地以一种向经济理论挑战的方式来关注它的重要性。因此,对研究不发达国家经济问题中盛行的偏见进行科学反驳,面临着一个真正的"既成体制",因为它被重重的既得利益所维护。

但是,缪尔达尔还是有信心的,他寄希望于一个内在的有自我净化能力的系统。社会学家们从未对这些带有明显偏见的方法发起挑战,经济学家们必须担此重任。社会科学研究无论如何都需要有一个明确的价值观前提,对于不发达国家贫困问题研究的价值观前提应当是一种现代化的理想:"理性,发展和发展计划,生产率的提高,生活水平的提高,社会和经济平等,改善了的制度和观念,国家的凝聚力,国家的独立,基层的民主和社会纪律。"[3]此外,还必须把不发达国家自身的传统评价作为计划中必须考虑的重要事实来研究。

---

[1] 参见〔瑞典〕冈纳·缪尔达尔:《世界贫困的挑战——世界反贫困大纲》,第9页。
[2] 同上书,第13页。
[3] 同上书,第23页。

第 2 章 条件的差异

本章比较了不发达国家与发达国家在五个方面的差异,论述了科学技术对不发达国家发展的影响,并呼吁发达国家与不发达国家一道努力,帮助不发达地区早日摆脱贫困。

缪尔达尔指出:"前章对战后方法的批判是建立在这样一个判断的基础之上的,即不发达国家的条件比发达国家的条件给发展带来大得多的限制(对当权者来说)和障碍(对普通百姓来说),而战后方法在发达国家更为适用。"①不发达国家与发达国家的主要条件差异表现在以下五个方面:

第一,政治制度的差异。发达国家在工业革命前就是独立的、多半为统一的民族国家,能够制定国家性政策,那里的人民思想交流相当自由;而大部分不发达国家只是近来才独立的,还有待于变成能够制定国家性政策的统一的民族国家。

第二,自然资源的差异。不发达国家拥有的自然资源,通常比目前发达国家开始其现代化发展时要少。

第三,气候的差异。几乎所有的不发达国家都位于热带和亚热带,而所有成功发生现代化革命的国家都处在温带。

第四,人口密度和预期的迅速增长的差异。在前工业化时期,发达国家的人口增长相对缓慢,相比之下,大部分不发达国家在很长一段时间里人口都在增长;然而,对发展危害更大的是"人口爆炸",意味着在 20—25 年内人口将翻一番,这是不发达国家战后发生的最重要的政治和经济变化,从而更增加了发展的障碍。

第五,国际贸易的差异。同样是国际贸易,对发达国家而言是发展中的"增长的发动机",特别是对出口发挥了很重要的作用,加之政治稳定,国际资本市场的利息率维持在很低的水平。而对大部分不发达国家而言,一战后贸易地位就一直在恶化,造成这种状况的原因有许多:发达国家的科技进步减少了原材料(初级产品)的需求;技术进步提高了发达国家自主生产的能力;发达国家的贸易保护主义和工业替代品的运用等等。

以上五个方面条件的差异,都使得不发达国家现在的发展要比发达国家以

---

① [瑞典]冈纳·缪尔达尔:《世界贫困的挑战——世界反贫困大纲》,第 27 页。

前的发展困难得多。

作为不发达国家,它们所具备的一个有利条件是可以把发达国家的先进技术直接引进,而不用自己去创造。但在现实中这个有利条件也打了折扣,发达国家的科技进步对不发达国家发生了并正在发生着一种总的来说有害其发展前景的影响。例如,发达国家的科技进步造成了不发达国家贸易地位的恶化,使不发达国家通过增加产量和制成品增加出口的努力遇到困难。但科学技术的进步是历史发展不可逆转的趋势,因此,缪尔达尔希望通过发达国家和不发达国家的共同努力,真正抵消前者极为迅猛的技术发展对后者造成的主要有害影响。他强调:"乐观主义同悲观主义一样,只意味着一种偏见的观点。他所追求的应当是现实主义,哪怕他因此与自己职业内流行的观点相冲突"①;"发展需要更多的,在许多方面更为彻底的努力:不发达国家更快、更为有效的大规模改革与发达国家更多地关心与更实质性的奉献。"②

第二部分 不发达国家需要彻底改革

这一部分包括六章内容,分别考察了不发达国家需要彻底改革的五个方面的问题,即平等、农业、人口、教育和"软政权"问题。

第3章 平等问题

本章集中探讨不发达国家的平等问题。首先,强调了平等问题在不发达国家发展中的突出地位,批判了以往认为关于平等的改革必须付出代价的错误认识,认为在不发达国家解决了平等的问题会更有利于发展;接着,从不平等和权力关系的角度入手,通过一些国家的发展实例,深入探究不发达国家不平等的现状以及解决之策。

缪尔达尔指出:"平等问题在不发达国家的发展问题中处于中心位置,不发达世界绝大多数的社会和经济是不平等的和僵硬的。"③不平等及其加剧的趋势成为对发展的限制与障碍,然而,它却在近些年的研究中被人们所忽视。传统西方经济学家们认为,经济发展与平等改革是矛盾的,这种改革必须要付

---

① 〔瑞典〕冈纳·缪尔达尔:《世界贫困的挑战——世界反贫困大纲》,第38页。
② 同上。
③ 同上书,第43页。

《世界贫困的挑战——世界反贫困大纲》导读
The Challenge of World Poverty: A World Anti-Poverty Program in Outline

出代价。缪尔达尔反驳道,福利的改革不一定代价高昂,而且可以为稳定而快速的经济发展奠定基础,不发达国家更大的平等几乎是其更快发展的一个条件。因为,第一,以前认为的收入的不平等是储蓄的一个条件,这在不发达国家并不成立;第二,由于不发达国家的人民营养不良,缺乏健康和教育的基础设施,生存条件极差,这些都损害了他们的劳动积极性,因此提高大众收入水平有利于提高劳动生产率;第三,社会平等和经济平等相互联系,互为因果;第四,解决平等问题有利于提升国家凝聚力。

缪尔达尔揭示了社会不平等和经济不平等之间的区别和联系:"社会不平等很明确地与地位相连,经济不平等的概念较简单,与财富和收入的差距相连;而社会不平等是经济不平等的一个主要原因,同时经济不平等又加剧了社会不平等。"①接着,他又揭示了贫困和不平等之间的联系:"第一,更大的平等是让一个国家摆脱贫困的前提条件;第二,一个国家在总量或平均值上越是贫穷,经济不平等给那些最贫困的人们带来的痛苦越是深重;第三,经济和社会不平等本身不仅是普遍贫困和一个国家很难摆脱贫困的原因,而且同时也是其结果。"②

现在,几乎所有的不发达国家在政策上都宣称最大程度上的平等,而几乎所有的不发达国家不平等的现象又在加剧。这样的自相矛盾与这些不发达国家的权力分配有关。不发达国家的政治权力基本上由特权集团掌握,与政府形式无关。这些特权集团包括了大地主、工业家、银行家、商人和高级军事将领,以及一些受过教育的"中产阶级",其余的底层民众大多被动、麻木、愚昧,难以表达自己,他们只是公共政策的对象而不是主体。政治权力由特权集团掌握而民众依然被动,这是不发达国家普遍的权力模式。政治体制从没有因为普通大众呼吁其利益而采取过实际的变革,有的只不过是政治权力在特权集团内部的重新分配。

回顾历史不难发现,不发达国家的殖民统治者常常与这些国家的特权集团相勾结。这是因为在殖民统治制度里有一种内在的机制:殖民统治者为了维护其殖民统治,把兴趣始终集中在保持甚至是加强殖民地中不平等的社会和经济结构上;为了商业利益,他们只会与有权有势的人打交道。因此,"我们应改变

---

① 〔瑞典〕冈纳·缪尔达尔:《世界贫困的挑战——世界反贫困大纲》,第50页。
② 同上书,第50—51页。

我们对不发达国家的观点,特别是应该改变其社会和经济分层化及他们对改革那种分层化的态度与取得成就有关的观点。"[1]不发达国家需要大量的援助,要改变援助的方式。作为不发达国家,一方面要心怀理想,更重要的是,要给统治集团自下而上的压力。

第4章 农业

本章在揭示不发达国家农业问题面临的严酷现状的基础上,提出了相应的对策建议,并指出要注意在解决不发达国家农业问题时已经出现的和可能出现的偏差。

在不发达国家的各个经济领域中,农业方面的差别是最大的,不仅国家间的情况不同,就是同一个国家内部的不同区域也存在着互不相同的农业类型。不过,不发达国家的农业类型的共同特点是具有很高的人/地之比,这种粗放的农业经营导致亩产量很低,总劳动力的大部分被束缚在土地上,但收入却很低。而且这种经营方式难以自我更新,原因在于:一是产量低已经持续了一代又一代,很可能一直都是这样;二是严重的营养不足,人们的营养平均摄入量远低于人体的正常需求,再加上不合理的饮食习惯、传染病等,造成了懒散、缺乏主动性和积极性。

在大多数不发达国家中,不仅土地产出率很低,而且劳动生产率更低,这种农业生产不能叫做劳动密集型,只能叫做劳动粗放型;同时,在这些国家中又普遍存在着劳动力利用不足的现象。这就成为一个矛盾。为了解决这个矛盾,就要在充分利用先进的农业科学技术的基础上,增加劳动力的利用率。因此,不发达国家很自然地把工业化看做摆脱贫困的阳光大道,它们以为,不发达国家与发达国家的区别就在于工业化,而且工业化也可以避开强大的利益集团。但是,缪尔达尔提醒道,即使工业化进程实际上达到了很高的速度,短期内也不能指望它会大量提高劳动力的需求,甚至还会减少这一需求。这种"回波作用"是现代工业与现存的劳动密集型的传统手工和手工业竞争造成的。因此,实现工业化需要一个"更大的计划"、一个全方位的长期的通盘考虑。

大多数不发达国家面临的最大问题就是不平等的社会和经济分层化。因此,"为了创造出一个新的环境,在其中劳动者能够得到机会,感觉到激励,发

---

[1] 〔瑞典〕冈纳·缪尔达尔:《世界贫困的挑战——世界反贫困大纲》,第66页。

《世界贫困的挑战——世界反贫困大纲》导读
The Challenge of World Poverty: A World Anti-Poverty Program in Outline

挥自己更大的力量,必须着手解决包括租借权在内的'土地改革'"①。广泛存在的佃农制度(sharecropping system),既不利于技术变革,也不利于劳动和资金的投入,还不利于农产品数量和质量的提高。"佃农制在南亚是错综复杂的限制和障碍的起因,这些限制和障碍有效地阻止了任何改进技术、提高劳动力利用效率和产量的尝试:这样一个制度对农村大众在发展中的积极参与构成了一道几乎无法跨越的障碍,而不仅仅是对社会公正的侮辱。"②而且自二战后,有关不发达国家土地和租借权的改革都没有结果,因此,对佃农制度的改革势在必行。

缪尔达尔认为,作为一种土地租借权制度的佃农制应当废除,离开所拥有土地所在地点的"地主"和实际上不进行任何耕作的"耕种者"的普遍存在应当终止,要进行经过深思熟虑的、有利于资本主义农业生产的农业选择,允许和鼓励自耕地主和有特权的承租人中进步的创业者得到他们的努力所产生的所有成果。当然,对土地改革,各个国家应该因地制宜,同一国家的不同区域也应当区别对待。"任何类型的土地改革都应达到一个要求,就是它应当在人和土地之间创造一种关系,这种关系不会阻碍他工作和投资的积极性;如果人和土地之间的这种关系没有建立,那么提高农业技术和提高产量的努力决不会有很大的成果。"③

在制定不发达国家的农业发展政策时,常常会出现一些偏差,对此,我们需要努力避免和克服。首先,农业劳动力的严重利用不足被忽视;其次,当不发达国家讨论提高农业生产率时,对土地和租借权改革给予的注意力也不够。目前的讨论都在强调为增加粮食供给而保持高价的重要性,然而,缪尔达尔认为,与其注重有意识的价格政策,还不如直接解决粮食短缺本身,较高的价格反而会引起市场供给的下降,从而使得粮食市场更具有投机性。因此,进行一场全方位的彻底的"土地革命"十分必要和紧迫。

总之,缪尔达尔建议:(1)要因地制宜地在不发达国家进行土地改革,其目的是在人和土地之间创造出一种新型关系,调动两个方面的积极性;(2)加强配套制度的改革,例如原料、器械、技术等,为大众更好地服务;(3)土地改革对其他方面的改革具有重要意义。"所有这些有利于更大平等和生产更迅速增

---

① 〔瑞典〕冈纳·缪尔达尔:《世界贫困的挑战——世界反贫困大纲》,第89页。
② 同上书,第90页。
③ 同上书,第101页。

长的重大变革必须由不发达国家自己来进行;发达国家的责任是,不去加强不发达国家里的那些一直在拖延、干扰或阻止这些改革的强大既得利益的力量。"①

第5章 人口

缪尔达尔首先指出,我们在人口发展认识上的障碍在于原始观察的缺乏和不可靠,以及以这些观察为基础的计算。几乎所有不发达国家的人口年增长率都高于研究者的种种预期。由于医疗技术的进步,近年来死亡率一直在下降,但是这一下降与过去或现在的收入、生活水平或其他生活条件的提高都没有关系。为了使死亡率与出生率之间再次达到平衡,必须尽快采取措施,尽可能地推广节育政策。在不发达国家中,生育率下降之立竿见影的效果是提高国民平均收入和生活水平,还有助于提高劳动力的利用率和生产率。

为了有效地推广节育政策,不发达国家的政府有许多事情要做:首先,必须充分认识到降低生育率的重要性;推行这一政策一定会遇到很多困难,如民众的理解程度,政府和民众之间的信息不对称等,必须克服这些困难,作出坚定的决策,通过制定推广节育的公共政策来采取行动。其次,政府必须为政策的推广建立相应的行政机构;不发达国家的各级政府距离较远,必须要把它们衔接起来。"所有这些事情必须由不发达国家自己的政府去完成,实际上,发达国家通过援助和技术帮助能做的极少。"②在这方面,发达国家真正巨大的贡献在于已在进行并且继续进行的新的节育技术的研究。

第6章 教育

本章围绕不发达国家的教育问题,首先,提出应该关注扫盲和就学注册;其次,分析殖民时代给不发达国家留下的教育"遗产";再次,从初等教育、中等教育和高等教育三个层次揭示不发达国家的学校体制面临的困境;最后,提出改革方案。

研究不发达国家的教育问题,也面临着与研究其他领域问题同样的甚至更严重的困难,即教育统计资料比其他领域的统计资料还要糟糕。扫盲和就学注

---

① 〔瑞典〕冈纳·缪尔达尔:《世界贫困的挑战——世界反贫困大纲》,第121页。
② 同上书,第140页。

《世界贫困的挑战——世界反贫困大纲》导读
The Challenge of World Poverty: A World Anti-Poverty Program in Outline

册这两个主要因素在不发达国家的统计上都有过于乐观的偏差,扫盲数据通常过高估计了扫盲的实际普及程度,就学注册的数据则普遍地夸大了学校的工作成绩。因此,"合理规划不发达国家教育体制迫切需要的根本改革的主要先决条件,是集中于关键问题上的有极大提高的统计资料"①,而非现在的研究中普遍采用的人力投资模型,如简单的资本/产出公式。

殖民时代结束时留下的是几乎没有受过任何正规教育的大众,当新的国家摆脱殖民统治而出现时,它们最严重的障碍就是其广大民众的愚昧。这并不是因为殖民国家在殖民地不进行教育,而是因为他们进行的教育是为殖民统治者服务的,其目的并不是教育广大人民。殖民政府的教育帮助保持了被隔开的上等阶层和大众之间的障碍,并使之更加不可逾越。例如,在殖民时代的全部学校体制中学院占主导地位,通过考试非常重要并可得到重要地位,而生活和工作的实际训练却被忽视了。殖民时代留下的另一个"遗产"则是,在公立和私立学校都要收学费。

但是,改革这种殖民教育"遗产"的呼声从未停止,即要求扩大大众教育,消除文盲。缪尔达尔以缅甸、泰国和印度等国为例,论证了要想提高各种职业的技能和政府在各地方的工作效率,就必须进行扫盲,而且是全民参加的一体化的国家范围的扫盲。当然,扫盲并不意味着可以减少成人教育,仅仅只是加大初级教育。成人教育不仅应当在不发达国家比在几乎全部识字的发达国家更为重要,而且提出的是相当不同的问题;重点在扫盲的成人教育应当有助于使孩子们的学校教育更有成效。②在这个过程中不能照搬西方的经验。

扫盲的目标被理解为一个积极吸收孩子进小学、迅速扩大初等教育的计划。但这个计划面临着种种困难,学龄儿童在总人口中所占比例要比发达国家高得多,在许多不发达地区,教育的基础设施严重缺乏,相当多的家庭对女孩存在歧视性偏见。一方面初等教育未普及、不发达,另一方面中等教育和高等教育的增长却很快,这是一个普遍存在的供需矛盾。许多国家的实地考察证明,教育发展的不同程度与经济发展水平的关系相当密切。在南亚不发达国家中,校舍、书本、纸张和其他教辅用品的获得都是有限的,这种情况在穷国严重得多,在所有国家的农村地区最为严重,而该地区的绝大部分孩子正是在农村长

---

① 〔瑞典〕冈纳·缪尔达尔:《世界贫困的挑战——世界反贫困大纲》,第148页。
② 同上书,第158页。

大的。那些没有读完小学以及许多读完小学的孩子们,并没有获得多少有用的知识,因而不去上学、留级或辍学,这些都造成了教育资源的巨大浪费;大量教师属于"未经培训"的一类,小学教师的薪水极低且社会地位低下;南亚国家复杂的语言也给教学带来了很大困难。

南亚地区大多数的中等教育达不到要求,在穷国尤其如此;绝大多数中等学校仍然保持着普通的和以传统书本为特征的教育,而缺乏职业和技术教育,这种特征的教育是按照殖民时代上等阶层教育的模式建立起来的;该地区还缺乏胜任的教师,因为政府和企业也需要他们。在高等教育培养中,注重的都是"通才",缺少"专才"教育。

缪尔达尔特别提及不发达国家教育发展当中面临的一个特有的困难。在这些国家和地区,上等阶层的权力机制发挥着很大的作用,其结果是造成了强烈偏向上等阶层并巩固它对教育的偏见和垄断。例如,在教育的早期阶段,一个严格的筛选过程就已经开始起作用了,从而基本上把社会地位较低的人群排除在外,这种现象在越贫穷的国家就越发严重。

缪尔达尔的结论是:需要对不发达国家整个教育体制进行彻底的改革。最为迫切的任务是把教育计划本身作为一个完整的整体,保持并提高教育质量,停止中等或高等学校学生的过快增长;政府加大资金投入,改善教育基础设施的条件,减少辍学者和留级者;提高受培训教师的数量和质量等等。如上所述,统治权由少数人掌控和社会、经济和政治的分层化,是教育出现问题的根源所在。要消除这些根源、解决教育问题,必须由不发达国家自己去奋斗、设计和行动。"外国援助在教育领域的重要性非常有限,具有压倒一切重要性的是,不发达国家在教育改革中自己决定做些什么,以及成功地做到了什么,他们需要从根本上改变其教育体制结构、方向和内容。"[①]

第7章 "软政权"

本章主要围绕不发达国家的"软政权"问题展开论述。首先,界定了"软政权"的含义和特征;接着,剖析了不发达国家"软政权"的最重要方面——腐败问题;最后,提出了治理腐败、促进发展的建议。

尽管程度不同,所有不发达国家基本上都属于"软政权"。"软政权"包括

---

① 〔瑞典〕冈纳·缪尔达尔:《世界贫困的挑战——世界反贫困大纲》,第183页。

《世界贫困的挑战——世界反贫困大纲》导读
The Challenge of World Poverty: A World Anti-Poverty Program in Outline

缺乏各种各样的社会纪律,它表现为:缺乏立法和具体法律的遵守与实施,各级公务人员普遍不遵从他们应当服从的规章和指令,并且常常和那些他们本应管束其行为的有权势的人们与集团串通一气,腐败即属于"软政权"的范畴。在一个"软政权"的国家里,掌握着政治、经济和社会大权的人们可以随意地为自己谋取私利。

缪尔达尔比较了南亚不发达国家和西欧发达国家,认为发达国家的政权形成经历了一个演化过程,而南亚国家则没有经历这个过程,因此缺乏通过强制手段来推行的法律。没有法治,就不会有真正的社会纪律。这些国家的政治和社会条件阻碍了让人们承担更大义务的法律的制定工作;即使制定了法律,它们也不被遵守,不易实施。这就是缪尔达尔所说的"软政权"的根本含义。"从根本上讲,软政权的主要原因是权力集中在上等阶层手中,他们能够提供平等的法律和政策措施,但是居于至高无上的地位又阻挠其实施。"①因此就会出现,当采取专门措施改善低层阶级状况时,不是未被推行和实施,就是歪曲政策使不那么贫困的人受益,而真正的贫苦大众却被排斥在外。整个政治、法律和行政体系的负担沉重地压在了大众的身上。此外,政府也在试图以过多的行政手段(鼓励、操纵、限制等)控制企业,这其实是在用巨大的官僚系统治理公共企业。已建立的企业特别是大型企业占据着受惠者的有利地位,行使行政随意性控制的官员和政治家也在这种控制和维护中进一步扩大了既得利益的范围。

在"软政权"的国度里,腐败到处泛滥。我们需要确定一个国家腐败总的性质和程度,以及其对经济生活的各个层面、各个部门的侵蚀和任何可以看到的趋势。腐败和"软政权"之间存在着一种具有积累效应的因果循环。一方面,"软政权"为腐败提供了土壤和环境;另一方面,腐败的盛行又是不发达国家保持"软政权"的巨大力量。腐败行为对于发展是极为有害的,腐败以一种偏离计划的方式影响发展的实际进程,并在所有的计划工作和计划执行中引进了一个非理性的因素;更重要的是,腐败具有危及政权的政治上的恶果。

为使政权"硬化",不发达国家必须在广泛的领域进行斗争。首先是让法律发挥更大的作用,要完善相关法律法规,并且要坚决执行法律的规定。其次,所有不发达国家都要改善其行政管理;减少政府管制,利用价格政策、消费税和关税等带有普遍性的政策措施来调节市场;惩治一批上层腐败的官员,如部长;

---

① [瑞典]冈纳·缪尔达尔:《世界贫困的挑战——世界反贫困大纲》,第195页。

要培养更多的既能胜任又清廉的公务员,缩减庞大的官员队伍,提高工资待遇。这的确有难度,"今天的不发达国家不得不在一个几乎所发生的一切都趋于助长腐败的历史时期同盛行的腐败作斗争,而不发达国家除了与差距抗争,尽最大努力扭转趋势以减少腐败以外别无选择。"①

加强社会纪律、克服"软政权",不发达国家必须依靠自己。作为发达国家,应该给予自己国家的公民在国外的腐败行为与在国内同样的制裁来帮助不发达国家。而西方商业公司放弃用贿赂的办法来打进不发达国家的经济生活,对于那些国家克服"软政权"弊病将是一个极为实质性的帮助。

第8章　是挑战而不是借口

本章是对第二部分的总结。不发达国家在平等、农业、人口、教育以及"软政权"等五个方面面临的问题,并不是我们退缩的借口,而是应该勇敢接受的挑战。这些问题已经成为发展的严重障碍,必须进行彻底的改革,且这些改革必须靠不发达国家自己来进行。虽然改革遇到很大的阻力,特别是来自统治阶级的阻挠,但改革必须坚决进行下去,因为改革是国家巩固和持续发展的条件,而且一旦开始,改革和发展就是一个互为因果循环的累进过程。

首先要做的是直面问题,而不是隐藏和逃避;还要因地制宜地进行改革,而不能照搬西方发达国家的经验。作为发达国家,要努力为不发达国家的改革和发展提供援助,例如,世界银行就应该成为不发达国家的主要资金提供者,它可以提供短期贷款,在各个领域与不发达国家进行合作。西方发达国家应该与不发达国家中的进步力量密切合作。

缪尔达尔还批评了在经济发展的定义和衡量方式上的严重缺陷。发展通常被简单地归结为经济增长,也就是国民生产或收入的累积增长;这样的定义其实把许多其他方面的内容忽视了。社会系统是复杂的,由大量因果联系组成。所谓发展,应该是指整个社会系统的向上运动。至于经济发展的衡量方式,现在的讨论常常是建立在没有根据的国民产值和收入增长数据的基础上,这些数据是否准确是令人怀疑的。由此,缪尔达尔得出三个结论:第一,对于不同的不发达国家,过去、现在和未来将以什么样的速度发展,经济学家们的研究建立在不加鉴别的生产或收入增长的统计资料之上,这是不对的;第二,对提高

---

① 〔瑞典〕冈纳·缪尔达尔:《世界贫困的挑战——世界反贫困大纲》,第216页。

不发达国家的统计质量注意得太少；第三，我们对经济学家们不严谨地和随意地使用这些糟糕透顶的统计资料得出的分析结果高度怀疑。

第三部分　发达国家的责任

第二部分讨论了不发达国家自身面临的五大问题，第三部分则转向研究发达国家在帮助不发达国家时存在的问题和应尽的责任。这一部分包括三章内容。

第9章　贸易和资本流动

本章主要围绕发达国家与不发达国家之间的贸易和资本流动中出现的问题和改变的方法，从以下六个方面展开论述：

1. 殖民地时期与当代

发达国家在与不发达国家交往的过程中，应当更加注重后者的福利和经济发展，甚至应当主动帮助不发达国家发展，这个想法乃是二战后才有的一个全新的理念。在此之前，殖民体系一直是西方发达国家的保护伞，作为殖民统治者的发达国家，不希望也不愿意看到他们的殖民地发展起来；同时，也没有任何的政治基础让西方发达国家感到有共同的责任。而现在，这种责任已被人们广泛接受。

2. 一种偏见的理论方法

国际贸易理论认为，贸易的目的在于生产要素价格和收入，首先是劳动力工资的均等化。而事实上，这是一种迎合发达国家的说法，国际贸易和资本流动总的来说将趋于产生不平等，并且已经存在着大量的不平等，因为没有约束的市场力量将不会达到某种收入均衡的趋势。不发达国家一直并仍然在很大程度上受市场力量的支配，由于它们落后，这些力量不利于它们的发展。市场力量非但不利于平等而且会加剧不平等，殖民主义意味着市场力量的增强。因此，需要加上两个限定条件：第一，不发达国家独立以后为了它们自身发展的利益，有机会对市场力量进行干预；第二，它们不得不去请求发达国家的财政援助。

3. 贸易

二战后，大多数不发达国家的贸易地位都在恶化，这主要是因为不发达国家经济从殖民时期所继承的结构,特别是出口商品的结构所致。不发达国家的出口大多为初级产品,如食物、饮料、纺织品及原材料,总的来说具有较低的收入弹性;发达国家在实现工业化之后,已经可以不依靠不发达国家而自己生产出替代品,因而双方贸易的"剪刀差"越来越大。虽然不发达国家制成品的出口增长比初级产品快,但由于产生这个增长的基础很狭窄,大多数不发达国家也没有经历过这种类型的增长,因此效果不明显。再加上外汇的困难,更为不发达国家的进口雪上加霜。在出口黯淡的同时,由于人口增长和发展的需要,进口却又变得十分迫切,使得不发达国家面临巨大的压力。

4. 资本流动

在不发达国家,上述状况都源于进口需要和实际出口收益之间不断扩大的差距,以及实际进口和实际出口之间的差距。这种贸易差额在外汇平衡中只能由各种流入来填补。发达国家的财政援助是一种流入,但实际上这类援助一直在下降,而且采取贷款的方式又会带来利息和分期付款。一方面资本流入在减少,另一方面资本流出却在增加。流出包括了不发达国家公民送出的资本,这是带有"资本外逃"性质的违法行为;更重要的是,"目前贸易和资本流动的发展带来了不发达国家不断增加的债务负担这个问题。"①

5. 贸易政策

迅速增加的债务负担和"债务爆炸"这一问题是市场力量作用的结果,市场力量的作用又得到了总是不利于不发达国家的各种垄断要素的加强。发达国家的商业政策以一系列的方式排斥不发达国家,最常见的是贸易保护主义和农业保护政策,发达国家的商业政策几乎一贯被用来反对不发达国家摆脱贫困的努力。缪尔达尔希望国际社会干预市场力量的作用,使得不发达国家的出口走上不那么有害的道路。然而,这里存在着一个障碍,即发达国家总想以削减不发达国家的出口可能性为代价来寻求和达到国内的平等化,而且发达国家的民众也显得不那么愿意帮助别人,自私而目光短浅。对外汇平衡的担忧是发达国家不准备减少关税和其他进口限制的理由,这其实是他们自身内外部政策造成的后果。"这个事实只不过证明了他们在国家政策目标上把帮助不发达国家发展的兴趣是多么不放在心上,这在根本上是一个道德问题。"②

---

① 〔瑞典〕冈纳·缪尔达尔:《世界贫困的挑战——世界反贫困大纲》,第252页。
② 同上书,第260页。

《世界贫困的挑战——世界反贫困大纲》导读
The Challenge of World Poverty: A World Anti-Poverty Program in Outline

6. 联合国贸易和发展会议的失败

1968年春天在新德里召开的联合国贸易和发展会议第二次大会,几乎完全是一个失败。发达国家没有承诺去做任何事情,不发达国家自身利益的不一致也影响了它们的团结。帮助不发达国家发展,其实有许多事情可做,如推进地区一体化,发达国家提供补充贷款和补偿贷款,在国际货币基金组织内部设立特别提款权,在不发达国家和发达国家之间制定一个"公平的价格",发达国家向不发达国家开放出口市场等等,然而所有这些问题都没有得到解决。而且更重要的是,以美国为首的大多数发达国家现在正一心想把联合国贸易和发展会议抛到一边。

第10章 援助统计的机会主义把戏:"资金流量"

本章主要揭露发展援助委员会援助统计的机会主义把戏。

缪尔达尔指出,"西方发达国家在讨论他们与不发达国家的关系时存在某种虚假甚至是伪善的态度。"[①]不断有国际社会组织出面宣布,富裕的发达国家保证采取慷慨的态度帮助不发达国家发展;但事实上,迄今为止,在对不发达国家承担援助义务方面没有哪个西方发达国家曾作出任何真正的牺牲,它们不准备放弃任何利益,已有的援助质量也在下降。

而且,对于援助统计资料的某种歪曲,使得援助显得比实际上的要大。经济合作与发展组织(OECD)有一个发展援助委员会(DAC),由DAC秘书处制作的发展援助支出统计资料是权威数据的来源,这个统计资料却隐藏着种种不为人知的秘密。DAC记录了所有的各种"流量",而不管其是否属于援助性质。DAC简单地把"私人流量"加到"官方流量"上,其代价是那些已背上过去贷款的沉重债务负担的不发达国家:它们被定义为"净价值",但所说明的回流量只是未偿贷款和调回资本的分期偿付;利息付款、许可证支付,尤其是从不发达国家抽转出的利润没有包括在回流量中,而利润再投资却被算作流入;被不发达国家公民送出的资本(经常是外逃的资本)也未被算入等等。因此,被作为权威数据到处引用的DAC资料暴露出这样的问题:从发达国家到不发达国家的私人资金总流量到底达到什么数额?许多不发达国家最后存在的究竟是净流入量还是净流出量?所有这些,人们都不得而知。此外,差额贸易、债务激增和

---

① 〔瑞典〕冈纳·缪尔达尔:《世界贫困的挑战——世界反贫困大纲》,第269页。

债务负担这些严重问题,都被转移到了如何促进对不发达国家的私人直接投资上,这种私人直接投资的结果使得那些不发达国家将会失去独立或者已经失去独立。

为了解决这个问题,缪尔达尔引用罗丹(Rodan)教授提出的一种方式,即转让技术、管理,可能还有一些资本。即使这样,一旦工业起步,发达国家也应主动离开。当然在这个问题上,不发达国家也存在责任。大多数不发达国家都是一个极不平等的社会结构,被上层寡头垄断,而这些寡头通常与国外投资相勾结。因此,全球范围的投资对发达国家也并不一定是好事;在清除高层腐败和结束寡头权力垄断方面,全世界国家都有着共同的利益。

第11章 援助

本章主要提出发达国家对不发达国家实施援助的政策性建议。

发达国家对不发达国家的援助是有先例的,如二战后美国对西欧的援助,即"欧洲复兴计划"(又称"马歇尔计划")。美国对西欧的援助是慷慨的,只不过这是"富人之间的财富分享",与现在的不发达国家无关。当时援助的方式主要是财政援助,其中2/3以上是赠送,这就使得西欧国家一旦复兴就能聚集大量财富。遗憾的是,"美国对潜在的富裕和发达国家过度慷慨的滥施,现在却变成了对贫穷不发达国家吝啬的手段。"①

"马歇尔计划"深刻地影响了美国对不发达国家的援助。持续至20世纪50年代中期的"马歇尔计划"挤占了美国援助不发达国家的资源;在冷战加剧的情况下,美国的对外援助计划其实成了满足其政治、经济和军事需要的政策设计。这样的外援计划造成了一系列后果:美国在落实对不发达国家的援助方面很不情愿;美国将对不发达国家的援助计划当作其出口政策的一部分,把援助和出口联系在一起的做法,意味着减少受援国以最优价格购买最合适商品的自由。因此,"我们所需要的是对不发达国家援助的新哲学;我们需要重新考虑援助的动机、方向和条件;我们必须事实上把它看做国际问题,而不是从'美国的最大利益'这个过于狭隘的观点来看待。"②

和美国大同小异,法国、英国、日本和德国也都把国家政策、商业关系及投

---

① 〔瑞典〕冈纳·缪尔达尔:《世界贫困的挑战——世界反贫困大纲》,第292页。
② 同上书,第304页。

《世界贫困的挑战——世界反贫困大纲》导读
The Challenge of World Poverty: A World Anti-Poverty Program in Outline

资的必要性作为对外援助考虑的重要因素,于是,几乎所有援助的数字都打了折扣。只有一个国家例外,这就是瑞典,其对外援助并没有考虑本国的最大利益,而且援助资金在逐年递增。瑞典援助不发达国家的唯一理由,就是他们感到与那些忍受饥饿、贫困交加、目不识丁和摆脱贫困遇到困难的人们休戚与共。

缪尔达尔坚持认为,发达国家迫切要做的就是应当大量增加援助拨款,而且要长期延续下去,争取让预算中的援助拨款部分接近发达国家在其重要目标(例如国防、教育和社保等)上的花费。能否实现这一点,主要取决于发达国家对不发达国家援助的重视程度,外汇困难等原因只是伪善的托词。"把对不发达国家的援助看成是发达国家共同的责任,援助负担应按一种国际税收制度途径的公认的公平方式分担;为了推动这些进展,需要从我们的概念和我们的实践中消除一系列机会主义偏见的和错误的思想与被歪曲了的方法。"①发达国家不应该把对不发达国家的援助和自己的政治、经济、军事等战略利益联系在一起,也不应该在单边援助的时候提出某种形式的对援助的约束条件。他还强调,只有求助于人们的道德感情,才可能对大量增加对不发达国家的援助创造出群众基础。援助的道德理由也应该与"国家的最大利益"截然分开。

缪尔达尔最后讨论了美国的外援,认为美国不应仅仅帮助那些自身希望发展的国家,还有更多极端贫穷的国家,这才是对外援助的重点和优先。在援助的形式上,多边援助要比单边援助更为成功,它能限制狭隘的国家利益在援助决策中的作用,还能改善援助的气氛。美国应当成为援助不发达国家最主要的承担者,必须花大力气加强国际友爱与团结,而不是过分地考虑"美国的最大利益"。

第四部分 发展的政治学

这一部分包括四章内容。

第 12 章 一个另有用意的错误概念

缪尔达尔透过现象看本质,辨析了一个容易蒙蔽公众的错误观点——穷人喜欢革命、造反,所以要援助穷国。

---

① [瑞典]冈纳·缪尔达尔:《世界贫困的挑战——世界反贫困大纲》,第 315 页。

对不发达国家的援助在20世纪50年代开始增加,但这并非发达国家自愿的、真诚的、慷慨的帮助,而是在冷战加剧时期各发达国家出于自身国家战略的考虑。对可以赖以坚定地反对共产主义的政府,发达国家不仅给予军事援助和"支持性援助",而且给予发展的援助。换句话说,发达国家的援助是有约束条件的。这些年来对援助不发达国家动机的研究显得不那么多了,这是因为冷战在降温,西方国家援助不发达国家对它们自身的意义也在下降。

缪尔达尔提出,不要总认为穷人喜欢造反。历史的记载和现实的考察都显示,真正贫穷的民族很少起来造反,容易造反的反倒是一些富人。不发达国家发生的一些所谓"革命",其实都是上等阶层的一个集团推翻当权的另一个集团,"革命"的趋势使得政权更加集权。

第13章 一项有决定意义的发展

本章主要讨论不发达国家社会中决定社会和经济分层与不同阶级间机会分配的条件,即人口发展和农业技术进步。

缪尔达尔指出:"在当今的不发达世界里,可能最具决定意义的发展之一,与国家社会中决定社会和经济分层与不同阶级间机会分配的条件有关。"[1]首先在人口方面,不发达国家应尽快有计划地推广节育政策,通过改变了的人口年龄结构来提高生活水平,并产生提高劳动效率的许多直接和间接的深层效果。这在最穷的国家和较穷的阶级中很难推广,由低生育率达到人口增长的显著降低也会有一个过程,但这必须去做。

其次在农业方面,不发达国家的农业是劳动粗放型而非劳动密集型。农业政策必须提高劳动投入和效率,并提高劳动生产率,而农业技术的进步正好适合这个要求。不过,现在不发达国家的实际情况是,农业中的经济和社会不平等在加速扩大。土地改革并未创造出一种和谐的人地关系,农村中大量的剩余劳动力向城市的贫民窟涌去,却又不能真正融入城市社会,只不过是在一个不平等的社会中的位移而已。再加上其他领域也在维持社会的不平等,教育常常被当作保持上等阶层对权利的垄断又不必弄脏自己手的捷径;腐败到处泛滥横行;发达国家与不发达国家的统治阶级进行商业勾结;现代化的部门大多为中产阶级所专有,与大众没有关系;在经济和社会生活中普遍存在着剥削现象。

---

[1] 〔瑞典〕冈纳·缪尔达尔:《世界贫困的挑战——世界反贫困大纲》,第340页。

《世界贫困的挑战——世界反贫困大纲》导读
The Challenge of World Poverty: A World Anti-Poverty Program in Outline

越发严重的劳动力利用不足和随后的大众贫困,伴随着劳动力迅速增加和经济与技术迅速变革的综合效应,在一个非常不平等的经济、社会和政治体制中生成并发展。因此,应当在公道、平等和生产率的取向上推进改革,发展应当被定义为相互依赖的条件下整个体制的向上运动。

第14章 南亚的政治动态

本章主要探讨南亚的政治改革问题。

缪尔达尔通过实地考察发现,南亚各国政治发展上的差异比其他方面更大,"我几乎不使用为发达国家的政治发展而建的高度简单化的普遍性模型,不可能预言任何一个不发达国家从现在起的五年后将采取的政权类型,在政治动态领域里所有对不发达国家的一概而论是完全经不起检验的"①。因此,南亚各不发达国家政治领域的改革需要因地制宜。

如前所述,既然不发达国家进行一场彻底的改革是必要的,那么改革应采取什么方式,是暴风骤雨般的还是稳步推进呢? 推进一个巨大而迅速的改革,在绝大多数时候并不比推行一系列微小而渐进的改革更为困难。进行渐进的改革,阻碍势力会集中反对每一个"下一步";而进行巨大的改革,持久抵制的机会就很小。

缪尔达尔指出,目前不发达国家进行政治改革仍然面临着诸多困难。从权利状况来看,处于统治集团的上层阶级,包括高级官员、富商等,他们不愿意改变现有的政治秩序,因此会阻碍改革;中产阶级,包括"农村精英"、放债人、商人等,他们通常是最保守的人群;加上大众普遍的民智未开,对改革冷漠、被动,改革面临困境。上层集团一方面认识到改革的必要性,另一方面又怕改革触动他们的既得利益。由于个人专权的冷酷、专横和滥用,不发达国家令人吃惊地不愿运用西方民主制度来完成社会控制。

"有关彻底改革的准备工作,对于有着建立在普选和广泛公民自由基础上的议会政体,和有着更为独裁政权的国家发生的一切,两者之间并无多少区别。权力都属于上等阶层的集团和宗派,而老百姓则趋于依然被动。"②以印度为例,自身的改革迫在眉睫,国内的党派斗争却把公众的吸引力转移到其他问题

---

① 〔瑞典〕冈纳·缪尔达尔:《世界贫困的挑战——世界反贫困大纲》,第352页。
② 同上书,第374页。

上。在改革中民众要对上层有自下而上的压力，而且还要有智慧的斗争，否则民众的政治活动不仅缺乏合理的目标，而且会使民众脱离其共同利益的轨道。因此，需要有目的地、长时间地、持续地、有效地对民众进行培训和教育。

第15章　经济科学的责任

本章主要反思作为一门经济科学，作为一名经济学家，在实际研究问题时应作出什么样的调整和承担什么样的责任。

政策选择包括两个方面：一个是从价值观前提和对通过运用这些前提获得的事实中推断出结果，另一个是实际将作出何种选择。这两个方面是相互联系的，而经济学家则扮演了理性推演和实际政策选择之间的主要纽带。一方面，经济学家们受到了所有国家中政治力量的影响，不可避免地有所偏见；另一方面，经济学家们也正在影响着现实的政策选择。

缪尔达尔认为，今天的经济学家在进行研究时并不比他们的前辈缺乏诚实，但是在研究的逻辑上却是幼稚的。他们相信客观的价值观，并以此为基础建立他们的理论。如果未清除上述偏见，他们在研究权力集团的利益时就会出现机会主义。因此，研究者需要对自己的工作少些天真无知，注意避免受到非理性的制约。所有诚实的研究都应有自我修复的机能，要从严密的逻辑、严格的科学观察与周密的分析等要求方面进行，而不能把分析仅限于经济因素而忽略其他因素。

缪尔达尔还特别提及统计数据的问题。统计数据的错误常带有机会主义的偏见，还受到利益集团的影响和控制。统计数据出现问题的原因有二：第一，观察和收集资料是根据不符合不发达国家实际的方式进行的，结果没有意义；第二，确定问题和进行实际观察时表现出严重的草率。之所以如此强调统计数据的重要性，是因为经济学家们要凭借统计数据分析问题，建立模型，提出解决方案。在不发达国家，真正需要的是受过良好训练，对于不发达国家状况有真实的了解，并具有批判能力来提出解决社会现实问题的方案的人。发达国家应该帮助不发达国家培养这些人才和专业骨干。

附录　拉丁美洲的火药桶

这是对全书的一个补充，主要讨论拉丁美洲不发达国家发展的情况。

《世界贫困的挑战——世界反贫困大纲》导读
The Challenge of World Poverty: A World Anti-Poverty Program in Outline

缪尔达尔认为,尽管本书主要研究的是南亚不发达国家,而且各国之间的差异明显,但是世界其他不发达地区也有与之相似的经济和社会条件,面临相似的政策问题。例如,大多数不发达国家都存在严重的经济和社会不平等;"软政权"特征明显,腐败盛行;土地改革遭到失败;人口和教育问题危机重重等等。拉美国家的特点还有:思想激进、冲突激烈、行动极端;与美国距离很近;种族问题突出;经济大多被美国控制等等。拉美国家普遍有一个复杂而分裂的中产阶级,他们关心自己得到的东西,而外国集团能够满足他们的需要,因此二者共同阻碍着改革的进行。

拉美国家近些年来频繁的暴动和政变,不应被错误地理解为民众已经或正在被更加普遍地发动起来。其实,"当他们真的投票时,他们投票拥护的是独断控制和腐败的政党,是没有把他们的利益放在心上的政党。"[1]民众尚未觉醒,民众大多很被动,不愿起来为自己的利益而奋斗。目前,美国以各种形式对拉美国家进行渗透和控制,在拉美较大的国家,美国还保持着常设的军事使团以维护自己的利益;在所有的拉美国家,美国的秘密情报活动非常活跃;在美国,从国务院、军事机构到各个大学和科研院所,研究拉美问题的资金逐年增加。因此,如何利用好美国在这一地区的介入作用,这是拉美各国面临的重要课题。

(李静撰写,童星改定)

---

[1] 〔瑞典〕冈纳·缪尔达尔:《世界贫困的挑战——世界反贫困大纲》,第392页。

《正义论》
导读
A Theory of Justice

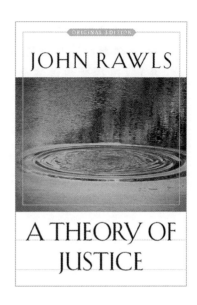

A Theory of Justice（1971）

John Rawls

约翰·罗尔斯（John Rawls,1921—2002），美国政治哲学家、伦理学家。1921年生于美国马里兰州的巴尔的摩，1943年毕业于普林斯顿大学，1950年在该校获博士学位,相继在普林斯顿大学（1950—1952年）、康奈尔大学（1953—1959年）、麻省理工学院（1960—1962年）和哈佛大学（1962—1991年）任教。

罗尔斯著作不多，但在西方学术界影响甚大。1951年发表的《用于伦理学的一种决定程序的纲要》是他的初试之作。此后，他专注于社会正义问题研究，并潜心构筑一种理想性质的正义理论，陆续发表了《作为公平的正义》（1958年）、《宪法的自由和正义的观念》（1963年）、《正义感》（1963年）、《非暴力反抗的辩护》（1966年）、《分配的正义》（1967年）、《分配的正义：一些补充》（1968年）等论文。此外，他还着手撰写《正义论》一书，前后三易其稿，最后又专门用了一段时间，在斯坦福的高级研究中心完成了此书，于1971年正式出版发行，在学术界产生巨大反响,迄今为止全球共有约五千余部论著专门对其研究、讨论。除此以外,罗尔斯的著作还包括《政治自由主义》(1993年)、《万民法》(1998年)、《道德哲学讲演录》(2000年)、《作为公平的正义——正义新论》(2001年)等。

《正义论》导读
A Theory of Justice

政治哲学在西方隐退了将近半个世纪,终于因 1971 年罗尔斯《正义论》的出版,打破了西方"政治哲学已死"的局面,将它重新由象牙塔带进了社会,并将长期受到忽略的道德问题重新恢复到严肃的哲学研究的对象的地位。① 约翰·罗尔斯由此被公认为是 20 世纪最重要的政治哲学家和自由主义的有力倡导者,他终其一生都在思考人类社会的正义理论。其代表作《正义论》被译成 27 种文字,在伦理学、法学、政治学和经济学诸领域发生着持续的影响,引发了一场学术大辩论。著名思想家,罗尔斯的哈佛同事诺齐克评价《正义论》"是自约翰·斯图亚特·密尔的著作以来所仅见的一部有力的、深刻的、精巧的、论述宽广和系统的政治和道德哲学著作。它把许多富于启发性的观念结合为一个精致迷人的整体。政治哲学家们现在必须要么在罗尔斯的理论框架内工作,要么解释不这样做的理由"②。《正义论》当之无愧是 20 世纪最重要的政治哲学著作。

罗尔斯对自己著作的出版一直十分谨慎和缓慢,要广泛听取意见、反复修改后才肯付梓。一般情况下,他会先就其主要观点发表若干文章,然后再在适当的时候整理成书。"用于伦理学的一种决定程序的纲要"(Outline of a Decision Procedure for Ethics,1951)是罗尔斯的初试之作,以后他更专注于社会正义问题,潜心构筑一种理想性质的正义理论。而后罗尔斯又发表了"两种规则的概念"(Two Concepts of Rules,1955)和"作为公平的正义"(Justice as Fairness),至此,其以"公平的正义"为标志的正义理论的粗略框架基本成型。1962 年,罗尔斯进入哈佛大学哲学系任教直到退休。从 60 年代起,罗尔斯开始在自己的课程中讲授其所撰正义论的初稿,广泛地在师生中收集意见。在到哈佛后的前十年时间里,罗尔斯进入了一个相对高产的时期,他接连发表了《宪政自由与正义观念》(Constitutional Liberty and the Concept of Justice,1963)、《正义感》(The Sense of Justice,1963)、《法律责任与公平游戏的义务》(Legal Obligation and the Duty of Fair Play,1964)、《公民不服从的辩护》(The Justification of Civil Disobedience,1966)、《分配的正义》(Distributive Justice,1967)、《分配的正

---

① See Habermas, Reconsiliation through the Public Use of Reason: Remarks on John Rawls's Political Liberalism, the Journal of Philosophy, 1995, 92, p.109.

② Nozick, Anarchy, State and Utopia, New York: Basic Books,1974, p.183.

义:一些补充》(Distributive Justice:Some Addenda,1968)等著述。这期间是罗尔斯思想工作最紧张的时期,这些先行发表的文章大致构成了以后《正义论》主要章节的雏形,同时他利用这些发表的文章来倾听反应和批评,以便对自己的理论作进一步的改进。1971年,《正义论》在罗尔斯五十岁时正式出版,一经出版,很快就在学界乃至整个社会上产生了广泛的反响,引起了热烈的讨论。《正义论》出版之后,罗尔斯继续倾听来自各方面的批评,对自己的正义理论进行修改、完善和发展,在1999年出版了《正义论》的修订版。[①]

正义论一共分为三大部分,主要的道德论证集中在第一部分"理论",第一章介绍了关于正义理论的基本的直觉概念,第二章讨论了适用于体制的两个正义原则,然后在第三章对原初状态予以说明。在第二部分"制度"中,罗尔斯致力于将两个抽象的正义原则应用到政治及经济的基本制度中,罗尔斯认为这一部分的内容是对正义理论的一个主要检验标准,以看它在多大程度上把我们对一系列广泛问题的深思熟虑的判断加以条理化和系统化。这一部分亦分三章阐述,第四章主要讨论了自由的优先性问题以及正义与宪政、民主和法治的关系,第五章讨论了有关分配正义的问题,这两章讨论的都是适用于体制的正义原则,第六章则讨论了适用于个人的自然责任和义务原则。在第三部分"目的"中,罗尔斯则试图证明"作为公平的正义"是十分稳定的正义体系,主要目标是要为解决稳定性和一致性问题铺平道路,并对社会价值和正义的善作出说明,主要涉及对道德心理学的论证、正义与善的一致性论证以及社会联合的论证。第七章详尽地介绍了关于善的理论,这个理论一直被用来说明原初状态中人的基本的善和利益。第八章讨论良序社会的人如何获得正义感,同时考察正义感的相对力量。第九章涉及公平的正义和理性的善是否一致的问题,以及人们的合理生活计划能否支持正义感。

一、理论

1. 什么是正义?

正义是人类社会普遍认同的崇高的价值,对于现代国家来说,正义与制度所体现的政治价值相关,最基本的政治价值就是自由和平等。换言之,一个现

[①] 罗尔斯的生平参见:Thomas Pogge, John Rawls: His Life and Theory of Justice, trans. Michelle Kosch, New York: Oxford University Press, 2006.

代国家只有以制度的方式实现了自由和平等,才能称其是正义的。

"社会的每一个成员都被认为具有某种不可侵犯性。这种不可侵犯性的基础就是正义,或者像有些人说的那样,是其他任何人的福利都不能凌驾其上的自然权利。正义否认某些人失去自由可以由于其他人享有更大的善而变得合理起来。把不同的人当作一个人而使其得失相抵,这种推理不能成立。因此,在一个正义的社会里,基本自由权被认为是理所当然之事,而得到正义保障的权利是不受制于政治交易或社会利益的权衡。"①

可见,在罗尔斯看来,一种制度,无论它多么有序、有效,只要不正义,就必须改造或废除。在一个正义的社会中,公民基于正义的权利是确定不移的,既不受到政治交易的支配,也不受制社会利益的权衡。即便在集体的名义之下,正义也是不可侵犯的,也就是说不可以为了更多人的更大利益而牺牲少数人的利益或剥夺少数人的自由。"正如我们默认某种有错误的理论的唯一原因是我们没有一种更好的理论一样,某种不正义行为之所以能够容忍,也仅仅是因为要避免更大的不正义。"②

罗尔斯指出,不管是在过去还是现在,都存在构成密切关系的比较复杂的社会制度,而"正义是社会制度的第一德性"——"对我们来说,正义的基本主题就是社会的基本结构,或者说得更准确些,就是主要的社会体制分配基本权利和义务以及确定社会合作所产生的利益分配的方式。"③不难理解罗尔斯的"正义"是对社会制度,即"基本结构"(basic structure)的道德评价。这主要是因为:首先,社会基本结构极为深远地影响着每个人的人生,我们一出生便无可选择地活在某种制度下,这些制度会在很大程度上影响我们的生活前景、社会地位以及追求各种成功的机会,由此产生出不平等,这种不平等是一种特别深刻的不平等,要想彻底解决这种不平等,就必须从产生这种不平等的根源,即社会基本结构开始;其次,在正义的不同意义中,基本结构的意义是最根本的,因为即使我们对正义原则已有共识,在长期复杂的社会运作当中,缺乏制度在其中执行和调整,也难以维持一个背景的正义(background justice);最后,正义乃是一种社会性的德性,我们无法抽离社会基本结构去判断某种个别行为是否正

---

① John Rawls, A Theory of Justice, Cambridge, Massachusetts: The Belknap Press of Harvard University Press, 1971, p.28.
② Ibid., p.3.
③ Ibid., p.7.

义,只有在社会中,分配正义的问题才可能发生。"基本结构"为人类生活所必需的目标提供了一个自给自足的合作框架,它包含主要的社会制度——宪法、经济体制、法律秩序、关于财产的法律规定、家庭组织方式,以及这些制度是如何凝聚成一个统一的社会合作体系的。罗尔斯认为社会基本结构能满足"纯粹的程序正义"(pure procedural justice),即希望其正义原则规范的社会基本结构能保证一个公平的程序,使得社会分配的结果最后总是公正的。这要求一方面正义原则本身必须公平公正,另一方面基本结构必须能充分实现该原则的要求。

2. 对功利主义的批判

罗尔斯虽不赞成但却想琢磨透彻并能以最合理的形式加以阐述的一个重要的道德立场就是功利主义(utilitarianism)。功利主义的核心思想认为效用(幸福)是一切道德价值的源泉,因此道德应该关注且只应该关注的是尽可能地提高总体的幸福,以实现功利最大化。"问题是,一些人蒙受损失是否会由于另一些人更大(增大)的利益总量而变得不重要起来;或者说,强调正义是否就是要求人人都能得到平等自由权,而只有符合每个人的利益的那些经济和社会不平等才是可以允许的。在对古典功利主义和正义理论所作的比较中,有一点是毫无疑问的,那就是,在一些基本的社会观之间存在着某种差异。一方面,我们把一个井然有序的社会看作是一种促进互利的合作安排,而支配这些安排的就是人们在一种公平的原初状态中可能会选择的一些原则;另一方面,我们又把这种社会看作是对用来最大限度地满足欲望系统的社会资源的有效管理,而这些欲望是正义的旁观者根据许多个人已知的欲望系统构想出来的。"[①]罗尔斯发现其实将"功利最大化"这一思想运用到现实中时会产生很多让人难以置信的结果——很多时候,为了实现功利最大化,我们应该撒谎或违背诺言甚至不择手段——而这恰恰又与我们所认知的常识性的道德背道而驰。然而,如果我们不接受功利主义将所有价值都化为偏好或幸福,有什么东西既能和不同的人生观兼容,同时又获得全体成员接受? 为解决此问题,罗尔斯提出"社会基本物品"(social primary goods)的概念。"假定社会的基本结构分配某些基本物品——即分配预计每个有理性的人都想要的东西。这些物品不论一个人的合理生活计划是什么,一般都对他有用。为了简单起见,假定社会掌握的这些

[①] John Rawls, A Theory of Justice, Cambridge, Massachusetts: The Belknap Press of Harvard University Press, 1971, p.33.

基本物品是权利与自由（rights and liberties）、机会与权力（opportunities and powers）、收入与财富（income and wealth）以及人的尊严。除了这些社会基本物品外，其他的基本物品诸如健康和精力、理智和想象力都是自然赋予的，虽然对它们的占有也受到社会基本结构的影响，但并不在其直接控制下。接着，假设一个最初的安排，在这一安排中，所有的社会基本物品都被平等地分配，这种状况为判断改善的情况提供了一个水平基点。如果某些财富和权力的不平等使每个人都比在这一假设的开始状态中更好，那么它们就符合我们的一般观念。"①基本物品是所有理性的人在实现自己人生计划时最希望得到的东西，哪怕他们的人生计划内容截然不同。占有越多的基本物品，越有利于人们实现自己的人生计划。罗尔斯将基本物品分为两大类，一类是自然基本物品（natural primary goods），如健康、体力、智力和想象力，其分布虽然受到社会基本结构的影响，但不完全受社会基本结构控制；另一类是社会基本物品（social primary goods），包括权利与自由（rights and liberties）、机会与权力（opportunities and powers）、收入与财富（income and wealth）以及人的尊严（self-respect）等，其分布取决于社会的基本结构。按照罗尔斯的看法，所有的社会基本物品都应该平等地分配，除非某种不平等的分配对所有人都有利。

　　罗尔斯试图将功利主义的核心思想运用于社会制度，即"基本结构"而非行为，从而让功利主义更加合理。制度是构成人类互动的一套规则，它限定了不同的角色或地位，决定并要求或允许这些角色或地位的承担者如何行动。功利主义责成行为者严格遵守可以促进幸福最大化的社会规则和习惯，而不是直接按照使幸福最大化的方式行事，也就是说，一旦制定了最理想的社会规则和习惯，担任不同角色的行为者就必须严格地遵守它们——即便打破这些规则可以产生更多的幸福。例如，贫困和失业并不能通过禁止行为人做出某种有害行为而得以避免，并且由于我们普遍认为并不存在消除贫困的任何强烈的积极义务，很多人便得出结论说，我们必须学会接受贫困和失业问题。罗尔斯质疑这其中的推理和由此得出的结论，他说："自然分配，无所谓公平不公平。人降生于社会的某一特殊地位也说不上公平不公平，这些都只是自然的事实。公平或不公平，是对制度处理这些事实的方式而言的。"②因此，他试图从社会制度中

---

① John Rawls, A Theory of Justice, Cambridge, Massachusetts: The Belknap Press of Harvard University Press, 1971, p.62.
② Ibid., p.102.

追寻造成人贫困和失业等不利现象的原因。我们知道,任何既定社会都可以通过多种不同的方式来构造和调整,形成种种具有特色的经济合作方式以及资源和生产资料的控制方式,就政府机构对税法、劳动法、财产法、继承法等法律的制定而言,存在诸多不同的选择。其中的某些制度设计方案和其他方案相比,可能将会产生更多的贫困。道德关注应当集中在社会制度安排的设计和改革上,而不是其参与者的具体行为和疏忽上。在处理复杂的社会系统时,对制度的道德分析(institutional moral analysis)有很大的优势,它使一个合理的分配能够承担诸如贫困、失业等社会问题的责任,并表明这些问题如何能得到有效的解决。此外,制度性道德分析又希望让公民支持一种正义的制度安排,而无须在日常行为中担忧这些社会问题。

3. 两个正义原则

为了克服制度功利主义的缺陷,罗尔斯试图阐明一条评价社会制度的标准,它将比幸福最大化更合理,而且也不可能直接运用于对行为的评价。他的这一尝试在其两条正义原则中获得了成功。这两个原则是只关注基本结构设计的正义标准,并由此确保,一旦我们社会的法律规则制度满足了这两个标准,我们就不能通过违背它们来促进我们社会的"正义"。

罗尔斯对其两个正义原则的表述为:

第一个原则:每个人都拥有与他人的相同自由相协调的最广泛的基本自由的同等权利。

第二个原则:对社会和经济不平等的安排应这样安排:(a) 在和正义的潜在(原初)原则一致的前提下,对社会中最弱势的人(the least advantaged)最为有利;(b) 在公平的平等机会的条件下,职位与工作向所有人开放。[①]

罗尔斯认为公正的原则主要源于假想契约的同意,而真正重要的是,这份

---

① 原文如下:

First Principle: Each person is to have an equal right to the most extensive total system of equal basic liberties compatible with a similar system of liberty for all.

Second Principle: Social and economic inequalities are to be arranged so that they are both:

(a) to the greatest benefit of the least advantaged, consistent with the just savings principle, and

(b) attached to offices and positions open to all under conditions of fair equality of opportunity.

John Rawls, A Theory of Justice, Cambridge, Massachusetts: The Belknap Press of Harvard University Press, 1971, p. 302.

假设合同需要在原有的平等基础上实施,而其背后正是罗尔斯所说的"无知之幕"。问题是在"无知之幕"背后,人们会选择哪些原则?罗尔斯考虑过一些替代原则,如功利主义的"最大多数人的最大幸福"的原则。他思考过在原始状态,人们会不会选择用功利主义的原则,即追求最大多数人的最大快乐的标准来支配他们的集体生活?罗尔斯的结论是不会,理由就是在无知之幕背后,每个人都渴望尊严,希望获得尊重,即使我们是处于少数派中的一员,我们也不想受到压迫。因此,人们会同意去反对功利主义,并同意一种保证所有公民的基本平等自由的原则,罗尔斯说我们会选择:

第一,基本自由原则。即人们有言论自由、集会自由、宗教自由、信仰自由等基本权利,我们不会愿意冒险,担心我们可能会成为那些被多数派所欺压或轻视的少数派,因此,人们会拒绝功利主义,因为功利主义使人忘记或至少是忽视人与人之间是存在差异的。事实上,在原初状态下,我们会承认差别,不会用基本权利和自由来换取经济优势。为了满足这一原则,一个社会的基本结构必须能平等地保障所有公民的法律权利,这些权利被规定并且相互调整为一个在保障和范围上足够充分、自治的安排。而恰恰是在它涵盖了罗尔斯所列举的各种基本自由权,部分地以比较不重要的自由权为代价来保障比较重要的自由权时,才是在范围上足够充分的。这里,"一种自由权的意义之大小取决于其在多大程度上实质性地卷入,或者作为一种必要的制度手段来保护道德力量的恰当的、信息充分的行使"①。历史记录显示,政治人物在诉诸穷人的利益上要比为他们服务有能耐得多,并且当政治家或政府官员成功地借穷人之名赢得更大的权力时,结果往往还是穷人以失败者告终。通过对基本自由可允许的减少设置明确的、狭窄的界限,罗尔斯的标准至少坚定地维护了穷人的政治影响,他们一般是其自身利益最可靠的捍卫者。

第二,差别原则。即用"不公平"的方式来对待"不公平"。这一原则与社会和经济的不平等有关。当我们不知道我们来自怎样的家庭,是富二代还是穷二代,不知道自己是健康还是残疾时,我们会赞成什么?也许一开始,我们会说为了以防万一,我们要求收入和财富的平等分配。但是,慢慢我们意识到可以做得更好,以至即使我们很不走运地出身在了社会底层,也不用太担心,这就是

---

① John Rawls, Justice as Fairness: A restatement, edited by Erin Kelly, Cambridge, Massachusetts: The Belknap Press of Harvard University Press, 2001, p.113.

罗尔斯的"差别原则"。这个原则强调人的普遍价值,强调道德的普遍意义,强调法律的普遍有效性。它并不否认不同社会地位、经济地位、政治地位甚至地域环境会对人们的思维与行为方式产生一定的影响,但它决不允许一部分个人或团体享有比其他个人或团体更多的权利,更高的尊严。也就是说,我们无法消除也没有必要去消除先天的不平等,生活本就是不公平的——有的人生来富有,有的人生来贫穷,有的人生来健康,有的人生来残疾——这不是任何一个人能改变的,所以我们必须承认每个人都是有"差别"的,但是承认"差别"并不表示漠视它,也不意味着那些贫困、残疾、失业的人们就不该得到帮助。或许我们现在是"高帅富(或白富美)",但谁也无法保障自己永远如此。生活中充满了各种不确定性,更何况我们如今生活在一个风险社会,会遭遇的不确定性只多不少,我们不能确信自己未来会不会"遭遇不测",换句话说,社会中的每个人都有变成社会底层成员的可能性。恰恰因为这样,恰恰因为我们承认了"差别",才更应该也更有理由去关心那些处于社会底层的人的生活。用罗尔斯的话说,只有当最贫困最底层的人也可以受益时,社会与经济不平等才是被允许的。在差别原则下,人们不会拒绝所有收入和财富的不平等,而是会允许一些,但标准是这是否服务于所有人的利益,尤其是最底层人民的利益。在无知之幕后,只有这样的不平等可以被接受。因此,罗尔斯认为,只有那些有利于贫困人民的财富不平均才能称之为公平的。

这两条正义原则具有一种词典式的优先次序,即在第一原则未被完全满足的情况下,我们不能跳到第二原则,它们之间没有交易折中的可能。第一原则绝对优于第二原则,基本自由只会为了自由本身而受到限制,这包括两种情况:即要么一种不够广泛的自由必须能加强由所有人分享的整个自由体系,要么一种不够平等的自由必须可以被那些拥有较少自由的公民所接受。而整个正义原则优先于效率及福利原则,经济效率与福利最大化不得与正义原则有任何抵触,其次,公平的机会优先于差别原则。罗尔斯有两个论据,来支持他的正义原则,尤其是支持差别原则。

第一个论证是证明在无知之幕背后人们会选择什么理论。有人挑战这个论证说,也许人们会想要冒险,也许人们在无知之幕后都会成为赌徒,希望他们最后可以到达顶层。对这种疑问,罗尔斯用到最大最小规则加以证明。

罗尔斯说"原初状态"下的个人选择,本质是一种不确定条件下的决策,恰恰将最大最小值规则的特征显示到了极致,这一事实提供了支持正义两原则的极好例证。最大最小值规则(maximin rule),简单地说就是在担不起风险的条件下的最佳决策准则即"小中取大"——从最坏的情况中选出一个最不坏的。对原初状态中的人来说,选择不同的社会契约也和赌局一样,但是这里赌上的是他们的毕生命运,再喜欢冒险的人也担不起风险,所以他们会遵循"小中取大"法。

按照最大最小值规则进行选择是否合理,这取决于决策的情境,尤其取决于该情境包含下述三种特性的程度:最坏情形中最好者是可以接受的,所以其他选项都包含了不能容忍的最坏情形,它的可能性是未知的。罗尔斯承认在功利主义者偏爱的最大平均值规则下考察原初状态中提出的决策问题也许是合理的,但是在这种情形中,最大最小规则占有某种突出地位。一个社会的秩序如何影响其个体的福利,不仅取决于这一社会秩序的细节,还取决于该社会的特性,如人口数量和密度、地理位置、环境资源、经济实力、技术发展水平等。通过剥夺各方有关他们社会的这些特性的所有知识,罗尔斯确保他们不能形成有关具体结果的可信的概率估计,因此,让各方运用最大最小规则的确是合理的。①

第二个论据就是从"原初状态"来支持这个论证。他说,收入、财富和机会的分配不应该基于那些人们不信任的因素,不应该基于那些从道德层面看具有任意性的因素。

通过对比不同的公平理论,罗尔斯举例说明了这点。他从现在大多数人都会拒绝的公平理论开始说起。封建贵族统治下的分配明显的错误,就是人们的生活前景取决于他们的出身的偶然性来分配收入、财富、机会和权力。你不能升职、不能改变未来、不能去把握机会,从道德层面看,这是专制的。可是,一个人所出生的环境并不是他的行为结果。在历史过程中对于封建贵族统治的抵制,使得人们认为职位应该接纳有才能的人,即前途应向才能开放(careers are open to talents)。人们应该有平等的机会,每个人都可以自由地去奋斗、去工作、去应聘任何职位。所以,公平就是你不仅提供工作让人们来应聘,而且让他们在各自的岗位上各尽所能。所以,自由市场社会在某种程度上纠正了这些任意性。

---

① See John Rawls, A Theory of Justice, Cambridge, Massachusetts: The Belknap Press of Harvard University Press, 1971, pp. 134—139.

"在对才能开放的前途的主张之外,还加上机会的公平平等的原则进一步限定,摆脱了出生的影响。"①这些努力试图减少社会偶然因素和自然运气对分配份额的影响。然而,即使是以机会均等的形式,它还是允许分配的份额受到在道德上看来任意的因素的影响。这就像让每个人都参加赛跑,但是一些人却可以从不同的起点开始,这样比赛就不会公平。在公平的精英制中,社会建立各种机构以确保在比赛开始前,每个人的起点就相同,如享受平等的受教育的权利。这样的话,每个人,不管家庭背景如何,都拥有真正公平的机会,即每个人都站在同一起跑线上。但罗尔斯认为,就连这种制度也未能有效地弥补或者解决每个人得到的"自然彩数"(指运气)以及道德所指责的任意性。因为,如果你让每个人都站在同一起跑线上开始比赛,单就跑步来说,身体素质好、腿脚快的人会赢。但是,他之所以会赢是因为刚好有着运动员的天赋。所以罗尔斯说,即使是精英制的原则,让每个人都站在同一起跑线上,可能会消除社会偶然因素和社会教养带来的影响,"但是它还是允许财富和收入的分配受能力与天赋的自然分布的支配"②,所以他认为,消除道德观念的武断在收入和财富中的影响的原则,需要超越精英制度系统。但是,怎样去超越?即使让每个人都站在同一起跑线上,还是会有一些人是跑步好手而另外一些人却不善于跑步。

罗尔斯认为,如果想超越精英制度,没有必要去追求一种水平上的平等,只要允许甚至鼓励那些有天赋的人,去实现他们的才能,但是要做的就是改变条件让其他人也能够享受到有才能人的成功果实,这才是差异原则所要表达的真正含义。建立起一项这样的原则,人们也许会从他们的好运中获利,从基因博彩中胜出,但条件是必须将自己所得部分用于帮助那些最贫困的人。因此,"李嘉诚们"可以继续赚大钱,但必须在一个特定的制度下,税收会将他们的部分收入拨来帮助那些与他们刚好相反的缺乏天分的人。从道德角度而言,他们也不能认为自己理所当然该拥有这么多钱,"那些先天受到自然眷顾的人,只有在改善了那些失利者的状况的基础上,才可以从他们的好运中获得利益"。

有人指出,把天赋和才能看作共同资产的差别原则违背了"自我所有权"的理论。弗里德曼说,"生活本就是不公平的,而人们也乐于相信政府可以纠正自然产生的不公平",那些成长于富裕家庭并进入名校的人,确实比那些来

---

① See John Rawls, A Theory of Justice, Cambridge, Massachusetts: The Belknap Press of Harvard University Press, 1971, p.100.

② Ibid., p.101.

自于较少特权背景中的人拥有一种不公平的优势,但这不是他们自己行为的结果,自然才能的分配和社会环境的偶然因素的不公正不可避免地要转移到人类的制度安排中,所以我们也不应当试图去纠正这种不平等。罗尔斯回应说:"自然分配,无所谓公平不公平。人降生于社会的某一特殊地位也说不上公平不公平,这些都只是自然的事实。公平或不公平,是对制度处理这些事实的方式而言的。"①诺齐克对此进行了深入探讨,他从自我所有权的观点来看,创立早期智力开发项目和公立学校也许会是一件好事,这样每个人都可以接受良好的教育。但如果你向人们征税来创立学校,而不是人们自愿缴税,你就是在强迫他们,这是另一种形式的盗窃,是高压政策。罗尔斯并没有直接地对自我所有权这一观点进行辩驳,但他对差别原则的论证所产生的道义结果就是,也许就其整体意义来说,我们根本就没有绝对的自我所有权。因为,我们站在"无知之幕"的背后要同意保证公平最重要的原则就是平等的基本自由的原则,包括言论自由、宗教自由、信仰自由等等。这就是为什么,当我们在市场经济条件下,思考自己是否应从自己天赋才能所带来的成功受益时,自我所有权应该作出让步。罗尔斯的这一观点与洛克相似——我们只有在放弃部分自我所有权的条件下,才可以捍卫权利、尊重个性、维护尊严,但是,这并不意味着政府是我的财产所有者,可以随意支配我的生命。

4. 原初状态

人们普遍接受"原初状态(original position)"的概念是罗尔斯《正义论》的逻辑起点。然而,在书中,罗尔斯率先论述的却是其两个正义原则,其次才解决原初状态问题,这让不少读者感到费解。其实可以这样理解:首先,罗尔斯设想了这样一个社会,它的公民愿意并且必须遵守现行的制度规章和做法,尤其是那些涉及基本结构的规章和做法;接着,罗尔斯意识到这些规章和做法显然是事先就确定好的,他指出,公民在设计、维持和调整基本结构的过程中,受公认的正义标准(public criterion of justice)的指导,据此提出了其两个正义原则;再来,我们会产生疑问,为什么偏偏就是这两个原则? 罗尔斯向我们阐述和解释其正义标准时,提出了原初状态的问题,认为公民们依赖的是一个契约论的思想假设。因此,紧接着两个正义原则之后,罗尔斯才在第三章中解释了有关原

---

① John Rawls, A Theory of Justice, Cambridge, Massachusetts: The Belknap Press of Harvard University Press, 1971, p.102.

初状态的问题。

在一个民主社会,公民不但被社会秩序所塑造和约束,还集体地对社会秩序负责。鉴于我们参与这样一些活动时必须面对的问题,这些活动就是把一个具体的社会秩序施加于我们的同胞,特别是施加于那些情非得已出生在这个社会上的人身上。当我们把规则和社会期待强加于我们的公民同胞身上,认为他们在道德上受这些规则和期待所约束,并通过他们成长的环境塑造他们自身的认同时,我们如何来为我们一起对每个人所做的这一切进行辩护?一种可能的情况是,我们共同对每个人自己处于理性将会需要或同意的东西进行推测并且接受,罗尔斯的假定契约就是这样的一种尝试。

罗尔斯对自由的一般描述是:"这个人或那个人(或是一些人)自由地(或是不自由地)免除这种或那种限制(或是一组限制)而这样做(或不这样做)。"①罗尔斯说自由是制度的某种结构,是规定种种权利和义务的某种公开的规范体系,有理性的人们在假定的同等自由的状况中作出的抉择决定着正义原则。② 这里,"假定的同等自由的状况"即罗尔斯假定契约中的原初状态。在原初状态中,所有可能的参与者的需求和利益被代表了,而且由于无知之幕而被公平地代表了。这一想法激发了罗尔斯"作为公平的正义"的观念。当且仅当一种社会秩序能够成为一个公平的协议的对象时,才能把它当作正义的秩序加以接受,这种协议平等考虑了所有生活在此社会秩序下的个人的利益。罗尔斯非常详细地解释了作为公正基础的一个假定的协议。他说在公正的基础上,每个人都有不可侵犯性,即使是整个社会福利,也不能凌驾于它之上。我们的权利受公正保护,不屈从于政治谈判或社会利益的小算盘。③ 他认为公正的原则可以从一个假设的社会契约中延伸出来,假定契约不是通过诉诸各方不同的谈判能力和威胁优势来平衡相冲突的利益,而是能够通过剥夺订约各方的知识来平衡之。罗尔斯提出了"无知之幕"(veil of ignorance)来解释他的理论。他认为实现那些我们必须尊重的基本权利和义务的基本框架,就是去想象我们聚在一起,在不知道我们每个人的某些重要的特质的情况下,试图去共同选择指引我们共同生活的法则,这就是无知之幕的作用。一旦我们聚在一起,然后试

---

① John Rawls, A Theory of Justice, Cambridge, Massachusetts: The Belknap Press of Harvard University Press, 1971, p.202.
② Ibid., p.9.
③ Ibid., p.25.

图得出正义的原则来统治我们的集体生活,就会出现反映不同利益的、不一致的提案,因为有的人强壮,有的人弱小,有的人富裕,有的人贫穷。因此,罗尔斯说,想象一下,我们都处于一个平等的原初状态而确保我们自由、平等和理性的就是无知之幕。它暂时将我们抽象化,归为一类,使我们不知道自己的确切角色,把我们的种族、阶级、社会地位、实力、弱点,不管是好的还是不好的都隐藏起来。只有这样,我们一致同意的原则才会是公正的,这就是这个假想契约的原理。① 原初状态扮演的是启发性而非定义性的角色,它作为一个代表性的手段,将种种有关社会正义的判断及要求有机地结合起来,并得出了能够帮助我们对所持的道德信念有更一致、更深入、更系统的理解的正义原则。

那么,这个假想的协议,其道德力量是什么? 它比真正的协议、真正的社会契约更强还是更弱? 为了回答这个问题,要先看看实际契约的道德力量。这里有两个问题:第一,实际契约是怎样约束"我"或使"我"负有义务的;第二,现实生活中的实际契约怎样保证其条例是正义的? 关于第二个问题,答案是:任何实际的契约都不能确保其自身的道德性,它们从来不能保证协议的公平性。假设我签订了一份合同,但后来发现这份合同明显是份不公平的或是带有欺骗性的合同,那么我没有必要履行它。正如休谟抱怨的,没有一个契约能够解释或证明信守契约的责任。可见实际契约(也包括口头契约)本身并不是义务存在的充分条件,甚至也不是必要条件。罗尔斯又说,如果存在"交易",一方从中获利(受益),即使之前没有达成双方的同意,义务也产生了。

罗尔斯认为真实契约的道德力量借助于两个不同的理念:一是基于同意的自律;二是基于受益的回报(即互惠互利)。可是在我们的现实生活中,每个真实契约其实都很可能无法同时符合这两点,也就是说,可能一开始就没能给契约赋予道德力量——由于各方权力的不平等会导致自律的理念无法实现;而由于各方在认知上可能存在的差距,会导致互惠的理念也可能无法实现。因此,人们对于什么是真正的相等价值就会存在分歧。只有假想一种契约,它的各方在权力和知识上是平等的、他们的地位是相同的。这就是罗尔斯的正义观点背后的理论:达成正义的方法就是,源自假想契约的角度,站在无知之幕的背后,通过排除或者使我们暂时忘记会导致不公平结果的诸如权力和知识的差距,创

---

① See John Rawls, A Theory of Justice, Cambridge, Massachusetts: The Belknap Press of Harvard University Press, 1971, pp. 15—19.

造平等的条件,这也是为什么对罗尔斯来说一个各方平等的假想契约才是达到正义原则的唯一途径,并且构成这一原则的道德共识(力量)。一言以蔽之:原初状态下(完全)自由、平等的选择建构(形成了)前述正义原则。

处于无知之幕背后的人们对于他们自称同意的秩序所在的社会知之甚少,因此,他们将要求就这样一个候选的社会秩序达成协议,它会在全部各套理性偏好条件中可靠地保护所有社会成员的基本利益,他们将会发现有理由赞同的协议必须符合两个取向相反的决定性要素。一方面,它应该足够灵活,以适应如此之多所有可能获得的(即消除(离开)无知之幕后所面对的)各套相当可取的条件。各方将不会要求接受一个包含了主要社会机制的详细描述的严苛协议,因为所描述的机制也许在有关社会的具体条件下并不会起作用,甚至有副作用。另一方面,该协议应该足够刚性和具体,以便可靠地保护公民的基本利益。这两个决定性要素在罗尔斯所提出的两个正义原则和优先性原则中很好地相互兼容。

二、制度

既然正义的主题是社会基本结构,那么正义原则必须落实到社会制度层面。在第二部分,罗尔斯试图将他的两个正义原则应用于制度,主要论证自由的优先性和分配正义。罗尔斯把正义原则的应用分为四个阶段,可以概括为选择正义原则、立宪、立法以及执法。① 第一正义原则主要在"立宪"阶段发挥作用并适用于政府部门,它规定公民的自由和政治权利必须得到保护,并且政治过程总体上应该是一个正义的程序。第二个正义原则主要在立法阶段发挥作用并适用于社会经济部门,它要求社会经济政策必须在自由、公平、机会均等的条件下,最大程度地提高最不利者的长远期望。前者可以称为制度正义,后者则可称为分配正义。

1. 制度正义

罗尔斯在涉及收入分配内容的时候强调的是社会基本物品,他认为所有社会基本物品都要平等地分配,除非对其中一种价值或所有价值的一种不平等分配合乎每个人的利益,但当把这种一般的表述具体化为两个正义原则后,基本

---

① See John Rawls, A Theory of Justice, Cambridge, Massachusetts: The Belknap Press of Harvard University Press, 1971, pp. 96—100.

自由就被挑选出来被认为是更基本的社会物品,优先于其他的社会基本物品,必须首先得到满足。

"按照正义即公平理论,正义原则并不被认为是不证自明的,它们的正当性就在于它们可能会被选择。既然如此,我们就可以根据它们被人们所接受这一点来找到如何权衡它们的指导方针或限制条件。考虑到原初状态的情况,有一点可能是清楚的,这就是,某些优先规则比另一些优先规则更为可取,其理由基本上仍然是某些原则从一开始就得到了一致的同意。强调正义的作用和原初选择状态的特征,可以使优先问题变得更加易于处理。"①罗尔斯提出"基本自由必须被看作一个整体,看作一个体系,也就是说一种自由的价值通常依赖于其他自由的规定,在制定宪法和一般立法时,必须考虑到这一点"②。一方面,各种不同的自由可能是相互冲突的,从而需要对它们进行限制。另一方面,每一种自由的价值也是不一样的,从而需要对它们进行区分和排序。罗尔斯的平等自由原则并不适用于所有的自由,而仅仅适用于一些非常重要的自由,罗尔斯将这些非常重要的自由称为"基本自由",如政治自由、言论自由、集会自由、思想自由、良心自由、人身自由以及拥有个人财产的权利等。③

基本自由以及对自由的限制和排序构成了第一正义原则指涉的自由体系,罗尔斯区分"基本自由"和"非基本自由"根据的是人的道德人格,人具有两种道德能力:一是人们能够具有善的观念,二是人们能够具有正义感。④ 基本自由能够为人的道德能力的全面发展和充分运用提供必要的条件。在1999年《正义论》修订版中,罗尔斯将这些基本自由称为是一种"最高阶利益"(highest-order interest)⑤。罗尔斯不仅区分了"基本自由"和"非基本自由",还区分了"自由"和"自由的价值"(worth of liberty)。"自由表现为平等公民资格之完整的自由体系,而对个人和群体来说,自由的价值取决于他们在自由体系所界定的框架内推进其目标的能力"⑥,这样,自由对所有人都是一样的,也就是平等的,而自由的价值对所有人则是不一样的,有些人具有更高的权威或更多的

---

① John Rawls, A Theory of Justice, Cambridge, Massachusetts: The Belknap Press of Harvard University Press, 1971, p.41.
② Ibid., p.203.
③ Ibid., p.63.
④ Ibid., p.505.
⑤ Ibid., p.475.
⑥ Ibid., p.204.

财富,从而具有达到其目的的更大的能力。在罗尔斯看来,第一正义原则不仅要保护基本自由,还要保障自由的公平价值。罗尔斯试图通过这种区分来确认"平等的自由",重视并高扬自由,并且可以调和其两个正义原则。我们不难理解,罗尔斯的第一个正义原则和第二个正义原则之间存在矛盾,前者是平等的原则,后者是不平等的原则。罗尔斯解释说,这两个原则都和自由的价值密切相关。当一个社会满足了第二正义原则的要求,其贫富差距就会明显缩小,从而保证了自由的公平价值,虽然有些人具有更大的权力或更多的财富,使其自由的价值更大,但是加入社会满足差别原则的要求,那么与这些更有利者相比,尽管社会弱势群体的自由的价值更小,但"这种更小的自由价值得到了补偿"[1]。虽然罗尔斯在《正义论》中没有明确表明自己的立场,但在他晚年的著作中表明自己认同从洛克到伯林的自由主义传统。不过,对于传统自由主义者来说,自由和平等似乎是不可调和的,并且他们往往同意自由理应压倒平等。罗尔斯却认为自由和平等是最高的政治价值,两者缺一不可,没有平等的自由是形式的,没有自由的平等是专断的。当回到经济平等的问题上时,罗尔斯又认为经济平等既是不可能也是不可取的(也正是这样才有差别原则),所以我们只能满足于某种不完善的自由与平等的协调,这体现为"平等的自由"和"不平等的自由价值"。

  罗尔斯指出这种区分的目的是为了支持自由的优先性观点。自由的优先性是罗尔斯自由理论中最重要的思想,有两层含义:(1) 自由的价值高于一切,自由只能被自由本身限制;(2) 自由与经济利益之间不允许交换,即任何对基本自由的违反都不能由较大的社会经济利益得到辩护或补偿。[2] "随着文明条件的改善,人们对社会经济利益的关心会越来越弱,而对自由的关心则会越来越强。秩序良好的社会已经为人们的生活提供了必要的条件,在这种情况下,为了获得较大的物质利益而接受一种较小的自由,这是不合理的。当一般的福利水平达到某一点时,人们对继续提高福利的愿望就会降低,从而不会以自由为代价来获取物质利益的增加。在原初状态中,人们的行为是由动机决定的,这个动机就是追求合理利益的欲望,当人们的某种福利水平被满足之后,追求物质利益的欲望就会弱于追求自由的欲望,而人们的欲望则由社会条件的有利

---

[1] John Rawls, A Theory of Justice, Cambridge, Massachusetts: The Belknap Press of Harvard University Press, 1971, p.204.

[2] Ibid., p.302.

或不利所决定。当社会条件不利时,追求物质利益的欲望可能更强,但当社会条件有利时,即满足了差别原则的要求时,追求自由的欲望就压倒了其他的欲望。"①

罗尔斯的这个论证受到了各方的批评,原因在于罗尔斯试图以"合理利益"(rational interest)诉诸证明。合理利益是各种各样的且并不容易定义的,人们或许的确不会以较小的自由为代价换取巨大的物质利益,但其出发点却不会是"合理利益"。罗尔斯也认识到了这点,因此在1999年的《正义论》修订版中,他对自由优先性论证作出了修正。一方面,他提出,自由优先性的基础不是人们的"合理利益",而是他们的"最高阶利益",基本自由保证了人们道德人格形成和发展所必需的社会条件,对人们形成了一种"最高阶利益",因为基本自由是一种"最高阶利益",所以原初状态中的当事人会赋予自由以优先权。另一方面,具有优先性的不是各种单个的基本自由,而是由各种平等的基本自由构成的体制(scheme of equal basic liberties)。②

罗尔斯致力于将正义原则应用到政治及经济的基本制度中。正义是一种哲学理论,民主则既是一种政治理论,也是政治制度和政治实践。从现实角度来讲,罗尔斯的正义原则以立宪民主制为背景,没有现代的立宪民主制度就没有这些原则。罗尔斯认为现实中的立宪民主制度,包括其宪法都是不完善的,需要在正义原则的指导下加以不断完善。正义与宪政的关系可以概括为,正义原则提出了社会政治制度的基本观念,而这些观念需要立宪民主制度来落实。对于政治政党,公民拥有反对的权利,这种权利体现为"非暴力反抗",公民具有非暴力反抗的权利,借以反对不正义的法律对自由和平等的侵犯,然而是否将抗议诉诸非暴力反抗这是每个人自己的决定,同时个人也理应为此对自己的行为负责,罗尔斯强调公民反抗不正义是天经地义的,如果这种反抗威胁到公民的正常的和谐的生活,那么责任也在那些滥用权力者的身上,如果一个制度是腐败的和不正义的,那么使用暴力的革命手段推翻它也是正义的。

将正义范畴运用到政治制度和实践中时,这种平等的自由原则被罗尔斯称为平等的参与原则(principle of participation),即所有公民都应该拥有参与宪法

---

① John Rawls, A Theory of Justice, Cambridge, Massachusetts: The Belknap Press of Harvard University Press, 1971, p. 542.

② John Rawls, A Theory of Justice, Revised Edition, Cambridge, Massachusetts: Harvard University Press, 1999, p. 53.

过程并决定其结果的平等权利,在宪法过程中来制定自己和其他人一起将要服从的法律。无论是宪法还是法律,如果它们是正义的并且符合每个人的利益,那么就应该是从原初状态中制定出来的。原初状态的当事人是人民的代表,参与原则把这种代表制转变为政治过程的代表制,即民主制度。在民主理论来看,参与原则只是构成民主的因素之一,但是从罗尔斯的正义理论来看,参与原则构成了民主的核心。

法治主要是执法的问题,"当形式正义的观念和公共规则之常规的公正的执行应用于法律制度的时候,就成为法治"①。形式正义强调执法过程中的一致性和公正性,并且由于法律带有强制性,所以执法不仅应该"合法",而且应该具有"合法性",合法性是指执法本身要遵守"规则",罗尔斯将这些执法应该遵守的规则称为"法治的准则"(precepts of the rule of law)。罗尔斯讨论法治,不是为了阐释立宪民主社会的法治观念,而是试图通过这些准则来解释自由的优先性,即把第一正义原则应用于立宪民主社会的政治制度。这对我们也有很大的启示,"政治民主化"、建设高度的社会主义政治文明在今天的中国仍然是一个伟大而艰巨的任务。

2. 分配正义

分配正义需要一些制度性支持,罗尔斯把这些支持分配正义的制度称为"背景制度"(background institutions),背景制度分为政治制度和经济体制。在背景制度已经确立的条件下,分配正义就是一种程序正义,程序正义通过制度实现。② 社会经济制度是社会用来分配机会、收入、财富等的形式,对罗尔斯而言,分配正义就是要将第二正义原则应用到选择或者设计社会经济制度的过程中,即分配正义必须符合差别原则。在设计经济制度的时候,人们必然会考虑效率因素,甚至设计者往往以效率为标准去制定经济制度。一种好的制度应该是有效率的制度,尽管如此,罗尔斯还是认为正义应该优于效率。这意味着,选择社会经济制度不仅是一个经济学的问题,而且是一个政治哲学问题,因为"这个选择的做出必须不仅建立在经济的基础上,而且建立在道德和政治的基础上"③,违反正义安排而得到的效益是不值得考虑和满足的,即便可以实现更

---

① John Rawls, A Theory of Justice, Revised Edition, Cambridge, Massachusetts: Harvard University Press, 1999, p. 235.
② Ibid., p. 53.
③ Ibid., p. 275.

大的效率或幸福(如牺牲一小部分人的利益让大部分人获得更多利益)也不应该得到社会制度的鼓励。现实制度在很大程度上是不正义的,实现分配正义的制度是一种理想,但理想是可能变为现实的,罗尔斯指出,社会经济制度不仅是一种用来满足目前需要和欲望的制度手段,而且也是一种创造和塑造新欲望和新需要的工具,通俗地说就是,理想的正义制度将会塑造出正义的人民,而正义的人民反过来又会追求更高的理想。

罗尔斯还认为,现实中的分配正义在其本质上并不是"合法期望",而是"道德应得"。① 首先,我们要区分道德应得与合法期望:假如,某人买了彩票并且中了五百万,他理应得到奖金,但即使他应该得到奖金,也没什么道德意义,因为这只不过是靠运气,并不是他道德上应该得到这笔奖金,这是合法期望而不是道德应得。有关道德应得,一种观点认为付出的多享受的多,另一种观点则认为我们应得到由天赋带来的受益。

对于第一种,精英理念的拥护者提出,努力工作的人就应该完全拥有他们获得的一切,因为这是他们应得的,他们为此付出了努力和汗水,不该被剥夺,所以"劫富济贫"是不对的。罗尔斯对此的回答是:即使是一些人所付出的努力、奋斗精神并恪守职业道德,其很大程度上也依赖于不同种类的家庭环境和社会因素以及文化因素的偶然性,我们不能妄自称功,因此努力不能作为道德应得的基础。在中国我们有个特有现象叫"靠关系",不管是上幼儿园、找工作还是买车票,有没有钱不一定重要,关键的是要"有关系"。很多人因为时常看到别人有心造成不正常、不正当的关系来营私舞弊,攫取利益而心寒,以致对这种"关系"产生一种本能的反感和轻视,这是因为人们普遍认为"靠关系"背后隐藏着的是种种不公平和不平等。奥地利心理学家阿德勒(Alfred Adler)提出,出生次序会影响个体的生活风格:长子或长女在头几年中会享受到家中独生子女的优越身份,等到弟妹出生后,力图保持自己先前的权威和特权;排行第二的常常想迎头赶上,反抗和嫉妒其年长的兄姐;排行最后的孩子,始终被当作婴儿看待,总希望得到别人的帮助和关怀。② 也就是说,出生顺序对于职业道德、奋斗、努力也有着一定的作用。然而没有人会认为,第几个出生是他们自己

---

① John Rawls, A Theory of Justice, Revised Edition, Cambridge, Massachusetts: Harvard University Press, 1999, p.310.
② See R.B. Zajonc and G. B. Markus, Birth Order and Intellectual Development, Psychological Review, 1975, 82, pp.74—88.

行为的结果,可是如果像出生次序这样具有道德偶然性的事物都能影响我们努力工作和认真奋斗的倾向的话,那么罗尔斯可能是有道理的。此外,罗尔斯还指出那些把希望寄托于努力的人,实际上也并不认为努力与道德应该有关系。以科比·布莱恩特(NBA球星)和易建联来说,科比确实为篮球付出很多才能拥有今天这样精湛的球技、出色的表演和2780万的年薪,但是易建联也许付出了更多,训练得更加辛苦,然而没有一个精英制度的拥护者会真的考虑到易建联或许比科比做的那些还要多的努力并为他辩护说:"他因此应该得到比科比更多的年薪。"所以,付出多少并不真正是精英制度的拥护者们所坚信的分配份额的道德基础,真正的基础是贡献——你贡献了多少,贡献才起着决定性作用。

对于第二种,罗尔斯认为,这只是一种偶然性。我们只是碰巧生活在推崇我们这种天赋的社会中,就好像电影明星只是碰巧生活在一个倾向于把很多钱和精力都投放在电影娱乐的社会,他无法选择,他只是很幸运,如果他们生活在清朝,那他们就只是被人看不起的身份卑微的"戏子",如此,当然也就不是道德应得。而贡献,也取决于这个社会所推崇的种种素质,在很大程度上,我们中的大多数人都很幸运地拥有这个社会碰巧推崇的种种素质,这些素质让我们可以提供社会之所需。在市场经济社会里,它需要能推动企业前进帮助企业获取利润的素质;在官僚主义社会,它需要能更好更顺利地与上级相处的素质;在民主党派众多的民主社会,它需要能帮助各党派人士在竞选中赢取选民击败对手的素质;在考试成风的社会,它需要能让你取得优秀的考试成绩的素质等等,但这些都不是我们能够决定的。设想,如果我们不是出生在这个科技发达、经济迅猛发展的社会,而是出生在河姆渡时期或者三国时期,我们的才能将会遭遇什么后果?它们不会给我们太多帮助,毫无疑问我们需要培养其他的才能。但是,我们的道德价值会减少吗?当然不会。我们也许会少挣一些钱,但是当我们得到的东西减少时,我们的价值却不会随之减少。这个道理同样适用于这个社会中的一些人,他们拥有的社会地位碰巧较低,也拥有很少这个社会碰巧推崇的天赋与才能,但他们的(道德)价值并不因此减少。

这就是道德应得和合法期望之间在道德层面上的区别。我们有权通过自己的努力在比赛制定的规则下利用我们的天赋和才能获得成功,但是,如果我们认为自己本来就应该拥有那些碰巧被这个社会所推崇的素质的话,这就是一个错误而自负的想法,罗尔斯指出,"认为分配公正就是关于道德应得的问题,根据人们的品行进行奖赏的想法是错误的"①。罗尔斯认为应把分配公平从道德应得中脱离出来,其动机和理由是为了实现公平和平等。如果我们把道德应得放在一边就会有更多实现平等的机会。

有关分配正义,罗尔斯还说过,这好比一大群人分一块大饼,先选出一个最公正的人来分饼,那么这个大家都认为是最公正的分饼的人一定是该把所有人的份都分完了以后才能拿自己那一份。也就是说,分饼的人自己是拿最后剩下的那最小块,而绝不是先拿走自己的、往往也是块大的那份,再把剩下的分给别人。现实中,这个分饼的人就是政府,要保证政府能公正的分饼就必须要对政府活动进行限制和有效的监督、制约。公正意味着尊重人民选择的自由——或者是人们在自由市场中所作出的实际选择,或者是人们在平等的原初状态中所可能作出的假想的选择。政治的要点不是塑造公民的道德品质,它不是要让我们变好,而是要尊重我们的自由——自由地选择自己觉得好的东西、选择我们自己的价值和最终目标,并拥有和他人一样的自由。

至此,我们应该不难理解,在"立宪"过程中主要是罗尔斯的第一正义原则发挥作用,它规定公民的自由和政治权利必须得到保障,并且政治过程应该是一个正义的程序。而在"立法"过程中发挥作用的主要是罗尔斯的第二正义原则,它要求社会经济政策必须在平等的自由和公平的机会均等的条件下,最大程度地改善、提高现实中最不利者的境况及其长远期望。

三、目的

罗尔斯在第三部分中试图证明正义原则所支配的社会能够长治久安,即说明我们能够达到的是一个什么样的(理想)社会,证明符合两个正义原则的社会是可以实现和稳定的,而不是一种乌托邦,简单地说就是正义原则的可行性证明。

对罗尔斯而言,正义和善是最基本也是最重要的道德哲学概念。一方面,正义和善是最基本的道德哲学概念,以正义和善为基础,其他一系列的道德概念才能够得到解释;另一方面,正义与善的关系决定了道德哲学的结构,在《正义论》中,正义与善的关系非常复杂。

---

① John Rawls, A Theory of Justice, Cambridge, Massachusetts: The Belknap Press of Harvard University Press, 1971, p.310.

罗尔斯曾提及"一个人的善取决于在(相当)有利的条件下对他来说是最合理的生活计划(most rational plan of life)",这里涉及的"善"与道德价值无关,并不适用于个人和社会,而仅适用于(所追求的)对象(目标),因此,其不是(追求)极善,而是人们基于自己的本性可以一致赞同的善,罗尔斯称之为"善的弱理论(the thin theory of good)",它为原初状态中处于无知之幕背后的人们提供了起码的动机,使人们愿意相互合作,并选择出合作的正义原则。在某种意义上这里的"善"可以理解为"合理",与善的弱理论相关的是合理生活计划①,而只有基于合理选择原则(principle of rational choice)和审慎合理性(deliberative rationality)的选择才是合理的,但这种合理性是手段上的,并不是目的上的,于是罗尔斯又提出了亚里士多德主义原则(Aristotelian principle)"在其他事情相同的情况下,人们喜欢使用他们已有的能力,并且这种喜欢会不断提高他们的已有能力,增加它们的复杂性"②。于是,我们应该选择更高的人生目标,并且在实现这种最高人生目标的过程中展现我们的全部能力。

当善的定义扩大到道德价值,善的观念由用于对象扩展到人本身和社会时,罗尔斯将之称为"善的全理论(the full theory of good)"。当我们说"这是一本好书"时,"好"代表的是一种工具性价值,而说"这是一个好人"时,"好"代表了一种道德价值。虽然都是"good",但意义并不一样,在弱理论中"善"表示合理性或工具性,而在全理论中,"善"表达道德价值。与弱理论中的善不同,全理论的善观念是在正义原则的指导下的,人们有在"按照基本的正义原则而行动的强烈的和通常非常有利的欲望",这种欲望就是道德上的美德(virtues),而"好人"就是拥有道德美德的人。"一个好人,一个具有道德价值的人,是一个在具有广泛基础的道德性格特征方面高于常人的人,而在原初状态中,这些具有广泛基础的道德性格之特征是人们可以想到的。"③接着,罗尔斯又试图把善扩展到人的行为,区分了"慈善"(beneficent)意义上的善行和"善心"(benevolent)意义上的善行,认为真正有道德意义的行为是出于善心的超义务(supererogatory)的善行。罗尔斯还试图用全理论来区分没有道德价值的人,即不正义的人、坏人和恶人,以追求极权为例:不正义的人,为了财富和安全;坏人(bad

---

① See John Rawls, A Theory of Justice, Cambridge, Massachusetts: The Belknap Press of Harvard University Press, 1971, p.408.
② Ibid., p.426.
③ Ibid., p.437.

person),为了主宰感和喝彩;恶人(evil person),为了侵犯他人,意在表明他的优越性以及对他人自尊的冒犯的特权。①

《正义论》中,正义是社会的价值,而善是个人所追求的东西,罗尔斯关于正义与善的关系的思想可以归结为两点:(1) 正义独立于善。"按照契约论的观点,自由的基础是完全独立于现存偏爱的"②,首先要确定正义的原则,然后在正义原则的指导下追求善。(2) 正义优先于善,正义是社会的首要价值,它为社会成员的行为划定了一个范围,每个人必须在这个范围内追求自己的善,"正义的社会制度规定了个人追求自己目标所不能超越的范围,这个制度提供了一系列权利和机会,也提供了满足的手段,遵循这些手段,使用这些手段,就可以公平地去追求这些目标。必须违反原则才能得到的利益是没有任何价值的,坚信这一点,也就部分说明了正义优先。"③

第八章和第九章是罗尔斯关于稳定性的论证。稳定性是第三部分的主要内容,是罗尔斯正义理论的两个基本问题之一。但是,稳定性所指是什么,又是什么东西的稳定性,在《正义论》中是模糊不清的。罗尔斯的稳定性有时指的是观念,有时指的又是制度或社会。他关心正义观的稳定性④,也关心正义社会的稳定性,虽然后期罗尔斯试图区分两种不同的稳定性,但他并没有指出两种稳定性的区别究竟在什么地方。罗尔斯自己也承认,这一部分论述的整体方向看起来并不清晰,论题的转换过于突兀。⑤ "大多数传统学说都主张,人类的本性至少在某种程度上是这样的,即当我们生活在正义制度下并且得益于这种制度的时候,我们就获得了正义地去行动的欲望。就这一点是真的而言,正义观念在心理上是适合于人类禀赋的。另外,如果正义地去行动的欲望最终对一种合理的生活计划也能够起规范作用,那么正义的行为就是我们的善的一个组成部分。在这种情况下,正义观念与善是相容的,而且理论作为一个整体也是一致的。"⑥这里包括两个问题:一个是正义地去行动的欲望,即正义感的问题;一个是正义地去行动也是一种善,即正义与善的一致性问题。罗尔斯认为,稳

---

① John Rawls, A Theory of Justice, Cambridge, Massachusetts: The Belknap Press of Harvard University Press, 1971, pp. 438—439.
② Ibid., p. 450.
③ Ibid., p. 28.
④ Ibid., p. 454.
⑤ Ibid., p. 395.
⑥ Ibid., p. 456.

定性需要两个条件,一个条件是正义感,另一个条件是正义与善的统一,也就是说,正义地去行动的欲望不仅符合正义原则,也符合我们自己的善(利益)。前者是第八章的论题,后者是第九章的思想。

罗尔斯的正义理论具有个人主义的特征,对此他本人也是承认的。① 这种个人主义以自由的优先性为基础,肯定每个人都有权利去追求自己的"善(利益)"。罗尔斯的基本思路是用正义原则来约束每个人对"善"的追求,在这种思路中,正义是共享的单一原则,善是个人的多元价值。恰恰是由于善是多元的,人们所追求的善可能是不相容或者冲突的,所以需要用正义来规范和约束人们对各自善的追求。在关于正义与善的一致性论证中,罗尔斯试图证明正义就是一种善。罗尔斯说:"正义与善的一致在很大程度上依赖于一个秩序良好的社会是否能获得共同体的善。"②因为,如果正义是一种善,那么它就成为人们所共享的东西,就成为整个共同体的善。

罗尔斯把社会联合看作共同体,如家庭、社团等,并且认为许多社会生活形式都具有社会联合的特征。这种特征包括:首先,社会联合中的所有人都拥有一种共同的最终目的;其次,共同体的每个成员不仅最大程度地实现了自己的潜能,而且也最大程度地互相分享着其他成员的成就。③ 为了区分作为共同体的社会联合和作为国家(或社会)的社会联合,罗尔斯把后者称为"社会联合的社会联合"(social union of social unions)。罗尔斯认为一个秩序良好的社会本身就是社会联合的社会联合,这种社会联合的社会联合同样有两个特征:第一,成功地实行正义原则是所有社会成员共有的最终目的;第二,这个社会的制度形式本身就被看作善的。④ 这里的问题是,首先很难说社会成员们有什么共同的最终目的,并且虽然正义原则在人们的社会生活中发挥一种规范作用,但正义原则并不能被称为所追求的"最终目的"。其次,罗尔斯对"正义制度本身就被看作善的"的论证非常复杂,他利用了亚里士多德主义原则和洪堡的社会联合观念,特别是康德的道德形而上学理论加以论述。如果人们信奉不同的形而上学,那么罗尔斯的观点就失去了说服力。并且,说制度是正义的和说制度是

---

① See John Rawls, A Theory of Justice, Cambridge, Massachusetts: The Belknap Press of Harvard University Press, 1971, p. 520.
② Ibid.
③ Ibid., pp. 523—525.
④ Ibid., p. 527.

善(好)的并不是一回事。"正义"必须是大家都认同的,而"善"则可以是个人的,这样,一些人认为是善的东西,另一些人可能并不认同。

罗尔斯自己认为《正义论》存在一个严重问题,即"社会契约论的传统被看做道德哲学的一部分,而且在道德哲学和政治哲学之间没有做出区别"①。这个问题导致《正义论》的第三部分关于稳定性的解释与全书的观点并不一致。罗尔斯认为全书的观点是正确的,问题在于稳定性的解释。于是,他在后来的《政治自由主义》中试图对正义观念的稳定性提出一种新的解释。

罗尔斯致力于把对正义的哲学研究引入现实世界,《正义论》的一些理念构成了诱人的规范,不仅吸引着各个国家和领域的学者,也吸引着世界上许多国家的公民。这些理念是我们已经持有的或是应该持有的有关自己作为自由而平等的社会成员的理念,而且意味着公民能够将其应用于自己所面临的政治决定的指南之一。

我们对《正义论》英文原版进行解读,读者可结合中文版对照、理解。高度概括之:《正义论》是关于人类伦理哲学的一本元理论性的大作,即是关于人类最基本、最重要伦理范畴——正义、善亦即人类最重要、最基本的良知的发生论著述。所以它一经问世,就风靡了整个学界乃至整个世界。

其基本思想可简略概述为:无知之幕(人们最简单、最纯净、最纯粹的自由状态)下,天赋的、原初的正义原则就是存在的,它激发、诱发人们共同选择了大家基于道德共识——善所认同的可行的可制度化的正义原则。正义原则的制度化实现致其可行,由个人(经自由选择的)原则成为国家—社会的原则。实现了正义原则的制度即国家—社会因为深层次地契合、吻合、符合人的本性(无知之幕下的原初状况),即契合、吻合、符合人类的良知(无知之幕下的原初状况下的人的自由选择),达到了人类的善,所以稳定(内涵可改进)并且可持续。

社会保障(含社会福利)事业本身具有突出的伦理性。尽管当代经济学深入发掘了其内涵的效率性,但它的伦理性并不因此而被遮蔽,遑论取代了。本书张扬了伦理性对于国家—社会制度的普适性(要求),由此,社会保障体系不仅是任一进步的国家—社会制度所必须具备的,而且应当是其天经地义的(天

---

① John Rawls, Political Liberalism, New York: Columbia University Press,1996, p. xvii.

赋的)内涵,因为它符合人性、人类良知、人类道义即善。所以,该书是社会保障的合法性的强有力证明之一。

　　本书对正义、公平(平等)、自由、功利所作的全维度、多层次深刻分析,对于发展、健全科学的社会保障体系亦大有启发和裨益。

(张航撰写,庞绍堂修订)

《现代经济学导论》导读

An Introduction to Modern Economics

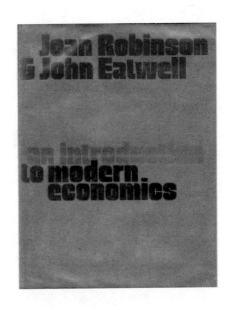

An Introduction to Modern Economics (1973)

Joan Robinson, John Eatwell

琼·罗宾逊(Joan Robinson)是英国著名经济学家,剑桥大学教授,新剑桥学派主要代表人物,凯恩斯的学生,凯恩斯主义者。她和约翰·伊特韦尔(John Eatwell)合著的《现代经济学导论》,既是一本经济学基础教材,也是作者关于财富(涉及劳动、资本—利润)、价格(涉及价值原理)、货币、社会正义、有效需求等问题的思想阐发,是新剑桥学派的代表作之一。

该书分析了资本主义经济增长过程中,劳动收入(工资)与财产收入(利润)在国民总收入中的相对份额朝着不利于工人的方向变动的趋势,驳斥了新古典学派以边际生产率为依据的分配论。同时指出短期内工人与食利者的消费决定了资本主义生产的获利情况;长期看,投资水平、就业水平决定了利润水平以及产量,因此工资与利润保持相对均衡的增长是经济稳定发展的必要条件。

全书分为三篇,第一篇围绕上述问题,概括地评述了18世纪至本书写作时的经济学思想。第二篇是对资本主义经济活动的分析,其中第一章建立一个农业生产模型,考察各种财产制度对生产与分配的影响;第二至第四章建立了一个工业生产模型以说明有效需求、收入在工资与利润间的分配,以及技术发展问题;第五至第七章涉及商品与价格、利润率、收入与需求等微观经济学基础问题;最后四章论及金融、经济增长、国际收支和社会主义计划。第三篇探讨了当时资本主义国家、社会主义国家和第三世界发展中国家分别面临的经济问题。

第 一 篇

第一章 亚当·斯密之前的经济学思想

一、重商主义

重商主义简单地将财富等同于货币,认为出口为国家带来财富,对外贸易的出超倾向于膨胀国内经济,入超倾向于压缩国内经济,由此主张贸易保护以限制进口。作者认为重商主义的论证显示出其对有效需求的重视。另外,重商主义者还发现,黄金数量外流导致货币供给减少,其压低有效需求的程度大于贸易收支赤字的紧缩影响。

二、重农主义

重农主义认为,提供地租的土地是纯产品(将满足生存需求与作为生产资料的农产品扣除后的剩余部分)的唯一源泉。这一结论支持了某些进步的政策,如反对向农民征税,改进耕种方法以提高剩余产品比例等。但作者认为,这种论证是从对封建主义经济结构的分析中演绎出来的,主要是为其阶级体系辩护:如果只有土地提供剩余产品,那就只有所有者有权来享受它了。而同样的经济社会情景也可以得出有利于农民的口号:没有农民的劳动就不会有产品,是劳动而不是土地提供了剩余产品。因此,重农主义的结论虽不能经受逻辑的检验,但其论证方法开创了以社会阶级体系来说明经济社会结构的先河。

第二章 古典政治经济学

古典政治经济学代表人物有亚当·斯密、李嘉图、约翰·穆勒、马克思等,尽管他们的经济分析方向和结论不同,但共持一个根本思想体系。

这一体系的基本观念包括:(1)阶级分析方法。古典经济学将资本主义阶级体系划分为地主、工人和资本家,一国全部年产物分解为土地地租、劳动工资和资本利润三部分。总产品在这三个阶级之间的分配决定了经济的发展。(2)作为预付款的资本。古典学派认为,劳动是唯一根本的生产力量,资本是一笔预付给工人的工资基金,机器则是过去支付的工资基金的体现。(3)"剩余产品"的决定。剩余产品取决于总产品(由技术决定)和工资两个方面。李嘉图将工资水平确定在生活费用的最低点,认为人口的增加会无情地把工资压低。马克思否定了马尔萨斯人口论以及认为生产的增加赶不上人口增长的"报酬递减规律",他认为是失业工人"后备军"的存在把在业工人工资压低到市场决定的最低水平。(4)动态分析。古典学派试图发现资本主义经济的运动规律,动态分析增加就业量的资本积累和机器生产。

一、财富积累

在亚当·斯密看来,专业化的资本主义生产方式因其增进劳动者工作技巧、减少时间损失与促进劳动简化的机械发明等优越性而促进了国家财富的增加。而作者认为,工人专业化作业产生了对组织者的需要,这保证了资本家在生产过程中的支配地位。因此,分工与劳动专业化的首要作用在于控制工人以获取剩余产品,其次才是提高技术效率。

二、分配与价格

1. 分配

根据18世纪英国的农业状况,李嘉图建立了收入分配模型(即地租理论,见第二篇第一章),率先系统地阐明了一个完整的分配理论。模型中,地租、工资、利润等都以谷子表示,利润率是利润量除以进行生产所必需的投资的价值。资本的流动使得其他部门雇主的利润率与农场主的一致,因此生产工人生活资料的农业的利润率决定整个经济的利润率。该模型说明,地租是提高利润率的阻碍。工资定于最低生活费用水平,当农场主扩大租种土地增加雇佣人数时,优良土地的级差利益增加,地租抬高,利润率因此下降。

2. 价格

亚当·斯密的劳动价值论说明了劳动与资本在商品价值形成中的作用:当劳动是唯一的成本时,各种商品应当按照其所含有的劳动时间相一致的价格进行交换。一旦资本进行积累并投入产品生产过程,就要拿出产物的一部分作为利润分配给资本所有者。此时,商品间的交换价格就要由它们的劳动量和资本利润共同决定。但作者指出,劳动价值不能准确地反映相对价格,而且单纯根据劳动量进行交换的价格是一种"公平价格",它不是一种市场理论。

李嘉图的分析更清晰地涉及了利润率同价格的关系。他认为商品的交换价值源自两个方面,一是它们的稀少性,二是获取它们所必需的劳动量。据此可将商品分为两类:"稀少的商品"和"生产的商品"。前者的供给固定不变,其价值只决定于固定供给与需求的相互作用,而与原来生产所需的劳动量全然无关;后者则可以无限生产出来,其价格必须足以支付工资和利润。资本家间的竞争倾向于在一切生产部门建立一律的利润率,投资价值比较高的商品将获得较大的利润。因此,决定于利润率的是"生产的商品"的价格。

李嘉图还希望寻求一个"不变的价值标准",即一个自身具有价值、且这个价值不变的"一般商品",以衡量任一特定产品量的分配。"一般商品"的想法直到彼罗·斯拉法才得以实现。(见彼罗·斯拉法《以商品生产商品》)

三、关于有效需求的争论

马尔萨斯认为,资本家不断积累将导致生产扩大,增益资本所生产的产品因没有相应需求将卖不掉,从而导致生产过剩。但是李嘉图、穆勒等人则根据萨伊定律,认为"供给为自身创造需求"。萨伊定律依据的是生产循环流通中商品同商品交换而不是商品同货币交换的观念。既然商品只能用其他商品来购买,就意味着,一切按正确组合生产出来的商品都可以按照合理价格出售,因为任何人从事生产都是为了购买。整个经济的总供给与总需求是相等的。萨伊定律进一步被推论为:"储蓄即花费",因为生产商品是为了直接购买或间接经由借给其他人来购买其他商品,新古典学派经济学家阿尔弗雷德·马歇尔即秉持该观点。直到凯恩斯对于有效需求的论证,才使得马尔萨斯的"普遍过剩"猜测具有切实根据。

四、马克思

马克思接受了古典学派的劳动价值论,即商品系按照生产它们的必要劳动时间所决定的价值进行交换。马克思的劳动价值论认为,只有劳动才创造价值,劳动这宗商品(劳动力)的价值是生产维持工人最低生活的商品所必需的劳动时间。劳动具有生产大于它本身价值的独特性质,资本家占有劳动创造的一部分价值,这就是剥削与利润的来源。作者指出,在现代社会,劳动力价值不再等同于维持最低生活的工资,但描述生产过程中资本家和工人的关系的剥削率概念还是恰当的,它揭示出剩余产品与商品交换是一种社会现象,不能单以技术关系来说明。

关于劳动创造的价值如何转化为用货币表示的价格这个问题,马克思假定各部门的利润率是一致的,特定商品的价格大于或小于它们的劳动价值取决于资本对劳动的比率是高于还是低于整个工业的平均数。马克思将这种价格模式称为生产价格。剥削率决定总利润量,生产价格则以使资本利润率均等的方式来分配总利润。因此,商品价格不是恰同劳动(力)价值成比例,而是按照一种有规则的方式同劳动(力)价值相联系。

第三章 新古典时代

新古典学派经济学用静止状态的供求均衡分析取代了古典学派的动态积累概念,将研究对象从社会阶级转向个人,从生产转向交换,并把效用概念作为商品相对价格理论的基础。

一、基本思想

1. 效用

新古典学派以边际效用价值论代替了劳动价值论,认为一宗商品的价格取决于它带给人的边际效用,而非它的用处。这个论点解决了使用价值和交换价值的矛盾问题:有些物品(如水)的使用价值大而交换价值很小,因其供应充分导致边际效用低;另一些物品(如钻石)并非生活所必需却拥有很大的交换价值,因其稀缺性导致边际效用高。

维克赛尔认为,从商品的边际效用递减规律可推导出收入也存在边际效用递减,一元钱给富人带来的边际效用将少于它给穷人带来的边际效用,将收入从富人转移给穷人可增加总效用。因此,效用概念可以用于指导收入分配变革。然而,帕累托却否认不同人们的效用可以比较或相加,无法证明把一元钱从富人转给穷人能够增加总效用。换言之,效用概念可以引申出收入转移的道德依据,但得不到纯科学的支持。

2. 均衡

瓦尔拉斯跃过对商品生产条件的分析,直接分析市场交换的均衡状态。在瓦尔拉斯均衡体系中,存在一个均衡价格使得商品供给数量等于购买数量。

3. 生产要素

在瓦尔拉斯体系里,工人、机器、土地等被称为生产要素,技术条件容许各种不同的要素组合用于生产任何一宗商品,生产要素可相互替代。一切要素在市场上都是自由平等的,每一要素为它的服务获得一个雇佣价格。作者认为,这便模糊了劳动收入与财产收入的区别。

4."等待的报酬"

马歇尔意欲调和古典学派的生产成本理论和新的效用概念,认为生产成本是由人们的努力和牺牲所构成的,它包括作为工人努力的"报酬"的工资和作为财富所有主"等待的报酬"的利息。利息在马歇尔这里等同于利润。马歇尔企图表明创造价值的不单有劳动而且还有"等待"。作者因此评论到,重商主义者是海外贸易商的拥护者,重农主义者是地主利益的捍卫者,亚当·斯密和李嘉图相信资本家,马克思则将古典学派的论点倒转过来为工人辩护,而马歇尔却充当了食利者的战士。

二、价格与分配

新古典学派修改了李嘉图地租理论,把边际生产率的概念从劳动扩展到每一种生产要素。根据李嘉图地租理论,一定数量劳动,耕种一定面积、质量相同的土地的边际产品,是抽出一单位劳动将会减少的产量,它等于一个耕地工人一年的工资加上雇佣他一年所必需的资本的利润。

在瓦尔拉斯体系里,一种生产要素的边际产品是将这种要素抽出一单位并将所有要素的剩余部分重新适当安排以后将会减少的产量。

约翰·贝茨·克拉克进而提出了"最后生产率规律":自由竞争倾向于将劳动创造的给予工人,将资本创造的给予资本家,将协调作用即管理创造的给予企业家。但是,要真正确定资本的边际生产率是困难的。

三、被摒弃的有效需求

在瓦尔拉斯体系里,"市场供求平衡的价格"保证一切生产出来的东西都会卖掉。马歇尔也赞同萨伊定律,因此有效需求问题在新古典学派中被摒弃了。

四、对新古典主义学派的批评

正如马克思主义者布哈林指出,马克思的价值论(可扩及古典劳动价值论)是以生产过程的客观事实为出发点,而资产阶级的价值论则是从主观效用和消费者嗜好中引申出来的,其目的在于维护现代社会秩序的合理性。对新古典主义学派真正形成有力攻击的是凯恩斯革命。

1. 自由放任

古典主义学派与新古典主义学派皆将自由放任视为经济活动的纲领,而将现实存在的商业循环、通货膨胀和金融危机等情形归咎于错误的货币政策。即使在大萧条时期出现大量失业时,经济学家们仍然坚持认为,自由市场倾向于建立均衡,干预机制只能造成损害。然而,效法维克赛尔的冈纳·缪尔达尔在瑞典,迈克尔·卡莱基在波兰,梅纳德·凯恩斯在英国通过各自的研究,对资本主义的不稳定性作出了新的判断:对于私营企业制度,若听任它放任自流,持续的充分就业是没有保障的;而依靠政府的政策来控制它,至少有可能缓和经济活动的起伏不定的情形。

2. 时间

新古典主义的均衡概念的依据是超时间的,即在任何特定时间,他们假定生产要素的数量、组合和预期是在确定、可靠的形式下给定的。而凯恩斯注意到支配经济行为的只是不确定的预期,因为(市场即自由放任的)不确定性,严格理性行为是不可能的。

3. 物价

新古典主义认为物价水平是由政府和银行体系所创造的货币数量来调节的。而凯恩斯革命最重要的观念之一是,在现代工业经济发展的任何阶段,工资是直接成本的主要因素,一般物价水平主要取决于货币工资率的水平,货币工资率的变化将带来物价的相应变动。并且表明削减工资不是救治失业的办法,那会使得物价一同跌落。

4. 储蓄与投资

萨伊定律推导:储蓄即花费,储蓄量决定投资率。凯恩斯则反过来指出,投资量支配储蓄量。因为,储蓄水平随收入水平而变化,在工人失业和生产设备利用不足时,增加投资会提高收入,从而既增加消费支出又增加储蓄,进而刺激投资,于是收入继续扩大直至储蓄的增量等于投资的增量为止。

5. 利率

凯恩斯关于收入水平取决于投资支出和消费支出的分析推翻了利率使储蓄和投资均等的理论。凯恩斯澄清了利润与利息的混乱情形,指出利润是厂商希望从投资获得的,利息是借款必须支付的。同时认为,不应该从储蓄的流量,而必须从某一特定时期的全部财富数量和货币数量的供求关系来探索利率水平的决定因素。

第 二 篇

第一章 土地与劳动

这一章作者通过一种高度简化的农业经济模型来表现土地与劳动、社会结构与产品分配的关系。其中,生产所需要的资财全部由谷子表示,它包括作种子用的和维持劳动者一年生活的谷子。用图解可表示为:

$$劳动 + 土地 + 谷子 \rightarrow 谷子$$

作者本章目的在于指出,劳动组织和产品分配的方式,一部分取决于技术关系,一部分取决于社会制度形态,收入分配理论必须考虑经济社会中财产与权力的分配模式。同时驳斥了新古典学派的分配理论。

一、独立的家庭

独立自耕农家庭享有它所占土地的财产权。当假定土地充足且无肥沃程度的区分时,土地、种子和劳动有一个最适度的比率,使得每单位劳动的产品在已知技术条件下最大化。当假定土地是有限的且已被全部耕种时,必须在单位土地上追加劳动以提高产量。集约耕种将导致报酬递减,产量增长的比例将小于劳动增加的比例。报酬递减还意味着劳动的边际生产率递减,一单位劳动的纯产品随劳动对土地比例的提高而不断下降。当总产量不再随劳动增加而增加时,劳动边际生产率下降至零。

二、地主与农民

在土地全为封建主所有的经济社会,土地财产权同土地上的劳动相分离。地主将土地租给佃农,地租按产量分成制上交。提高深耕细作的程度可使得每单位土地产量达到最大化,因此从地主观点来看,庄园里劳动的人越多,他的收获越大。每家佃农租种的土地越少越好,只要能够维持佃农家庭的最低生活水平。而农民的利益要求则相反。因此,封建土地所有制经济存在尖锐的地主和农民的利益冲突,且劳动与土地的配置缺乏生产效率。

三、资本主义农场主

资本主义农业经济即李嘉图地租理论模型。土地质量的优劣产生级差地租,农场主会调节每单位土地的耕种程度,以使劳动边际生产率处处相等,并使劳动与土地的配置提供最大的总产量。在整个面积上,劳动的边际产品等于最坏土地的平均产品减这块土地的地租。

李嘉图提出的资本主义农业分析模型意在表明,地租不断上涨是阻碍积累的一个因素,积累总归要为土地报酬递减以及人口不断增长所制止。不过作者认为,如果发展新的生产技术能够消除土地对增长的限制,且地主也开始储蓄与投资时,地主与资本家便不再是区分明显的两个社会阶级了。资本家阶级反倒分为靠财产获得收入的食利者和组织生产的企业家。原来闲散的消费者与积极的生产者之间的阶级划分就变成一方面是食利者和另一方面是经理和工人的划分了。这一观点表明了作者关于通过收入分配改变对立的资本主义阶级结构的想法。

四、新古典主义的修改

新古典学派意欲提出不管工人租用土地,还是地主(或农场主)雇佣工人都适用的边际生产率分配理论。在工人租用土地的情形下,新古典学派设想了一条劳动供给曲线,当劳动供给曲线与劳动的边际报酬曲线相交时,说明耕者愿意租用一定面积的土地,使一单位劳动的边际产品等于那一劳动量的供给价格。在地主雇佣工人的情形下,地主间与工人间的竞争保证工资率等于整块土地上雇佣工人的劳动边际生产率。

这似乎意味着,资本主义农业生产体系符合某种自然的正义,总产量根据土地和劳动的生产率进行公平分配,每一生产要素获得等于其边际产品的收入,每一要素得到的就是它对总产量所贡献的。作者指出这一论点很容易就遭到否证:如果地多人少,土地更加肥沃,土地会对总产量做出更大贡献,此时一定工人队伍的边际生产率会提高,而地租水平却较低。如果地少人多,工人为了同样工资而更艰苦的劳动,那么地租会增加。

因此,新古典学派的论证方式模糊了利润与工资的区别,即忽视了财产收入与劳动收入的区别。收入分配理论不能单从技术条件引申出来,而不考虑经济社会中财产与权力的分配模式。

第二章 人和机器

这一章考察一种资本主义的简单工业经济模式:工人用机器生产单一消费品并生产新的机器。谷子部门的生产过程如下:

$$\text{机器时数} + \text{劳动} \rightarrow \text{谷子}$$

机器部门的生产过程如下：

$$\text{机器时数} + \text{劳动} \rightarrow \text{一台机器}$$

现用这种模型分析一种不存在国际贸易、没有政府活动的封闭的纯粹资本主义经济:厂商控制生产,居民进行消费。居民分为两类:挣工资的工人和有权要求一份利润的食利者(这里视同资本家的家属)。工人和食利者花费他们的全部工资和收入,积累所必需的储蓄全部由厂商进行。因此,积累成为赚取利润的目的,而不是消费成为积累的目的。

在谷子部门,工人的实际工资取决于他们要购买的货物的价格,由于只有谷子一种消费品,实际工资率便和谷子部门各家厂商的劳动成本是等同的。在这个高度简化的模型中,工资是唯一的直接成本,卖给公众的货物价格在直接成本上进行加价形成,加价在模型中以谷子部门按每人计算的利润对每人产量的比率来表示。同时假定机器制造和谷子生产两个部门实行同样的利润加价。

整个经济的总产量以工资和利润的形式在工人和资本家之间进行分配,由于利润同工资、利润对产量保持固定比例,工资和利润便保持固定份额。一家厂商每年获得的利润取决于一年中平均雇佣的人数多少,按每部机器计算的利润取决于一年中所有机器的平均利用程度。资本家的利润等于新增投资加上食利者的消费,即资本家的投资与消费决定了他的利润。

用一定的记号来表述上述模型中的经济关系:

谷子部门	机器部门
C = 总产量(消费)	I = 所做劳动的价值(投资)
W_C = 工资	W_m = 工资
P_C = 利润	P_m = 利润
P_c^e = 食利者消费掉的利润	P_m^e = 食利者消费掉的利润
P_c^s = 储蓄起来的利润	P_m^s = 储蓄起来的利润

两个部门合并起来的总收入为 Y,总工资为 W,总利润为: $P = P^s + P^e, Y = C + I = P + W$

谷子部门: $C = W_C + P_c^e + P_c^s$

机器部门: $I = W_m + P_m^e + P_m^s$

两者相加：$Y = W + P^e + P^s$

消费等于：$C = W_C + W_m + P_c^e + P_m^e$（即两个部门工人工资与食利者分配的利润全被消费掉了）

当从收入中减去消费，其余项为 P_s，含义是储蓄等于投资。

上述模型是探讨有效需求、就业水平的变动以及个人储蓄同经济社会生产能力积累的关系等问题的基础。为探讨这个问题还需要引入一个简单的金融制度，即票据市场。票据在储蓄和投资过程中起到中介作用，它能够容许个别厂商储蓄而不立即投资。根据贴现率和利率支付利息使得一部分产值在各个部门和各个资本家之间重新分配。另一方面，票据市场产生的投资和储蓄以及收入与消费的脱节造成了有效需求的不稳定。

第三章 有效需求

现用第二章的模型来考察资本主义生产的短期情形。根据马歇尔区分的生产长期变动与短期变动的情形，长期生产变动涉及建造新工厂，短期生产变动则不建造新工厂而仅改变已有工厂的利用率。作者意在指出，生产能力的长期积累需要储蓄，短期获利则需要消费。

一、短期情况

以下分析意在重申与强化凯恩斯的有效需求理论：任何时刻的就业量决定于机器的利用程度，而后者取决于对工业产品的有效需求。整个经济的利润水平、产量与就业水平，皆决定于投资水平。

1. 投资与储蓄

就社会整体而言，储蓄与投资是观察某一时期财富增量的两个方面。但就每一个私营企业而言，投资是由厂商从其预期利益角度来规划的，这种投资决定整个社会的储蓄。以模型术语表述：机器部门对谷子的需求决定了谷子部门的生产超过消费的额度（即储蓄），而不是储蓄确定投资水平的限度。

2. 投资与收入

就业和产量水平的关键在于为谷子部门生产的新机器的订货单，这些订货单依次刺激机器部门的生产。当谷子部门和机器部门的相互投资增加时，两个部门的产量、就业以及总收入也随之提高。这可推导出有效需求理论的中心论点：可以利用的卖给公众的货物（谷子）的售价，决定于生产它们所获得的收入的支出加生产不可利用的产品（机器）所获得的收入的支出。即有支付能力的需求决定于收入水平,并决定了商品的价格。

3. 投资与消费

凯恩斯依据"消费倾向"概念讨论了消费量与收入水平的关系:每个人的消费随其收入增加而增加,因此对整个经济而言,较高的总收入带来较高的消费水平。卡莱基在研究凯恩斯理论时则强调收入在工资和利润之间的分配:工人与家属花费他们的工资即收入,资本家阶级以利润形式获得他们花在投资与消费上的钱。

在简单模型中,加价不变,高水平的利润是按比例地同较大就业量和较大工资额相联系的;相反,较低的投资率或少分配给食利者而多储蓄一些的措施,是和利润下降以及等比例下降的就业量相联系的。如果加价变动,即工资份额变动,则就业水平将受到影响。当加价变小,即利润与工资的比例变小,按每人计算的较低利润要由较高就业水平来补偿,以使利润总额保持不变,结果是就业量增多。反之,如果加价变大,就业量将减少。也就是说,生产出来的商品要想销售出去并获得一个较高的价格,是和较大的就业量和较高的工资水平分不开的,只有劳动者获得较高的工资,并将之花费出去,才能维系这样一个生产体系。工资下降必导致有效需求严重不足,形成过剩产能,经济体系将无法正常运行。

二、经济活动的变动

如前所述,机器部门订单增加的结果是提高谷子与机器部门的总就业量以及工人的总收入。就业总增量是机器部门决定扩大投资所引起的就业增加量的多倍,这就是倍数(乘数)效应。具体而言,因为利润起初是由厂商得到,之后才分配给食利者。当食利者消费增长后,将带来就业、总产量与利润的进一步增加。当一次为限的投资水平的提高充分发挥影响时,就业增加量将成倍数增加。倍数等于$1/s$,s是储蓄在收入中所占的比例。在模型中,倍数的大小取决于利润在产值中所占的比例和储蓄在利润中所占的比例:储蓄所占的比例越大,则利润增加所引起的消费增长就越小。一次为限的投资水平下降的影响则相反。

三、不稳定性

不稳定性来自倍数和"加速器"的相互作用,即来自投资增加所引起的收入增长和收入增长所带来的扩大投资计划之间的相互作用。获益预期、利率的变化引致了投资的变化,这产生了商业循环现象。利润预期可以直接影响投资的变动,也可通过影响利率而对投资产生作用。利润预期对利率产生反作用,好的利润预期将促使资本家不惜借款购买机器,利率被抬高,借款费用增加。反之,坏的利润预期导致投资率的下降,利率随之降低。所以,利率变动与利润预期从相反的方向影响投资。投资无限增加将导致经济不断高涨,导致需求趋于最高点,最终导致利润前景黯淡,经济便将开始走向衰退。因此,天然(市场)机制制止了投资无限增加。

四、凯恩斯以前的论点

凯恩斯之前的论点,也是凯恩斯所抨击的论点是:私营企业经济有走向均衡的自然趋势,除非工会进行干预将工资抬得太高,否则自由市场的活动将会保证现有工人充分就业。在这种结构中,如果有工人失业,工资率就要下降;如果工人缺少,工资率就要上升,因此总有某个工资率可以保证充分就业,这样有效需求问题就被回避了。而凯恩斯秉持的观点是,就业量取决于现有机器数量和机器利用程度,后者是由有效需求而不是劳动力市场供求所支配的。这样工资和就业的关系就颠倒过来了,如果工资率即投资的一部分亦即投资总量被削减,就业人数就会减少。

第四章 技术变革

技术变革体现在新的工厂设计、新的原料、新的工序或新式机器及商品。现假定机器设计发生变革,机器部门提供新型机器,新机器的应用会给就业和工资带来什么影响?

首先,技术发展提高了每个工人的产量。但是作者指出,如果投资增加的不够快,生产技术的改进不会必然实现为产量和利润的实际扩大。这将导致资本主义世界的一个严重问题:每人平均产量的提高快于总产量的提高时,就业将会下降。

其次,当生产技术革新使得生产成本降低时,工人实际工资有随着生产率不断提高而增加的趋势。当实际工资随人均产量而一同上升,即保持固定工资份额时,增长的储蓄(积累)就容易被吸收了。同工资份额下降情况相比,保持固定工资份额不论是在经济上逼近有效需求方面,还是在政治上维持资本主义制度的稳定性方面,都是更可取的。

再次,技术变革与有效需求变动和不稳定性相互影响。不同技术革新带来的利润前景、所需的投资数量以及实现的速度各异,从而影响了有效需求水平;反过来,有效需求大、投资率高的行业,其技术革新速度也要快。并且,根据熊彼得的观点,技术变革是促使经济从衰退转入复苏的机制,甚至技术变革速度的变化就足以说明商业循环。作者认为该观点补充了用倍数和加速器描述的机械商业循环理论。

最后,生产设备方面的技术变革会对投资在产量价值中的比例造成影响。耗费资本型的技术发展将使得投资从工资转入固定资本,从而导致就业减少或工资率下降。如前所述,若工资所占份额下降,资本家所获利润份额上升,将导致有效需求愈渐短缺,增加投资无法被消费吸收。在资本主义经济发展过程中,劳动者所获报酬份额一直偏低。但如果工资率随每位工人平均产量的上升而一同增长,即总产量价值或总收入中工资与利润份额保持不变,由此导致的固定的投资量就足以实现既定的利润率并保持就业水平。所以,不断提高工资是现行制度顺利运行所必不可少的。

第五章　商品与价格

产品市场分为两大类:在第一种市场中,生产者向商人提供货物并接受市场规定的价格;在第二种市场中,生产者规定价格并根据市场销路尽量推销。这两种市场同李嘉图区分的"稀少的商品"和"生产的商品"相对应,前者的价格决定于需求,后者的价格决定于生产成本。

一、初级产品

初级产品是取决于农业和采掘业的产品,多见于第一种市场,商人处于比生产者更强势的经济地位,生产者必须接受市场规定的价格。供给量的变动会通过价格机制影响需求,使得需求量趋向于供给量。但价格变动并不会对供给量产生多大影响,因为初级商品的供给量是受自然条件限制的。作者强调,价格随着供求关系变动并不意味着市场有走向均衡的一般趋势。

商品价格对供应量变动的反应决定了生产者的收入。由于需求价格弹性常常小于1,初级产品生产者面临的情况是,卖得越多,所得越少。

二、制造品

工业制造品的价格由生产者规定,价格由直接成本与利润加价组成。一单位某商品的直接成本取决于用该一单位表示的每人产量、工资率以及制造这种商品所消耗的各种要素的价格。而要素价格又依次取决于每人产量、工资率以及生产它们的要素的价格。这种种价格中都包括总差额（即利润加价），一个生产阶段的总差额构成其他生产阶段的直接成本。因此，总差额、工资率的决定在很大程度上影响了制造品价格的制定。

卡莱基把总差额对产品价值的比率叫做垄断程度，但作者认为"垄断程度"似乎更适合来指一个使总差额比率的特定水平得以实现的市场。

三、工资与利润

在各种不同生产系统中，价格同货币工资率的关系决定雇主的实际劳动成本和工人的实际工资率。某一雇主的实际劳动成本是一单位产量的工资成本除以商品售价。设直接成本中的其他要素对工资额的比率为已知，总差额对直接成本的比率越高，实际劳动成本越低。

当人均产量提高，整个工业的垄断程度大致不变，平均实际劳动成本也保持不变时，如果货币工资率的增长速度慢于人均产量的增速，一些物价就要下跌，反之物价就要上升。物价下跌幅度小于人均产量增加额超过工资增加额的部分，或者物价上涨幅度大于工资增加额超过人均产量增加额的部分，表明一些市场或所有市场的垄断程度提高和雇主的实际劳动成本下降。

工人实际工资无疑要受到消费品市场的垄断程度的影响。这里出现了现代资本主义的矛盾情形。工人实际工资增加，有效需求扩大，其结果对资本家是有利的，但是实际工资增加意味着工资成本的增加或物价水平的下降，这又是资本家所不乐意的。因此，每个雇主不喜欢他本系统的实际劳动成本增加，却又喜欢一般实际工资提高。

当初级产品作为工业原料进入工业生产活动时，价格的形成机制会造成产业工人和初级产品生产者之间的利益冲突。因为，工业活动的高涨会导致原料价格上涨，抬高了工业直接成本，如果利润差额保持不变，工资率将下降。因此，原料价格的上涨有利于初级产品生产者，却倾向于压低工业中的实际工资，尤其当初级产品还作为一般消费品的生产原料时，对实际工资的影响就更显著了。不得不承认的是，低价的农产品对一些国家的高额实际工资具有重大贡献，政府对农业的价格保护会使得工业工人背负更大的负担。

第六章 利润率

这一章中，作者从长期观点研究成本、净利的决定和资本的利润率。借用马歇尔对短期生产与长期生产的区分(见第三章),资本家的短期决定,依据的是对最近将来的预期,而将导致生产能力变动的长期决定,其影响将持续很长一段时期,技术变革即属于长期问题。

一、投资决定

对于个别厂商而言,增加投资的决定受到多种因素的影响,其中包括预期毛利与净利、投资风险、垄断程度,以及全部成本的价格等。

二、正常利润

工业中普遍存在的竞争使得各生产系统的利润平均化。古典价值论提出的首要问题是如何求得这个一律利润率相符合的价格模式。

彼罗·斯拉法设计了一个生产模型,在其中,所有产品都是其他产品的生产资料,整个生产体系是工人运用劳动以商品生产商品,最后会获得补偿生产资料后的一定量的净产品。假设利润率是一致的,则价格必须为每种商品的生产资料的价值提供同样百分率的报酬。其要点是表明"一定数量资本的价值"离开净产品在工资和利润间的分配就没有意义了。

这反驳了新古典学派的利润率决定于"资本的边际产品"的观念,而认为价格模式以及生产资料和产品的价值都是利润率的函数,利润率决定了一套正常价格和资本资产的价值。在利润对工资的比率对每种商品都相同的特例中,价格由劳动价值决定。于是有一价格模式,它由不以利润率为转移的劳动的投入—产出关系来决定。

三、分配论

随资本主义经济发展,工业产品在工资和利润间的分配思想也在丰富与变迁。

1. 古典理论

古典学派认为实际工资是由用实物作标准的生活需要决定的。李嘉图指出,当实际工资为已知,净产量中的利润份额决定于工资品生产的技术条件。

2. 马克思关于工资份额的思想

根据19世纪40年代的技术进步而实际工资却停滞不变的情形,马克思在《资本论》第一卷中预料剥削率要提高。而到了19世纪50年代末,情况开始缓和,实际工资率已开始提高,《资本论》第三卷便从剥削率大致固定不变的发展过程进行思考。如果工资份额在总产量提高时期仍然保持不变,实际工资率一定要上升。

马克思暗示剥削率是阶级斗争的结果,这一观点在现代仍具有一定说服力。在大规模失业夺去工人斗争力量的地区,工资份额很低,资本利润率很高;而在立法与舆论对工人有利的社会与地区,工资份额是较高的。

3. 后凯恩斯理论

这一种分配论认为,经济社会的活动决定综合的利润率而不是工资水平,而综合利润率决定工资份额。工资份额变成了一种剩余,它取决于技术条件。

工资和利润的相对份额为综合利润率所支配的理论同前述的这些份额决定于工人斗争力量的理论并不矛盾,它们共同解释了物价和工资互相追逐上升的"通货膨胀障碍"。

4. 利润与剥削

马克思所用的剥削一词具有道德可耻的意味,但他的分析逻辑却表明,只要积累是可取的,剥削就是必要的,因为利润的作用在于提供积累,利润是投资的来源。利润在积累与食利者消费之间的分配影响了经济增长与工人实际工资水平。因此,从长期角度而言,给定积累率,利润用于消费的数额越小,实际工资水平越高。凯恩斯指出,在萧条时期,消费不足造成了失业,而在长期分析中,储蓄(积累)却是美德。

第七章 收入与需求

这一章从生产方面考察工业经济的收入与价格并从消费者观点分析上述问题,涉及了收入的来源以及购买力在人民中分配不均的原因与影响等问题。在对收入的影响方面,政府支出与税负的重要性不亚于市场。物价水平与货币收入的关系也应纳入考察范围。

一、勤劳所得与不劳而获

对于个体居民而言,获得收入的手段与收入分配的情况影响了他们的需求与消费。收入大致可分为劳动收入与财产收入。亚当·斯密曾设想不同职业的劳动所得相等,但实际情形却是:厌烦的不愉快的工作的工资最低,享受舒适环境和社会荣誉的工作却获得最高薪金。

财产收入有如模型中食利者从利润中分得的收入,这些财产是靠继承权、储蓄、投机与运气等手段获得的。各国都存在财富分配不均的情况,英国20世纪中前叶的情况是,富人的绝大部分财富都是"不劳而获"的财产收入,而非劳动收入。

二、对商品的需求

对特定商品的需求不一定随收入的增加而提高，一些商品在较高收入下反而买的更少，著名的吉芬矛盾关注的就是这类现象。一些商品价格上涨虽有可能使得需求转向替代品，但是这些商品价格上涨对降低实际收入的影响更大。

商品的供给也会通过习俗或"炫耀作用"来创造它的需求。其结果是，提供给收入等级中上端群体的货物有利可图，因此供给得到加强，而对低收入群体供给的货物却没有良好的市场收益。随着一般消费水平的提高，迎合最贫困人们的需要的动机越来越小了。

三、公共部门

通过市场供应物品与劳务以及分配收入只是国民经济的一部分，另一部分则是政府的活动场所。公共支出在国民总产品中所占的比例是说明公共部门的影响和重要性的一个主要指标，它也表示了国民收入来自政府的比例。公共支出的来源是税负。政府财政政策没有"纯经济"的方面，它无法摆脱更广泛的社会和政治问题而仅仅根据经济来考虑。

当税收不敷国家支出时，政府必须借款。从亚当·斯密到20世纪30年代中期，税负理论一直主张平衡预算原则，认为政府借款不仅会干扰金融货币体系，还将负担转嫁给不曾得到支出好处的后代，因此不平衡预算既不健全也不道德。凯恩斯极力颠覆了这种思想：在高失业和低利润时期，靠借款资助的政府支出将通过乘数作用增加实际收入，此时增加政府支出是利大于弊的。今天公认的政府财政观点是，预算主要是调节有效需求水平的工具：当经济衰退时，政府应该增加开支、削减税收来刺激经济活动的高涨；经济过热时，则需要通过增税来抑制。

赤字预算积累的结果是国债。当将一国人民作为一个整体看时，国债利息等于人民偿付给自己。然而如果划分群体来看时，国债利息是取自纳税人而转给政府债券持有者，它在一定程度上意味着向穷人征税而付给富人，向勤劳者征税而付给不劳而获者。

增加税收和发行国债具有相互替代效应，因为提高税收既限制消费也限制储蓄，国民净收入必然下降。如果一国试图在保持年度预算平衡情形下，采取一项支出政策以维持近乎充分就业。这一项支出政策带来的税收对消费的限制需要政府更多的支出来弥补,在这种情况下,政府支出的钱有可能要高于它通过赤字预算来保持同一就业水平所要花费的钱。因此,当近乎充分就业情形得到保证时,维持预算平衡政策就比凯恩斯原理在税收上更加激进,不如靠发行国债的赤字预算。

四、物价水平

在工业经济中,一般物价水平的主要决定因素是劳动成本水平,它可用相对每人产量的货币工资率进行衡量。这是支撑凯恩斯革命的重要认识之一。一般物价水平受货币工资率水平的支配,实际工资率反过来受一般物价水平影响,二者相互作用便可能导致通货膨胀。此外,不同生产系统技术变革、价格上涨的恐慌预期本身等也会成为通胀的原因。通胀不能归咎于工会、厂商或投机者,大家都是遵从自由市场规则采取自己认为最正确的行为,通胀困境乃是私营企业市场经济机制的固有困境。

第八章 金融

一、货币与金融

一项投资计划不能靠其本身所提供的储蓄来融通资金,必须预先追加支出使乘数发生作用,由此需要金融系统。在财政—金融系统中,银行、金融中介机构、以证券交易为代表的资本市场在提供交易媒介和供应资金等方面起了重要作用,但资本市场的不稳定性也加剧了工业的不稳定性。

二、利率

新贷款额和新借款额相对于金融资产总额只占很少部分,因此它们之间的供求关系对利率的影响较小,影响利率的主要是对市场的预期。现代经济社会,政府当局通过货币政策也可对利率水平产生重大影响,这使得经济学家设想,当经济衰退时,政府可以降低利率以刺激投资并压低储蓄以增加消费从而抵消有效需求的下降;当经济高涨时,提高利率以抑制通胀,但这一想法也面临一些严重困难。首先,利率在控制有效需求方面的作用过于软弱。其次,有效需求的稳定不能保证货币工资的上涨恰好等于生产效率的提高从而保持物价不变。最后,各国的利率水平通过国际货币制度与其他地区的利率水平相联系,一个国家对于自己的利率水平掌握不了完全的自主权。

第九章 增长：厂商、工业和国家

一、厂商行为

随着资本主义经济发展，独立厂商的数目在下降，工业生产趋向于寡头垄断。现代企业往往通过一批技术专家来运营，加尔布雷斯于是创造了"技术专家体制"这个术语来描述大公司的管理机构。技术专家的利益与前途与企业一致，工人和资本家利益的尖锐对立由于这些中间利益阶层而缓和下来，同时，作为知识分子的技术专家体制成员成为一个同教育制度和宣传工具联系起来的环节，使得政治民主形式同经济权力极不民主的分配情形协调起来。

二、工业

工业资本主义从工业中心向外部世界各地蔓延开来，它寻找自然资源与劳动力成本低廉的地区，组织生产以适应它的需要。当一家公司或一个垄断企业联合组织夺取和开发了一个地区的自然资源时，这个地区经济生活所依靠的有关商品的生产和推销就要受外界控制，渐渐地政治生活也要受到控制。尤其当几个地区供应同一种初级产品以换取外汇时，它们容易生产过剩而在一个萧条的市场上自相残杀，因此落后国家及地区的经济更容易受制于发达工业国家了。

三、国家政策

李嘉图的比较优势（成本）理论论证了自由贸易的优势，但很多国家仍然采取贸易保护政策以保护新兴工业、保卫特定厂商不受工业竞争对手和低工资劳动产品的损害，以及抵制有效需求的下降。尤其在大萧条时期，各国广泛采取提高进口关税、补贴出口、维持初级产品价格等限制外来竞争的措施。这些措施不能增加世界的总就业量，只不过将失业输出到其他国家。对竞争的限制使整个世界贸易造成极大损害，它的取消需要各国之间制定规则、达成协议。

第十章 国际收支差额

相互独立的通货是国家主权对世界贸易产生重大影响的因素之一，也产生了国际收支差额问题。

一、地区贸易

一国或一地区的货物与劳务的出口所得与进口支出形成了该国或地区的

收入账目。收入账目的盈余有助于积累财富,并提高本地需求;反之则压低本地的有效需求。资本账目则涉及资金和财产权在地区和国家间的往来,是一种长期性质的资金活动。一国或一地区的支付差额是收入账目和资本账目的总结果。从货币流通角度来看,支付差额的顺差将导致该地区下一年度对货币更大的需求,而支付差额的逆差导致该地区货币的外流。

使用共同的通货和银行制度的地区,其支付差额会逐年自动平衡。而使用不同通货的国家,国际收支的顺差或逆差意味着其国际货币持有量的增减。

二、经常项目差额

作者完善了李嘉图只通过收入账目来论证黄金流动与物价水平之间关系的论证方法,建立了一个替代模型,①以说明在考虑资本账目与货币工资率后的国际收支差额变动情况。该模型说明,在发达工业国家中存在一种趋势使得竞争的有利条件因相对货币工资率的变动而逐渐消失,经常项目盈余只能保持在一定限度以内。货币工资率同技术条件一道成为影响国际收支差额的重要因素。

三、支付差额

当一国收入和资本差额之间的关系不致对其货币制度造成紧张状态时,这种关系被认为是协调的。作者列举了两种收入与资本差额的协调情况与四类不协调情况,②并指出各国差额的不协调情形可以暂时通过改变汇率来部分纠正,但不协调状况已然成为国际贸易的常态。

四、外汇

当一国国际收支持续顺差时,该国货币就会升值,其影响利弊参半。国际收支顺差可以支持有效需求,而且对从出口赚取利润的工业厂商的利益比对消费者从低廉进口货得到的利益有着更大的影响。然而,货币升值又会削弱本国厂商的国际竞争力。一国通货贬值也会对综合国际收支和收入账目差额发生作用。其直接影响是制止投机性短期贷款的外流或引起这种贷款的流入,从而扭转国际收支逆差。对经常项目赤字影响方面,它的直接影响是先使情况恶化,但一个时期之后贬值就会推动出口,从而对收入账目产生有利影响。另外,

---

① 参见〔英〕琼·罗宾逊、约翰·伊特韦尔:《现代经济学导论》,陈彪如译,商务印书馆1982年版,第323页。
② 同上书,第327—329页。

贬值对于两类进口货物会产生不同影响,一类是国内生产所必需的进口材料,会因本国货币贬值而价格上涨。另一类是国产商品的进口替代品,价格会相对下跌。

五、正常状态的神话

主张"自由市场"汇率的思想认为,市场的供求力量将以某种方式确定各种货币之间的"正确汇率",并自发调节这些汇率至均衡状态。作者指出,"正确汇率"或称汇率的均衡状态在任何国家都是不存在的。国际商品的交易和资本流通的利益是相互冲突的,一国的盈余就意味着其他国家的赤字,希冀调和一切国家各个集团利益以及帮助各国政府保持充分就业或限制通胀的"正确汇率"模式只是一个神话。

第十一章 社会主义计划

在苏联的社会主义计划中,资本主义厂商被取消,收入分配、投资方向、技术选择、价格模式、工农业之间的贸易条件等都必须经由政治程序来直接决定。不同于新古典经济学派完全否定计划经济有效组织生产和分配的可能性,作者在这一章中提出了一些提高计划经济效率的建议。

一、价格与收入

在消灭生产资料私有制的计划经济中,政府承担投资行为,政府支出所需要的全部剩余资金靠出售给公众的商品的价格加价(并最终形成企业上缴的利润)来筹措。作者指出,规定价格的首要原则是相对货币收入水平来确定卖给居民的货物的一般物价水平,以使销售品的价格能够提供超过生产费用的必要剩余额。关于全部剩余如何在总消费额的各个组成部分进行分配,即加价如何形成商品的价格模式问题,古典学派的劳动价值论与新古典学派的供求平衡理论的论述均是不能完全适用的。

二、效率

在计划经济中,计划制定者不可能掌握已有的和将要生产的货物和劳务的全部情况,只能据大略情况选择最可取的最需要的产品组合并下达生产指令。但是,小部分的生产计划是可行的。这种生产计划的效率可用帕累托优化衡量。作者认为在生产可能性、原料分配与向自然资源开采者收取级差地租性质的费用等方面,①计划制定者可发挥其经济管理功能。

三、积累率

对于在落后的经济社会实行计划经济的国家而言,一切目标中最为紧迫的是积累和提高生产率。马克思对资本主义工业积累的"扩大再生产"图式的分析为探讨计划经济的投资政策提供了起点。②

苏联曾认为加速积累,特别是机器部类的优先增长是"社会主义积累的第一条规律",这导致了从商品售价中提取比例越来越大的剩余从而产生日益加剧的通胀压力。一个不断的积累过程要求机器部类和消费品部类之间保持适当的平衡。

四、技术的选择

在社会主义制度中,社会要负责为其一切成员提供生计,因此工资不能被视为劳动成本。技术选择的效率就是使得每单位投资费用节约的将来劳动时间在边际上对每一生产系统都将一样。

第三篇 现代问题

序论

"在经济学中没有什么问题可以找到一个解决办法,能够使它至少对一个人有好处,而不损害任何其他人。一旦撕破了自由放任学说的外衣,就可看到一切经济问题都有政治的一面,而自由放任本身就曾经是一项政治纲领。"③作者认为,经济问题的帕累托优化解决方案是不存在的。表明了其对经济学自由主义立场的否定性立场,因为帕累托优化是经济学自由主义立场的经典论证之一。从而也间接表明了作者的经济学干预主义立场。这与其作为凯恩斯高足之一的身份是相符合的。本篇即从否定自由主义,采用干预主义立场(虽然亦有自己的创见)的角度,对当代经济问题及其解决方案作出了分析。并认为:"单单经济论证不能对任何经济问题提出答案,因为所有经济问题都涉及政治

---

① 参见〔英〕琼·罗宾逊、约翰·伊特韦尔:《现代经济学导论》,陈彪如译,商务印书馆1982年版,第345—348页。
② 同上书,第348页。
③ 同上书,第373页。

的、社会的和人类的考虑。"①这一看法可视作干预主义立场的自然延伸。所以,分析(问题)的目的不应是提出答案,而应是提出建议。

第一章 资本主义国家

本章分析当代发达国家的主要经济问题及其对策,包括军备、国际收支差额、保持高水平的稳定就业、通货膨胀及增长问题及其对策。

一、军备

军备生产及服务,必然扩大军事支出。扩大的军事开支(政府财政开支的一部分)更扩张了军备生产及服务,这有利于充分就业(政策的实现),可见军备政策与充分就业政策的内在联系。军备扩张以美国为典型。但通过扩大军事开支来实现充分就业,在政治上会对民选政府(的合法性)造成损害,对国民经济的其他部分也是不利的:其一,如果把扩大的军备开支拨归民用,将有助于提高生产率和增进人民福利。其二,军备扩张使工业、经济发展(增长)和科技教育(的成果)背离其初衷。

二战后重建和新一轮工业发展使英、法政府(财政)支出的大部分都用在了对社会有益的方面。它们做得比美国好,但也有与美国同样的问题。

起初,禁止战败国重新武装。它们的资金包括美国的贷款和援助能全部用于社会经济的发展。当要求它们为保卫自由做出一份贡献时,它们的部分资金可以用于进口武器。"这有双重好处:满足了渴望出口武器的盟国(主要是美国);保留了它们自己的工业作为民用。"②西德和日本都有大量的工业后备劳动力潜于农业之中,两国的工人队伍也没有过高的要求,这降低了它们的劳动力成本;加之两国精力旺盛的企业家的努力,使两国在制造业方面对美国构成了强有力的竞争。当然,美国的军备扩张虽造成了自身的经济负担,但却减少了盟国的军备开支,因为美国在相当程度上承担了保护盟国包括英、法的义务。这使得美国的社会福利开支不如英、法、西德和日本。

二、就业政策

失业率高是种祸害,很低水平的失业率也不好,存在一个可利用的劳动力

---

① 〔英〕琼·罗宾逊、约翰·伊特韦尔:《现代经济学导论》,陈彪如译,商务印书馆1982年版,第373页。

② 同上书,第377页。

蓄水池才较易维持工业(劳动)纪律。政府的财政、货币政策可刺激有效需求,从而扩大就业,增长利润,但同时加强了通胀压力。经济景气,鼓励投机;经济(增长)一旦减缓下行,可能致投机失败,打击人们的信心。可见政府刺激有效需求既有利于经济增长,又存在不利的一面。政府的就业政策与其国际收支政策也密不可分。

政府刺激有效需求,即使在经济衰退时,也能提振对于复苏的信念。

政府影响(干预)经济活动的最强有力的工具就是改变(增减)政府(财政)开支。政府开支的增减对就业(政策)有重大作用。开支增加,刺激有效需求,扩大就业。反之亦然。前者用于经济衰退时,后者则用于经济过热时。财政开支主要依靠赋税和借款(主要是发行国债)实施。赋税增减也是影响有效需求的一个工具。减税可以刺激支出并鼓励投资。但减税亦会使大企业、富裕者相对得到最多的减免,从而扩大收入差距。

大企业因自有资金较充裕并对银行有较大的影响力,使其投资资金一般不短缺。市场的预期盈利率(投资前景)是决定其投资与否的最重要动力与因素。大企业的投资一般不受利率高低的影响,即政府通过控制利率控制信用(信贷量)的政策对大企业影响甚微。小企业则受这一政策影响较大,因为信贷利率高低直接影响其成本高低。但是,最重要的动力与动机仍然是市场前景。预期收益不佳时,宽松的信用政策即利率政策对小企业也没有多少推动作用。货币政策对国内最重要的影响是在房屋建造方面。购房者一般均须贷款,决定他们贷款与否即购房与否的最重要因素是利率。

对付经济衰退,降低利率扩大信贷刺激投资的政策可能发挥一定作用。而用紧缩信贷对付经济过热则作用不大,除非已濒临危机(泡沫破灭等),但对房屋建造、消费信用和小企业则作用明显。综述以上,政府货币政策的调节作用有限,除非是较极端的货币政策。

反周期政策的严重缺陷是决策需要花费时间,而且政策实施具有滞后效应——其传导、实现也要花费时间。但其对二战后发达国家的恢复与发展起到了非常显著的作用。作者充分肯定了运用正确的凯恩斯主义的财政政策与货币政策。

三、开放的经济

就业政策不可避免要受到外部经济的影响。

国际收支逆差(通常是外贸逆差)导致国家的外汇储备外流,反之则流入。

造成国际收支顺、逆差有三个因素:收入账目的盈余或赤字;长期资本的净流动量(进出);短期借贷的流入与流出。利率和汇率的高低及其预期是导致资金进出的重要因素。利率高、预期汇率高,会吸引资金流入套利,反之则流出。显然,顺差鼓励扩大生产从而扩大就业。

处于强大竞争地位的国家,可以采取"出口导致增长"(从而扩大就业)的路线。但长期实行这一路线将导致:近乎充分的就业引起利润、工资、物价轮番上涨;持续的出口盈余增加了过量的不必要的外汇储备。

处于软弱竞争地位的国家必产生国际收支逆差。长期逆差损害国家经济,必须纠正。可以采取的政策包括:实施(贸易)保护主义、货币贬值(降低成本与价格,利于出口);政府直接抑制有效需求,造成失业。保护主义必导致别国的报复(对等政策)。货币贬值则导致进口商品价格上涨(进口原材料与进口消费品),从而导致生产成本与劳动力成本上涨,抵消了贬值的作用。人为制造紧缩及失业非常愚蠢,除使本国经济直接受损外,还造成诸多政治方面的问题及矛盾。纠正逆差难有万全之策,但政府必须有所作为。自由主义信条已然过时。

四、增长

二战后的25年,是世界经济一个漫长的景气时代,大众消费突飞猛进,但副作用正在产生。

通货膨胀是副作用之一,因有效需求—生产—利润—工资—物价同步螺旋上升所致。通货膨胀损害收入而利于财产(股票、房地产、名画等等)升值,使一切种类的财产成为投机的工具,而人们的实际收入却在下降。通货膨胀不仅使穷人遭受的伤害最大,还造成国内经济的滞缓(因民众收入及购买力受损),影响国际竞争力。

贫富分化是副作用之二,因竞争、通货膨胀等导致。增长既没有消灭绝对贫困,也没有消灭相对贫困。[①]

移民的流向是从低工资地区流向较高工资地区,加剧了流入地区的劳动力市场竞争,削弱了这些地区的工人运动与工会的作用。这些运动和作用本来是利于提高劳动(力)价值即价格的。所以移民是副作用之三。

---

① 参见〔英〕琼·罗宾逊、约翰·伊特韦尔:《现代经济学导论》,陈彪如译,商务印书馆1982年版,第398页。

污染乃负外部效应,技术上可以治理。但因降低成本利于竞争和追求增长的需要,使其得不到有效治理。污染将生产成本的大部分转移给了社会,若算入此成本,增长可能是负数。这是突出的副作用。

鉴于资本主义的问题与矛盾,未来的发展有三种可能:(1)民主与和平的理想加之开明的利己主义政策消除犬儒主义和残暴行为,造就民众的福利资本主义。(2)爆发革命,建立一种比苏联更进步的社会主义。(3)发生一些不成功的反抗。更大的可能是:三种可能将结合在一起。

第二章 社会主义国家

社会主义各国大不相同,其共同点是经济不受私营企业支配而实行国家(机关)的集中(计划)管理,即苏联模式。

一、另一堆问题

社会主义不允许也不承认失业。社会主义工业化使其工人队伍不断扩大,并接受了教育与培训。但苏联的工业(企业)中存在大量被西方企业家认为是浪费的劳动(力),而社会主义企业又不容许宣布它的任何工人是多余的。

社会主义国家发展出口只是为了偿付进口,实现(国际)收支平衡。它们从未深入发展外贸制度,使其能利用并享受专业化和国际分工的利益。这也使它们的计划经济不受国际市场的干扰和影响。

社会主义国家的价格由计划规定,所以无通胀之忧。但其货币需求的流量大于为满足需求而供应的货物,致货币发行量大于其商品价格总量/货币周转次数,致潜在有限通胀或它的变形——有钱买不到货物的状况存在。

社会主义国家的财政收入并不来自于企业和个人交纳的赋税,而是来自于企业上交的利润、农业税、已计入商品和服务价格的周转税即流通税。财政收入全部集中于政府机关,由其分配使用(统收统支)。

"苏联的工业企业更像(早期的)资本主义工业企业,就工业(劳动)的单调、残酷、纪律的令人厌烦,工资袋成为忍受这种情况的唯一诱因来说,社会主义工厂可能不下于资本主义工厂。"[①]所以,社会主义国家的最大问题之一是找到某种办法来调动工人的积极性。

---

① 〔英〕琼·罗宾逊、约翰·伊特韦尔:《现代经济学导论》,陈彪如译,商务印书馆1982年版,第401页。

二、农业

社会主义国家的农业组织形式(生产关系)是合作制度(集体制)。调动农民的积极性比工业中的相同问题更为尖锐。

从农业中抽取剩余产品,主要以征收农业税(实物税)的形式进行。此点对于社会主义(工业)经济发展具有重大影响。作者已意识到苏联模式的工业化是以部分牺牲农业作为其原始积累对象的。工农业产品交换以工业品定价为准,并没有贯彻劳动价值论。工农业产品的剪刀差价由此形成。这一差价也是工业化积累的来源之一。

(战后)所有发达国家都有意识地提高了农产品的价格,因为粮食需求是刚性的。经济学的自由主义理论并不适用粮食供求问题的分析。

斯大林的工业化通过施加政治压力获取农业中的剩余产品(作为积累来源之一),因此农业劳动生产率始终较低下,最终拖住了苏联发展的后腿。作者缺乏知识地认为中国情况比苏联好一些,尽管还实行了除征收农业税外,还要按照(国家)规定价格(政治价格符合国家需要,但损害农民利益)缴售农副产品的政策。但中国的实际情况如邓小平所言:农业问题一直是一个令我们担忧的问题。

三、计划中的改革

苏联(模式)的发展片面强调重工业(国防工业)而忽略消费品,它的紧迫问题是如何将巨大的生产能力用来提高人民的生活水平。

苏联(模式)的企业附属于国家机关,其领导是国家官员,其作用就是执行国家计划(指令)。改革家们建议改革,虽不提利润,但建议模仿以企业收益作为经营成就的标准;主张"摆脱多余的工人";主张除模仿利润标准之外的其他人事改革。改革的主要障碍来自官僚政治(体制)方面的反对,实质是他们不肯放弃所享有的权力。

作者对中国采用赎买政策改造民族工商业表示肯定。认为这一政策调动了各方面的积极性。但作者没有注意到中国很快也走向了苏联模式。作者认为因种种问题与困境,苏联模式必将发生重大的变化,但无法预测这些变化将采取什么形式。

第三章 第三世界

既不属于发达资本主义国家也不属于社会主义的国家被称为第三世界。

它们的国情各异,但都曾沦为殖民地或半殖民地,现在也都在名义上获得了独立——但在经济上、政治上仍受制于人。这些国家在更大的程度上由政治支配着经济,不同的政治目标决定着它们的经济政策。

一、不发达

发达的含义是科技发展应用于经济发展,实现了工业化。不发达的意思就是整个社会的发展取决于农业的劳动生产率。要取得突破,必须实行工业化。第三世界均为不发达国家,它们处于殖民时代造成的畸形发展阶段,或早期的现代化的不同阶段,甚至是前资本主义的不发达阶段。

许多第三世界国家仍然处于地主残酷剥削农民的阶段。这种状况致使农业劳动生产率极低。但地主们对任何能够提高农民生活水平的改进持敌视态度,那将使他们失去对农民的控制。对地租课税可以改进这一状况。但是,政府若在政治上依靠地主势力,则不可能这么做。

不发达国家必须进行土地改革,但分配土地给农民的政策,还必须与相应的信用(信贷)政策相结合,才能真正发挥作用,否则,农民依然没有资金投资于农田建设与耕作;还应让农民走向市场,自由交换其剩余产品与劳务;并用先进工艺装备农民,支持有需要的农民建立合作社,才会造就真正的发展。

采用先进科技工艺和经营方式建立资本主义农场,也是落后国家的发展道路之一。农场土地可来源于自耕农及地主的出让与集中和垦殖荒地。资本主义农场能够持续发展的最重要条件是粮食价格的刚性,这一刚性导致预期收益看好,但这又取决于非农业部门的收入水平。

某些发展中国家出口单一商品(石油或糖),而进口几乎需要消费的一切商品,包括粮食。这些国家的发展困境将出现在它们的资源耗竭时。

二、失业

失业问题很可能成为政治问题,政府于是将提供就业当作是一种责任。

有效需求不足使得供给缩减最终导致失业即为凯恩斯式的失业。可用相应的刺激有效需求的政策应对。但"凯恩斯的救治方法是对付已有生产能力利用不足的短期措施。它不会创造还不存在的生产能力。"[1]

农业中的三个因素迫使人们闲散无事:一是可耕地绝对不足或人口密度太

---

[1] 〔英〕琼·罗宾逊、约翰·伊特韦尔:《现代经济学导论》,陈彪如译,商务印书馆1982年版,第414页。

大超过了可耕地的承载量;二是家庭占有土地不均即人均耕地面积不均;三是农业生产过程的季节性。农业中的就业不足,并非隐蔽性失业,因为它不能用提高有效需求的方法解决,而需要根本改变生产条件及方式,如兴修水利、开展农田基本建设等等,但这些措施与个人私有小土地制度相矛盾。

发展中国家经济增长(工业化)的技术路线应当是技术集约化产业(企业)与劳动密集型产业(企业)并重,以便解决就业问题。劳动密集型企业的产品往往是利于出口的。即使是引进先进的技术设备,也应当与发展中国家的就业形势、学习条件、管理能力等相适应。否则发展中国家将始终受制于发达国家。

三、对外贸易

发展外贸可以使国家获得国外即国际的购买力,从而可以在全球范围内利用资源。

发达国家投资于发展中国家大多是为了开采并输出其资源,并且将所赚取的利润汇出。这导致了发展中国家对发达国家的持续依赖,且长时间无力改变这种状态。

发展中国家民族工业的制造品因其劳动力成本低而具有国际竞争力。但是,对这种竞争力的威胁不仅来自于发达国家的贸易保护主义,还在于本国企业家将利润用于奢侈品消费而不是扩大再生产。

进口替代政策的最初动机是减少进口,节约外汇。但减少进口也有很多副作用,如许多企业所需要的原材料和技术及其设备以及中产阶级所需要的消费品短缺等等。所以,应在国内发展相应的企业和产品。

四、流入资本

在发展中国家能够持续的积累包括三个部分:资金(主要是企业利润)、储蓄、进口国内短缺的资源。

因信用制度不发达,发展中国家的资本(股票)市场亦不发达;因经济落后,政府的税收有限;因政府信用度低,其发行国债的条件也差;此况下,有钱人宁愿将资金转化为土地或黄金;政府还往往大量购买军火和进口消费品。所有这一切,导致发展中国家发展资金短缺。大量借入外债则造成沉重的负担。建立、健全银行制度和资本市场是(私营)企业能够持续积累(发展)的先决条件。

稳定的储蓄可以转化为投资以弥补资金的不足。最需要防止的是企业家将增加的利润用于奢侈品消费且不断增加。外国贷款和援助可以直接补充接受国的储蓄,虽然它造成了逆差,但提供国的储蓄部分转移到了受援国。此况下,更要注意防范进口大量的消费品乃至奢侈品。

贷款造就的发展及其收入(利润),常常被还本付息所抵消。引进资金的更好方式是引进直接投资,甚至可以允许直接投资者在投资地(国家)发行公司债券,并允许其将(税后)利润的一部分汇出。许多发展中国家相互竞争,提出了各种优惠待遇来吸引直接投资。

五、人口

第三世界的生产与收入在增长,但人口也在增加,并造成了贫困和苦难的持续与扩大。

发展中国家大多数存在粮食供给严重短缺问题。必须使发展中国家的人们懂得:人口(过度)增加对于还活着的人是不利的,即使在最富有的国家中也是如此。因此,节制生育的政策是明智的。

六、结论

第三世界面对的上述种种(经济)问题不可能在自由主义的经济学中(即传统的强调依靠市场的经济学)获得答案,并达至均衡,甚至不可能单单从经济学中获得答案。

新剑桥学派的基本立场有二:改善分配结构,提高劳动收入占国民总产值的份额,对劳动的边际效用应有一个公平、公正、客观的估计及评价;否定,至少是质疑经济学的自由主义(即(唯)市场主义亦即通俗而言之的市场万能论)立场,重申乃至强化凯恩斯以来的经济学(政府)干预主义立场。本书的全部内容均体现了这两点。前者促进了发达国家的分配(收入)改革,发展、健全社会保障体系正是这一改革的题中必有之意;后者则提供了这一改革的政府工具,而社会保障体系的建立、健全也必须由政府干预。作者对苏联社会主义模式利弊的分析,以及对其必将变革的预期,也发人深省。

(余益伟、杨慧宇、庞绍堂撰文,庞绍堂修订)

《福利资本主义的三个世界》导读

The Three Worlds of Welfare Capitalism

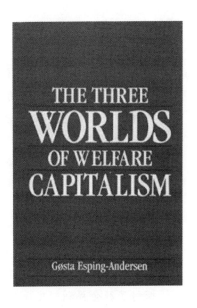

The Three Worlds of Welfare Capitalism (1990)

Costa Esping-Andersen

考斯塔·艾斯平-安德森(Costa Esping-Andersen),1947 年出生于丹麦。1990 年,他以《福利资本主义的三个世界》(*The Three Worlds of Welfare Capitalism*)这部"开创性著作"而一举成名。

艾斯平-安德森毕业于丹麦奥尔胡斯大学,1973 年获哥本哈根大学的哲学和科学两个硕士学位,1978 年获美国威斯康星大学的博士学位。他曾在一次采访中说到熊彼特(Schumpeter)的《资本主义、社会主义和民主主义》一书对他的学术发展有着重大影响,同时他在威斯康星接受了美国式的学术训练,并在相互配合和团结协作中勤奋工作。他曾在哥本哈根大学、威斯康星大学担任讲师,1978 年以后在哈佛大学担任助理教授和副教授,1986 年以后在意大利佛罗伦萨的欧洲大学研究院被聘为副教授和全职教授,1993 年在意大利的特伦托大学被聘为全职教授,2000 年以后一直在西班牙巴塞罗那的庞培法布拉大学任全职教授。

艾斯平-安德森除了在北美和欧洲的许多大学被聘为客座教授或讲座

教授之外，还在许多科研机构担任重要职务，在近十个学术团体和基金会里任职，受聘于多家国际机构，还被多个国家的中央政府聘为顾问。

艾斯平-安德森是一位多产学者，他的相关著作有近十部，用多种语言发表的论文近百篇。他的著述和研究兴趣主要有三个领域：第一个领域是关注社会民主党的研究，其代表作是《政治反对市场》；第二个领域是社会政策和福利国家制度的比较研究，其代表作是《福利资本主义的三个世界》和《转型中的福利国家》；第三个领域涉及就业、劳动力市场特别是后工业社会的服务经济。①其中，在1990年他43岁时出版的《福利资本主义的三个世界》一书被认为是"开创性著作"，引起了学界的广泛关注，至今这本书仍被许多欧洲大学作为重要的参考书，成为比较社会政策研究中引用最多的著作之一，也是福利国家研究中引用频率最高的著作之一，书中界定的三种福利制度类型成为福利模式无限划分的起点。艾斯平-安德森探讨了社会福利制度比较研究的两个中心问题：如何解释福利制度的产生和发展以及福利国家体制间的差异？福利国家体制对经济产生了何种影响？这本书先后被翻译成法、韩、日、西和中文等，在多个国家成为畅销书。

如上所述，该书是一本"开创性著作"，其"开创性"主要体现在以下方面：首先，它的重要贡献表现在理论与方法上。在书的开篇，艾斯平-安德森就对相关的理论与研究方法进行了详尽的梳理，从古典政治经济研究展开，到马克思主义的研究方法，再到当代福利国家的建立及其成因探究，脉络清晰，并还原了这些理论与研究方法所产生的历史背景和时代特色，具有很强的专业性和严谨的逻辑性。其次，该书的精髓在于，原创性地考察社会资源整合与运用上的政府、市场、社会（家庭）三者关系，从而将福利国家区分为三种不同的体制。②最后，该书突破了以往福利国家理论研究中仅仅局限于社会支出与社会服务二者关系及其变动的狭义思路，从广义的政治经济学视角将社会保障制度看作为一个体制，将福利国家视为特殊的政治经济关系的总和，认为福利国家的成因涵盖了社会政策的历史发展因素，体现了国家制度的传统特征。

---

① 参见〔丹麦〕考斯塔·艾斯平-安德森：《福利资本主义的三个世界》，郑秉文译，法律出版社2004年版，第1—6页。
② 参见谢斯馥：《全新维度下的福利资本主义——评〈福利资本主义的三个世界〉》，载《中国社会保障》2011年第7期。

《福利资本主义的三个世界》导读
The Three Worlds of Welfare Capitalism

正如书名所示,艾斯平-安德森这部著作的最大特色,就是在确立划分福利国家的三个原则——非商品化、社会分层和国家与市场的关系——的基础上,按照这三个原则将福利国家分为三种模式:第一种为自由主义模式,注重市场机制的作用,非商品化弱,社会分层明显;第二种为保守主义模式(欧洲大陆的社会合作模式),建立在责任多方分担的社会保险基础之上,非商品化与社会分层程度居中;第三种为社会民主主义模式,依靠国家的力量,追求福利的项目范围和人群覆盖面,非商品化强,社会分层不明显。作者在收集并分析大量数据材料的基础上,选取了美国、德国、瑞典分别代表自由主义、保守主义、社会民主主义的福利体制,考察各自的政府、市场和社会(家庭)三者之间的关系。艾斯平-安德森根据当时福利国家的发展特点,科学、合理地引入后实证主义方法论,即通过对于研究范式、研究方法和研究路径等多元化的概括和归纳,从而形成了一种全景式的推断,开创性地搭建了本书的逻辑框架,从而将福利国家的理论研究推向了一个新的阶段。①

本书分为三编即三大部分。第一编主要介绍三种福利国家体制。作者从宏观经济的视角将社会保障制度看作一个"体制",以崭新的逻辑来论证西方国家的福利模式,并将其划分为三种体制类型,细致入微地分析了不同体制类型福利国家的主要差别。第二编聚焦于三种不同体制类型的福利国家产生和形成的逻辑。作者研究了福利国家对于经济的影响,考察了福利国家的就业结构,探索作为一种核心制度的福利国家是如何对其传统领域之外的事件产生影响的,运用对福利国家制度的知识来研究就业领域内正在发生的变化,并从三类体制中各选取一个典型国家,以此研究不同的福利国家形态怎样影响着就业领域的变化。第三编是全书的一个总结,作者集中讨论了福利国家不仅与就业制度相重合,而且对就业结构的演变、对新的社会冲突的演变确实具有直接的和不确定的影响,并探讨本书描述的各类福利国家的体制特征究竟能在多大程度上解释"后工业化"发展的多样性。

艾斯平-安德森对福利国家和福利制度模式的研究在世界范围内产生了重要影响,吸引了众多的经济学家、政治学家和社会学家,他们从各自学

---

① 参见徐艳晴:《艾斯平-安德森的社会福利方法论》,载《苏州大学学报》2011年第4期。

科出发围绕着艾斯平-安德森"福利模式"的分类法展开了讨论。尽管对艾斯平-安德森创立的福利模式"三分法"的争议见仁见智,但后人们几乎都是以他的研究为平台,从社会权利的起点出发。[①]在福利模式比较研究的领域,艾斯平-安德森是一个承上启下的人物,《福利资本主义的三个世界》已经成为该研究领域最具影响力、引用率也最高的著作。就中国而言,虽然不能完全套用艾斯平-安德森的理论和方法,但是他从非商品化和社会分层的角度探讨社会福利研究的方法论,对于当前我国学界从事社会福利的研究仍具有较强的现实意义。特别是随着我国市场经济结构的不断完善,社会福利领域的非商品化程度在不断降低,社会分层化趋势日益明显,由此带来的社会福利问题也日益加剧,迫切需要学界从新的视角、用新的方法给予关注和解答,艾斯平-安德森的方法论思想无疑为此提供了一种新的启迪和借鉴。

---

① 参见郑秉文:《社会权利:现代福利国家模式的起源与诠释》,载《山东大学学报》2005 年第 2 期。

《福利资本主义的三个世界》导读
The Three Worlds of Welfare Capitalism

前　言

"前言"部分主要介绍了全书的资料来源。该书使用了八年中建立的三个大型资料库：(1) 福利国家计划的制度特征分析，资料来源于瑞典社会研究院(SIFSR)的"福利国家比较研究"课题；(2) 关于福利国家与劳动力市场相互作用的分析，则基于"WEEP 资料库"，该资料库源自相关各国劳动力调查和统计数据资料；(3) 同时使用了佛罗伦萨的欧洲大学研究院建立的关于欧洲各国和美国就业结构及其变迁的相关资料库。在建立上述资料库的过程中，与 18 个国家的政府部门和统计机构打过交道，这是一种宝贵的研究经验。最后，作者向读者介绍了他的合作团队。

导　论

福利国家已经成为一个备受关注的研究课题。传统的福利制度将大部分支出和人力用于福利目标。艾斯平-安德森指出，国家的历史特点对福利国家的产生具有决定性作用，历史上形成的政治性阶级联盟是导致福利国家差异的决定性因素。

目前，研究福利国家有狭义的和广义的两种方法。狭义的研究方法"将福利国家理解为传统的社会改良政策领域：收入转移和社会服务，有时或许还提及住房问题"。广义的研究方法"则从政治经济学角度提出问题，其主要兴趣集中于国家在管理和组织经济方面的重要角色。因此，从广义的角度看，就业、工资和整个宏观经济调控等都被看作福利国家体系的密不可分的组成部分"①。广义的研究方法将这一论题定为"凯恩斯式的福利国家"，或称"福利资本主义"。艾斯平-安德森采用广义的研究方法，以古典和现代政治经济学开篇，讨论就业和宏观经济的调控问题，从而形成全书的核心概念——"福利国家制

---

① 〔丹麦〕考斯塔·艾斯平-安德森：《福利资本主义的三个世界》，郑秉文译，法律出版社 2004 年版，第 1—2 页。本导读对该书的引用均来自该版本。

度"。

艾斯平-安德森之所以采用广义的研究方法,其目的在于试图进行"全景"式扫描,从宏观的福利资本主义世界出发,不拘泥于某个国家福利制度细节的探究和比较。他有两个坚定的信念:第一,对福利国家的概念和理论重新进行建构;第二,采用并拓展经验的比较研究方法。

第一编 三种福利国家体制

本编提出了福利国家的三种体制类型,共分五章。第一章从政治经济学的理性传统出发,阐明福利国家的特点,定义福利国家体制的三个原则,提出福利国家的三种体制类型;第二到第四章分别从非商品化、社会分层化、国家与市场关系等三个角度,考察并论证福利国家的三种体制类型;第五章运用横截面分析法,揭示了政治变量在决定福利国家体制差异中的作用。

第一章 三种福利国家政治经济学

本章从古典政治经济学关于福利国家争论的理性传统出发,在肯定前者研究贡献的基础上,提出了当代政治经济学研究方法的新特点,引入社会阶级动员的新分析方法;在重新界定福利国家概念的基础上,提出了福利国家制度研究的三个原则,即非商品化、社会分层化、国家与市场的相互关系;继而运用这三个原则,提出了福利国家体制的三个类型,即自由主义、保守主义、社会民主主义;最后,分析了形成三种福利国家体制差异的原因,即国家结构。

首先,艾斯平-安德森系统梳理了自由主义、保守主义和马克思主义这些古典政治经济学派关于福利国家的争论,发现古典的政治经济学家们对福利与资本关系的争论主要集中在市场和国家的关系上,因此,"我们更易于理解国家与经济的关系何以成为检验政治经济学各种理论主张的主要依据。"[①]由于受到实证主义、比较研究方法和历史研究方法的影响,当代社会科学有了长足的进步。如果将这些新的科学研究方法论和政治经济学的概念相结合,就能强化研究的理论基础。

"诠释福利国家的方法主要有两种:一种侧重于结构和整个体系;另一种

---

① 〔丹麦〕考斯塔·艾斯平-安德森:《福利资本主义的三个世界》,第11页。

则侧重于制度和行为方式。"①前者由于将"注意力集中在系统的运行规律上,因而在研究方法上倾向于强调各国的相似性而非相异性"②,强调工业化和现代官僚政治是福利国家之源。具体理由是:家庭、教会、道德责任、基尔特团结等等已经被社会流动、城市化、个人主义及对市场的依赖等等所毁坏,现代官僚政治利用理性的、普遍的、有效的组织形式对集体物品进行管理。但它"难以解释政府的社会政策为什么在传统社会实际上被摧毁50年乃至100年以后才姗姗来迟"③。后者认为民主制度促进了福利国家的发展,指出民主权利与福利国家正相关;但是历史事实则表明,早期的主要福利国家的发端都早于民主制度而产生,相反,在民主制度最早建立的地方,福利国家的发展最受阻滞。"这一明显的矛盾只有引入社会阶级和社会结构的因素才能得到解释。"④

为了克服结构分析和制度分析的缺陷,"阶级动员论"(class-mobilization thesis)得以引入,强调社会阶级是引起变动的主要动因,认为阶级力量的平衡决定分配结果。然而,该理论过于夸大单一权力作用的观点受到了种种质疑,这就需要解释权力动员的条件,"它取决于多种力量的较量,其自身运动的历史持久性,以及各种力量的结盟格局"⑤。后来,巴林顿·莫尔(Barrington Moore)提出了改良的"阶级联盟论"(class-coalition thesis),被艾斯平-安德森采纳,因为运用阶级联盟分析方法的交互式模型"直接观察到了截然不同的福利国家体制"⑥。

不同的理论分析模式产生不同的福利国家定义。在过去的研究中,福利国家本身只受到有限的、概念化的关注,常见的教科书式的定义是:"国家对于公民的一些基本的、最低限度的福利负有保障责任。"⑦这一定义回避了一系列重要问题。早期的比较研究将福利支出水平作为焦点,不假思索地以为福利支出水平就能够充分反映一个国家在福利方面所承担的责任,其实福利支出只是福利国家理论中的附带现象。作者赞同塞伯恩(Therborn)从国家结构观念出发的研究,积极评价理查德·蒂特马斯(Richard Titmuss)将福利国家

---

① 〔丹麦〕考斯塔·艾斯平-安德森:《福利资本主义的三个世界》,第12页。
② 同上。
③ 同上。
④ 同上书,第15页。
⑤ 同上书,第16页。
⑥ 同上书,第18页。
⑦ 同上书,第19页。

分为补缺型和制度型的结构性方法,并对既有的判定福利国家类型的标准作了评述,批评这种方法与历史无关,认为"应当从那些对福利国家发展起到关键作用的历史活动家们所实际创立的主张入手"①。

在前人研究分析的基础上,艾斯平-安德森提出了自己对福利国家的说明。他发挥了马歇尔(Thomas H. Marshall)关于"社会公民权利是福利国家的核心概念"的思想,认为社会权利必然带有非商品化的性质,社会公民权利的概念还涉及社会分层化;同时,还必须考虑福利国家行为是如何与市场和家庭的作用联系在一起的。因此,非商品化,社会分层化,国家、市场和家庭三者关系就是福利国家理论的三条主要原则。

第一,权利与非商品化。"当一种服务是作为权利的结果而可以获得时或当一个人可以不依赖于市场而维持其生计时,非商品化便出现了。"②在当代福利国家中,非商品化权利以三种不同的形式发展出来,它们分别是盎格鲁-撒克逊国家的社会救助形式、国家社会保险形式和贝弗里奇式的公民给付形式。因此,非商品化福利国家的定义是:"公民在必要时可以自由地选择不工作,而无须担心会失去工作、收入或一般福利。"③

第二,权利与分层化。一个更为基本的问题是:社会政策会促进什么样的社会化分层体系。福利国家本身就是一个分层化体系,是规范社会关系的积极力量。④

艾斯平-安德森用比较的和历史的研究方法分辨出三种福利国家的分层化体系:① 传统的社会救助导致社会化分层,推进了社会两极分化。② 保守主义的社会保险模式维持了社会地位的分化,且对公务人员进行特殊优惠。③ 社会主义者的普救主义的"大众"福利,提倡地位平等,试图建立超阶级的、全民的纽带。但它仅适用于历史上的特定阶级结构。

第三,国家、市场和家庭的关系。不同的福利体制国家都面临着"究竟应该由市场还是由国家来提供充分的和满足中产阶级期望的给付"⑤这一两难选择,形成了两种对立的模式。第一种以盎格鲁-撒克逊国家为代表,市场主导日

---

① 〔丹麦〕考斯塔·艾斯平-安德森:《福利资本主义的三个世界》,第22页。
② 同上书,第23页。
③ 同上书,第24页。
④ 同上书,第25页。
⑤ 同上书,第28页。

益增长的、更高层次的福利,国家只提供基本的、有限的普救主义福利;第二种则在市场之外寻求普救主义给付与充分给付的综合形式。在这两个极端当中,国家、市场和家庭之间有着各种性质不同的制度安排,"福利国家的各种变量并非呈线性分布,而是根据体制类型分类的"①。

作为本章的重点,艾斯平-安德森将社会权利的非商品化、社会分层化,以及国家、市场和家庭之间的关系作为基本标准,提出了福利国家体制的三种类型:

(1) 以美国、加拿大和澳大利亚为代表的"自由主义"福利国家,非商品化效应最低。

(2) 以奥地利、法国、德国和意大利为代表的"保守主义"福利国家,历史上的合作主义和家庭传统得以维护。

(3) "社会民主主义"福利国家,它存在于为数不多的新中产阶级国家(后面会提到就是斯堪的纳维亚国家),在这里,社会分层化程度最低。

最后,艾斯平-安德森阐述了造成福利体制差异的成因,认为阶级动员的性质(尤其是工人阶级)、阶级政治联盟的结构、福利国家体制制度化的历史传承这三个因素非常重要。② 三种不同的福利国家体制各自具有不同的阶级组合,其共同之处则在于,新中产阶级在三种福利国家体制形成过程中都起了重大作用。

第二章 社会政策中的非商品化

本章首先讲述了非商品化问题的由来,重点分析保守主义、自由主义、社会主义即社会民主主义等三个福利国家类型对于非商品化的反应,然后运用经验研究方法分析不同福利国家类型的社会政策的非商品化潜力。

艾斯平-安德森指出,"现代社会政策的源动力在于人类需求和劳动力的商品化过程"③。前资本主义社会,劳动力尚未商品化,决定一个人生存能力的不是劳动契约,而是家庭、教会或君主。随着劳动力成为商品,人们独立于市场之外的生存权利便岌岌可危。关于劳动力商品化及其后果问题,在马克思主义、自由主义、保守主义中存在着不同的意见,正如波拉尼(Polanyi)所说:"在

---

① 〔丹麦〕考斯塔·艾斯平-安德森:《福利资本主义的三个世界》,第29页。
② 同上书,第32页。
③ 同上书,第38页。

自由资本主义的劳动力全面商品化运动中存在着根本性的矛盾。"①劳动力商品化也引起了它的对立面的产生,即非商品化过程的出现。"非商品化"的概念指的是:"社会对于在市场参与基础上的独立生存的可接受标准。"②非商品化对于资本主义的延续和个人的福利与安全都是必要的。福利国家发展的多样性显示了对于非商品化压力的竞争性反应。

首先,在19世纪,传统的保守主义构成了反抗劳动力商品化的唯一主力,从而对社会政策的发展产生了重大影响。前资本主义虽然存在商品形式,但是劳动的商品形式尚未发展,当时的大部分人是依靠通行规则和社会组织来维持生活。保守主义维护前资本主义的准则,它将人的商品化视为道德堕落、社会秩序的腐败、涣散和紊乱。保守主义对于劳动商品化问题的解决有三个模式,即大封建主义、合作主义和国家主义,从而"是在方兴未艾的资本主义经济体系中维系传统社会关系的方法,是把个体整合为一个有机整体的手段,是保护社会免受个性化和市场竞争的冲击、排除阶级对抗逻辑的工具"③。社会权利的保守主义是现代社会政策的历史源头,它们向劳动力商品化进行冲击。因此,"'前商品化'的社会政策是'防止资本主义倒塌的拱璧'之一,它也是我们今天所考察的现代福利国家的基石之一"④。

其次,自由主义则与保守主义的理念背道而驰。"自由主义的一般假设是:市场有利于劳动力的解放,是自立者和勤劳者的最佳保护壳。"⑤但是,自由主义面临着它所憧憬的"理想社会"(good society)的危机,为了处理劳动力商品化的困境,自由主义者从两个方面出发寻求答案。一是调整"资格不及"(less eligibility)原则,从济贫法转向家计调查式的社会救助,主要体现在盎格鲁-撒克逊和斯堪的纳维亚的早期社会政策中;二是基于自愿主义(voluntarism)原则的慈善或保险,当然更多的是私人性质的、有组织的保险。总之,自由主义在实际过程中对社会保护的适应性富有更多的弹性,在某种条件下,自由主义既能强化劳动力的商品地位,又不致引出负面的社会效应。

最后,社会主义是作为对于资本主义将劳动力商品化的回应而诞生的。社

---

① 转引自〔丹麦〕考斯塔·艾斯平-安德森:《福利资本主义的三个世界》,第39页。
② 同上书,第41页。
③ 同上书,第43页。
④ 同上书,第45页。
⑤ 同上书,第46页。

会主义在理论上支持打碎一切使劳动力商品化的逻辑,将人们从市场依赖中解放出来;但在实际操作中只能主张改良式的社会改革政策,以增加工人的资源并提高他们相对于市场的地位。他们的政策与合作主义传统有密切关系,试图将改良主义与社会主义的目标相融合,最终接受福利国家作为其长期事业的中心目标,从而形成社会民主主义。

为了考察福利国家中各种不同类型的社会政策的非商品化潜力,需要运用经验主义的分析方法。艾斯平-安德森以实际福利计划的规则和标准为分析对象,选择了三组量纲,即资格标准和资格限制、收入替代、资格授权的范围。社会保障的三类制度的非商品化有不同侧重。第一种是盎格鲁-撒克逊国家侧重社会救助,其资格条件是被确证为一贫如洗的贫困者,它并未使公民权利得到发展;第二种是从德国扩展到整个欧洲大陆的社会保险传统,以参与劳动市场和缴费即工作业绩为基础给予资格权利,非商品化程度与保险制度的宽松程度相关;第三种是基于贝弗里奇的普遍公民权原则,以公民身份和长期居民身份为条件,具有很强的非商品化潜能。这种分类方法,与蒂特马斯提出的补缺型福利国家、工业成熟型福利国家和制度型福利国家三分法相类似。

现实中,每个福利国家都是一种混合的、非单一类型。艾斯平-安德森运用经验研究的方法来考察不同福利国家的非商品化。他对养老金、医疗保险和失业现金给付三项最重要的福利计划进行综合评分,对于18个主要工业化民主国家的非商品化指数进行测定,得出如下结论:"每个国家的福利体系均呈现出系统性特征。北欧国家一致地具有较强的非商品化特征,而盎格鲁-撒克逊国家则大都逊色一筹。这一结果与我们对福利国家分类的预期相吻合。"[①]通过经验分析还发现,不同类型的福利国家的群组特征区分明显,盎格鲁-撒克逊国家非商品化指数集中在低分值区,斯堪的纳维亚国家居高分值区,欧洲大陆国家则处于上述两极之间。在此基础上,他提出了两个导向性假设:一是具有悠久的保守主义或天主教改良主义历史传统的国家,早期便发展出了非商品化的社会政策;二是具有强烈的自由主义传统的国家因不同的政治权力结构而出现了分化。本章最后以"附录"的形式给出了非商品化指数的评分方法。

---

① 〔丹麦〕考斯塔·艾斯平-安德森:《福利资本主义的三个世界》,第57页。

第三章　作为分层化体系的福利国家

本章的思路与第二章相似,首先讲述福利国家的分层化作用,接着将社会分层化的聚合状态分为三类:保守主义社会政策的分层化、自由主义社会政策的分层化和社会主义社会政策的分层化。最后提出用于福利国家社会分层化的定量比较研究的量纲,即社会分层化指数。

福利国家通常是一种社会分层化体系,社会分层化也是福利国家的一个重要组成部分。新马克思主义认为福利国家只是再生了既存的阶级社会,马歇尔的追随者们指出福利改革是缩小阶级差别的主要推动力。但这两种既有的研究观点都聚焦于社会给付和收入再分配,却忽视了福利国家的分层化作用。艾斯平-安德森则关注福利国家对社会结构的影响,他将社会分层化和社会聚合状态分为三类,发现这种分类与第二章中对非商品化制度类型的划分并行不悖。

第一,保守主义社会政策的分层化。

"主张家长式权威的保守主义在福利国家结构的演变过程中有着显著的历史作用。"①它有两种形式:一是俾斯麦推动建立的国家主义的社会福利政策,给予公务员的福利待遇优厚,同时社会救助得到充分的发展;二是合作主义的社会福利政策,以兄弟会式的博爱为准则,围绕着职业类别而建立,并与关注维护传统家庭的天主教会有密切关系,试图推动社会各阶级的和睦相处。国家主义和合作主义的共同之处在于,"建立起一个广泛包容阶级组织的替代方式,使之更顺从于中央政权的控制"②。保守主义福利国家的作用主要是维护社会阶级和地位的差异,保护既有的阶级分化,维护社会各阶级的融合。

第二,自由主义社会政策的分层化。

"自由主义信条的底线是,国家没有任何理由去改变在市场中形成的分层化结果,这些结果是公正的,因为它们映现出努力、动机、适应力和自立能力。"③各种自由主义的思潮和手段都表明,社会政策应该是最小化的和自由放任的,为解决"市场失灵"而建立的贫困救助带有惩罚性和耻辱性色彩,减少"社会病变"的集体主义措施也是为了重组以市场为核心的竞争性个人主义。

---

① 〔丹麦〕考斯塔·艾斯平-安德森:《福利资本主义的三个世界》,第66页。
② 同上书,第69—70页。
③ 同上书,第70页。

其结果就是这样的"奇特组合:社会底层的团体主要依赖于羞辱性的救助;中产阶级是社会保险的支配性主体;最后,特权集团则有能力从市场中获得他们的主要福利"①。

第三,社会主义社会政策的分层化。

改良的社会主义以追求团结尤其是工人运动的团结为目标,但是碰到了失业带来的流氓无产阶级以及社会分隔问题的严重阻挠。社会主义者坚持团结原则,先后借助合作主义和家长制团体,工会的集体协商妥协,以及微观社会主义的"移民区策略",但这三种策略都未能实现普遍的团结。斯堪的纳维亚国家将普救主义和民主权利相结合,追求更为普遍的社会团结。新的议会改革制度为其提供了广泛的动员,并向着人民普救主义转变,促进了政治联盟的建立。社会结构现代化以后,社会主义的普救主义受到中产阶级兴起的挑战,为了维护福利国家的团结,以瑞典为代表的福利国家走上了以中产阶级为标准的普救主义,这既使得一般工人的社会福利攀升,也维护了多数社会成员的团结,从而形成社会民主主义的福利国家。

与第二章讨论非商品化问题时一样,本章也尝试着对不同福利国家的社会分层化进行量化研究,即以合作主义、国家主义、家计调查、市场影响力(私人部门养老金和私人部门医疗保健支出)、普救主义和给付平等程度为量纲,对18个福利国家作分组研究。发现社会分层化和非商品化两组的分组十分相似:社会民主主义国家高度非商品化,普救主义成为主导原则,社会最平等;自由主义国家低度非商品化,个人主义倾向明显,社会分层化状况差异较大;保守主义国家的非商品化和社会分层化都属于中等水平。本章最后也以"附录"的形式给出了社会分层化指数的评分方法。

第四章 养老金体制结构中的国家与市场

第四章是在政治经济学的视角下,以养老金为例,分析了国家与市场两种力量对福利国家的非商品化和分层化的重大作用,从而体现出市场也是福利国家制度的内在组成部分,理解国家与市场的关系,有利于更好地对福利国家的行为进行定位。

政府或市场并非天然是提供福利的主体,公共部门和私人部门混合着提供

---

① 〔丹麦〕考斯塔·艾斯平—安德森:《福利资本主义的三个世界》,第74页。

福利是发达国家普遍存在的现象。艾斯平-安德森之所以选择养老金作为分析对象,是因为它在各国国内生产总值和社会权利中占有重要地位,有助于阐明一系列永远相互矛盾的资本主义原则。

根据蒂特马斯的"制度型"福利国家体制理论,福利国家的体制可以从国家和市场在社会权利提供的对比中得以比较。"私人部门与公共部门提供的社会保障之间的区分,展示了福利国家体制的非商品化、社会权利及社会分层化的结构关联。"[1]有鉴于此,讨论福利国家要从私人福利开始。私人福利和公共福利二者划分的原则是:以国家立法、政府指令形式提供的为公共福利,其他的则为私人福利。换言之,政府法令的颁布是公私福利划分的分界点。因此,公务员养老金和法定的职业养老金具有公共福利的性质,而职业养老金计划和个人养老金属于私人福利。尽管私人福利的统计有很大难度,艾斯平-安德森还是力图通过计划类型的总支出和老年家庭的收入来源这两个指数进行经验研究。

经验研究的结果表明:私人养老金的作用并不重要;不同国家的私人养老金有不同的发展趋势;18个国家中社会保障、政府雇员、私人职业性养老金和个人养老金在GDP中所占比重存在明显差异;社会保障水平低和私人福利供给程度高同时存在;国家主义和合作主义福利国家的公务员养老金福利规模大,自由主义和社会民主主义福利国家的公务员养老金支出少。通过社会保障和私人部门在福利供给中的相对地位,可以对养老金制度作出初步的分类:(1) 合作主义式的国家主导的保险制度。社会地位是基本要素,市场的作用弱,带有高度的职业性分隔倾向,公务员享有特权,如奥地利、德国等。(2) 补缺型制度。市场占优势地位,社会保障地位弱,公务员没有特权,如澳大利亚、美国等。(3) 普救式的国家主导的制度。全体公民的社会权利得以保障,市场和地位特权的影响很小,如挪威、瑞典等。

唯一的例外是英国这一真正混合的案例。经验研究数据还显示,上述两类指数之间具有相当强的统计相关性,这也意味着采用制度分类的方法,对于福利国家的跨国比较研究更有成效。

养老金的公私混合形式是在国家的促成下发展起来的。直到19世纪,农村人口仍占多数,自我雇佣还很普遍,劳动力商品化程度低,对工资和保险收入

---

[1] 〔丹麦〕考斯塔·艾斯平-安德森:《福利资本主义的三个世界》,第90页。

的依赖小,老年收入保障主要靠继续工作、家庭、慈善机构、救助金以及鲜见的国家或私人的养老金计划这六种方式。当时的私人养老金市场是补救型的,并没有充分的发展。国家养老保险对私人保险的挤出效应弱,反而挤出了前资本主义时期社会保障的遗迹,如家庭和慈善机构、贫困救助、互助会。19世纪末20世纪初,人口、就业和政治的改革,推动了养老金制度的演变。家庭结构的变迁和预期寿命的延长,增加了养老金的需求;工会和劳工联合会的发展,全民选举的盛行,使养老金的需求由社会问题变成了政治问题。在此背景下,私人养老金向个人保险和职业与产业养老金保险转变,公务员养老金和社会保障养老金也随即出现,也就是说,公共的和私人的养老金几乎同步制度化。

"二战是养老金发展的分水岭。它需要并且创造了国家团结的气氛,把工人运动导入国家决策的核心;在'过度充分就业'的条件下,严格的战时工资—价格管制迫使雇主提供具有吸引力的额外给付,同时也促使工会向雇主提出这样的要求。战争或者破坏了旧的社会保险体系(如在德国),或者为战后福利国家的承诺建立起结构框架。"①二战结束后,各国在发展公私养老金的过程中,"呈现出国家干预的两种方式:首先是政府赋予公务人员和受雇者以特殊地位的传统;其次是几乎在所有国家,政府决定对私人市场中成长着的第二层次养老金实行立法(或者直接委托管理)"②。可见,在养老金结构中,国家成为输入与输出的首要环节,"偏向市场的体制可能是由积极的、直接的政府政策引导的,例如在美国;地位特许权当然是合作主义和集权国家主义的遗产;普救式的社会公民权利模式显然只有在国家排挤了市场和合作主义的地方才可能发生。国家因此成为我们如何定义福利国家体制类型的中心问题。"③

第五章 权力结构中的分配体制

本章主要解答为何不同的国家会演变出不同的福利体制类型,采取相关性比较的方法找出并验证政治动因,解释政治变量对于福利国家特征的影响。

艾斯平-安德森认为,福利国家最初的推动者是旧式的统治阶级,他们才是现代福利国家真正的奠基人。这一观点与工人阶级动员理论相悖。工人阶级动员理论建立在集体行动的劳工运动、社会主义或社会民主主义的模式基础之

---

① 〔丹麦〕考斯塔·艾斯平-安德森:《福利资本主义的三个世界》,第113页。
② 同上书,第116—117页。
③ 同上书,第117页。

上,到 20 世纪才开始占据优势。在此之前,"工人阶级通常是早期社会政策的客体,而非主体"①。统治阶级的改革运动早于工人阶级的诞生,福利国家曾经建立在既反对工人运动又反对社会主义的基础之上。因而,认为工人运动造成了福利国家模式差异的观点是错误的。

如前所述,诸多历史因素在福利国家的形成中发挥了决定性作用。福利制度中的国别变化不能归结于权力动员的不同水平,必须从权力结构方面去理解,特别注意政治联盟的格局、工会与政党间的关系,以及天主教和基督教影响政党和政策的方式。

权力有多种表现形式并归属于不同的阶层,在研究福利国家和社会政策时应该关注利益集团和官僚机构,特别是议会和内阁权力。艾斯平-安德森将 18 个主要工业资本主义民主国家作为研究对象,引入左翼或工人政党"加权内阁参与度"(Weighted Cabinet Share, WCS)、基督教和天主教民主动员的作用力、新专制主义和权威主义的历史影响力等变量,检验经济发展和人口变动这两个福利国家发展的假设动因,并重视维伦斯基(Wilensky)的"官僚增长理论"(bureaucracy-incrementalist theory)在养老金方面的影响力。研究分四个步骤:一是对福利国家总体测定标准作限定性分析;二是将养老金的供给结构作为关注的中心;三是检验福利国家总的结构特征和制度特征;四是对作为社会分层体制的福利国家的三个模式作出具体解释。采用的研究方法主要是横截面分析法。

在社会福利支出水平方面,没有理由相信社会保障经费的投入(它以粗略的方式反映着社会工资的总水平)只与左派政党权力相关,大规模的福利支出同样可以在权威体制或天主教体制中产生。不过二战以后,政治力量对社会保障经费投入的影响越来越明显。

在福利国家结构差异方面,将社会工资予以分解,专注于养老金部分,可以检验政治权力和人口—经济变量的相关影响。因为,政治变量的决定作用不可能在福利供给总量模型中体现,但在结构差异中则有明显的体现。一是在"自由主义"体制中,市场偏向强烈,左翼党派对于私人养老金的反向影响较弱;二是在"保守主义"体制中,天主教党派和专制主义议会既倾向于极端的国家主义,保护公务员的特殊福利,也积极支持合作主义,承认养老金的地位差异;三是在"社会民主主义"体制中,混合养老金中的社会保障偏向强烈,这与进入政

---

① 〔丹麦〕考斯塔·艾斯平-安德森:《福利资本主义的三个世界》,第 122 页。

治权力体系的工人政党力量密切相关。

在此基础上,艾斯平-安德森进一步揭示了福利国家结构的三个方面的特征:一是家计调查,这是自由主义社会政策最为显要的原则,但遭到工人运动的反对;二是非商品化,这既是左翼政治权力不懈追求的目标,也得到保守主义政治的支持;三是充分就业,这是左翼政治权力的偏好,却遭到来自自由主义和保守主义的反对。

因此,验证了政治变量对不同福利国家体制的影响:① 保守主义体制。国家主义和合作主义特征明显,天主教政党和权威主义、专制主义国家的既往历史是主要的影响因素,左翼政治力量仅具有反向作用。② 自由主义体制。它与家计调查和私人市场依赖性相关,但遭到左翼政治权力的强烈反对。③ 社会主义体制。以普救主义和平等为重要原则,左翼政党权力是社会主义体制生成的前提条件。

第二编　福利国家的就业结构

本编试图将福利国家作为自变量,研究"不同的福利国家形态是如何从制度上影响发达资本主义国家的社会和经济行为的"①,重点讨论福利国家体制在经济上对于就业的影响。以自由主义体制的美国、社会民主主义体制的瑞典和保守主义体制的德国为研究对象,从劳动力市场体制、充分就业、后工业社会的就业途径和社会分层等三个主要方面予以分析。

第六章　福利国家与劳动力市场体制

本章的研究假设是:福利国家的独特性将在劳动力市场的组织方式上得以体现,每一种福利国家体制都与某种特定的"劳动力市场制度"密切相关。②该研究从劳动力市场的三个重要的基本问题入手,分别探讨退出劳动力市场并享受福利供给(退休)的资格条件,带薪缺勤的条件和国家雇佣的条件。

"各国的劳动力市场行为的差异归因于福利国家体制的性质差异。"③古典经济学家曾固守劳动力市场是封闭的和独立的并自动趋于均衡的观点。但是

---

① 〔丹麦〕考斯塔·艾斯平-安德森:《福利资本主义的三个世界》,第160页。
② 同上书,第162页。
③ 同上书,第162—163页。

后来,制度经济学家开始研究劳动力市场和社会政策之间的联系,以估算社会给付对特定劳动力供给的影响程度;社会科学关注政府在劳动力市场运行中的作用,研究各国充分就业差异的决定因素;新近关于服务部门就业的研究表明,福利国家是解释公共部门就业的国际差异的核心因素;马克思主义学派中也出现了关于新的社会阶级——接受福利国家照顾的群体——的理论。

"劳动力市场可以独立于政治之外而存在的说法,不过是一个由意识形态支撑的、为陈旧的理论学说捍卫的神话。"①传统的社会准则认为社会政策不应损害劳动力市场机制,早期的福利政策认为社会保障仅限于贫困的救助和严格的社会保险,战后的社会政策也保持着福利国家和劳动力市场的分离。但是,"在过去几十年中,三个潜移默化的'革命'以福利国家直接楔入劳动力市场的方式,从根本上改变了工作与福利之间的联系。"②这三个革命分别是:充分就业观念的革命,由健康男性扩展到所有愿意工作的人;为了福利而退出工作的退休计划的革命;福利国家不仅是社会保护系统,而且成为就业工具,成为就业增长的唯一重要来源。于是,社会政策和劳动力市场成为相互交织、相互依赖的制度。

艾斯平-安德森以下述三个"窗口"进一步说明职业生涯和社会政策的相互交织:

第一,老年退休行为的"窗口"。

格雷伯(Graebner)认为,退休政策作为处理失业问题的一种方式,是允许雇主释出失去生产效率的劳动力的一种机制。③现有学者很少关注福利国家差异与劳动力供给结构差异的关联。然而研究发现,社会民主主义国家劳动力退出率低,保守主义国家退出率非常高,除英国外的自由主义国家则有中等的退出率。老年工人长期失业的风险和领取退休收入的概率是两个有着特殊联系的因素,失业危机和退休给付的配置格局以及工作权利,是失业—退休关联的两个重要因素。及早退休从应对经济危机变为危机管理的工具,及早退休这类减少劳动力供给的方式逐渐为充分就业的目标服务。但是,"在70年代既定的充分就业承诺、积极反经济周期政策以及社会公共服务部门就业的大规模扩张

---

① 〔丹麦〕考斯塔·艾斯平-安德森:《福利资本主义的三个世界》,第165页。
② 同上书,第166页。
③ 同上书,第169页。

的条件下,减少劳动力供给政策实际上是不必要的"①。

第二,带薪缺勤的"窗口"。

最初疾病给付是为真正无能力工作者提供的,但后来带薪缺勤在性质和范围上都发生了转变。缺勤的原因是多样的、复杂的,各国在缺勤率方面也存在很大差异。斯堪的纳维亚国家的带薪缺勤制度已成为一种福利供给,瑞典女性就业率高也带来了高的缺勤率;德国的缺勤率很低,但是女性就业水平低,及早退休率高;美国女性就业率高,缺勤率也低。这些差别同各国的社会政策尤其是立法、休假补偿水平和给付成本的社会化相关,它们影响着缺勤在微观和宏观效用模型中的作用方式。

第三,国家雇佣的"窗口"。

国家雇佣并非真正的市场,不适用传统的劳动力市场的经济模式。政府通过直接扮演雇主角色以及采取短期工作计划、工资补贴、总量需求管理、产业补贴、人力资源政策等手段影响就业市场。研究福利国家对劳动力需求和就业配置影响的最直接有效方式,就是研究政府雇主角色。通过考察10个国家公共部门就业在福利服务就业中的份额和福利服务就业在总就业中的比率,发现国别差异也呈组群聚合状态:第一组为北欧国家,公共部门占福利服务就业份额高达90%以上,福利服务就业占总就业的比率也高达20%—30%;第二组为德国等保守主义国家,公共部门就业份额较低,福利服务就业比率也低(10%—15%);第三组为美国等自由主义国家,福利服务就业比率为中等,但其中却以私营部门占主导。这三个组群与三种福利国家体制类型也是相对应的。

最后,艾斯平-安德森对体制分类进行了具体化分析。例如,瑞典、挪威等国家追求劳动力供给的最大化,老年退出率低,女性参与率高;德国、荷兰等国家支持退出劳动力市场,减少劳动力供给;美国、加拿大等国家对于退出劳动力市场和女性就业都不鼓励。所有这些分析都验证了福利国家是现代经济组织化和分层化的基本动因的假设,并导出一个"前所未知的命题:现代福利国家导致了传统的国家—经济边界的基本崩溃,取而代之的却是各种各样的新的分界线。这些新的分界线或许会取代由来已久的工业阶级冲突的轴心线"②。

---

① 〔丹麦〕考斯塔·艾斯平-安德森:《福利资本主义的三个世界》,第173页。
② 同上书,第181页。

第七章　充分就业的制度调节

本章从三种体制类型中各选取一个典型国家,考察福利国家如何通过宏观经济政策、收入政策、充分就业经验、福利国家、工会等制度来保障充分就业,并揭示出各国对充分就业引致的权力平衡变化的控制能力越来越弱,从而引出悲观的观点,认为各发达国家都无法保证充分就业和经济增长的同步,因为资本主义制度框架内能将"零和冲突"引导成合作协商的工具十分有限。

凯恩斯派学者认为,福利政策下的充分就业将确立富有人性和劳动生产率的资本主义制度。二战后,发达资本主义民主国家却面临充分就业带来的两难问题。充分就业在现实中很难存在,也很少存在。20世纪30年代到50年代,是大部分国家社会与政治重新组合的"历史分水岭",出现了两种不同模式的应对分配冲突的全新制度:

一是以瑞典为代表,由中央机构统一管理的工会和雇主进行最高层次的或跨行业的谈判。其制度基础是劳动者承认私人产业所有者的权利和特权,企业决策不受干涉,冲突仅限于如何分配社会产品,公共部门和私人部门的边界不会被劳工的权力资源所改变;但劳工有权利强烈要求雇主对充分就业和社会权利作出承诺。在这种模式中,存在一个强大的、有凝聚力的、代表劳工阶层利益的组织,分配冲突通过长期的、复杂的政治交换方式予以解决。

二是以美国为代表,无论在市场还是政治方面,阶级组织都是残缺不全或支离破碎的,在分配问题上缺乏广泛协商的制度工具,"搭便车"和"囚徒困境"普遍存在,分配冲突中短期行为倾向明显,雇主在制度认同方面存在异议,组织权力本身就成了经济平衡增长的主要障碍。

艾斯平-安德森则重点考察美国、斯堪的纳维亚国家和德国三种福利国家体制的就业制度调节。

首先,在美国方面,罗斯福新政改革以社会保障、农业补贴以及积极的就业促进政策为主要内容,但缺乏全国性的、强大且有凝聚力的阶级组织。新政在1945—1950年期间被保守派阻止,政府在维持价格稳定和建设福利国家上面临两难,60年代中期失业率居高不下。同美国一样,英国的贝弗里奇计划在充分就业和通货膨胀上也面临困境。

其次,北欧社会民主主义国家从20世纪30年代开积极的福利政策和充分就业的先河,后来也陷入充分就业和通货膨胀的两难处境。丹麦通过停停走走式的"政治性经济周期"的办法来调节,瑞典和挪威则分别通过积极的劳动力政策和信用政策,使劳资谈判双方的"正和"解决成为可能,从而实现了充分就业的目标。

最后是德国的社会市场(social market)模式。战后,德国因为中央银行享有自治权,社会民主党和工会的"边际化"导致再分配压力小,高素质人力资源的持续大量供给等三大因素,实现了以物价稳定为前提的高速增长。20世纪60年代以后,劳动力供给不足,制度开始调整,形成了基督教民主联盟和社会民主党的大联盟,"协同行动"(konzertierte aktion)成为新的制度框架,加上实行积极的人力资源计划,制度效果得到改善。

20世纪60年代,西方发达国家工资压力上升,通货膨胀和国际贸易收支平衡恶化,国际上充分就业的工具选择出现趋同化,主要有四种策略:一是实行通货紧缩政策抑制经济过热,二是调整收入政策,三是促成新合作主义体制,四是动员新的劳动力储备。但是,各种解决充分就业压力的办法都只是短暂的胜利,大多数国家面临的基本问题都是如何抑制物价和劳动力成本,强化收支平衡,以及在收益率低的条件下确保投资持续增长。于是,延迟社会工资政策成为重要的手段,社会工资谈判也成了流行的政策。然而这增加了福利国家支出,有可能加剧通货膨胀和国家财政危机。70年代初,又出现了民主化的替代措施。但是,这一措施导致雇主和工人之间的冲突增加,集体谈判持续紧张,不利于经济稳定和持续的充分就业。到1973年之后,充分就业更难实现,在经济停滞时期,阻碍充分就业的障碍主要有:工会团体、福利国家的财政失衡、经济振兴的内在逻辑。以美国、斯堪的纳维亚国家和德国为范例的三种福利国家体制,形成了应对战后充分就业问题的独特方式:美国的模式是政治性商业管理和市场规则相结合;斯堪的纳维亚模式中,福利国家以直接雇主的身份采用提供补贴的方式;德国的模式则是紧缩政策和鼓励老年退出相结合。但是,无论哪种政策都没有能实现充分就业和可持续的平衡增长。

第八章 三种后工业社会的就业路径

本章认同多元化的未来前景和各国不同的后工业化路径,仍以德国、瑞典、美国为研究对象,从就业增长、就业结构和就业分层三个方面入手,通过数据比较分析,阐释在后工业化时代,福利国家和劳动力市场相互作用而导致不同的就业路径。

1960年代,"后工业社会"概念出现,技术人员、专业人员和管理人员成为主流,传统的就业岗位逐步消失,新的工作机会出现在新的服务部门,非工业部门的就业人数增加。以往关于就业增长主要有两个理论:一是基于恩格尔(Engel)定律的鲍莫尔(Baumol)模式,认为服务部门就业机会增长的代偿能力会因其自身的低劳动生产率而受到抑制;二是格尔舒尼(Gershuny)关于家庭自助式服务会阻碍服务性就业增长的观点。进入后工业社会以后,服务性就业规模迅猛增长,结构日趋复杂。传统服务业就业增长率停滞不前,社会服务、私人服务、生产服务却充满增长的活力。

服务性就业增长有多种不同的路径。以德国、瑞典和美国为例,通过产业部门、中性部门和后工业化部门的分类研究,考察三个国家的就业年平均增长率,同时研究各国在就业增长中的职业化趋势,得出三种不同的就业路径:一是德国服务业停滞不前或发展缓慢,二是瑞典高度专业化的社会福利性就业,三是美国的传统工业保持活力、与商业相关的服务业朝专业化方向发展、低技能"休闲"服务业显著增长这三者竞相展露。同时,通过对德国服务性就业的"断层"、三个国家政府的角色、美国出现的管理革命等三个问题的研究,更好地说明这三种路径的划分。

艾斯平-安德森还研究了后工业社会的就业结构。第一,按产业分为传统的、中性的和后工业化的三类,研究发现德国传统产业劳动力比重最大,瑞典福利就业比率最高,美国的休闲服务和生产服务则优于其他两国;第二,按职业结构分类的研究发现,德国的社会福利职业和其他服务性职业落后,瑞典带有中央统治型福利国家色彩的职业占据优势,并具有高度的专业化特征,美国低水平的职业和私人服务性职业数量庞大。

本章的最后一部分以职业为关注点,以工作品位(分为好、中、坏三等)为重点,通过数据资料分析,考察后工业社会的分层化。研究发现德国主要集中在中、上层次,瑞典侧重于好的后工业化职业,美国的职业组合则侧重于中、下层,同时在好职业类别中也有不俗的表现。此外还以这三国为例,考察三种体制中的职业流动性,考察传统劣势地位的劳动人群谋求后工业职业的相对机会,并以妇女就业特别是美国黑人和拉美裔居民为例,分析后工业制度的平等性。

通过有关后工业社会的就业增长、就业结构和社会分层的研究,艾斯平-安德森总结出各国共同的经验,如工业化就业地位减弱,妇女就业机会增加等;但各国的差异性更加明显。德国的服务业和后工业化程度低,传统工业化占优势,未来将缺乏就业机会;瑞典的后工业化和社会福利同步向前,催生了极高的专业化经济体系;美国的路径是市场的产物,实现了后工业经济和传统经济全面增长,未来会出现二元化的职业增长,尤其是妇女和黑人的就业前景不佳。可见,对于上述各国后工业化就业路径差异的原因,经济和技术并不是合理的答案,国际地位特点尤其是福利国家结构更能解释这些差异产生的原因。

第三编　结　　论

全书的结论是:三种不同的就业路径将导致三种不同的后工业社会的社会分层化结果,而不同的分层化结果将导致不同的后工业社会的冲突结构。

第九章　后工业化结构中的福利国家体制

福利资本主义的三种模式已经发展形成。"福利国家不仅与就业制度相重合,而且对就业结构的演变、进而对新的社会冲突轴心的演变,确实具有直接的和不确定的影响。"①本章依然采用三种体制类型的代表国家即瑞典、德国和美国为对象,研究福利国家体制对后工业社会就业、社会分层和冲突结构的影响。

先看其对后工业化社会就业的影响。首先在瑞典,后工业化就业结构是以社会福利为主导的,将鲍莫尔模式与福利国家的经验分析相混合,可以发现瑞典的劳动力市场供给和需求属于女性化偏向的服务业扩展类型。它的后工业化的后果带来了福利国家的成本问题,政府的工资约束措施将是瑞典模式的"阿喀琉斯之踵"。其次在德国,其福利政策一直倾向于减少劳动力供给,缩小就业规模,同时几乎没有加速公共服务的愿望,及早退休成为一种可行的替代性选择。德国对工业经济的期待,将带来剩余经济人口的成本危机。最后在美国,就业的市场路径与福利国家的补缺主义有直接关系,私人部门在社会服务和生产服务领域造就了大量高品位职业的增长。②美国的企业负担着大量的间接工资成本,同时妇女和黑人的就业得到改善。但是,美国平等主义的市场模

---

① 〔丹麦〕考斯塔·艾斯平—安德森:《福利资本主义的三个世界》,第248页。
② 同上书,第253页。

式也具有局限性,它限于与政府订立合同的企业或机构,在政府干预最少的地方,平等主义作用甚微。

其次看其对后工业化社会冲突结构的影响。首先在瑞典,极高的专业化和高层次职业的后工业化就业体系,将"沿着公共—私人部门的坐标轴呈现出严重的性别分隔现象。"①工资节制政策导致劳动力市场两个部门的工会之间的冲突,冲突的双方为以男性占多数的私人部门的劳动者和以女性占多数的公共部门的劳动者。"如果确实存在这样的后果,瑞典的社会民主主义就只能乞盼着婚姻纽带的牢固程度足以经受住经济战争的暴风骤雨。"②其次在德国,后工业制度与失业增长相伴随,"局内人—局外人"(insider-outsider)可能成为新的后工业化冲突的轴心,"其结果是一支逐渐缩小却又极富生产效能的劳动大军支撑着一群日益增长的、非生产性的'局外'人口。"③而"局内人—局外人"的划分办法将使德国面临着劳动大军对纳税的愤懑和对外籍劳工的歧视,这将引起后工业化的双重冲突。最后在美国,后工业化的冲突轴心并不清晰,但是"围绕着职业二元化的明显趋势,存在着服务经济部门的两极分化,不论是职业的品位、还是工资和福利给付方面不平等,较之于其他国家都有过之而无不及。"④基于美国就业结构中的分配机制和经验论据,可以设想三种不同结局,分别是:以种族划分为基础的二元化格局,同性别和同种族内部的差异增加,以及"垃圾职业"成为"年轻人和新移民涉越人生河流的'踏脚石'或生活旅程上的'中转站'"⑤。显然,第三种可能的结局最为乐观。

最后,艾斯平-安德森强调:"这项研究是在一个不断变化的时代中实施的,因而它的结论必须保持开放性。因而,我希望本书不至于在预测方面被认为是多少有点儿不成功的尝试。这项研究的目的不是对远景进行理论推演,而是提出一种可以卓有成效地分析当前时代变迁的方法。"⑥

(李静撰写,童星改定)

---

① 〔丹麦〕考斯塔·艾斯平-安德森:《福利资本主义的三个世界》,第254页。
② 同上书,第255页。
③ 同上。
④ 同上书,第256页。
⑤ 同上书,第257页。
⑥ 同上。

《资产与穷人:一项新的美国福利政策》导读

Assets and the Poor: A New American Welfare Policy

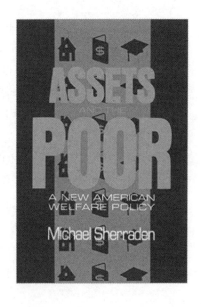

Assets and the Poor: A New American Welfare Policy (1991)

Michael Sherraden

美国学者迈克尔·谢若登(Michael Sherraden),先后在哈佛大学获硕士学位、在密歇根大学获博士学位,现任教于华盛顿大学。他的研究方向是:资产建设、公民参与和公民服务、社会政策、社区发展、青年发展等。

谢若登是美国福利政策研究的殿堂级人物,是资产积累福利理论及个人发展账户(IDAs)策略的发明者。①在1991年出版的《资产与穷人:一项新的美国福利政策》(Assets and the Poor: A New American Welfare Policy,以下简称《资产与穷人》)一书中,他提出了个人发展账户及与其相匹配的储蓄政策,目的就是使低收入家庭能够节省并且积累资产。关于资产建设的进一步研究,出现在他撰写的 Inclusion in the American Dream(2005)和 Can the Poor Save? (2007)两本书中。谢若登提出的个人发展账户建议被联邦

---

① 参见张光秦:《谢若登:只为济世,不为诺贝尔》,载《商务旅行》2010年第8期。

立法采纳,自20世纪90年代以来在美国四十多个州得到推行,取得了显著的成效。该策略也被加拿大、英国和澳大利亚等国借鉴。写于二十多年前的《资产与穷人》,至今仍是福利政策研究的经典书目。

谢若登还是圣路易斯华盛顿大学布朗学校社会发展中心(CSD)的创始董事。他在公民服务方面的早期研究,对1993年美国服务队伍的创建有重要贡献。目前,CSD是一家领先的公民服务研究中心,CSD有一些大型项目正在研究美国和中国的生产性老龄化现象。[①]

2010年,谢若登被提名美国《时代》杂志年度100人物之思想家,这个提名属于诺贝尔和平奖入围风向标之一。

[①] 生产性老龄化,是指老年人口不应被片面看作社会的负担,而是具有生产性的重要资源,强调老年人口的经济参与和社会参与,强调通过教育培训、健康促进、社会参与,构造一种具有生产性的社会福利体系,从而用一种更加积极和具有建设性的态度来重新认识老龄社会。http://gwbweb.wustl.edu/Faculty/FullTime/Pages/MichaelSherraden.aspx。

《资产与穷人:一项新的美国福利政策》导读
Assets and the Poor: A New American Welfare Policy

一、《资产与穷人》的内容简介及评价

1. 核心思想与深远影响

长期以来,美国和其他一些国家解决贫困问题的福利政策都是对贫困家庭(人口)进行补贴。该书的核心观点是:传统的以收入为主的社会福利政策是狭隘的,不能有效地解决贫困问题;以资产为主的社会福利政策则是比以收入为主的社会福利政策更有力的反贫困措施。①社会政策应该重视贫困家庭资产积累的作用,因为只有这样做,家庭才有能力、有动力脱离贫困,获得持续的发展。②这就对传统意义上的反贫困思路和措施提出了挑战。

消费型收入对大众生活的维系固然重要,但是想要长期改善家庭的生活条件,就有必要在教育、住房等方面投资。③所以,资产拥有许多消费不具有的功能,它可以产生许多积极的影响,如资产促进家庭的稳定,资产创造了一种未来取向,资产促进人力资本和其他资产的发展,资产增强了专门化和专业化,资产提供了承担风险的基础等等。

谢若登有关资产福利政策最初的几篇文章将有助于理解《资产与穷人》这本书,这些文章包括:1988年,在《社会政策》上发表的《重思社会福利:关于资产》一文;1990年1月,进步政策研究所(PPI)出版的一篇题为《财产占有:福利政策的一种新方向》的报告;1990年12月,在《社会服务评论》上发表的《股本占有:以资产为基础的福利理论阐释》一文。④《资产与穷人》问世以来,在一定程度上改变了人们对福利政策的观念。该书提出的名为"个人发展账户"的资产积累方案,已经在美国联邦政府及四十多个州付诸实施;加拿大、澳大利亚、英国、乌干达等国也出台了个人发展账户或类似项目;新加坡的中央公积金则是世界上内容最丰富的以资产为基础的社会政策。在中国,香港地区对以资产

---

① 参见冯希莹:《社会福利政策范式新走向:实施以资产为本的社会福利政策——对谢若登的〈资产与穷人:一项新的美国福利政策〉的解读》,载《社会学研究》2009年第2期。
② 参见〔美〕迈克尔·谢若登:《资产与穷人:一项新的美国福利政策》,高鉴国译,商务印书馆2005年版,"中文版前言"第1页。本导读对该书的引用均来自该版本。
③ 同上。
④ 同上书,第10页。

建设为基础的福利政策表现出了兴趣,台湾地区也正在进行一项"家庭发展账户"的实验。可见,发达国家和发展中国家都可以致力于制定具有系统性、包容性的资产建设政策。这些资产政策应该包括全部人口,对贫困家庭更应该给予特别的关注和更多的补助。

2. 对我国反贫困政策的启迪

我国目前的反贫困政策还是传统的以收入为主的社会福利政策,如城镇居民最低生活保障制度、农村居民最低生活保障制度,都是对城乡贫困家庭收入的一种补贴,以维持他们最基本的生活水平;对于贫困儿童、单亲家庭的福利优惠政策,也只是从收入和消费的角度予以帮助。这种救助制度在一定程度上可以缓解家庭的贫困,但不能从根本上消除贫困,不能促使贫困家庭获得持续的发展。在这种背景下,谢若登提出的以资产为基础的社会福利理论和政策,有利于我们更新观念、创新政策。

(1) 提供了反贫困的新途径

我国现有的反贫困措施建立在收入基础之上,重点关注贫困者所接受或消费的物品和水平。它的基本假定是贫困产生于资源供应量的不足,解决方案就是使供应量更加充分。它维持了贫困者包括儿童、老人、病人的最低生活水平,但未能给予他们生活很大的改善。所以,以收入为基础的社会福利政策,尽管体现了人性和公正,但不是一种好方式;以资产为基础的社会政策,不仅使穷人维持了最低程度的生存,而且助他们走出贫困的陷阱。因此,应当把对贫困者收入补贴的政策与建立贫困者"个人发展账户"的政策结合起来,以解决我国目前的贫困问题。

(2) 提供了解决"劳动穷人"问题的新启示

通常观点认为,贫困源于收入匮乏,增加劳动者收入就可以预防贫困产生。但在收入多元化的背景下,增加劳动者收入以减少贫困发生的效果并不好。《资产与穷人》一书提到"劳动穷人"的概念,劳动穷人有收入来源,有就业岗位,但是生活仍然十分艰难,难以支付家庭成员的生活费用,这是因为他们没有资产。在我国,"劳动穷人"这个群体包括了一部分的农民、农民工和城乡低收入者。如果让穷人拥有资产,将会产生与增加收入大不相同的效益。

(3) 提供了福利政策与经济发展并行的新思路

居民的高福利待遇,并不必然导致财政赤字、经济乏力。以资产为基础的社会福利理论和政策试图找到一条福利与经济共同发展的道路。建立个人发展账户,既可以提高人力资本,又可以为经济发展提供资金支持。而且人力资本也是生产要素,它们能够有效地提升劳动者或国家生产产品和提供服务的能力或效率。

3. 资产福利理论与政策自身仍需不断发展完善

以资产为基础的社会福利理论和政策还处于探索阶段,需要不断发展完善。

第一,建立个人发展账户中的"道德风险"问题。道德风险是指市场参与者的一方不能察知另一方行为的情形。之所以产生这种情况,是因为不确定性与不完全的契约或限制性的契约的障碍,而使得对其行为后果负有责任的经济活动者未能承担全部活动的利益或全部的损失。[①]建立个人发展账户过程中的道德风险表现在:瞒报自己的实际财产收入,以获得个人账户的补贴,换言之,收入水平已经较高却仍然享受与穷人同样的账户补贴。由于信息不完备,政府或管理部门很难通过信息甄别来达到有效的政策效果,非穷人因此挤占了穷人的福利。

第二,个人发展账户的保值与增值问题。个人账户需要长期积累,就得面对账户里的钱贬值的风险。个人发展账户的运作,大体有三种投资选项——股票基金、债券基金和货币市场基金,其最后收益均不被事先限定,而是取决于个人投资策略的成功程度,因此就存在着运作失败的风险。个人发展账户系统由一个全国性的独立理事会来指导解决的或许只是管理上的问题,至于能否真正使个人发展账户保值增值有待认真思考。只有解决好个人发展账户的道德风险和保值增值风险,以资产为基础的社会福利政策才会成为穷人的"福星"。

二、《资产与穷人》分章导读

全书共分 13 章,分述如下:

第一章 福利政策的失误是一种民族观念的失误

本章对传统的反贫困社会政策进行审视和反思,提出了新的反贫困思路,即"以资产为基础的福利政策"。

谢若登认为,原有的反贫困措施是建立在狭隘的基础之上的,它的重点只

[①] 参见杨春学主编:《当代西方经济学新词典》,吉林人民出版社 2001 年版,第 54—55 页。

是关注贫困者所接受或消费的物品和水平,而不关注穷人的资产。它的基本假定是,贫困和困难产生于资源供应量的不足,所以关注焦点是收入的计算,解决方案是使资源供应量更加充分。传统的福利政策将收入作为贫穷尺度的衡量方法可能是无意义的,因为这只是维持了诸如儿童、老人、病人的最低生活水平,但是却没有给予他们生活很大的改善。可以说,对他们的救助只是维持了暂时的消费水平,而缺乏长期的救助措施。而且在传统的反贫困福利政策中,福利的享有者要接受严格的资产审查,资产的积累不受鼓励,并在大多数情况下不被允许。因为"资产"这个词常常与富人联系在一起,穷人拥有资产的观点往往不能够被接受,"我们不仅相信穷人没有财富,而且相信他们不能拥有财富"①。因此,以收入为基础的社会福利政策,尽管体现了人性和公正的一面,但这并不是一种好方式,应该从发展的角度来保障穷人的福祉,促进穷人自身和国家的长期发展。

鉴于传统反贫困福利措施的上述弊端,谢若登提出将资产作为一种新的参照系来解决贫困问题。以资产为基础的反贫困思路基于积蓄、投资和资产积累的概念,而不是基于原有的收入、支出和消费的概念。所谓资产是指家庭中的财富储备,它不同于收入,收入是指家庭中的资源流动,是与物品、服务消费和生活标准相联系的概念。②提出这种政策转变的理由是,收入只能维持消费,而资产则能改变人们的思维和互动方式,使之获得长远的发展。对于穷人而言,不应仅仅注重对他们的收入保护,更应当"增权",使他们在资产积累的基础上有摆脱贫困的能力。这种定向于积累和经济自立的福利观点,也完全符合美国的民族精神。

第二章 收入分配与收入贫困

本章简要回顾美国收入分配和收入贫困的基本特点,以此作为提出以资产为基础的理念的出发点。

谢若登指出,现有的收入研究大部分更具有应用性而非理论性,着重于收入计算和收入对象的研究,却没有从理论上探讨贫困的根源。但也有一些研究涉及有意义的议题,如讨论谁、如何以及什么时候陷入或脱离贫困等。在当代

---

① 〔美〕迈克尔·谢若登:《资产与穷人:一项新的美国福利政策》,第10页。
② 同上书,第6页。

《资产与穷人：一项新的美国福利政策》导读
Assets and the Poor: A New American Welfare Policy

社会,个人收入有三个主要来源:劳动、资产和转支(转移支付)。①对于非常富有者来说,资产收入(如股金收入、股息收入、利息收入等)比劳动收入更重要;对于依靠福利的穷人来说,转支是最主要的收入来源。从美国1970—1984年国内收入分配百分比来看,劳动收入的比重下降了,财产收入的比重上升了,这说明尽管同为生产要素,劳动的重要性正在下降,而财产(资产)正变得更加重要。

在收入分配方面,20世纪60年代后期,美国收入不平等的趋势有所减小,主要原因是福利开支的增长。然而,到了20世纪80年代,由于高失业率、低工资率以及福利转支的减少,收入不平等的状况加剧了。值得注意的是,在收入结构的最上层,女性收入和资产收入均在家庭收入的增长中起着重要作用。例如,1973—1987年,美国最富有的1%的家庭收入增长中有将近一半来自资产收入。

官方对贫困的测量一直以收入统计为基础。有些人认为官方确定的贫困线过低,应大幅提高贫困的临界线;另有些人则援引非现金收入和其他非统计收入的数据,认为官方确定的贫困线过高,主张降低贫困的临界线。但是这两种立场更多的是基于政治和情感而不是基于客观的分析。对于贫困的测量还涉及贫困持续的时间问题,收入对大多数个人和家庭来说是高度变动的,许多人在某个时期成为收入上的穷人,但大多数人并没有处于长期的贫困之中。

谢若登考察了四种具体的贫困问题:儿童贫困、单亲家庭、少数民族贫困和就业收入不足。在1973年以前,美国老年人的收入贫困率超过儿童,但此后这种结构出现了逆转;在不同的种族之间,儿童贫困率也存在着差距。讨论贫困儿童的问题,不可避免地要涉及家庭的结构,单亲母亲家庭比重的增加使妇女和儿童的贫困率上升。在收入贫困与少数民族的关系方面,则是民族之间存在着收入的不平等。以美国黑人为例,20世纪70、80年代,出现了两个相互抵消的趋势:一方面,他们的收入水平提高了;另一方面,黑人不就业的比率也提高了。从收入贫困和就业的联系来看,"劳动穷人"在增加,具体表现为:中等收入的制造业工作岗位减少了,低收入的服务岗位则大量增加,导致"劳动穷人"数量增多。②

---

① 参见〔美〕迈克尔·谢若登:《资产与穷人:一项新的美国福利政策》,第20页。
② 同上书,第34页。

总结收入分配和收入贫困的趋势,谢若登得出两个基本事实和一个基本思路。第一个基本事实是,促进充分就业的政策,加上健康保障和相应的儿童照顾,会有效地减少收入贫困。第二个基本事实是,儿童收入贫困的增长是国家的危机,[1]因为这些儿童没有被养育成健全的、有能力的公民。一个基本思路是,不应当忽视资产收入逐步增长的重要性。[2]

第三章 福利理论的状况

本章回顾了与福利相关的两种理论,即贫困和社会阶级理论、福利政策理论,在此基础上,从家庭方面探讨了相关福利问题。

贫困和社会阶级理论大体可以分为两大流派:强调个人行为的理论和强调社会结构的理论。强调个人行为理论的典型代表就是新古典经济理论,认为人们在一个可选择的开放市场内具有自主决定的自由,个人行为不适当或缺乏生产性的行为是造成贫困的原因。[3]与个人行为理论相对的是功能主义,认为对社会整体来说,不平等既是不可避免的也是必要的。强调社会结构导致贫困的理论关注阶级、性别、地理差异等议题,认为制度结构的障碍造成了机会不平等、冲突和资产阶级对穷人的压迫。强调个人行为的贫困理论和强调社会结构的贫困理论,在不同时期受到的关注也不同。19世纪末20世纪初,强调个人行为导致贫困的理论占支配地位;20世纪30年代初,大萧条使许多人相信贫困不仅仅是个人失败的结果,此后直到70年代,主张社会结构造成贫困的理论处于优势;到了80年代,新自由主义思潮崛起,学术界对贫困的研究发生转向,又转回到强调个人层次的原因。这两种理论之间一直存在着激烈的争论。

介于这两种对立的理论之间,出现了持中间立场的贫困文化理论,认为下层阶级文化的特征是眼前取向和缺少长期计划,因而造成贫困的代代相沿。人们希望中间立场的理论可以把个人行为理论和社会结构理论整合起来,但是中间立场的理论却收效甚微。然而有些学者仍然做出了有意义的贡献,如早期马克斯·韦伯(Max Weber)发现了一个不仅仅依赖经济地位的复杂的"生活机会"结构,当代的拉尔夫·达伦多夫(Ralf Dahrendorf)则明确地将社会结构与

---

[1] Martha N. Ozawa, The Nation's Cnildren: Key to a Secure Retirement, New England Journal of Human Services, 1986, Vol. 6, No. 3, 12—19.

[2] 参见〔美〕迈克尔·谢若登:《资产与穷人:一项新的美国福利政策》,第36页。

[3] S. M. Miller and P. Roby, The Future of Inequality, New York: Basic Books, 1970, 66—67; Mayer and Jencks, 1989.

个人生活机会结合起来。

与此相仿,福利政策理论也有几个不同的思想流派。首先是经济或现代化方法,认为福利分配是不可能出现在经济充分发展并创造出可分配的剩余以前,社会福利的功能是发展经济;第二个流派是新马克思主义的阶级分析方法(也被称为"资本主义逻辑方法"),认为福利的目的不是出于人道主义的救助,而是社会控制的需要;第三个流派是民主政治理论,认为选举政治导致了福利国家的历史性扩展;第四个流派是以国家为中心的分析,强调国家政治结构、制度框架、行政人员和科层精英的独立性对于福利政策的影响。

谢若登认为,应从家庭方面加强福利问题的探讨,着眼于家庭收入与福利、家庭财富与福利的关系。在家庭收入与福利政策的关系方面,存在着两种对立的观点,一种认为应该给穷人家庭更多的收入;另一种认为给穷人家庭更多的收入会侵蚀他们的自立精神与劳动市场参与的能力,使得贫穷延续。① 家庭财富与福利的关系则普遍被忽视,福利分析通常都不包括资产。因此,应当建立一种整合个人行为理论和社会结构理论,包含资产积累效应的动态福利学说,该学说有两个基本观点:第一,将家庭财产福利视为一个动态的过程;第二,除了消费外,家庭福利的提高还应涉及其他因素。

第四章 联邦福利政策——谁受益?

本章是对目前美国福利结构的一般性考察,大致包括福利国家的基本状况,尤其是福利花费的七个类别,以此说明哪些项目是针对穷人的,哪些项目是针对普通人群的。

理查德·蒂特马斯(Richard Titmuss)的福利政策概念包括三个方面:社会福利、财政福利、职业福利。②社会福利即直接的公共转支和服务;财政福利指税收优惠;职业福利则是指与劳动有关的待遇。福利政策在美国有两个层次:低层次的福利系统和高层次的福利系统。前者指财产审查性、非缴费性的项目,其对象是没有获得足够劳动收入的人;后者指具有普遍性、非财产审查性、缴费性的社会保险或权利项目,它们通常与那些缴纳收入所得税的工作岗位联系在一起。③低层次的福利系统和高层次的福利系统有两个关键方面的差别:

---

① Murray, 1984, among others in recent years.
② See Richard Titmuss, Commitment to Welfare, London: Allen and Unwin, 1965.
③ 参见[美]迈克尔·谢若登:《资产与穷人:一项新的美国福利政策》,第63—64页。

福利范围和"污名"。例如,无依无靠者只得到很少的福利津贴,却背负着"福利"接受者的"污名"。

罗伯特·兰普曼(Robert J. Lanpman)发现了四种不同观念之间的较量,即最低供给心理、损失替代心理、水平与垂直公平心理以及投资效应心理。①最低供给心理引导政策倾向于对不能自食其力者提供基本的需要和足够的福利;损失替代心理可以从社会保险计划中得到说明,强调平摊损失,而不考虑需要;公平心理主张平等地对待相同经济层次的人,这是横向的公平,也要缩小不同经济层次之间的差别,即垂直的公平;投资效应心理则重视生产效率,即目前和未来的产出增长。美国的福利体系是一个多目标的混合体,实际上涵盖、包容了以上四种心理。

通过定义福利政策,谢若登引出了"大福利国家"的概念。福利政策被定义为直接使个人受益的直接支出和税收支出,除现金外还包括实物或服务项目。"大福利国家"则是指涵盖教育、就业、社会服务、健康保障、收入保障、住房、食品营养等七大类福利的直接支出和税收支出。②对美国而言,最大的福利支出领域是收入保障、健康保障和住房保障。

"大福利国家"又可区分为"穷人福利国家"与"非穷人福利国家"两种状态。"穷人福利国家"是指福利政策中针对穷人的开支总称;与此相对,"非穷人福利国家"是指福利政策中针对非穷人的开支总称。"穷人福利国家"大部分的支出项目是针对基本需要的,如健康保障、收入保障、食品和住房,而注重发展性或增强人力资本的支出如社会服务、教育和就业所占的比重比较小。其中,应当特别重视未成年儿童家庭补助的以下状况:一是未成年儿童家庭补助接受者人口分布不平衡;二是补助金远低于贫困线;三是福利金没有按生活费用指数进行自动调节;四是存在严格的资格审查,禁止受助者的储蓄积累。③"非穷人福利国家"既有直接支出,又有税收支出。在直接支出中,收入保障和健康保障占了较大比重,它们构成主要的消费刺激。这种只重视消费刺激而忽视人力资本的投资,对美国的经济活力存在着潜在威胁。税收支出则是以资产为基础的,如退休养老金账户的税收补贴、房屋资产的税收补贴,这些补贴大多

---

① See Robert Lampman, Ends and Means of Reducing Income Poverty, Chicago: Markham Publishing Co., 1971.
② 参见〔美〕迈克尔·谢若登:《资产与穷人:一项新的美国福利政策》,第65页。
③ 同上书,第75页。

数给予了中产阶级退休金所有者和房产主。由于税收支出的相对隐蔽性,使得大多数享用者认为他们是自己挣得退休金账户里的钱,其房屋资产源于自己明智的投资选择,实际上这些资产都得到了政府的巨大补贴。

最后,根据兰普曼关于四种不同观念较量的理论,谢若登对美国的福利政策作出了如下的评价:在最低供给方面,与其他经济合作与发展组织(OECD)国家相比较,美国的福利政策对边缘人群的保护不足;在损失替代方面,社会保险项目的再分配功能并不总是使穷人受益;在公平方面,福利政策的跨阶级界线的再分配影响非常小,主要的再分配功能发生在代际,并且趋向一直是老年人保障的增加和儿童贫困的增长;在投资效能方面,福利政策注重消费取向,未能促进经济生产率的提高。

第五章 福利改革争论

本章梳理了福利改革中的三种意识形态,即保守右派、自由中间派和激进左派。发现它们都没有关注穷人对资产的个人所有,保守派重视资产,但只是关注非穷人的资产;自由派完全不提及资产;激进派主张资本的社会化而非私人控制。[①]缺乏对穷人私有资产的重视,这是福利改革中的一个重大失误。

在美国福利政策的争论中,保守右派的观点一直居于十分重要的地位。这种意识形态赞同达尔文主义,主张贫困是社会生活自然秩序的一部分,长期来看既必要,也有益于社会进步。[②]他们对公共救助持怀疑的态度,倾向于用强制性劳动代替收入转支,并且提倡自立自足的道德价值。保守派强调社会问题经常被夸大,宣称贫困率并不像官方统计的那样高。他们还基于道德基础,批评福利专业人员和社会改良主义者对穷人太"宽容",明明在一些领域就业机会是存在的,但是失业者却没有利用这种机会。在代际贫困循环方面,他们给出的解释是存在着"贫困文化",但是经验研究很少有证据支持这一解释。

对于解决贫穷的方案,保守派注重个人、家庭和志愿性行动,如地方自助、发挥家庭和社区在消除贫困中的作用,认为官方机构不会有兴趣让人们摆脱贫困。保守派对于贫困的解决方案忽视了资产积累的重要性。或者说,在他们那里,储蓄与投资仅仅被应用到富人身上,对穷人的积累与投资则持反对的态度。

自由中间派在美国是一个非常大的政治群体,他们相信私人产权和市场机

[①] 参见〔美〕迈克尔·谢若登:《资产与穷人:一项新的美国福利政策》,第107页。
[②] 同上书,第95页。

制,愿意将计划与市场作某种结合,主张用福利政策来调节资本主义造成的某些严重不平等。自由派的理论呈现出两种形式:补偿不平等的市场结果和促进机会平等。补偿不平等的市场结果的主要方法是收入转支;促进机会平等主张的影响有所下降。很多自由派将补偿不平等的市场结果和促进机会平等结合起来,从社会和个人两方面解释贫困、限制贫困。自由派也有一种对于贫困文化的解释,称为"贫困情境",以与保守派的"贫困文化"相区别。贫困情境中易产生"贫困人格",即相信命运、不计划未来、不信任他人、容易悲观消极。

关于解决贫困问题的措施,自由派提出的改革建议都与某种形式的具体工作有关,如收入转支、房屋补贴、食品券等,其重心无疑是指向收入而不是资产。与"贫困情境"相联系,自由派还提出了"个案处置"和"进驻中心"的建议,前者指一名社会工作者与一个贫困家庭直接联系,帮助其解决问题;后者指慈善团体在城市贫民居住区设立社会服务机构。①

源于马克思和列宁的激进左派,则拒绝自由市场的功能,主张集中计划和决策。左派人数不多,他们认为财富分配的巨大差异是资本主义必然的和整体的特征,国家是为维护统治阶级的利益而存在的,福利国家计划只是经济弱者与经济强者之间的一种不稳定妥协。按照激进左派的观点,福利资本主义的矛盾以及福利项目性质与规模的局限,都是由国家不能真正进行资本分配而引起的。左派明确拒绝个人拥有资本,在对资本占有进行分析时,忽视了穷人占有资产的可能性,只是着眼于怎样从富人那里拿走财富。

第六章 资产的性质与分配

本章重点考察资产的分配与积累,发现其与制度化的机制有关,这些机制涉及明确的关系、规定、激励和补贴等。特别是身份、就业类型和收入水平,决定了一个人是否有机会得益于制度化的资产积累。

从研究的目的出发,可以将资产分为有形的资产和无形的资产。有形的资产包括物质资产和与物质资产相关的其他财产,如货币储蓄、股票、债券和其他金融债券,不动产,不动产以外的其他"硬"资产,机器设备及其他有形产品,家庭耐用品,自然资源,版权和专利。②无形的资产则比较模糊,没有法律占有权,通常也不太确定,往往源于个人因素或社会经济关系,如享有信贷的资格、人力

---

① See Roger Wilkins, The Black Poor Are Different, New York Times, August 22, 1989, Y23.
② 参见〔美〕迈克尔·谢若登:《资产与穷人:一项新的美国福利政策》,第122页。

资本、文化资本、非正式社会关系、正式社会资本或组织资本、政治资本。①无论是有形的资产还是无形的资产,都是相互联系、交叉、流动和协作的。

资产与收入是怎样的联系? 收入的结余被积累之后成为资产,资产形成了未来消费的一个储蓄;反之,许多资产又带来收入流动。然而,收入和资产的界线有时非常模糊,如果按照包含相似领域的两个连续统来看收入和资产的联系,会比较有效果。如图1所示,在"收入连续统"的最左面是不稳定收入,如间歇性的劳动收入;连续统的下一项是稳定收入,如定期工作收入;权利性的收入一般有一个特殊的目的,如退休、残疾。事实上就大部分公共部门来说,没有基本的金融资产,只是一种用未来收入进行支付的承诺体系。②因此,虽然有法律上的稳定性,权利在某种程度上容易流失。在"资产连续统"这边,完全限定性资产虽属个人拥有,但个人不能直接占有这些资产,如退休养老金计划;部分限定性资产被指定用于特定目的,个人没有不受限制的享用权;非限定性资产,由个人拥有,没有特定法律限制它们的投资方式、时间和用途。③

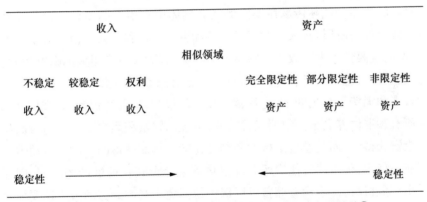

图1 收入与资产之间的关系:包含相似领域的两个连续统④

研究资产分配的经济学家们对资产的争论是非常理论化的,这可能是由于资产分配状况缺乏定期的和系统的资料。在有关不平等的研究中,人们所使用的大部分数据都是基于收入而不是资产。美国5%的最富有者得到与最底层

---

① 〔美〕迈克尔·谢若登:《资产与穷人:一项新的美国福利政策》,第123页。
② 同上书,第119页。
③ 同上书,第119—120页。
④ 同上书,第119页。

40%的人数量相同的收入,而1%最富有的人所拥有的资产超过底层80%的人的资产。① 不同种族的资产分配也非常不平衡。在家庭财富方面,收入穷人和收入非穷人的家庭资产大不相同。从房屋资产来看,收入穷人较少拥有自己的住房,即使拥有自己的住房,其往往也是收入穷人手中仅有的有限财富。在养老金资产方面,收入穷人的养老金水平低于收入非穷人,许多收入穷人得不到雇主提供的养老金计划。对公共救助资格的严格审查,又限制了贫困家庭的财富积累。

第七章 资产继承的不平等

收入不平等的代际连续性已为许多社会学家所关注。一般而言,家庭出身给予下一代优势的或劣势的不平等地位。但是,这种状况并非一成不变,扩大的社会流动造成了代际不平等研究结果的多样性。现在大家都承认,税收制度是影响资产积累和代际资产继承的最主要因素,它通过税法的运作可以维持、强化或限制财富在少数人群中的分配。

财富的积累和代际传承在不同的社会群体中有很大的差异。谢若登分析了以下四个经济阶层:富人、中产阶级、劳动穷人和福利穷人。(1)对于富人来说,资产的重要性远大于收入。财富产生权力,权力又带来更大的财富积累,如通过人力资本、重要信息、市场垄断资源的占有来获得财富。(2)中产阶级获得的收入和消费是充足的,但是积蓄和投资却很少,其资产积累的主要手段为:住房所有和退休养老金。很明显,这两种途径的财富积累主要不是通过高超的个人投资获得的,而是通过结构性和制度化的安排而获得的。(3)劳动穷人由于就业不稳定,很难通过住房所有和退休养老金形式获得资产的积累,因而在生活出现危机时,几乎没有储蓄可以保护他们免于贫困。劳动穷人还要面对其他方面的制度障碍,如信贷制度使得劳动穷人不能支付房屋的首付款,因而丧失了房屋所有权。(4)福利穷人的处境是最差的,尤其对于接受公共救助者来说,不仅资产积累不受鼓励,而且不被允许,一些储蓄计划也基本上不为穷人服务。缺乏资产积累的可能性,贫困家庭就更不容易较好地筹划未来,不能得到储备金的支持以便走出贫困。②

财富的积累和传承不仅存在着代际差异,还存在着种族差异。在美国,为

---

① 〔美〕迈克尔·谢若登:《资产与穷人:一项新的美国福利政策》,第131页。
② 同上书,第152—158页。

什么黑人平均比白人积累的资产更少？这一方面是由于他们的收入不等造成资产积累的巨大差距，另一方面则是因为社会和经济结构从制度上限制了黑人的资产积累。① 从历史文献看，从美国内战到19世纪60、70年代，美国黑人产业和财产所有权都受到限制，非洲裔美国人处境恶化；进入20世纪，非洲裔美国人仍落后于欧洲移民群体，因为土地财富获得的模式继续限制着黑人，种族歧视也使黑人的房产价值比较低，限制了资产积累。对于美国黑人，企业的金融障碍更难以克服，种族歧视继续限制白人资助黑人企业。由此得出的结论是：美国历史上从没有给予黑人平等的制度途径，以促进积蓄、投资、信贷、产业机会或财产所有。②

第八章　以资产为基础的福利理论

本章的目的是建构一种将资产积累的经济影响与行为影响结合起来的动态福利理论。该理论试图在一定程度上沟通结构层次和个人层次两种福利理论之间的分歧，由此引出的政策建议就是为穷人建立一种资产积累结构，使政府对穷人的转支不只是收入，也包括资产。

以收入为基础的福利理论认为，家庭收入水平或消费水平等同于"福利"；而以资产为基础的福利理论则认为，资产超出消费以外还产生重要影响，它比收入更具有长期的、动态的性质。资产有以下九个效应：第一，资产促进家庭的稳定，因为资产在重病、失业时能减缓收入波动。第二，资产创造了一种未来取向，它反过来形成机会结构，并很快使其内化。第三，资产促进人力资本和其他资产的发展。第四，资产增强专门化和专业化，能够为专门化和专业化提供所需的物品和服务。第五，资产提供了承担风险的基础，提高了承受心理和社会风险的能力。第六，资产增加了个人效能。第七，资产增加了社会影响，因为资产不仅产生经济福祉，也能提高社会地位。第八，资产增加了政治参与，拥有资产多的人在政治参与方面会有更强的动机和更多的资源。第九，资产增进后代福利，如果一个人出生时就拥有某些家庭金融资产的话，便意味着一种巨大的优势。③

借助莫迪格兰尼(Modigliani)和米尔顿·弗里德曼(Milton Friedman)的

---

① 参见〔美〕迈克尔·谢若登：《资产与穷人：一项新的美国福利政策》，第158—159页。
② 同上书，第168页。
③ 同上书，第181—202页。

"永久收入"概念,可以引出"永久资产"这个概念。永久资产就是人一生中的预期资产积累。事实上,如果人们有这种资产积累的预期,这些预期就会影响行为。如果将永久资产看作动态的过程,就会形成"无限资产"的观念,即某些预期的固定数量之终生资产可以被无限积累,于是就会有不断变化的可能、新的选择和更大的创造性。总之,资产积累所产生的福利效应,是无论多么稳定的收入流量也不可能达到的。①

不过,资产福利效应理论的运作,需要模型的支持。福利的模型划分为以下三种:

1. 非穷人的福利:收入加资产

图2说明,非穷人有4种主要的金融支持来源:就业、政府、家庭和现有资产。每一种金融支持来源均为非穷人提供了收入和资产。非穷人从多种来源得到收入和资产,即使其中一两个来源在某个时期不畅通,其他来源很可能还是畅通的,这是一个金融支持的多元系统。可以假定,日渐积累的金融资产越多,家庭享有的以资产为基础的福利效应也越多。

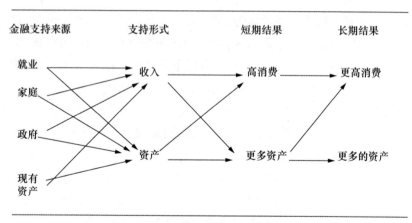

图2 非穷人的福利模型:收入加资产

注:在这一模型中,消费正在提高,并且资产的存在产生了资产福利效应(参考九个效应)。②

---

① 参见〔美〕迈克尔·谢若登:《资产与穷人:一项新的美国福利政策》,第207—211页。
② 同上书,第213页。

2. 穷人的福利：只有收入

图 3 为穷人的福利模型，穷人有三种主要支持来源：就业、政府和家庭，在每一种情况下，支持形式只是收入。从短期看，低收入水平导致低消费水平。从长期看，境况没有改变，由于没有资产的积累，所以不能产生以资产为基础的福利效应，低收入的水平下仍然是低消费水平。

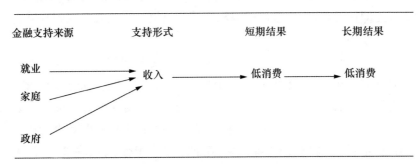

图3 穷人的福利模型：只有收入

注：在这一模型中，消费保持低水平，并且没有资产，无法产生资产福利效应。①

3. 一项为穷人提出的福利模型：收入加资产

图 4 是在资产为基础的福利理论下，穷人的福利模型方案：收入加资产。

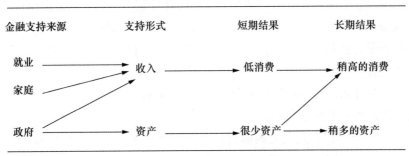

图4 穷人的福利模型方案：收入加资产

注：在这一模型中，消费在较长时间内有所增加，而且资产的积累开始产生资产福利效应。②

与穷人现存的福利模型相比，其差别是来自政府资源的资产将成为一种支持形式，于是资产积累结构就会被建立起来。这里的假定是，经过一个长时期的积

---

① 参见〔美〕迈克尔·谢若登：《资产与穷人：一项新的美国福利政策》，第215页。
② 同上书，第216页。

累,收入加资产会产生比目前的单一收入模型更积极的福利后果。家庭既有金融流动又有金融储蓄,由此调整他们的福祉和追求生活的目标。

第九章 以资产为基础的福利政策设计

以资产为基础的福利理论看起来很有前景,但在理念与应用之间存在着许多障碍。本章的目的是审视政策目标、基本原则,提出讨论议题。政策的制定不需要非此即彼,以收入为基础的福利政策和以资产为基础的福利政策完全可以同时发挥效用。

以资产为基础的福利政策的目标,可以划分为不同的层次。在个人和家庭层次,其目标是:第一,使个人有可能积累资产;第二,促进家庭稳定、未来取向和长远规划;第三,促使个人与家庭更成功地建立和实现生活目标。在国家层次,其目标是:第一,持续减少贫困;第二,发展在经济上更精明和更活跃的公民群体;第三,帮助提高国家的储蓄率;第四,有助于使国家在竞争中更有竞争性。①

以资产为基础的福利政策,需要坚持以下一系列基本原则:(1) 补充以收入为基础的政策;(2) 普遍的可适用性,对所有自愿参加者开放;(3) 对穷人提供更大的激励;(4) 以自愿参与为基础;(5) 避免将人定义为"接受福利"或"不接受福利";(6) 促进共同责任;(7) 具有特定目的;(8) 提供投资选择;(9) 鼓励渐进积累;(10) 促进经济信息和训练;(11) 提升个人发展。②

正如所有公共事务一样,在以资产为基础的福利政策中也出现了一系列并非容易回答的问题。例如:

——为什么需要资产积累的特别计划?因为大多数家庭的财富积累是通过结构性的税收安排进行的。

——"安全网"底线之上的福利转支会得到公众支持吗?如果福利政策被定义为增长和发展,福利便有可能发生重心转移。

——资产与收入哪个更重要?这应该让福利的参加者自由选择,但是应当尽可能将穷人的资产积累制度化。

——限定性账户能减缓收入波动吗?减缓收入波动的能力取决于资产的形式和流动。

---

① 参见〔美〕迈克尔·谢若登:《资产与穷人:一项新的美国福利政策》,第231页。
② 同上书,第241—247页。

《资产与穷人：一项新的美国福利政策》导读
Assets and the Poor: A New American Welfare Policy

——限定性账户在经济上是否低效？可以假定对非穷人有效率的东西对穷人也会产生足够的效率。

——以资产为基础的政策将会帮助"底层阶级"吗？如果"底层阶级"包括那些接受长期公共救助者，则相当有可能奏效。

——穷人会像其他人一样从行动上响应资产积累吗？没有理由相信穷人与其他人有什么不同。

——会不会有更多人乘机利用福利系统呢？以资产为基础的福利将采取一种不同的方法，即政府支持积累的限制会被提前加以说明并自动启动。

——以资产为基础的福利建议是不是要使所有人成为中产阶级？这个计划应当是选择性的，那些拒绝资产积累内在价值的人有自己的选择自由。

其实，以资产为基础的福利政策确有先例，并有许多替代性的形式。1862年的《宅地法》，就是美国历史上第一个主要以资产为基础的福利政策。1865—1935年的土地赠予，也是以资产为基础的。随着现代福利国家的出现，房屋抵押贷款利息免税和退休养老基金延迟交税，都在非穷人的资产积累中扮演了重要角色。20世纪80年代，美国以资产为基础的福利实验还包括个人退休账户、高等教育储蓄计划。在西欧，第一个以资产为基础的政策出现在19世纪90年代的法国，当时的经济学家提出对"大众储蓄"进行拨款。然而总的来说，以资产为基础的福利试验还不普遍。在社会基层，大量以资产为基础的小型福利项目发生在地方社区、邻里和服务机构中，如针对穷人房屋所有权的抵押贷款补贴，在群体和社区层面的互助住房、社区土地信托，以及很流行的雇员持股计划（ESOP）等。

第十章 个人发展账户

通过什么机制积累资产？谢若登提出的建议是实行一种相对简单和普通的个人账户，称为"个人发展账户"。个人发展账户应当是可选择的、有增值的和税收优惠的账户，立在个人名下，从一出生便开始启动，限定于指定用途。个人发展账户将把真实资产引入许多没有资产的穷人的生活中，它强调个人的长期发展，将社会供应与个人责任以及个人控制相结合。

谢若登的建议对个人发展账户进行了详细的说明：(1) 个人发展账户将面向所有人，而不仅仅是穷人。作为一种替代形式，个人发展账户如果被设计成一种只针对穷人的系统，这样会给参与者带来不好的名声，影响政策的实施。(2) 个人发展账户制度将与促进个人和国家发展的活动相联系。(3) 某些贫困家庭群体的个人发展账户存款将得到补贴。(4) 个人可以选择如何投资其个人发展账户。(5) 以资产为基础的福利是一个长期概念,所以个人发展账户的对象最好是年轻人。(6) 个人发展账户应当只为长期目标而建立。(7) 存款基金和基金收入在用于指定目的时,应当全部或部分享受税收优惠。(8) 如果不是用于指定的目的而取款,所有补贴存款及其增值收入应当归还给个人发展账户储备基金。(9) 家长或合法监护人在其一生任何时候或临终前,可以把个人发展账户里的任何数量资金转移到子女或第三代的个人发展账户上,而不受处罚。①

个人发展账户面向所有人开放,对不同的人给予不同的补贴和激励。大多数人的个人发展账户,将没有公共补贴,只对账户结余有优惠税收待遇。只有那些既属于资产贫困也属于收入贫困的人,才有资格得到对个人发展账户的公共补贴。

联邦政府是补贴个人发展账户的主要资金来源;个人发展账户非指定性使用的罚款也构成资金的来源;此外,还有通过州和政府、公司、基金会的合作筹资机制获得的资金。财政补贴的钱来自何处呢? 其实,现在的福利政策有许多被误用的支出,这些支出有可能被广泛用于更有建设性的计划。以美国的税收为例,对社会保障金和铁路退休金全额征税,取消对超过现有中位房价的购房抵押贷款利息进行减税,取消去世后资本增值的免税,仅这几项就可以每年节省 385 亿美元的支出。

第十一章 实例、建议与成本

本章对个人发展账户有应用前景的领域展开考察,如资助高等教育、住房所有、自雇投资和退休保障基金等领域。许多以资产为基础的社会福利政策已经在地方、州和联邦层次通过各种形式得到检验,因此在考虑福利改革的建议时,应特别关注以资产为基础的示范项目。

1. 用于高等教育的个人发展账户

年轻人是以资产为基础的福利政策的最好目标,因为资产积累是一个长期过程。从美国的劳动力市场来看,是否接受了高等教育已成为一个人在劳动力市场中是否成功的重要影响因素。然而,高等教育面临着高学费的困境,绝大多数家庭需要动用现有资产或贷款才能负担起大学学费。联邦政府在 20 世纪

---

① 参见〔美〕迈克尔·谢若登:《资产与穷人:一项新的美国福利政策》,第 266—268 页。

《资产与穷人:一项新的美国福利政策》导读
Assets and the Poor: A New American Welfare Policy

80年代对高等教育资助的削减,严重损害了许多年轻人的受教育机会。这时在教育领域中开始实施的个人发展账户,就是一种政策创新。近年来,免税学费计划受到社会关注,但这些计划的缺点在于主要使中产阶级的家庭受益,并没有为穷人提供政府资助或配给金。对教育个人发展账户的政策建议是:个人发展账户存款与基准成就相关;对一些贫困人群的个人发展账户存款提供补贴;青年人很早就得到个人发展账户的信息等八条。①教育个人发展账户应当有所发展,最大限度地促进人们接受教育,并激发未来取向和长期思考。

2. 用于住房政策的个人发展账户

从金融保障和社会地位两个因素考虑,住房是美国家庭的一项基本资产。当前住房问题加剧的原因有三个:现有的低价住房单元数量的减少;贫困家庭数量的增加;青年人和穷人实际工资的减少。②目前,以资产为基础的住房政策的实例有:住房信托基金、"人类栖息地"组织、"一处住所"计划等。各州资助的各类住宅所有权计划纷纷出现,许多私人公司也开始帮助员工解决住房问题。对住房个人发展账户的政策建议是:联邦政府应当放弃房租补贴而转向穷人的住房所有权。具体而言,应重视用于先期付款的资产积累,建立先期付款特别账户,因为先期付款是实现住房所有权的最基本障碍。

3. 用于自雇的个人发展账户

自雇者经常会失去工作、离异或陷入待业,以及放弃没有前景的工作。目前的福利体系是不利于自雇者的,因为自雇者通常不能挣得很多收入,所以在接受福利时要通过资格审查,而资格审查是从制度上排斥资本积累的。失业保险也对享受者有严格的资产限制。这种防止穷人诈骗的政策取向特别不利于自雇者和新企业的发展。对自雇个人发展账户的政策建议是:自雇个人发展账户可被普遍推行,穷人个人发展账户中的存款可以得到配给金等七条。③

4. 用于退休养老金的个人发展账户

社会保障退休金加上补充保障收入(SSI),仅能提供一种最低限度的财政保障,个人发展账户可以补充老年的收入。目前的问题是,一些人因转换工作而失去部分或全部退休福利金;由于雇主设法缩减成本,私人养老金覆盖面下降的趋势将会持续。对退休个人发展账户的政策建议一共有四条。

---

① 参见〔美〕迈克尔·谢若登:《资产与穷人:一项新的美国福利政策》,第287—290页。
② 同上书,第292页。
③ 同上书,第305—307页。

5. 贫困儿童与个人发展账户

贫困妇女和儿童数量的增长,成为非常棘手的问题。以资产为基础的福利计划不会取代未成年儿童家庭补助、食品券或其他以收入为基础的计划,两种福利政策应当相互补充。如果未成年儿童家庭补助的长期目标是消除贫困的话,那么储蓄和投资将比保障消费更重要。

所有这些以资产为基础的福利项目,都应该根据项目特点和规模作出财政估算。在估算之前,需说明两点:第一,以资产为基础的福利结构是政策设计的最基本因素,在开始阶段它比政策的财政支出问题更为重要。第二,以资产为基础的福利不是一种费用,而是一种投资体系。①

第十二章 福利政策与国家经济目标的整合

前面各章讨论的重点都放在个人和家庭的层面,进行的都是微观经济层次的分析。本章则从宏观的视角,在国家层面探究资产积累的问题,从而论证以资产为基础的福利政策将有助于推动一国经济的长期繁荣。

由于受凯恩斯理论的影响,多年来人们广泛关注的一直是过度储蓄的问题,福利国家政策也是强调就业和收入转支,明确地以消费为基础,极少涉及储蓄和投资。从美国的社会政策来看,无论是对非穷人还是穷人,大宗的福利支出旨在支持更高水平的直接消费,而不是资产的积累。由于不注重资产的积累,存在着低储蓄、债务增长、资本的低增长和投资的萧条等问题。②美国的低储蓄,可以从美国与其他工业化国家的比较中明显地看出。债务增长表现为联邦政府的债务、公司的负债,甚至消费者也不得不依赖信贷扩大他们的开支。低储蓄和债务增长的后果就是资本的低增长和投资的萧条。然而,资本积累是经济发展所必需的。高储蓄可以为公司提供资本的来源,支持政府的信贷,降低和稳定利息率,减少对外国资本的依赖,使消费者购置更多的商品,并反过来保持经济的增长。因此,资本的积累过程一直被一些经济学家看作经济史上的驱动力。③

资产积累和储蓄模式的推行有赖于下面几个因素:一是社会政策的作用。政府的社会政策最好是长期性的,根据社会整体的最大利益,建立前后连贯的

---

① 〔美〕迈克尔·谢若登:《资产与穷人:一项新的美国福利政策》,第319页。
② 同上书,第334—340页。
③ See Richard B. Du Boff, Accumulation and Power: An Economic History of the United States, Armonk, NY: M. E. Sharpe, 1989.

《资产与穷人:一项新的美国福利政策》导读
Assets and the Poor: A New American Welfare Policy

长期规则和激励。福利政策更应取向于人们长期性的福祉,如果以资产为基础,将有助于资本的积累和经济增长。二是制度的作用。资产积累储蓄率的差异有很多可能的原因,除个人动机之外,大量制度性的刺激或抑制因素也影响储蓄行为。这些制度性因素主要包括税收政策和储蓄机制。三是个人发展账户的作用。对非穷人而言,由于向个人发展账户提供税收优惠,人们将会找新钱去储蓄,出现类似于个人退休账户参与者的情况;对穷人而言,账户里的新储蓄尽管款项很少,但它们聚集起来也将对全国的储蓄率做出一点贡献。①

第十三章 概要与结论

本章对全书主题作出了这样的概括:脱离贫困的关键是资产积累和投资,而非收入和消费;以资产为基础的福利理论和政策应当把福利救助与经济发展结合起来。

目前的反贫困是以收入为基础的,这种救助对于缓解人们暂时的痛苦是有意义的,必不可少,但是它没有从根本上减少贫困。谢若登提出了以资产为基础的反贫困措施。它是一种面向所有人的普遍的资产积累制度,在政策设计上给予穷人更多的激励,鼓励和促进穷人的储蓄和投资。若干年来,美国已发展出一些以资产为基础的计划,如公司、个人退休养老金和住房所有权的税收补贴等。一般来说,从这些计划的实施中,非穷人受益较多,穷人得到税收优惠的机会很小,因为穷人从事的工作岗位通常没有退休福利,而且很少有可能成为住房的所有者。也就是说,美国有对非穷人的资产福利政策,但没有为穷人服务的类似政策,因此应当进一步建立包括更多为穷人服务的资产项目。为此,谢若登建议建立一个相对简单的和普遍的账户制度,称之为个人发展账户。资产应当在个人发展账户里作长期的积累,用于住房、教育、自雇、退休以及其他福利项目。

个人发展账户的建立或者说以资产为基础的福利政策的实施,不仅仅是一项社会计划,也是一个将许多项目整合为单一系统的政策框架。这个系统的设计,应当使政府、公司、非营利组织和家庭等不同的以资产为基础的创造性福利活动能够相互配合和补充。个人发展账户即使在开始时只有不多的资助,只要经过创造性的工作而证明其成功,整个计划就将会不断扩展。个人发展账户的运作,大致有三种投资选项——股票基金、债券基金和货币市场基金,最后的收

---

① 参见〔美〕迈克尔·谢若登:《资产与穷人:一项新的美国福利政策》,第343—345页。

益将不被事先限定,而是取决于个人投资策略的成功程度。①个人发展账户系统应由一个全国性的独立理事会来指导,监督一些根据其收入业绩而竞争基金份额的个人投资公司。理事会将制定基本的投资指导方针,但不直接参与投资决定。

个人发展账户只是以资产为基础的福利政策可以应用的方案之一。其他所有权和资产取向的替代性政策也是可能的,包括穷人银行、以学校为基础的储蓄、邮政储蓄、城市宅地计划以及穷人投资协会等。②关键是要为普通人(包括穷人)建立制度化的、可靠的机会和激励。

最后要说明的是,从本质上讲,对穷人的救助不应完全从人道主义的意义来认识,也应被当作一种投资,即对未来的投资。

(李静撰写,童星改定)

---

① 参见〔美〕迈克尔·谢若登:《资产与穷人:一项新的美国福利政策》,第356—357页。
② 同上书,第357页。

《大西洋的跨越：进步时代的社会政治》导读

Atlantic Crossings: Social Politics in a Progressive Age

Atlantic Crossings: Social Politics in a Progressive Age (1998)

Daniel T. Rodgers

丹尼尔·T. 罗杰斯(Daniel T. Rodgers),美国著名历史学家、政治学家。1942年生于宾夕法尼亚州,布朗大学本科毕业,后在耶鲁大学取得博士学位(PHD)。曾任教于普林斯顿大学历史系,普林斯顿大学荣誉教授,讲授美国文化和思想史、比较和跨国界视野中的美国历史、政治等。其所著《大西洋的跨越:进步时代的社会政治》(1998)获美国历史协会的乔治·路易斯·比尔奖(The George Louis Beer Prize)、美国历史学家学会的霍利奖。其他主要著作与所获奖项还包括:《1850—1920年美国工业时代的职业道德》(1978)获美国历史学家学会的特纳奖(美国历史学家学会最高奖);《受到挑战的真理:独立以来的美国政治关键词》(1987)、《破裂的时代》(2011)获美国历史协会和哥伦比亚大学历史学系的班克罗夫特奖(美国史学界的最高奖项)。

前　言

　　前言概括了本书的思路。本书的写作基于一个基本的判断："国家存在于相互的历史网络中。即使最孤立的民族国家也是半渗透性的容器,受到来自远离国界的力量的冲刷"①。在这个判断的基础之上,作者批驳了"美国例外主义",认为"即使美国再强大,也只能在无法完全控制的世界体系中扮演自己的角色","作为欧洲人贸易的重要前哨基地和吸引欧洲投资的磁铁,18 世纪和 19 世纪的美国如果不是北大西洋经济体的一部分,那是不可思议的"②。为证明这一论点作者给出事实论据:大西洋为欧洲和美洲提供了海上通道,人员、货物、思想和理想都通过它实现了交流。贸易和人员的交流将美洲、南美洲、非洲和欧洲联结在一个体系之中。美国大型港口城市和内陆工厂城镇的经济格局正是工业品和农产品的世界市场促成的。美国的文化观念口味也受到国外图书和作家的影响。就连美国本国内的政治运动也是大西洋体系内政治变革的组成部分。因此,无论从哪个方面考虑美国都算不上一个不受其他影响的"例外"。

　　作者举了一个例子:就对泛滥的市场资本主义的社会成本进行限制的思想和举措,如果只把视线聚焦到国家内部,固然会分析出一系列社会背景的原因,但是却没有看到本质,事实上它的产生还受到来自国外力量的影响,并在本土与自身因素相结合而发生作用。美国社会政治的重构是北大西洋世界的政治运动和思想的组成部分,贸易与资本主义已经把这个世界联结在一起。

　　事实上,作者的写作目的就是针对"1945 年后,美国突然发现它跨越在一个自身的全球体系之上,例外主义主题又全盘杀回来了……用马克斯·韦伯在谈到早期新教徒的话来说,美国处于它领导的世界之内,但不属于这个世界,它的经验和命运从本质上说是个例外"③的"美国例外论"进行反驳,重新打通"美国与外界相联结的大西洋通道",这和书中叙述的许多进步人士的工作如出一

---

　　① 〔美〕丹尼尔·T. 罗杰斯:《大西洋的跨越:进步时代的社会政治》,吴万伟译,译林出版社 2011 年版,第 1 页。本导读对该书的引用均来自该版本。
　　② 同上。
　　③ 〔美〕丹尼尔·T. 罗杰斯:《大西洋的跨越:进步时代的社会政治》,第 3 页。

《大西洋的跨越：进步时代的社会政治》导读
Atlantic Crossings: Social Politics in a Progressive Age

辙。因为，作者不满足于仅仅探讨民族国家之间的差异上，而是希望说明具有相同背景、共同联系的国家如何产生了不同的结果。这一时代具有世界眼光的进步人士试图在大西洋网络间交流的建议和政策就形成了作者进行政治历史研究的最好实验室。

作者特别批驳了在研究社会政治的大西洋纽带中的功能主义视角，认为社会政治议题并非由于危机，而是以其紧迫性强行地进入政治议程之中的。

在本书中作者探讨了跨越大西洋的社会政治时代如何形成、如何维持，越过国界的联系网造成什么变化、在多大程度上影响政治选择，美国与其他国家表现出怎样的相似性和差异等问题。这些探讨使得功能主义的观点难以成立，进而再次证明了"正如一个政治观点只有在成功具备必要性和紧迫性的时候才能成为政治上可行的议题一样，（社会）问题只有在具备了政治上可以想象到的解决办法时才能具有（现实）政治意义"①的现实可行性观点。

第一章　1900 年的巴黎

钢铁世界

如果 1900 年的巴黎博览会是对这个世纪的总结，那么其主要象征所代表的内容就肯定无疑了：机器技术和市场的社会伦理相结合，释放出人际关系上的革命性变化——锋利、旺盛、常常具有解放性和让人痛苦的破坏性。工业资本主义的领域就是钢铁世界。②

工业资本主义中产生了人们精明、自私的激情，生产模式在社会和技术上的革命，对经济学自然法则的服从，自我奋斗的个人主义等构成了工业资本主义新秩序。这种新秩序既带来了效率和生产力的提升，又带来了新形式的痛苦。埃菲尔铁塔的冰冷象征着新秩序无情和残酷的一面，而坚硬则象征着强大的生产模式和自由放任的市场观念。

然而，工业资本主义下机器技术和市场及其与社会伦理结合取得的新秩序并不稳定和牢靠，经济危机以及劳资冲突都是其潜在威胁。人们不需要靠社会

---

① 〔美〕丹尼尔·T. 罗杰斯：《大西洋的跨越：进步时代的社会政治》，第6页。
② 同上书，第3页。

主义者提醒市场和生产的革命所带来的弊端。①

从一个不受参观者关注的由法国经济学家和企业主组织的小型"社会经济部"展位,到方方面面的国际会议和改良典范,1889—1900年这10年的时间里人们开始重视社会问题。

法国经济学家查尔斯·纪德在总结展品时说,政治经济学是关于财富增加的科学。与此相反,社会经济学领域容纳任何努力(在政治经济学本身的限制内),来调和或以社会的、互惠的方式缓解资本主义转型的痛苦。它是研究"实际的现实和可能的改善"的科学,是关于"社会和平"的科学。②

正是由于社会经济学容纳任何努力这一特性,它才包罗了方方面面、混乱的难以分类的议题,这些议题试图解决工业资本主义时代不同方面的痛苦;又因为社会经济学家思想和知识背景的不同,不同国家乃至不同人针对于同一问题的解决思路也千差万别。这些思路又相互作用影响,最终使得社会经济学成为一门极具多样性的科学。

作者试图将关于不同社会问题的千差万别的解决方法按照其思想理念而加以分类,将所有这些方法划分成三种类型:

第一种,即以德国为代表的依靠国家来抗衡市场的动荡,这是一种国家自上向下的公共福利形式。

法国的合作社、兄弟会和互助机构是第二种抗衡市场力量的形式,它提供的是一种社会从内向外延伸的公共福利模式。这种模式的逻辑在于工业资本主义时代的痛苦是由于传统的协会形式破灭而产生的,因此要减轻或消除这种痛苦,最好的方法就是重建这些传统的协会。

作为抗衡市场破坏力量的第三种模式,美国将战胜工业资本主义危害的希望寄托于资本主义的良心发现,具体来说就是工业资本家们对社会福利的关注和努力。

虽然国家间的不同模式可以加以分类,但是模式之间却没有绝对的界限,每个国家应对市场破坏力量的措施实质上是这三种模式的融合。依靠国家力量的德国仍然需要来自社会力量的参与,"个人主义色彩"浓厚的英国的合作社和互助团体数量甚至多于最强调社会互利思想的法国,美国在博览会上展出

---

① 参见〔美〕丹尼尔·T. 罗杰斯:《大西洋的跨越:进步时代的社会政治》,第4页。
② 同上书,第6页。

《大西洋的跨越:进步时代的社会政治》导读
Atlantic Crossings: Social Politics in a Progressive Age

的"社会服务同盟"即是美国吸收不同国家模式实施社会改革的明证。而美国人主张的模式则在法国巴黎有更好的体现:由社会责任感强烈的大雇主支配,一个私人的、家长制形式的福利国家。①

最后,一个试图掌握世纪之交社会政治蓝图的人还不能忽视两个竞争性思想和社会权力中心。第一个是国际社会主义运动,第二个是国际女性解放运动,二者都不固定于任何一个民族国家。②

抗衡工业资本主义时代的市场的破坏力量的方法,除了以民族国家特色为标志的依靠国家、社会和资本主义良心自身三种模式外,还有两种竞争性的思想,即国际社会主义运动和国际女性解放运动。社会主义运动强调自下而上对权力和财产关系的重构,女性主义者则强调妇女权力、儿童和家庭的特别脆弱性及其保护。这两种国际性的思想与之前的三种模式再次融合,共同影响了社会政策的制定。

作者以世界博览会开篇,就是为了呈现社会政治和社会政策的国际性。通过生动的例子,可以看出每一种政策的形成都不是孤立制定的,而是不同思路和方案相互竞争、交流的结果。

解释社会政治

作者梳理了以往美国社会政治历史的研究模式的内容和演变过程。最早时,研究者倾向于研究社会改革人物的思想及其过程,类似于个人的人物传记。

"20世纪50、60年代,许多著名的社会科学家认为,剩余资本积聚的逻辑可能本身就有能力修补产业资本数次革命曾经造成的社会断层和混乱。"③

这是研究模式的第一次转变,研究框架由改革者人物故事转变为社会资本会随着剩余资本积聚不断稳定增加从而造福于社会的国际化假设。

"因为在1970年代的艰苦岁月,欧洲和北美的战后福利国家遭遇沉重打击,政治突然成为社会政治分析的核心问题。其中一个结果是阶级插进来成为社会政治分析的核心,而且产生了复杂的后果。"④

随着经济危机导致社会投资稳定增加假设的破灭,研究模式发生了第二次

---

① 参见〔美〕丹尼尔·T.罗杰斯:《大西洋的跨越:进步时代的社会政治》,第11页。
② 同上。
③ 同上书,第15页。
④ 同上书,第16页。

转变,政治成为了社会分析的核心问题。这一模式下,研究者使用阶级分析法,把社会政治看作自下而上的权力渗透。这是社会民主主义的观点。但随即产生了把阶级关系颠倒过来的批评观点:认为社会政治是自上而下发展的,由统治阶层推行。

针对使用阶级分析法的研究者,持怀疑态度的第三批研究者形成,他们否认"国家成为阶级经济利益集团俘虏"的观点,两派人相互辩论。

这是社会政策政治的第四批研究者,他们的研究从接受者(受益者)角度出发,探讨社会政策带来的约束和控制。

针对之前所有的社会政策政治的解释模式,作者加以梳理后认为,它们中每一种都有充足的事实证据支撑,然而又都不足以能够解释所有的事实证据。这是因为,之前的每一种模式都简单地把社会政策看作由单一因素影响的结果。事实上,多种因素对社会政策的产生、制定和执行产生着影响。

作者提出自己的解释社会政治的模式。他指出了那些从问题出发努力寻找潜在纠正措施的进步人士的重要性。虽然他们大多缺乏话语权和组织基础,提出的建议难以被实施,但是他们所在的阵地是推动社会政治前进的思想、替代方案、解决办法的领域,是他们确定了社会政治的术语和思想框架,没有他们社会政治不可能产生。

"这些参与者没有一个把福利国家当作最终目标。我们看到的所谓福利国家的'中央集权制'根本不是预先设定的结论。"①

"福利国家不是其制订者宣称的目标,而是在已经发生的事实上加贴的一个标签而已。"②

为了深入了解社会政治,作者将介绍那些参与到其中的进步人士的相互联系和交叉的努力,其共同的线索是在某些领域类似"去商品化"的努力。作者特别强调之前社会政治历史研究中将这一阶段的努力当作福利国家诞生的结论的缺陷,因为社会保险只是当时进步人士关注的政治议题一小部分,它远不足以涵盖社会政治的所有内容。

"社会政治的去商品化线索和另一个群体的目标不同,这个群体认为国家本质上是推动企业发展的工具……推动论者的目标是深入和扩展市场,而社会

---

① 〔美〕丹尼尔·T. 罗杰斯:《大西洋的跨越:进步时代的社会政治》,第22页。
② 同上书,第23页。

《大西洋的跨越:进步时代的社会政治》导读
Atlantic Crossings: Social Politics in a Progressive Age

政治发展的目标是控制和限制市场的发展。"①

本书接下来的内容即追踪进步人士相互联系和交叉的努力,探索他们通过大西洋纽带从思想、方案的产生到社会政策的本土实施过程,通过探索"曾经对选择和政治的形式起到核心作用的变化轨迹"来解释社会政治及社会政策的内涵。

第二章 大西洋世界

风景

"19世纪末的两个现象让北大西洋进步人士的联系成为可能。第一个是北大西洋区域主要国家迅速融合的经济发展……对持续的社会政策交流来说,没有什么比工业资本主义社会风景的这种戏剧性扩张更重要的了。"②

"第二个现象没有第一个那么具体,也更脆弱,但对于跨越国界的社会和政治网络的形成同样重要。这就是对共同历史和脆弱性的新理解。"③

"相互联系是核心的假设。如果只有对比或想象中的文化差异,可能存在大量嫉妒和骄傲,但不可能有社会政策上持久不断的相互交流学习。"④

"从第一批欧洲人来到北美大陆的时刻起,欧洲就占据了他们政治想象力中根深蒂固的核心地位,但描述两者关系的用词不总是纽带。相反,从美国独立战争到19世纪后期,主宰大西洋关系的比喻就是截然对立。"⑤

在"进步时代"之前,美国人一直把美国和欧洲关系视为截然对立的,否定了两者之间存在的社会政治联系。当时有两种思想主导着美国人:一种是认为美国是自由的新世界,欧洲是腐朽的旧世界的共和思想;另一种则是认为仅仅可以从文化、风俗等方面欣赏淳朴欧洲的审美意识。两种思想都使得美国与欧洲处于对立的两极。在这种情况下,相互之间的交流学习是不可能发生的。

在工业资本主义力量的扩展之下,北大西洋经济体内的各民族国家都受到

---

① 〔美〕丹尼尔·T. 罗杰斯:《大西洋的跨越:进步时代的社会政治》,第25页。
② 同上书,第27页。
③ 同上书,第27页。
④ 同上书,第28页。
⑤ 同上。

了冲击。随着各个国家先后进入工业化时期,城市中的生产关系、都市和乡村中出现的社会问题、人们所面临的风险和所遭受的苦难及其形式都变得相似。这些变化让进步人士意识到了新旧两个世界的划分实际上并不存在,在工业资本主义的力量面前,美国和欧洲一样具有相同的脆弱性。跨越大西洋的交流因而具备了条件,美国的进步人士开始把眼光投向欧洲,去大西洋的另一端寻找解决社会问题的经验和政策。

作者接着从不同方面,以事实证据列举了在工业资本主义时代,不同民族国家所面临的各种形式的共同社会问题,以支持上文的论点。

进步政治

"那些在第一次世界大战前组成一代新社会政治力量的人从未拥有共同的名字。但是有一个词已经非常接近共同的标准或特征:'进步'。"[1]

在18世纪,早期的激进分子和改革者认为特权是痛苦的根源,将核心议题锁定在限制国家的中央权力(集权)。而以"进步"为特征的新社会政治的塑造者则将他们的议题转向了限制社会商品化的过程,认为这才是新时代痛苦的根源。

进步人士在不同政治体内进行了社会政治的实验和改革。德国先有俾斯麦为了培养工人阶级的忠诚而实行社会保障制度,后有年轻的德国皇帝由于野心而组织讨论安全管理立法、鼓励社会福音运动、干预罢工、讨论劳工标准,自上而下地开始社会政治的发展道路。法国是在中产阶级和共和派的先驱促使下添加了工人雇佣规范、所得税政策和公众养老金补贴等议题。新西兰则利用大地主与工人阶级矛盾推动了土地累进税、工厂管理规定、不带耻辱的养老金、劳工强制性仲裁法律等改革方案。而美国的新政,则借用了不同国家的模式,"作为整体的一部分融入北大西洋这个模式中"。

"工业资本主义的共同社会风景促使各国的股线交织到一起,深刻的共同的焦虑也把他们团结起来。资本和劳工的国际化是前提条件,但是北大西洋经济体的进步政治包含自己的国际机构和动力学,在国际框架下重新改造社会政治的过程中,这些决不是可有可无的东西。"[2]

---

[1] 〔美〕丹尼尔·T.罗杰斯:《大西洋的跨越:进步时代的社会政治》,第48页。
[2] 同上书,第55页。

《大西洋的跨越:进步时代的社会政治》导读
Atlantic Crossings: Social Politics in a Progressive Age

"在欧洲内部,新跨国社会政治的最显著特征之一就是一个国家通过的法律传播到另一个国家。……还有一些不那么明显的联系纽带,其中一个是志同道合的改革者举行的国际会议,另一个是官方的或私人的参观访问……最后一个是,在每个处于工业化进程中的国家都有影响很大的宣传家,他们对别国的社会政策表现出浓厚兴趣。"①

"跨越大西洋的进步思想联系不是单行道,但是在1870年到1940年期间对于美国参与者来说,没有比'极端不平衡'这个词更恰当的描述了。"②

"这种不平衡的难堪迹象之一是欧洲进步人士对美国政治的兴趣明显减少……美国落后的说法已经在欧洲进步人士中根深蒂固……美国人很难认识不到外国人的看法:从政治和社会上说美国是发展停滞的国家的典型。"③

"像这样的判断不断积累只能强化美国人的局外人意识,以及他们作为大西洋两岸交流中的小伙伴地位。对于这种边缘化意识,大西洋进步交流的第二个持久因素增加了其分量。那就是美国参与者与新社会政治网络的中心在地理上的距离。"④

对于美国人来说,跨国交流中的不平衡性和参与新政治网络在地理上的距离造成了他们的局外人意识和小伙伴地位。因此,他们很少看到正在建设的东西,而更多地去寻找已经经受了国家检验的社会政治措施的"成品"。这种做法使得他们只注视措施采取后的好处,而忽略促使措施形成的过程与交流关系。他们所引进的许多措施正是因此夭折或者被迫改变的。

"美国落后论"这种心态的产生使得美国人不再处于"例外论"和"地球中心论"思想的包围之中,开始不再认为美国人不需要去借鉴和学习欧洲国家的经验。担心落后的思想使得进步人士在社会政治方面奋起直追,他们关注欧洲已经和正在进行的社会政治及政策实验,大西洋的进步纽带终于被打通。作者在本书的最后一章中指出,美国这种开放的心态恰恰随着二战结束后领先地位的到来而关闭,因此"担心落后思想本身就是一个巨大的成就"。

---

① 〔美〕丹尼尔·T. 罗杰斯:《大西洋的跨越:进步时代的社会政治》,第56—57页。
② 同上书,第67页。
③ 同上书,第69页。
④ 同上书,第69页。

第三章　自由放任经济的黄昏

自然行为和社会欲望

自由放任意味着把"经济健康运行的主要责任从政治转移到市场,从考虑国家利益转移到考虑各种私人欲望"。在这种观念下,市场被认为更有效率、更自然,是一个自动的、自我管理的特殊领域。同时,由于得到自由行动的自我观念的支持,这种观念还占据了道德上的制高点。因此,只要自由放任思想不死,所有针对于社会问题的试图限制商品化进程的措施就难以进行下去。从这个角度说,能够克服自由放任的观念至关重要。

美国最早接受了英国古典经济学的影响,在信念领域一直将公共经济行动视为"自然"经济法规和经济"自由"领域的干预因素。然而,随着德国反对自由放任思想的兴起,"国家干预不是紧急性的权益之计,不是必要的恶,而是要实现我们时代和国家的最高任务之一"[1]的思想开始在大西洋经济体国家内传播。通过一代留学德国的美国学生,这种反对自由放任、主张干预的经济学思想传播到美国,对美国经济学进行了重造。

但是,"大西洋纽带决不仅是思想的简单传播、思想类别的抽象传输,或者平静愉快的游览旅行。留学德国的美国人对他们在海外所见所闻的紧张和痛苦的思考、新社会政治与国内经济结构之间的冲突都成为影响全局的因素"。

讲授经济学

作者描述从德国留学归来的美国学生如何把他们在德国形成的知识和观念带回到美国的。在这个过程中,他们带回的理论对原有的美国经济学造成巨大影响,使得自由放任的观念发生改变。然而,他们也遭遇了原有观念捍卫者的抵抗和攻击。在最初的努力遭受挫折后,他们开始变得谨慎小心,尝试从具体问题的理论上突破,并像他们德国老师一样通过采用专家做派的方式来获取权威和影响力。

这个团队中的每个人都非常渴望获得公共影响力和权威地位,他们积极开

---

[1] 〔美〕丹尼尔·T.罗杰斯:《大西洋的跨越:进步时代的社会政治》,第69页。

《大西洋的跨越：进步时代的社会政治》导读
Atlantic Crossings: Social Politics in a Progressive Age

设课程，讲授热点问题，为公共刊物投稿，甚至与工会组织接触。这些人努力推动价值观从竞争性个人主义到道德层面的"社会主义"的转型，对"各人顾各人"原则进行彻底反叛。

他们还设计出德国"社会政策协会"的美国版本——"美国经济学协会"，并招募成员、开展讨论。这些努力和行动一方面激怒了传统的经济学教授，另一方面激怒了大学的捐助者。美国大学并没有德国大学般的古老权威地位，因此这些留学生中相当一部分人，如亚当斯、詹姆斯等都受到了排挤。美国经济学家协会也不得不放弃原有宣言中的原则。来自大西洋纽带的德国经济学在美国传播受挫。

面对攻击，这些进步人士的回击首先由亚当斯的文章奠定了国家对于天然垄断企业干预的合法性基础。随后，其他叛逆经济学家以此为起点纷纷对于自由放任原则展开攻击。在借鉴了之前失败的教训后，他们选择了从预言式的规劝者到以大学为基础的专家权威的转变，并通过深入国家机构内部的活动，获得了更加可靠的公众影响力。

对首批留学德国的美国学生所取得的成就的最简练概括，即他们所作的工作"已经让公共行动和控制机构变得自然些"。

第四章　自我支配的城市

都市生活的集体主义

欧洲人认为需要政府采取公共行动来改造城市。然而，在老一辈进步人士眼中，民族国家及政府并不是社会政治的主要角色，他们恰恰认为应该通过民众改变城市的社会生活方面来改造政府及国家。

城市社会政治改革的目标即"市营化"：把都市生活中的公共基础设施，如自来水、街道、有轨电车、公共澡堂、煤气、供电、住房等的所有权从私人回归到城市本身。

大城市社会政治改革的动力来源，除了具备改革思想的潜在盟友这一次要条件外，更主要的是大城市的集中居住结构使得人与人之间形成了"一张相互依赖的大网"。这种无形的资本集体主义就迫使人们在思考问题时从集体考虑出发。例如，在面临紧迫的卫生问题时，人们发现私人经营并不能有效地解决问题,因而要求政府当局承担供应某些商品的责任。在城市的日常生活中,"各人顾各人"的观念渐渐被集体主义取代,市营化具有思想上的基础。

公共服务政治的两个障碍:一是市营化意味着市场作用的缩小和商品供给从私人向公共部门的转变,当城市承接服务供应者的任务时,总有一个领域的私人供应者受到影响;二是厌恶税收的意识形态。这两种障碍都在努力维持私人提供公共服务。

大部分的工人阶级对城市当局有着根深蒂固的不信任,而社会主义者则认为首要的任务在于从资产阶级手中夺取生产资料。然而,公共服务收归市营的概念最终得到了他们的认可。商人们也没有反对这种从企业内部反对商业化的态度。最终,这一给予城市所有权主张的运动得以跨越了阶级和思想观念,得到普遍认同。

以伦敦市营化脚步为例,市议会成员有产业界的专业人士,也有劳工少数派和社会主义者,他们分别致力于不同方向的目标。尽管所作的努力由于遭遇保守派组织的保护自身阶级财产和利益的同盟的阻力而没有完全达到预期目标,但是他们的努力"促成了城市和私有企业间界限的转变",又"跨越了不同阶级",这正是其进步意义所在。

山上之城

"从本质上说,跨越大西洋的进步纽带是倾向于理想化和极端化的。"① 以弗里德里克·豪威为例,他在推行公交车市营化运动失败后,两次赴欧洲考察。他认为德国有着拥有"团体自我意识"的"有机"城市,而美国的城市是"一个由铁路、自来水或者工业组成的偶然性"。豪威错误地把有机城市建筑当作有机公民生活,把欧洲城市塑造成了闪耀希望和理想光芒的"山上之城"。因此,这种跨越大西洋的纽带由于迫切渴望找到对比而存在对学习对象的误解,倾向于理想化和极端化。

"欧洲的重要性在于:美国人可能在从借来的欧洲积累的经验基础上越过经济抽象辩论,越过以测量员的准确性确定公共领域边界这一难题,抓住实践本身。"②

---

① 〔美〕丹尼尔·T. 罗杰斯:《大西洋的跨越:进步时代的社会政治》,第144页。
② 同上书,第146页。

《大西洋的跨越：进步时代的社会政治》导读
Atlantic Crossings: Social Politics in a Progressive Age

在欧洲人已经实践过的领域，美国的进步人士无须再对这一领域公共干预的合法性进行论辩，这些领域的实践不需要理论的引导，而只需要跟随欧洲的经验。这一条件给美国进步人士带来了极大的便利，从某种意义上说，这正是"落后的好处"。正是这个条件，"伯明翰、格拉斯哥、伦敦、法兰克福或者柏林成为所有美国人的经验"。

在欧洲先例的指引下，美国复制了自来水和污水处理的城市管理模式，也开始给公立学校注入大量资金和建设公园。阿尔伯特·萧搜集了欧洲市营服务业的数据，作为一个跨越大西洋联系的结点。乔塞亚·昆西担任波士顿市长时，也模仿欧洲先例，让政府引入了市营服务业的众多项目。在美国进步人士的努力下，政府的改革者开始推行更积极、更有欧洲风格的项目，也从欧洲先例中吸取更多的营养。

美国进步人士关于城市所有权的斗争战场主要有电力和公交车。前者因为尚属于奢侈品而得不到都市政治的广泛支持。后者虽然具备了必需品的条件，却由于美国城市过早地把专营权颁发给企业，在企业不能提供充足服务时则授权更多的企业参与竞争的早期做法，使得进步人士的改革步履维艰。美国进步人士市营化的野心和公交车投资者垄断的野心发生冲突，结果是尽管进步人士从各种形式上作出努力，美国公共服务的城市所有权与欧洲国家相比，数量仍渺小得让人尴尬。

美国进步人士市营化运动阶段性及局部性的失败，可归结为三个原因：其一，市营化运动开始得晚，没有像欧洲一样把握住时机，在开始时已经面对"生长"得非常庞大的私人势力。这是落后的劣势。其二，美国与欧洲不同的法律体制对来自欧洲的政策产生副作用和影响，美国进步分子在美国推行市营化措施需要耗费更多的精力，这在客观上对市营化运动的推行造成了障碍。其三，也是最重要的，市营化运动失败的根源在于腐败。美国进步人士虽然针对腐败问题采取了一定措施，却没有在改革公务员体制上花费时间，因此失去了政治联盟者的支持。

"腐败结构是复杂和多样化的。在世纪之交的美国城市，它们至少表现出两种形式：边缘性腐败和内部腐败。"[①]"边缘性腐败出现在政府和私人供应商

[①]〔美〕丹尼尔·T.罗杰斯：《大西洋的跨越：进步时代的社会政治》，第156页。

接触的地方。"①"相反,内部腐败发生在市政府内部工作人员身上,受益人是企业老板、政客以及得到他们恩惠的人。"②

"都市腐败的矛盾在于:如果限制其中一种腐败机会,就会增加另外一种腐败机会。减少城市拥有和经营的企业,能减少内部腐败的可能性,却增加了边缘腐败的机会,私人供应商的贿赂就会泛滥。"③

"美国城市进步人士很少承认,他们羡慕的欧洲城市的广泛服务项目可能依赖于一点:欧洲城市精英成功地长期推迟形式民主的实现,而政体过早的民主化使得国家机构被过度地挖空(减少并削弱,产生了诸多漏洞、缺口并缺乏相应的公共职能部门即多孔性)以及私有化是否阻挡了自我支配的城市的脚步?"④

作者进一步探讨是什么导致了腐败的产生,并把问题归结于美国政体的早期民主化带来的多孔性。过早的民主化还支持了私人资本的兴起及其作用的泛滥,而这一切又重塑了民主化的基础(由民众到资本),资本与城市管理者(部门)的联系普遍而且多维,加之多孔性深化了城市对于私人资本的依赖。这是美国自身具有的特征,正是这一特征使得来自大西洋纽带的政策措施被筛除或者修改。然而,城市所有权这一观念本身具有极大的可塑性,在遭遇了美国的多孔性特征后,它仍然选择性地侵占那些公共特征明显到连私营的公共服务公司都承认的部分,以改造彻底商业化的城市。

第五章　公民的抱负

私有财产,公共设计

"进步人士的核心性格特征在于既从形式角度也从功能角度看待社会政治。社会的核心价值应该体现在街道设计、公共建筑、居民区和城市风光上,这是大西洋两岸进步文化的坚定信念。"⑤

所有美国进步人士通过大西洋纽带带回来的政策措施,在经过美国本土力

---

① 〔美〕丹尼尔·T.罗杰斯:《大西洋的跨越:进步时代的社会政治》,第156页。
② 同上。
③ 同上书,第160页。
④ 同上书,第161页。
⑤ 同上书,第163页。

《大西洋的跨越：进步时代的社会政治》导读
Atlantic Crossings: Social Politics in a Progressive Age

量的影响和改变后，有的与外部因素结合而被修改扭曲，有的推行不下去而中途夭折，有的从一开始就没有实行过。然而，这些带回来的政策工具没有白费，后面书中"战争集体主义"一章讲述了一战期间美国国内条件的变化使得其中一些措施具有推行的条件，"新政"一章则讲述了在大萧条期间这些储存起来的政策一起被拿出来填补空白的故事。

美国原有的城市规划使得城市缺乏秩序，尤其是与欧洲国家相比，显得杂乱无章。进步人士开始把美国城市看作"自私的利益冲突乱象"，因而向欧洲的城市规划寻找"把城市看作人们共同家园的集体主义观念"。

"考虑到奥斯曼工作的多种价值，北大西洋经济体的每个国家都从中汲取不同的营养就没有什么好奇怪的了。"①

"在伯纳姆的城市规划中，如果说反商业特性深深扎根于这种表现公民美德的设想中，规划的背景却没有一点反商业气息。"②

在美国借鉴奥斯曼式的工作过程中受到了两方面因素的干扰：其一，伯纳姆本人的设计虽然具有反商业的表现公民美德的设想，但却由私人商业俱乐部资助和宣传。因此，当公民城市的象征与商业利益的需求不一致时，城市规划就失去了支持方。其二，奥斯曼式的超额征用土地，通过出售增值的建筑用地来补偿各种费用的措施在美国人眼中触犯了底线：神圣不可侵犯的财产权。

来自德国的规划措施和来自英国的花园城市经验与奥斯曼的工作共同创造了一套"能够深刻切入城市土地和财产结构的法律和管理工具"。具有充足的引进工具资源后，美国进步人士开始致力于改造美国的城市规划。

对工人公平的城市规划

美国进步人士从土地价值和住房对城市工人阶级的冲击入手，将更深层次的社会政治目标——对工人阶级的公平，注入城市设计之中。在这个过程中，他们引进了大量的欧洲城市规划工具，但最终只有城市分区保留下来，并且这一工具也与其他外界力量相结合，大大扭曲了进步人士引进时候的目标，与"把城市居民从过分拥挤、肮脏、破烂的居住区和土地投机者的魔爪中解放出来"的想法大相径庭。

---

① 〔美〕丹尼尔·T.罗杰斯：《大西洋的跨越：进步时代的社会政治》，第172页。
② 同上书，第175页。

工人阶级受到的冲击的根本问题之一在于住房。欧洲的各个国家开始关注住房领域，并采取了不同的政策措施。此时的美国进步人士则密切关注欧洲对于住房供应的努力，随时准备着通过大西洋纽带引进解决问题的舶来品。

虽然一直关注着欧洲国家的进步实验，但是由于头脑中根深蒂固的观念，美国进步人士并没有认同市营化住房的措施。在他们看来，公共投资只能解决公共问题，而工人阶级住房属于私人问题，是不应该用公共投资的方式解决的。

影响跨越大西洋的政策工具在美国发挥预想作用的选择性机制主要有两个：其一，美国人对于财产权观念的坚守使得当问题明显威胁到财产权时，原有的利益和意识形态即开始对与之不符合的议题进行筛选。在这一过程中，由于进步人士引进政策工具的时机不利，加上缺少相关问题的游说团体力量的支持，这些政策工具都难以逃脱失败的命运。其二，美国法律的独特性。由于它对公共使用原则的限制，使得从欧洲引进的城市规划工具，如超额征用土地、审美条例等，都因为不符合法律对于公共的定义而遭到阻拦。就连保存下来的城市分区，也是以保护私人权利的方式通过的，并在通过后受经济力量的影响，偏离了引进时的初衷。

所有这些由于现有条件不足和阻碍而失败了的引进措施都将因为战争和经济萧条带来的改变而开始发挥作用。本书第四、五、六章介绍的城市规划、公共资助的基础设施和住房，以及帮助人们在工业时代抗击风险的保险，都将在战争集体主义和大萧条之后的新政中的美国得以实现。它的实现确证了公共（政府）权力——社会（民主）政治对于私人资本和趋利市场的节制，方能增进整个社会的福祉。

第六章　工薪族的风险

工人保险

"北大西洋经济体的每个国家都有研究现代大都市穷人问题的社会学家。但是纯粹的贫困不是他们关心的问题。限制没有道德约束的资本主义的自我破坏性社会影响，把明显被市场搞糟了的工作从市场中抽出，用公共福利的反计算抗衡市场的算计性社会影响，这些才是社会政治的任务。贫穷不过是社会

《大西洋的跨越:进步时代的社会政治》导读
Atlantic Crossings: Social Politics in a Progressive Age

问题诸般头绪中的一个而已。"①

进步人士之所以更为关注寻找有效手段防止还没有赤贫、还在工作的人落入贫困的深渊,而不是把更多的精力投入到修补穷人的生活里,是因为穷人是他们心目中的另外一个国度。所有针对穷人设置的项目其内在的逻辑是区分、区隔出穷人。穷人由慈善活动和公共救济负责,社会保险则是为挣工资者准备的项目。

对于穷人问题,英国、美国、法国都采取了相同的逻辑,一方面给予穷人救济,另一方面为了降低救济的成本又设置了更多的限制和资格审查。进步人士在处理穷人问题时经常考虑的解决方案是建立劳工殖民地,遵循的是区隔、隔离穷人的逻辑。与之不同的是社会保险项目,它的关键在于共谋关系和相互依赖性。作者清楚地介绍了北大西洋体系中对于穷人的社会政治项目的发展过程,同时清楚地表明,社会保险项目并非从这一群体开始。接下来,作者描述了为工人阶级(在相当程度上就是工薪阶层)准备的弥补裂缝和伤害的社会保险项目。

"针对于劳动风险的保险是工人自己创造出来的。不同工人最初联合起来是为了对付工资劳动的经济风险,包括疾病、事故、失业、年老体衰和死亡,他们竭力通过互助组和共同基金的方式减少可能的风险损失……最早开始的是英国的工人互助保险俱乐部形式……随后在德国这一形式衰落而法律规定的强制性保险基金开始兴起……法国的互助会也具有准官方色彩,国家在其中开始承担更多的义务……英国的兄弟会和商业保险公司更盛行……美国的互助协会机构同样人数众多,但由于社会和政治上的分化而显得虚弱……对于'工业保险'的日常互助主义,虽然努力靠平均法则即广泛的覆盖面缓解工人最严重灾害,但却存在覆盖即其所抗衡的风险小、有性别局限等问题,历史在呼唤着新的解决方式。"②

从日常互助主义出发,各国的工人阶级自发地开始创造出抵御风险的模式。这一模式在不同国家的不同理念和政治背景下的演化有所区别,但是都还难以很好地覆盖风险,"虽然只是破烂的斗篷,却是靠平均法则缓解工人最严重灾难的方式的生动体现"。

---

① 〔美〕丹尼尔·T.罗杰斯:《大西洋的跨越:进步时代的社会政治》,第217页。
② 同上书,第223—229页。

"被1910年美国观察者称为社会保险的另一种东西出生于德国……与自愿互助方式不同,它强迫雇主参加工人的风险池,'将工业风险的概念社会化,认为有权力确定工作条件的人有责任承担工业生产的风险重担'……同时它也让风险基金成为工人必须购买的东西……这两方面就把风险和共谋关系的边界向外扩展了许多。"①

"在对付劳动风险的其他候选体制中,最显著的一个是更严格地监督管理工作场所,因为首先给工人带来风险的正是工作场所的问题……他们认为这比追着救护车跑的工人保险更可取……劳动保护标准和法定最低工资思想成为国际劳动立法大会的主导性议题……虽然实行在政治上面临很多困难,但逻辑是清晰直接而有说服力的。"②

"第三个替代方案既不是保险也不是预防,而是强化现有的互助性保险体制,维持其自愿特征,但通过公共(财政)补贴扩大其影响力。"③

"最后一种模式是简单地把公共(财政)补贴给予有救济需要但并非自身原因造成的公民……它发自一种正义感,源于济贫法管理上的某些尴尬。"④

至此,作者介绍了当时条件下能够帮助工薪族免于落入贫困深渊的四种不同的模式:强制性国家管理的社会保险、法律规定的最低工资标准及安全的工作条件、公共补贴所强化的自愿互助协会方案、给予无可指责的穷人的救济。这四种方案并非独立的,在北大西洋体系中的不同国家,它们既相互竞争也相互结合,吸引着不同的支持者和选民。

在总结英国从抗拒到接受社会保险项目的戏剧性转变时,作者把最重要的因素归结为:在当时政府面临的难以解决的金融难题面前,社会保险项目分摊缴费的机制比其他竞争模式能够更好地缓解财政困难。正是这一个优势让原本坚持反对的人们松口,接受了社会保险项目。尽管这一项目在英国也遭遇了外部力量的影响和扭曲,但是仍然很好地保存了下来。在这一方面,英国的经验似乎为美国进步人士引入社会保险项目作出了范例。

---

① 〔美〕丹尼尔·T. 罗杰斯:《大西洋的跨越:进步时代的社会政治》,第229页。
② 同上书,第234页。
③ 同上。
④ 同上书,第227页。

《大西洋的跨越：进步时代的社会政治》导读
Atlantic Crossings: Social Politics in a Progressive Age

利益领域

"工厂立法、最低工资法案、无过错穷人救济等全部被吸收到美国政治中——尽管遭到性别界限的阻碍。但是更艰巨的问题是社会保险。"①

对于德国的社会保险模式，美国面临着不强制则社会保险的原则无法实现，而强制又使得美国人在政治上不可接受的两难境地。

美国社会主义者呼吁倾向这一模式。鲁宾诺强调它的"阶级主义"，认为是"由有能力的人通过私人手段给予社会中更多没有这种能力者的资助"。亨德森则认为它是合作和国家团结的体现。

然而，许多美国人仍然无法接受社会保险的概念。工会反对工资削减，教授们含糊不定，消费者联盟和女性俱乐部由于其无法抵御妇女的风险而对社会保险项目不感兴趣。在这种条件下，来自德国的社会保险项目无法在美国实行。

美国工业事故增长速度远远高于其他国家这一事实开始使人们认识到"安全生产条件和措施的缺乏、社会政治、雇主的模式等"，而发生工业事故后法律赔偿机制的崩溃则是造成人们对社会保险项目转变观念的起因。

随着人们越来越不愿意接受雇主不承担或只承担一小部分事故责任的现状，进步人士开始推行早期工人赔偿法。另一方面，雇主也希望摆脱诉讼费用和拔掉工会组织的"牙齿"，立法机构则希望减轻受到的压力。在这种情况下，赔偿法案的制定在人们思想中达成了共识。为了尽快制定法案，英国现成的成功先例被复制。随着辩论进程的迅速发展和要讨好选区的多样性民众的目的，美国人越过了英国模式直接转入德国模式。至此，在受伤工人引发的危机中，19世纪80年代失败了的社会保险遗产在美国得到了重新评估，至此"社会保险找到了美国进入点"。

"不过，虽然思想和政治转变引人注目，但它并没有给美国带来社会保险，至少当时没有。"②

作者分析了当时社会保险项目在美国失败的原因。针对社会保险项目在德国、英国和美国的不同做法及遭遇的对比，作者将主要原因归结为其所面临

---

① 〔美〕丹尼尔·T. 罗杰斯：《大西洋的跨越：进步时代的社会政治》，第241页。
② 同上书，第264页。

的利益领域的组成的不同。

美国作为"落后者",可以从其他国家已经实践过的社会政治实验中直接引进政策工具和经验,这是它落后的优势。然后,因为落后,它错过了领先者改革的时机。就如社会保险等很多改革项目一样,当美国通过大西洋纽带引进政策工具时,往往面临着已经发展为具有强大力量的利益群体的反对,因此引进的政策经常归于失败,这是落后的劣势。落后的劣势使得优势发挥不出作用。但是,在接下来的一战中,很多领域的利益组合被打破,人们原先固守的观念被改变。在这种情况下,落后的优势得以显现出来,从大西洋另一边引进的工具得以运行和保存。

第七章　战争集体主义

1914年的欧洲

"英国社会工作者宣告了战争爆发后横扫英国的'紧密团结'到来。英国开始纪律严明起来了,社会主义者梦想中多年后才能出现的条件一下子产生出来了。战争集体主义已经够好了。"①

一战前的美国人乐于了解国际对话,他们全欧洲寻找需要借鉴的东西以引进美国。在整个过程中,美国进步人士意识到自己的落后,对欧洲的"社会性"振奋不已,德国城市、欧洲乡村的社会建筑等都让美国进步人士感受到了来自大西洋纽带的集体意识和集体主义的力量。

当1914年8月一战爆发后,欧洲进步社会议题的普遍搁置让美国进步人士感到沮丧和困惑。然而,最终他们发现,战争并没有阻挡进步事业的前进,相反,创造了许多此前不具备的进步议程的实行条件。在欧洲的各个国家因为战争而形成了紧密团结的"战争集体主义"后,社会改革开始激进推行。这种情况下,美国进步人士再次意识到了自己的落后,渴望拥有像欧洲那样的战争集体主义精神。

作者对"战争是公共福利最好的朋友和最主要的历史推动力"这一说法加以驳斥,指出重要的不是战争本身,而是战争的经济化。在生产性和物资装备

---

① 〔美〕丹尼尔·T. 罗杰斯:《大西洋的跨越:进步时代的社会政治》,第286—288页。

《大西洋的跨越：进步时代的社会政治》导读
Atlantic Crossings: Social Politics in a Progressive Age

性日趋重要的战争中，交战国没有一个继续相信仅靠市场本身就能够实现紧急情况所需要的效率、目标和生产的高度集中统一。为了维持战争物资生产，政府必须与劳工组织签订和平协议，工会的正式地位被承认，工资也成为可以仲裁的事情。随着工会力量的增强，在和平时期可能受到强烈抵制的妥协条件被填进了与劳工的协议。同样，由于女性大量进入战时生产工作领域，政府开始对女性政治作出让步。战争也把进步人士从社会政治的竞争边缘拉入国家迅速增加的社会机构中。所有这些都是战争经济化带来的改变，为之前一系列难以实行的政策项目重新推行奠定了基础。

这就是：在战争经济化的条件下，落后的优势战胜了落后的劣势。

战争住房项目让人们意识到了在战争紧急状况下政治和思想文化改革的可能性。尽管战争结束了，战争集体主义的影响却不会消失，人们再也不能回到从前古老的个人主义之中去了。进步人士的努力开始集中于在和平时期实现战时的集体主义精神，让战争时期的临时措施永久化。

"几乎融化"的社会

不论是在欧洲还是在美国，进步人士都以各种形式的努力试图抓住战争集体主义带来的进步改革机会。欧洲取得了很大的突破，一些战时的临时措施被延续下来，临时组织也被维持下来。

把战争经济化的某些特征延续到和平时期的希望是停战后的最初六个月产生的美国重建计划的热潮。一方面，社会工作者、教会团体、全国城市联盟等不同群体对于重建目标各抒己见，战争集体主义机构群龙无首；另一方面，威尔逊政府则渴望尽快消除战时体制，因此各战争集体机构一夜间开始解散。然而，来自劳工的压力使威尔逊政府被迫重新采取行动。停战后出现的一系列罢工促使威尔逊政府召开工业会议，却因工会与雇主的矛盾不欢而散。在这种情况下，政府为了弹压罢工而宣布其违法，公共协调机制破产，主动权重新回到雇主身上，工会自此衰退。

此外，"红色恐怖"也给这种倒退推波助澜。移民工人阶级给美国带来的冲击使得国内爆发反外国人情绪，借用外国经验的项目开始受到攻击。

凡此种种都决定了"美国的下坡路比英国陡急的多"，但美国也并未回到原来状态。事实上，战争集体主义实验的残余在后来的罗斯福新政中发挥了重要作用，作者在第十章中介绍了这一点。

第八章 农村的重建

合作农庄

农村问题是在农村人口在政治、经济领域的重要性日益凸显和农村中传统的小生产者小规模的、个人的生产方式难以与组织化程度更高、资本力量更强的市场参与者竞争时,进入到美国进步人士的视野之中的。在此背景下,进步人士开始思考措施来帮助农民改变受剥削和被牺牲的命运。他们从欧洲带回的主要政策措施是农业合作社模式。

"因为认识到南方农业的落后和贫穷,以及这种落后对南方普遍福利的拖累,进步人士竭力寻求农业复兴的秘密——以对农村小生产者不那么不利的方式恢复农产品市场平衡的可行措施。"①

"正统的经济学家对于农村贫困问题的答案是:让农村流失人口的过程继续下去,直到过量的农业生产者削减到一个相对有利的程度。"②

"另一种方法就是试图提高国家对农业利益的促进力度,关税保护和出口津贴属于这个类别。这些努力的最大受益者是大生产者,而不是小业主或佃农。"③

"在国际农业改革圈子中占主导地位的是第三种方案。这种方案认为农村脆弱问题的关键不是人口太多,或者缺乏资本经营意识,而在于农村社会经济的原子化,所以克服这些问题的法宝是社会'组织化',至于措施有很多形式,得到最广泛赞同的是发展农业合作社。"④

"另一些农业进步人士把希望建立在改善农村教育问题上,他们相信文化复兴将带来经济复兴,其中抱负最大的是从底层创立新形式农业社区的想法。所有这些方案,从19世纪末期到1930年代大萧条时期以几十种竞争性的形式在北大西洋农业进步人士中传播。"⑤

在努力使农业复兴的过程中,大西洋体系主要有四种竞争性方案,其中第

---

① 〔美〕丹尼尔·T. 罗杰斯:《大西洋的跨越:进步时代的社会政治》,第334页。
② 同上书,第335页。
③ 同上。
④ 同上。
⑤ 同上书,第336页。

《大西洋的跨越:进步时代的社会政治》导读
Atlantic Crossings: Social Politics in a Progressive Age

一种是让农村人口自然流失,但这难以使进步人士接受;第二种是加大国家对农业利益的促进力度,但其主要受益者是大生产者。因此,在这一章中,作者主要介绍的是进步人士针对后两种方案所作出的努力:一是农村社会"组织化"方案,即发展农业合作社;二是以文化复兴带动经济复兴的方案,即创立新型农业社区及其学校。

作者详细叙述了合作社模式在欧洲不同国家的不同形式。欧洲的乡村在合作社模式的作用下完成了经济复兴。技术工人、手艺人、小农场主等通过联合自身力量并努力奋斗,实现了出人头地的理想。合作社这种既不是资本主义也不是社会主义的思想,帮助欧洲农民把资源和能量结合起来并共同提高。

美国具备引进合作社的基本条件,但是这一政策面临着如同以往来自大西洋纽带的进步措施同样的问题,即如何避免在与周围力量相互作用的过程中被扭曲,如何才能够保持不会偏离原来的政策目的方向。

在美国进步人士在乡村引进农村合作社努力的过程中,美国农民精于算计却对贷款协会的民主管理缺乏兴趣的商人性格,的确在一定程度上导致了合作社项目的失败。

"如果新的农村社会秩序的潜力缺失或休眠于农村,单单一个联邦法案和大量的公共贷款并不能让新社会秩序诞生。"①

农业合作社在美国遭遇失败的原因,一是在于时机的选择,二是由于美国农民与众不同的"商人色彩"。事实上,任何能够跨越大西洋进步纽带传播的社会政治措施都具有可塑性,因为可塑性,它们才有适应不同环境的能力。但是,也正是因为这种可塑性,使它们在遭遇周围政治文化力量影响时容易被扭曲,从而偏离了原来的目标方向。农业合作社在美国的发展过程就是一例。

岛屿社区

一部分进步人士将农村的贫困和虚弱归咎于土地分散和孤立的居住模式,其中米德是典型的代表。他对于这一问题的解决方案是建立公共农业定居点和将农村聚居区建设成为精心开发的社区。这些努力虽然没有实现,但却为新政时期的措施提供了巨大的思想源泉。事实上,第十章中新政者采取的很多措施就是米德提出的解决对策的沿袭与转化。

---

① 〔美〕丹尼尔·T. 罗杰斯:《大西洋的跨越:进步时代的社会政治》,第351页。

"除此之外还存在第三种人,他们认为农民的最根本弱点在于他们的思想和价值观。乡村的原子化,缺乏组织和凝聚力使得弱小的农民成为其周围组织良好的利益团体的牺牲品,对合作社的怀疑使他们更容易受到那些利用农民经济幻想赚钱者的影响等,这些或许都可以追溯到观念和文化根源。"①

作者描述了丹麦乡村民俗学校的成功模式,介绍了美国进步人士将其引入美国后的发展过程。由于美国文化明显的异质性,依靠共同文化传统和生活方式的民俗学校难以在美国发挥预想的作用。

无论是民俗学校还是农业合作社,在跨越大西洋进步纽带的过程中都面临着由于可塑性非常强而受到周围政治文化因素影响发生扭曲的情况。因此,当文化强大到足以影响历史变化的潮流时,单靠一个脆弱的移植机制是无法影响历史发展进程的。

危机能够改变政治条件,这样的情况在进步时代的美国历史上发生了两次,第一次是一战,第二次则是在大萧条时期的"罗斯福新政"。本章所有没能实现的政策都将在第十章(新政)中作为可以选择的解决方案"登场"。

第九章 机器时代

美国对欧洲的入侵

"福特主义"在美国诞生发展,随后蔓延到整个欧洲。这一次,大西洋纽带中美国引进多输出少的不平衡局面被打破,欧洲进步人士同样通过大西洋进步纽带从美国进口"福特主义",作为永保繁荣和解决阶级对抗、政治斗争的方法。

欧洲进步人士认为在机器时代落后了,因此从美国借鉴"福特主义";美国进步人士则认为机器时代美国的社会问题更加严重,因此继续通过大西洋纽带到欧洲寻求解决措施。这一次的大西洋纽带一反传统的不对称性,两岸的人们开始了平衡的交流。

住房问题是一个欧洲和美国进步人士相遇的领域。欧洲进步人士将"福特主义"用在了住房建造之上,美国进步人士则是来到欧洲寻求解决住房问题

---

① 〔美〕丹尼尔·T.罗杰斯:《大西洋的跨越:进步时代的社会政治》,第365页。

《大西洋的跨越：进步时代的社会政治》导读
Atlantic Crossings: Social Politics in a Progressive Age

的措施。

欧洲对于住房问题在引进了美国福特主义这一工具后进行了社会试验。从德国的融合来自不同国家思想和措施的努力起，欧洲的公共住房项目逐渐完善。接下来，轮到美国进步人士的工作了，他们在欧洲找到了解决问题的方案，这个方案中甚至还有被转换的美国元素（福特主义）。在把这一方案重新带回美国的过程中，与以前所有跨越国界的进步项目一样，公共住房项目也面临着来自政治文化等外部力量的影响。

现代主义政治

伍德在《西欧住房进步》中介绍了住房和阶级标准方面欧洲革命的情况，众多人对欧洲的住房进行考察，得出"在为民众建造体面住房的民主化过程中，一条腿的商业建设的美国已被抛在后面"的结论。

鲍尔则把德国的社会现代主义传送到了美国。她将研究材料整理成一本书——《现代住房》，把住房从政治特殊性中抽取出来，强调其纯粹、直截的功能主义，认为"现代住房背后的前提不是资本主义、私有财产、民族主义、阶级差别。它要么是提供全新都市环境标准的全新方法，要么什么也不是"。

芒福德开始考虑如何实现把机器生产能力和体面的工人阶级住房相结合的转型，致力于寻找能带来这种变化的历史动机。然而，鲍尔认为这掩盖了变革道路上巨大的政治困难，认为现代住房"不是历史演化的产物，而是工人阶级组织的作品"。只有群众性的、政治觉醒的劳工运动才能打破住房经济学的流行框架。

就在这时，大萧条时期的服装工人工会提供了运动的原材料：针织品工人提供需求和组织力量，工会领袖提供住房工程的社会民主政治，专家提供设计。在新政公共工程住房首批贷款的支持下，工程得以实施。但是，由于美国工会的社会基础较差，又缺乏能够把需求和国家政策结合起来的以劳工为基础的政党，这一工程在新政时期没有能够完全成功。

"1930年代将是大西洋进步纽带的关键十年。在大西洋的两岸，大萧条动摇和重造了政治和赞助人的现行结构。它像楔子插入政治体制中，美国20世纪历史上没有任何别的事件做到这一点。通过这个裂口，大量被禁锢的进步工程（政策及其措施）的洪水冲进来：克拉伦斯·坡的农业合作社、艾尔伍德·米德规划的农村定居点、美国劳工立法协会的社会保险计划、鼓吹市营化的进步人士的市政设计、战争集体主义者的经济控制(即政府干预)野心、芒福德来自工业资本主义灰烬中的新技术文明意识、鲍尔劳工住房的梦想等。后两个工程在1930年代初仍然在形成中,证明大西洋进步人士纽带还有未用完的资源。"①

第九章的最后一段既是对第二章到第九章所有内容的总结,也是对第十章内容的开启。所有之前书中提到的因为政治文化因素限制扭曲而遭到反对乃至失败的来自大西洋纽带的进步工程,都将在第十章中由于大萧条带来的危机改变了原有的政治结构而重新被采用。这一段的总结还暗示着:新政时期的种种进步工程是很难梳理出横向联系的,但是纵观历史,它们通过大西洋纽带被引进到美国,却具有很强的纵向联系。种种进步,皆是以往扭曲甚至失败的新生。

第十章 新 政

灾难时期的智慧经济

"我们不宜在新政推行的法案中进行横向搜索来发现它的逻辑,新政是过去被禁锢的进步人士议程的伟大的、突然的爆发;新政最清晰的逻辑是历史的纵向逻辑。"②

新政的各种项目之间在横向上并没有密切的联系或者可以清晰地加以归类,研究者如果单纯去探寻新政内部的逻辑往往会陷入矛盾和困惑之中。新政是在危机中以往被迫搁置的许多进步项目的集中爆发。

对于新政提出的第一个难题:同样的事件怎么能既具有确定性又缺乏联系性?作者实际上在对第二个难题的解释中给出了答案:新政在危机政治中推行的政策观点常常是在过去别的情形下形成的用来解决其他问题的老建议,而新政则是在这些政策观念中翻检出能够适应当前状况或可以重新设计的那些,因此新政各个项目之间会显得缺乏整体的逻辑性。用作者的话说,就是"危机政治扭曲了常规时间线索"。

对于新政的第二个难题,即如此大规模的改革法案为何能够在新政时期大

---

① 〔美〕丹尼尔·T.罗杰斯:《大西洋的跨越:进步时代的社会政治》,第423页。
② 同上书,第431页。

《大西洋的跨越:进步时代的社会政治》导读
Atlantic Crossings: Social Politics in a Progressive Age

爆发,作者给出的解释是:危机政治破坏了传统观念,推高了正在候补的政策观念的价值,并且改变了政治可能性的条件,使得"控制政治后果的权力、赞助人、利益、机构等坐标发生了转移",最终导致了大量涌入的改革政策观点。

对于传统的功能主义解释(强调美国危机罕见的严重性导致传统结构——功能瘫痪从而诱发变革的观点),作者进行了反驳,认为危机水平应当与革新水平正相关。这并非结构—功能的转换,而是历史纵向变革的演进。

作者同样反对"系统的破坏有助于催生革新观点"的想法,指出危机的价值不在于促生革新观点,而在于使得人们对原来普遍确定的模式产生质疑,通过颠覆传统观念而推高候补政策观点的价值。

新政时期的政策并不是按照以往的惯例,通过大西洋纽带学习欧洲正在进行的社会政治实验,而是在时间上回到过去,去翻检已经引进的但被搁置的进步工程。大西洋的纽带仍然存在,不过形式发生了一些变化。

众多新政议程的欧洲元素来源于不同的渠道。每一项政策措施都是被美国政治文化等力量修改的从大西洋纽带引进后的欧洲政策与受到外来思想模式影响较少的本土措施不同程度的结合。因此,不能够简单地把一项政策或者一个观点加以分类或者定性,因为它们都不是只有一个根源。要理解新政,就必须理解社会政策形成的复杂过程。

举例而言:在有众多替代方案解决失业和老年贫困风险时,是什么原因促使新政选择用社会保险的方式解决问题呢?作者给出了他的分析:一方面,进步人士相信社会保险是进步事业前进中必须经历的信念,克服了对于它的不合时宜和令人不安的观点。另一方面,社会保险缴费的原则与罗斯福本人的财政信念相吻合。最后,国家间的竞争和担心落后的意识再一次促进了社会保险项目的发展。

"1930年代社会保险复兴说明了什么呢?那就是:如果社会政策专家可以在政治相对隔绝的情况下做他们最初的起草工作,或者把进口的东西附着在其他更受欢迎的措施上面,危机本身就能够便于借用社会政治措施,使之越过风俗习惯、法律和政治的国家差异。"①

同时,为了让整个法案在政治上受人欢迎,更慷慨的、为上年纪的穷人提供的专门性的英国式补贴被加入进来,也正是这一部分的受欢迎程度最终让其余

---

① 〔美〕丹尼尔·T. 罗杰斯:《大西洋的跨越:进步时代的社会政治》,第462页。

内容在国会通过。20世纪30年代社会保险项目在美国的复兴过程说明了在危机时期，如果隔绝政治在政策制定中的影响和适当添加受欢迎的措施，来自欧洲的政策措施最终是可以在美国发挥作用的。至此，跨越大西洋纽带的社会政治在经历了引进、修改、扭曲后终于获得了重生。

想象中的团结

在大萧条的危机时期，之前种种经济政治文化的阻碍因素发生改变，前几章中无法实施被迫搁置的进步议程，如现代农庄、农业合作社、民俗学校等都再一次被新政翻检出来，这些来自大西洋纽带的社会政策在被美国本土环境修改后与本土性措施相结合，最终成为适用于当时情况条件的新政项目。许多致力于农村发展的进步项目均得到重生。

新政时期，欧洲的公共住房项目被再一次在美国城市中推广实行。这一次，因为阻碍的观念和利益群体格局发生变化，公共住房项目得以被采用，然而仍旧需要在引进的过程中被修改。

"通过所有渠道，越过所有障碍和改变，大西洋进步纽带中一直被拦蓄的内容倾倒给新政。20世纪的美国政治议程再也没有像1930年代吸收欧洲那么多政治思想。"①

新政作为美国跨越大西洋进步纽带的运动高潮，大量将以前通过这个纽带引进却没有实行的进步议程加以实施。在这一时期，美国进步人士的思想空前开放，大西洋纽带在空间和时间上都极为畅通。

第十一章 1942年的伦敦

消除贫困的计划

美国特殊的地理环境使其摆脱了二战的巨大破坏。欧洲陷入贫困破败，而美国仍旧富足，大西洋两岸的共同经济、共同社会问题、共同社会景观的观念被打破。这种观念恰恰是大西洋进步纽带得以存在的前提。因此，二战结束后，美国重新回归了例外主义，从拒绝接受贝弗里奇计划开始，追求经济增长的美

---

① 〔美〕丹尼尔·T.罗杰斯：《大西洋的跨越：进步时代的社会政治》，第496页。

国和追求战后重建的欧洲在美国进步人士的心中形成了两个不同的世界。

例外主义的重生

随着美国进步人士落后意识的消失,大西洋纽带得以形成的最后一个条件也失去了,交流之门至此完全关闭。美国人开始把自己想象成超越大西洋体系而存在的国家。作者最后总结了进步政治跨越大西洋阶段的历史重要性。在纵览全书后,人们也不禁从历史中推论,随着时间推移,欧洲社会终将发展到在美国进步人士心中和美国具有"同样的社会风景",那时担心美国落后的思想会重新浮现在人们心中,大西洋的进步纽带将再一次被打通。通过这本美国进步时代社会保障(含社会福利)思想及实践(发展)史(作者称之为政治(思想)及政治运动史),向人们传达出大西洋纽带的重要性。作者希望与其他进步人士一起,为大西洋纽带的再次开启和美国例外主义的再次消失作出努力。

联系二战后美国对贝弗里奇计划的拒绝和跨越大西洋交流之门的关闭,是否可以解释遍及欧盟各国的"全民医保"体制为什么在美国长期缺失,直至奥巴马总统的医改才将其最终确立,而这一医改的启动已是 2008 年?但是,美国医改的启动是否标志着大西洋纽带的重构?其后欧盟多国持续性的政府债务危机是否又为这一重构投射了阴影?社会保障(含社会福利)体系建设走在世界前列的欧美正是在这种交流启发中跌宕前行的。

本书描述了内容广泛的社会保障(含社会福利)政策及制度在美国实现的历史。工业资本主义发展引致的社会弊端昭示了建立社会保障(体系)的重要性与必要性。在这方面,欧洲远远走在了美国的前面。社会政治进步(社会—工人运动及民主政治的发展)是社会政策进步和社会保障体系建立、健全的必要前提,而社会政策的进步及社会保障体系的建立、健全也是社会政治进步的内涵与表征之一。由于美国社会根深蒂固的私有财产神圣不可侵犯的观念和私人资本的活跃与泛滥,以及早期过度民主化而导致的公共(政府)权力的衰减与弱化,导致欧洲的诸多社会保障政策及制度在美国难以推行,或遭扭曲后推行。但是,社会保障(体系)作为工业文明进步的潮流及其持续进步的条件之一,不可阻遏。20 世纪 30 年代的大危机更昭示了这一点。危机水平与新政的革新水平正相关,源自欧洲的社会保障(体系)终于得以在美国逐步建立与发展起来。当然,它也具有美国自身的元素与特色。

本书认为,有几个条件是社会保障(体系)建立、建全所必需的:第一个条件是国家及社会间的开放与交流、镜鉴。第二个条件是民主政治的发展。但是,过度的民主反而于此不利。因为过度民主化削弱了国家的集中权力,而集中的国家(公共)权力对于资本的有效干预和节制恰恰是社会保障(体系)赖以建立、健全的第三个必备条件。第四个条件是顺应时机并且合乎国情(特色)。

(韩志弘撰写,庞绍堂修订)

《第三条道路:社会民主主义的复兴》导读

The Third Way: The Renewal of Social Democracy

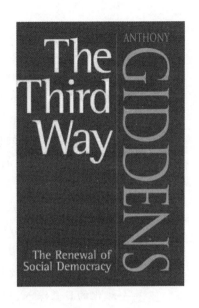

The Third Way: The Renewal of Social Democracy (1998)

Anthony Giddens

  安东尼·吉登斯(Anthony Giddens),1938年出生于英国,曾任伦敦经济学院院长。吉登斯以提出结构化理论(theory of structuration)与对当代社会的本体论(holistic view)研究而闻名,被认为是当代社会学领域中最卓越的学者之一。他写了至少34本著作,以至少29种文字发行,平均每年出版一本以上的著作。他的学术成就主要体现在以下几个方面:对以马克思、涂尔干(Emile Durkheim)、韦伯(Max Weber)等为代表的经典社会学家思想的反思;对以结构主义、功能主义和解释社会学等为代表的现代社会学研究方法的反思;对社会学研究方法的重建,提出了著名的"结构化理论";提出现代性理论范式和对现代性发展的反思;提出第三条道路等。目前,他主要研究全球化背景下英国和欧洲的政治发展。他的许多著作具有世界性的影响,其中代表作有:《社会学方法的新规则》《社会的构成》《民族—国家与暴力》《现代性的后果》《现代性与自我认同》《亲密关系的变革》《第三条道路:社会民主主义的复兴》。

安东尼·吉登斯的《第三条道路:社会民主主义的复兴》(The Third Way: The Renewal of Social Democracy),直接影响了时任英国首相布莱尔(Tony Blair)提出"第三条道路"(Third Way)的社会政策,也间接影响了其他许多发达国家社会政策的改革和调整。

"第三条道路"理论的出台具有鲜明的时代色彩。20世纪80、90年代以来,经济全球化风起云涌,信息革命日新月异,当代资本主义发生了一系列重大变化,如后福特主义时代、福利国家危机、东欧剧变、新社会运动、后物质主义、个人主义化、欧洲政党制度危机等,"第三条道路"的理论主张就是对这些新形势、新挑战的主动回应。欧美有些执政党所奉行的"第三条道路"政治,也是欧美社会民主党人为了适应时代的挑战,对传统社会民主主义政治所进行的政策调整的结果。

全球化的日益深入,信息革命以及由此带来的社会变革,国际竞争的加剧,使发达国家的任何一个政党,无论"左"或"右",都不能不面对每日每时出现的大量的共同问题,从而缓解经济全球化时代资本主义社会的种种顽疾。为了对付这些谁都不能回避的共同问题,带有"左"的或"右"的传统色彩的政党之间的区别越来越不明显。在全球化进程日益明显的新形势下,老问题又重现了,社会民主主义政党需要向公众显示自己的个性,跟上潮流,甚至要努力走在"潮流"的前头。社会民主主义是从理论斗争起家的,这一点与保守主义、自由主义不同,它需要用理论说明策略变化的必要性,所以它就必须不断地修改原来的理论。因此,它作为一种更新的和重建的民主思潮和发展模式,是在为晚期现代性时代的资本主义顽症寻找一个全面的医疗方案,是战后欧美发达国家、特别是西欧国家社会、经济、政治、文化生活变化的产物,是战后资本主义发展进程中一次新的重大调整和变革尝试,带有鲜明的时代色彩。

《第三条道路：社会民主主义的复兴》导读
The Third Way: The Renewal of Social Democracy

第一章 社会主义之后

150年以前,马克思写道:"一个幽灵,共产主义的幽灵,在欧洲游荡"①。这一点在今天看来仍然是正确的,但我们说它"正确"的理由却不同于马克思的设想。我们不能简单地放弃推动社会主义和共产主义前进的那些价值和理想,因为这些价值和理想中有一些是我们的社会和经济发展所要创造的美好生活所必不可少的。目前,我们所面临的挑战,就是如何在社会主义经济规划已经失信的地方,使这些价值和理想再现其意义。

1. 社会主义的衰落

社会主义的起源与18世纪中晚期早期工业社会的发展息息相关。社会主义一开始是作为一种与个人主义相对立的思想体系出现的,只是在后来它才把重点放到对资本主义的批判上。早在马克思之前,社会主义就已经披上了经济学说的外衣。然而,正是马克思才为社会主义提供了一种严密、精细的经济理论。社会主义试图直面资本主义的局限性,以便使资本主义具有人性,或者完全推翻它。社会主义经济理论的基本思想是:如果任资本主义发展下去的话,它在经济上是缺乏效率的,在社会上是严重分裂的,而且从长远来看,资本主义无法实现自身再生产。

在马克思看来,社会主义的兴衰取决于它能否创造出这样一个社会的能力:与资本主义社会相比,这个社会能够生产出更多的物质财富,并且能够以更加公平的方式来分配这些财富。如果说社会主义现在衰落了,则正是由于这些主张落空了。社会主义曾经以非凡的方式创造过奇迹。在二战结束后的25年间,社会主义的计划经济似乎普遍存在于东方和西方,正像著名的经济问题观察家德班(E. F. M. Durban)在1949年所描述的那样:"我们现在全都是计划者……自从大战以来,对自由经济的普遍信仰,已经以令人惊异的速度在世界

---

① 《马克思恩格斯选集》第1卷,人民出版社1995年版,第271页。

各地迅速瓦解了。"①在20世纪60年代,连续几届美国政府都对"苏联将在未来30年内从经济上赶超美国"这样一种宣称严阵以待。②

事后来看,我们终于明白了苏联经济为什么不仅未能赶超美国,反而远远落在了后面,以及为什么其社会民主自身也遇到了危机。社会主义的计划经济理论从来都是很不完备的,这些理论低估了资本主义在创新、适应以及不断提高生产力方面的能力,也未能把握市场作为一种买卖双方提供基本信息的机制的重要意义。当然,只是在20世纪70年代初以后,在全球化和技术变迁的步伐逐渐加快的过程中,社会主义计划经济的这些缺陷才逐渐暴露出来。

从70年代中期到苏联解体这一段时间,社会民主制度越来越多地受到自由市场哲学的挑战,特别是受到撒切尔主义或里根主义(更一般的称谓是新自由主义)的挑战。在此之前的一段时期,主张市场自由化的思想似乎已属于过去,属于一个已经被超越的时代。自由市场的重要鼓吹者弗里德利希·冯·哈耶克,以及其他站在自由市场的立场上批评社会主义的思想家们的言论,曾经一度被视为古怪偏执,但它们自70年代中期以来一下子又成为一股不容忽视的力量。新自由主义在欧洲大陆的大多数国家造成的后果比在英国、美国、澳大利亚和拉丁美洲要小。但是,正像别的地方一样,自由市场哲学对欧洲大陆的影响也是很强的。

实践中的社会民主与由它们孕育出的福利制度一样,有着各种差异很大的形态。欧洲的福利国家可以分成以下四种不同的制度类型,它们都分享着共同的历史起源、目标和结构:(1)英国的福利制度,重视社会服务和保健,但福利是按收入多寡来确定的;(2)斯堪的纳维亚或北欧福利国家的福利制度,以高额税收为基础,基本取向是使每一位公民都享受到福利,提供慷慨的福利金和资金充裕的国家服务,包括医疗保健服务;(3)中欧各国的福利制度,对社会服务的投入相对较弱,在其他方面却有充分的福利性投入,国民获得福利的主要途径是就业,而福利基金的主要来源是社会保险金;(4)南欧各国的福利制度,在形式上类似于中欧各国,但涉及的范围比前者窄,提供的支持也比前者少。

---

① 转引自〔英〕安东尼·吉登斯:《第三条道路:社会民主主义的复兴》,郑戈译,北京大学出版社2000年版,第4页。本导读对该书的引用均来自该版本。E. F. M. Durban, Problems of Economic Planning, London: Routledge, 1949, p.41.
② 参见〔英〕安东尼·吉登斯:《第三条道路:社会民主主义的复兴》,第5页。

2. 老派社会民主主义

老派社会民主主义认为,自由资本主义导致了许多马克思所诊断出来的弊端,但又相信这些症状可以通过国家对市场的干预而得到缓解或克服。国家有义务提供市场无法提供,或者只能以零散的方式提供的公共产品。在老派社会民主主义者看来,国家积极干预经济和社会的其他领域是正常的,同时也是应该的,因为公共权力在一个民主社会中代表着集体意志。有政府、企业和工会等参与的集体决策,可以在一定程度上取代市场机制。

吉登斯的进一步分析认为,对平等的追求已经成为所有社会民主主义者(包括英国工党)的主要关注点。福利国家有两项目标:首先,创造一个更加平等的社会;其次,保护各个生活领域中的个人。英国福利国家兴起的最著名阐释者、社会学家马歇尔(T. H. Marshall)对这样一种模式作了也许是最引人注目的道德说明:福利国家是长期的公民权演进过程所达到的一个最高峰。正像战后初期的大多数人一样,马歇尔预期福利制度能够不断地进步和发展,为经济的发展配置日益充分实现的社会权利。

3. 新自由主义的观点

新自由主义观点的一个首要特征是对"大政府"的敌视,撒切尔主义利用了这种思想,同时还利用了对于国家角色所持的古典自由主义怀疑论,这种怀疑论的基础是关于市场优越性的经济学论证。使国家最小化的理论与把公民社会视作一种社会团结的自生机制的独特观点是紧密相关的。

反对福利国家,这是新自由主义观点的最显著特征之一。新自由主义者把福利国家看成是一切罪恶的源泉,正像当初的革命左派把资本主义视为一切罪恶的源泉一样。那么,在福利国家垮掉之后,由谁来提供福利呢?新自由主义的答案是市场引导的经济增长。福利不应当被理解为国家的救济,而应当被理解为最大化的经济增长以及由此带来的总体财富,而做到这一切的唯一办法就是让市场自己去创造奇迹。

4. 各种原则的对比

新自由主义似乎已经在全球范围内取得了胜利,毕竟社会民主正陷入意识形态的混乱之中。如果说五十年以前人人都主张计划,那么现在似乎再没有人是计划者了。这是一种相当彻底的逆转,因为至少有那么一个世纪,社会主义者认为自己是代表历史发展方向的先驱。

社会民主主义又如何呢？我们可以分辨出一套被凯恩斯式的福利共识视为理所当然而现在都已经相继解体的社会特性：

（1）一套社会系统，特别是一种家庭形式，在这种家庭中，丈夫外出工作赚钱，妻子则操持家务并抚育子女，这一套社会系统使一种确定的充分就业成为可能；

（2）一个具有同质性的劳动力市场，在其中受到失业威胁的主要是体力劳动者，他们愿意从事任何工作，只要工资足以养家糊口；

（3）大规模生产在基本的经济部门中占主导地位，它有助于为许多劳动力创造稳定（即使不是报酬丰厚）的工作条件；

（4）一个精英主义（elitist）的社会，少数具有公共意识的专家在国家的官僚机构中监控财政和金融政策的实施；

（5）主要集中在主权领土范围内的国民经济，因为凯恩斯主义假定了国内经济相对于国际贸易在提供商品和服务方面的优势地位。

右派批评者指出，被大多数人看成社会民主政治之核心的福利国家如今制造出来的问题比它所解决的问题还要多。

5. 最近的争论和政治支持结构的变化

当然，最近有很多关于社会民主主义的争论。反对者有之，支持者也有之。大多数欧洲大陆国家的社会民主政党自身也经历了改革过程，这些改革大多发生得更早一些，而且有时在意识形态上导致了更加彻底的变化。社会民主政党开始关心一些它们以前并不关心的问题，如劳动生产率、参与性政策、社区发展，特别是生态问题。社会民主主义"超越了资源分配的舞台，开始强调生产的物质和生活组织以及发达工业社会中消费的文化环境"①，并特别注意建构新的政治支持结构。

所有的社会民主党派都不得不对政治支持方式的变化作出反应。这表明，前述政策转变是非常必要的。由于蓝领工人人数的急剧减少，以往一直作为投票和政治关系之基础的阶级关系，已经发生了戏剧性的变化。

如果我们把比较的范围扩展到各种各样的社会，就会发现政治吸引力和政

---

① 转引自〔英〕安东尼·吉登斯：《第三条道路：社会民主主义的复兴》，第 19 页。Herbert Kitschelt, TheTransformation of European Social Dempcrary, Cambridge: Cambridge University Press, 1994, p. 33.

治支持的模式已经发生了全面的变化。在几乎所有的西方国家中,选票都不再是按阶级分界线来划分的了,而且已经从"左—右"两极格局转变到一种更加复杂的图景。

在这样一种局面中,存在着各种政治支持的两难困境,同时也存在着新的达成共识(consensus-building)的可能性。社会民主党派不再拥有一个可以为其提供稳定支持的"阶级集团"。由于它们无法依赖自己以前的阶级认同,因此不得不去寻找适应于在社会和文化上更具多样性的环境的新的社会认同。

在本章的结尾,吉登斯分析并预测了社会民主主义的命运:这些变化并没有把社会民主主义者的政治地位排斥到边缘。到1998年中期,社会民主党派或中—左(centre-left)联盟已经在英国、法国、意大利、斯堪的纳维亚半岛的几个国家以及其他一些西欧国家执掌了政权,它们在东欧诸国的影响也日渐提高。

第二章 五种两难困境

近年来,全球化已经成了大多数政治讨论和经济论辩的核心问题。全球化在经济方面的表现是民族国家经济之间的相互依赖明显增强。1950年,贸易商品的出口额只占经合组织各成员国国内生产总值的7%。至1997年,这一数字上升到17%。此外,现在贸易商品(包括多种形式的服务)的范围已经比19世纪有了极大的扩展。参与到共同贸易协定中来的国家也大量地增加了。最重要的变化是在实时交易的基础上进行运转的世界金融市场作用的日益扩大。货币兑换交易中的日周转额已逾万亿元。在过去15年中,与贸易有关的金融交易的比例已经上升了5倍。因此,经济全球化是我们正在面临的现实,而且它不只是过去年代的趋势的某种延续或者回复。

全球化也不仅仅是,甚至不主要是经济上的相互依赖,而是人们生活中"时—空"的巨变。发生在遥远地区的种种事件,无论其是否是经济方面的,都比过去任何时候更为直接、更为迅速地对我们产生影响。通讯革命与信息技术的广泛传播同全球化进程有着深刻的联系。

在全球化进程中,在政府、经济以及文化事务方面,各个国家仍然保留(并且在可以预见的未来将继续保留)相当大的对其国内公民和在对外事务上所享有的权力。"政府"因此变得同原来"那种"政府(即中央政府)越来越不一样了,而且其范围也变得更加宽泛。"治理"(governance)①愈益成为富有意义的概念,它意味着某些类型的行政能力或规制(regulation)②能力。一些不是任何政府的组成部分(既非政府组织也非跨国组织的机构),实质上也参与了治理活动。

全球化似乎经常被说成是某种自然的力量,而实际上并非如此。国家、商业团体和其他组织都积极地促进了全球化的进程。从整体上讲,全球化正在使我们所生活的社会组织发生巨变,由此产生了一系列的两难困境,具体包括:

1. 个人主义

社会主义和共产主义一样,都一致地强调国家在团结与平等的过程中的作用。集体主义变成了社会民主主义区别于保守主义的最为显著的特点之一,后者在意识形态上更着重强调"个人"。集体主义也曾经长期是欧洲大陆国家的基督教民主意识形态的一部分。

新个人主义的崛起与传统和习惯从我们生活中消退有关。它是一种与全球化所产生的、范围非常广泛的冲击相关联的现象,而非仅仅是市场所造成的。福利国家一直在发挥着它的作用:在集体主义的庇护下建立起来的各种福利制度,有助于将个人从过去的某些僵化制度中解放出来。与其将我们所处的时代看作道德沦丧的年代,不如将它看作一个道德变迁的年代更有意义。如果制度化的个人主义与利己主义并不是一回事,那么前者对社会团结所造成的威胁会小得多。

2. 左和右

18世纪晚期以来,左和右之间的划分一直都很模糊、很令人困惑,一直都需要廓清。但是,这种划分始终顽强地存在着,从来都没有消失。

政治的实质就是针对相反主张和政策的斗争,左和右的分类一直在对政治思想施加着影响,因为政治必然是充满对立的。左和右之间的区别不纯粹是一个正反两极的问题。一个主要的标准在区分左和右的过程中不断地重现,这就是对待平等的态度。平等之所以在政治上具有压倒一切的重要性,是因为它直接关系到人们的生活机会,即幸福与自尊。

---

① 书中将governance翻译为"统理",本文按照学术界通行译法,将其译为"治理"。
② 书中将regulation翻译为"规治",本文按照学术界通行译法,将其译为"规制"。

《第三条道路:社会民主主义的复兴》导读
The Third Way: The Renewal of Social Democracy

关于福利国家之未来的设想,在社会民主主义者与新自由主义者之间差异迥然,并且这些差异集中围绕在左和右的分界线,即对待平等的态度上。大多数社会民主主义者希望保持高额的福利支出,而新自由主义者却主张建立更小的福利安全网。

3. 政治的行动主体

"政治终结"的主题和全球化市场所导致的"国家隐没",在近期的种种文献中显得如此突出,以至于值得我们反复重申政府在当代世界中所能够取得的成就。

吉登斯详尽地分析了政府存在的目的:(1)为各种不同利益的体现提供途径;(2)提供一个对这些利益的竞争性要求进行协调的场所;(3)创设和保护一个开放的公共领域:在这一领域中,关于政策问题的论争能够不受限制地持续开展下去;(4)提供包括集体安全和福利的各种形式在内的、多种多样的公共产品;(5)为公共利益而对市场进行规制,并在存在垄断威胁的情况下培育市场竞争;(6)通过对暴力手段和警察机构的控制和使用,来培育社会安定;(7)通过其在教育制度中所发挥的核心作用,来促进人力资源的发展;(8)维持有效的法律制度;(9)作为主要的用人方,在干预宏观和微观经济,以及提供基础设施中发挥直接的经济作用;(10)比较富有争议的是,政府具有教化的目的:政府虽然体现着那些得到普遍支持的规范与价值,但是它也可以在教育制度和其他方面对这些规范与价值的塑造起到帮助作用;(11)培育区域性和国际的联合,并寻求实现全球性目标。①

全球化所带来的各种变化,到处都在削弱着、威胁着各种正统的政治党派。国家政府和政治党派影响力的削弱,在某些人看来是非政治化进程的趋势,而对于其他人来说却是政治参与的扩大和激进主义的散播时机。例如,乌尔里希·贝克(Ulrich Beck)谈到了"亚政治"的出现,即从议会向社会中单一问题团体(single-issue groups)的转移。②

4. 生态问题

各种环境保护运动当然不是完全协调一致的,生态保护领域内也充满了争

---

① 参见〔英〕安东尼·吉登斯:《第三条道路:社会民主主义的复兴》,第50—51页。
② 转引自〔英〕安东尼·吉登斯:《第三条道路:社会民主主义的复兴》,第52页。Ulrich Beck, The Risk Society, London:Sage, 1992.

论。1987年,《布伦特兰报告》(Our Common Future or Brundtland Report)中只对可持续发展给出了一个具有迷惑性的简单定义,即当前的一代"保证它在不损及下一代满足其自身需要的能力的前提下来满足现时需要"的能力。"可持续发展"的概念非常适合于"生态现代化"这一更为宽泛的概念。"生态现代化意味着这样的一种合作关系:处于这种合作关系中的政府、工商企业、温和派环境保护主义者以及科学家们,在沿着更具有环境保护说服力的思路对资本主义政治经济进行重建的过程中相互进行协作。"①

从历史上看,对于许多典型的风险而言,后果是能呈现出来的。因此,可以在以往经验的基础上推测各种风险。新的风险的复杂性和严重性甚至已经扩展到了如此的程度,以至于它们已经进入公共讨论的领域之中。

长期以来,向公民提供安全保障一直是社会民主主义者所关注的问题。福利国家一直被视为这种安全保障的载体。从生态问题中所能汲取到的主要教训之一,就是需要对风险予以同样多的关注。新表现出来的风险的突出性,将个人自主性同科学技术变革所带来的广泛影响这两个方面联系了起来。风险一方面将我们的注意力引向了我们所面对的各种风险——其中最大的风险是由我们自己制造出来的,另一方面又使我们的注意力转向和这些风险相伴的各种机会。风险不只是某种需要进行避免或者最大限度地减少的负面现象,它同时也是从传统和自然中脱离出来的、一个社会中充满动力的规则,因为机会与创新是风险的积极的一面。

5. "第三条道路"政治

作为有别于新自由主义和传统社会民主主义的"第三条道路",其在政治上的总目标,应当是帮助公民在我们这个时代的重大变革中找到自己的方向,这些变革就是全球化、个人生活的转变,以及我们与自然的关系。

吉登斯指出了"第三条道路"政治所坚持的一些基本价值:(1)平等;(2)对弱者的保护;(3)作为自主的自由;(4)无责任即无权利;(5)无民主即无权威;(6)世界性的多元化;(7)哲学上的保守主义。

---

① 转引自〔英〕安东尼·吉登斯:《第三条道路:社会民主主义的复兴》,第61页。John Dryzek, The Politics of the Earth, Oxford: Oxford University Press, 1997, p.145.

第三章 国家与公民社会

对国家和政府进行改革应当成为"第三条道路"政治的一项基本的指导性原则。在一定意义上可以说,"第三条道路"政治就是一个深化并拓展民主的过程。政府可以与公民社会中的机构结成伙伴关系,采取共同行动来推动社会的复兴和发展。这种伙伴关系的经济基础就是新的混合经济。

1. 民主制度的民主化

新自由主义者想要缩小政府,而社会民主主义者则一直热衷于扩大政府。"第三条道路"则认为有必要重构国家:超越"把国家当敌人"的右派和"认国家为答案"的左派。问题并不在于是要更大的政府还是更小的政府,而是在于要认识到目前的治理方式必须适应全球化时代的新情况,不同的国家遵循着不同的发展轨迹。我们可以概括出以下几条:

(1) 国家必须对全球化作出结构性的回应。

(2) 国家应当扩展公共领域的作用,这意味着国家要进行迈向更大的透明度和开放性的宪法改革,并建立防治腐败的新机制。

(3) 为了保持或者重新获得合法性,没有了敌人的国家必须提高其行政管理效率。

(4) 全球化向下施加的压力,使得用新的民主形式来取代传统的投票过程不仅成为可能,而且变得非常必要。

(5) 没有了敌人的国家的合法性,越来越取决于它们管理风险的能力。

(6) 民主制度的民主化不能仅仅被当成是一个地区或者一个国家的事情,国家应当具有全球性的眼光,而向上的民主化也不应当停留在地区层次上。向下的民主化则以公民社会的更新为前提,而这一进程要稍后才能展开。

这些要点结合起来就产生出一种社会民主主义者应当加以推进的政府形式——新型的民主国家(没有了敌人的国家),其具体特征为:权力下放;双向的民主化;公共领域的更新;透明度;行政效率;直接民主机制;作为"风险管理者"的政府。

2. 公民社会问题

培育一个积极的公民社会,这是"第三条道路"政治的一个基本组成部分。

公民社会复兴的特征为：(1) 作为合作伙伴的政府和公民社会；(2) 通过激发地方的主动性而实现社区复兴；(3) 第三部门的介入；(4) 地方公共领域的保护；(5) 以社区为基础预防犯罪；(6) 民主的家庭。

国家和公民社会应当开展合作，每一方都应当同时充当另一方的协作者和监督者。共同体(或社区)这一主题是新型政治的根本之所在，但它不仅仅是作为一个抽象的口号。

一个越来越具有反思性的社会必定是一个以高度的自治组织为标志的社会。对 20 世纪 50 年代后期的英国所进行的研究显示，第三部门的活动，即志愿性工作，在过去 40 年中呈现出不断扩展的趋势。许多传统的群体衰落了，但它们为更多的新的群体所取代，特别是自助性团体和环境保护团体。

政府介入的一个主要关注点，应当是帮助恢复在这些群体中的公共秩序。改革者们随后开始与政府部门进行合作，他们采用参与式的规划技术并且与社区的各种组织见面。为了促进本地区的发展，他们设立了把新企业引入该地区的项目。每一户最贫困的家庭都可以分到一份符合最低工资标准的工作。社会办企业则是另外一种情况，自 20 世纪 80 年代末期以来，以"服务信用""时间—货币(time-dollar)"形式的社会办企业，流行于美国和日本的许多城市。

3. 犯罪与社区

预防犯罪与消除对犯罪的恐惧，对社区的改造来说是非常重要的两个环节。犯罪学在近年来最重要的创新之一，就是发现日复一日的社会公民素质的衰落与犯罪率之间存在着直接的联系。合作式治安不仅意味着把公民的力量吸收到维护社会治安的活动中，而且还意味着改变警方特有的思维方式。为了发挥切实有效的作用，政府机构、刑事司法系统、地方组织和社区组织之间的合作关系必须是包容性的(inclusive)，所有经济群体和种族群体都应该被吸收进来。政府和企业应当携起手来，以帮助修整破败的城区。

4. 民主的家庭

家庭是公民社会中的一项基本制度。正像许多其他领域一样，这一制度领域的背景正在发生变化。目前，在许多国家中，只有少数儿童生活在"传统"的家庭环境中。所谓"传统"的家庭环境，是指当孩子处于生物学意义上的幼年时期时，父亲和母亲正式结婚并生活在"同一屋檐下"。对于这些变化所带来的后果，右翼人士持有一种特别的说法：家庭正处于危机之中，因为传统的家庭正在解体。左翼的社会民主主义阵营人士则认为,当代家庭的演化史其实是传统家庭模式的一种健康的多样化过程。

新型的政治如何解决家庭问题呢?首先是最为根本的,我们必须从两性平等的原则出发,这一点不能有丝毫的让步。谈到今天的家庭,我们只有一条路可走,那就是民主的道路。家庭正变得越来越民主,这一进程直追政治生活中的民主进程;同时,这一民主化进程指出了家庭生活把个人选择与社会团结结合起来的途径。家庭民主与政治民主的标准令人惊奇地相似,家庭中的民主意味着平等、相互尊重、独立自主、通过协商来作出决策,以及不受暴力侵犯的自由。

在家庭中,正像在其他领域中一样,民主很难实现,而且更难坚持。民主的家庭的特征为:(1)情感平等与性平等;(2)在共同生活关系中的相互权利和责任;(3)共同承担养育子女的责任;(4)终身的家长契约;(5)对子女的有商量余地的权威;(6)子女对父母的义务;(7)社会整合性的家庭。

第四章　社会投资型国家

古典的社会民主主义主要关注经济安全和再分配,而把财富创造视为一件不太重要的事情。新自由主义者则把竞争和财富创造放在首位。"第三条道路"政治也十分重视所有这些因素。政府应当在人力资源和基础设施投资方面发挥重要的作用,以营造一种良好的企业环境。可以这样说,"第三条道路"政治支持一种新型的混合经济。老式的混合经济有两种不同的版本:一种涉及国家与私人领域的划分,但仍有许多企业掌握在政府手中;另一种在过去和现在都是一种社会市场。在这两种情况下,市场都在很大程度上受制于政府。新型的混合经济则试图在公共部门和私人部门之间建立一种协作机制,在最大限度地利用市场的动力机制的同时,把公共利益作为一项重要的因素加以考虑。它既涉及国际、国家和地方各层次上的调控与非调控之间的平衡,也涉及社会生活中经济因素与非经济因素之间的平衡。第二种平衡至少与第一种平衡同样重要,但它可以在第一种平衡得到实现的过程中获得部分的实现。

社会民主主义者必须改变福利国家所蕴含的风险与安全之间的关系,以形成这样一个社会:在政府、企业和劳动力市场中的人是"负责任的风险承担者"(responsible risk takers)。当情况变得不妙时,人们当然需要得到保护;而人们更需要的,则是顺利渡过一生中的重大转折时期的物质和精神能力。

再分配不应当从社会民主主义的规划中消失。但是,社会民主主义者之间的讨论最近以来已经非常正确地把重点转向了"对可能性的再分配"(redistribution of possibilities)。对人类潜能的开发应当在最大程度上取代"事后"的再分配。

1. 平等的含义

新的政治学把平等定义为"包容性"(inclusion),而把不平等定义为"排斥性"(exclusion)。不过,我们需要对这两个术语加以进一步的阐释。在其最广泛的意义上,"包容性"意味着公民资格,意味着一个社会的所有成员不仅在形式上而且在其生活的现实中所拥有的民事权利、政治权利以及相应的义务。它还意味着"机会"以及在公共空间中的参与。在一个工作对于维持自尊和生活水平而言处于至关重要地位的社会中,获得工作的可能性就是"机会"的一项重要含义。教育是另一种重要的"机会",即使在教育对于获得工作来说不是那么重要的情况下,仍然是这样。

在当代社会中,有两种比较明显的排斥类型:一种是对处于社会底层的人们的排斥,将他们排除在社会提供的主流机会之外;另一种是社会上层人士的自愿排斥,也就是所谓"精英的反叛":富人的群体选择离群索居,从公共机构中抽身而出,特权阶层生活在壁垒森严的社区中,不参与公共教育和公共保健体系。

由于工业社会的阶级结构正受到上文中曾经简要提及的那些重大变化的影响,包容性和排斥性已经成为分析和回应不平等的重要概念工具。大约在25年以前,大多数工业劳动者(主要是在制造业)都从事体力劳动。如今,信息技术已经彻底改变了制造业的性质,大幅度地缩小了对无技能劳力的需求量。今天,在发达国家中只有不到20%的劳动力从事制造业的工作,而且这一比例仍在不断缩小。有些重新获得了生机,另一些则逐渐衰败了。正像城市中心的贫民区一样,这些社区从更加广阔的社会中孤立出来。在衰败的地区,房屋年久失修,工作机会的缺乏导致一些人缺乏求学动力,并因此造成社会不稳定和组织瓦解。

2. 包容性和排斥性

"排斥性"这一概念所涉及的不是社会等级的划分,而是把属于某些群体的人排除在社会主流之外的机制。对于上层社会而言,自愿排除的驱动因素是多种多样的。拥有足够的经济资源是远离社会的必要条件,但却从来不能完全解释这些群体选择如此行为的原因。与对社会底层的排斥性不同,社会上层的自愿排斥性不仅是对公共空间或社会团结的威胁,而且这两者之间存在着因果性的联系。我们从某些国家(如巴西和南非)中出现的更为极端的例子中,可以很容易地看出这两种不同类型的排斥是一起出现的。因此,限制精英的自愿排斥,对于在社会底层营造一个更具包容性的社会来说是十分重要的。

具有包容性的社会的特征为:(1) 作为包容性的平等;(2) 有限的精英统治;(3) 公共空间(公民自由)的复兴;(4) "超越劳动的社会";(5) 积极的福利政策;(6) 社会投资型国家。

"公民自由主义",也就是对公共空间的重塑,仍然必须成为上层的包容性社会中的一项重要内容。

教育和培训已经成为社会民主主义的政治家们的新"口头禅"。托尼·布莱尔在总结当届政府的工作重点时,把优先权赋予"教育,教育,教育",这已经成为一句众所周知的名言。在大多数工业化国家,对改进过的教育技巧和技能培训的需求是显而易见的,特别是对贫穷群体来说更是如此。

进入整个劳动力行列,而不仅仅是狭义的"工作"(job),对于消除非自愿性排斥来说,显然是非常重要的。劳动(work)可以带来多方面的好处:它为个人创造了收入,赋予个人一种稳定感和生活中的方向感,并为整个社会创造了财富。但是,"包容性"这一概念的涉及面必须超越于劳动并延伸到劳动之外。这不仅是因为许多人在自己一生中的某段时间不能进入劳动力行列,而且还因为一个完全受劳动伦理支配的社会必定是缺乏生活吸引力的。一个包容的社会必须为那些不能工作的人提供基本的生活所需,同时还必须为人们提供出多样性的生活目标。

3. 积极的福利社会

俾斯麦在德国创立的制度一般被认为是福利国家的古典形态。但是,德国的福利国家通常与一个由第三部门的群体和组织构成的复杂网络有关,政府机构借助它们的力量来推行福利政策,其目的是帮助它们达到各自的社会目标。但是,各国的福利政策的发展使得政府承担了越来越多的责任。罗纳德·里根(Ronald W. Regan)在1981年关于"我们已经让政府行使了原来曾经是志愿者担当的那些职能"的抱怨,在欧洲的天主教传统中可以找到更早的共鸣,因为后者认为教会、家庭和朋友是社会团结的主要源泉,国家只有在这些制度未能很好地履行其职责时才应当插手。

在了解了福利国家的充满难题的历史之后,"第三条道路"政治应当接受右派对福利国家提出的某些批评。现在这种依赖于自上而下的福利分配制度,从根本上说是很不民主的。它的主要动机是保护和照顾,但是它没有给个人自由留下足够的空间。某些类型的福利机构是官僚化的、脱离群众的、没有效率的,而且福利救济有可能导致违反设计福利制度之初衷的不合理结果。但是,"第三条道路"政治并不把这些问题看成是应当剔除福利国家的信号,而是把它们视为重建福利国家的理由。

财政问题仅仅是福利国家所面临的困难之一。大幅度增加社会保障方面的开支是新自由主义者攻击福利制度的主要理由之一,他们认为这使人们对福利系统产生了普遍的依赖。他们对许多人依赖国家福利生活这一事实的担忧不无道理,但是,我们完全可以采取一种更加复杂的眼光来看待正在发生的这一切。福利处方往往只是次级的选择,或者可以说它导致了"道德公害"(moral hazard)的情势。"道德公害"这个概念在对私人保险问题的讨论中得到广泛的运用。当人们凭借保险的保障来改变自己的行为,从而重新界定其为之投保的风险时,"道德公害"就产生了。与其说是某种形式的福利供给创造了依赖性的文化氛围,倒不如说是人们理性地利用了福利制度为他们提供的机会。例如,本来是用来解决失业问题的福利救济如果被人们利用,使之成为逃避劳动力市场的"避风港",就会在事实上制造出失业。

福利制度一经建立,便成为一套具有自身逻辑的自主系统,而不管能否达到设计者期望的目的。一旦发生这种情况,人们的预期就被"锁定",相关的利益集团就得到保护。正是因为存在着一个由福利系统本身创造出来又受其保护的利益集团,福利制度改革才不是那么容易实现的。但是,为福利国家制订一份激进的改革纲要却是可以做到的。

其实,福利国家与其说是资源的汇聚点,倒不如说是风险的所在地。使社会政策能够成为社会整合之基础的一个重要条件,是"特权阶层反过来发现,在与社会底层的人民一道重新分配风险的过程中,他们有着共同的利益"[①]。

[①] 转引自〔英〕安东尼·吉登斯:《第三条道路:社会民主主义的复兴》,第120页。Peter Baldwin, The Politics of Social Solidarity, Cambridge: Cambridge University Press, 1990, p.292.

但是，福利国家无法及时调整自己的步伐，以便覆盖那些新型的风险，如与技术变迁、社会排斥或者不断增加的单亲家庭有关的风险。其间的"脱节"主要有两种：一种是福利所涵盖的风险并不符合需要，另一种是受到福利保护的群体本来就不是应予保护的。

在福利改革中，应当认识到我们前面关于风险的讨论中已经指出的那些要点：有效的风险管理（不论是个人性质的还是集体性质的管理），并不仅仅意味着减小风险或者保护人们免受风险影响；它还意味着利用风险的积极而富有活力的方面，并为"风险承担"（risk taking）提供必要的资源。积极的"风险承担"被认为是企业家行动中的固有因素，但是，我们还应当认识到这也同样适用于劳动力。决定去工作并且放弃福利救济，或者选择某种特殊行业的工作，这些都是承担风险的行动，但是这种风险承担往往对个人和更大的社会都有利。

贝弗里奇在1942年的《社会保险及相关服务报告》中，公开向匮乏、疾病、无知、肮脏和懒惰宣战，此举使他名气大震。这就是说，他侧重关注的几乎完全是否定性的方面。今天，我们应当倡导一种积极的福利（positive welfare），公民个人和政府以外的其他机构也应当为这种福利作出贡献，而且它还将有助于财富的创造。

福利改革的基本原则是：在可能的情况下尽量在人力资本上投资，而最好不要直接提供经济资助。为了取代"福利国家"这个概念，我们应当提出"社会投资国家"（social investment state）这个概念，这一概念适用于一个推行积极福利政策的社会。

4. 社会投资战略

社会投资国家应当确立什么样的目标？让我们选择两个基本的领域加以探讨：为老年人和失业者提供的服务。

谈到老龄问题，人们通常都在讨论养老金支付问题。大多数发达国家都面临着人口老龄化的问题，而且据说这是一件非常严重的事情，养老金被比喻为"定时炸弹"。意大利、德国和日本等国家的养老金投入已经超出了这些国家的负担能力，甚至对合理的经济增长构成了威胁。像英国这样的国家之所以能够在一定程度上避免这一困难，乃是因为它们积极地缩减了国家的养老金投入。在英国，养老金的发放标准是与平均物价指数挂钩，而不是与平均收入挂钩的。

国家提供适当水平的养老金是非常必要的，支持强制性储蓄也有充分的理由。在英国,按照平均物价指数而不是平均收入水平来确定养老金的水平,如果没有其他的法定供给渠道的话,很可能会使许多退休人员陷入穷困潦倒的境地。

积极福利在这里,如同在其他情境中一样,也是适用的,因为仅仅考虑经济利益是不够的。老龄问题是一种貌似旧式风险的新型风险。老龄化过程在过去比今天要更加消极,其意味着把逐渐老化的身体视为一种不得不加以接受的事实。而在更加积极的、更具有反思性的社会里,老龄化不论在身体层面还是在心理层面,都已经成为一个更加开放的过程。不仅对个人而言,而且对整个社会而言,进入老年这一事实所呈现出来的机会,至少与它所带来的问题一样多。

在达到退休年龄时才开始发放的养老金,以及"养老金领取者"的概念,都是福利国家的发明。但是,这些概念不仅与新的老龄化现实难以合拍,而且很明显地表现出依赖福利的色彩。我们应当逐步废除固定的退休年龄,而且应当把老年人视为一种资源而不是一种负担。一个社会如果把老年人归入到退休者群体,从而把他们同社会中的大多数人隔离开来,那么它就不是一个包容性的社会。哲学保守主义在这里也是适用的:老年不应当被看成是一个只享受权利而不承担责任的阶段。柏克(Edmund Burke)曾经有过这么一段著名的评论:"社会是一种伙伴关系,这不仅意味着活着的人之间是伙伴关系,而且意味着活着的人、死去的人以及尚未出生的人之间也是伙伴关系。"①在一种相对而言比较世俗的情景中,集体性养老基金这一制度构想正是以这样一种伙伴关系为前提的,这种制度将成为代际沟通的渠道。但是,代际契约显然应当比它更为深入。年青的一代应当以年长者作为他们的模范,而年长者则应当认为自己是为年轻人服务的。

失业问题又怎么样呢?我们首先应当指出,把"美国模式"和"欧洲模式"作简单的类比是不可能的。因为欧洲的劳动力市场呈现出多样化的特征。在1983—1996年这一段时期,经合组织(OECD)各成员国的失业率差别很大,从瑞士的1.8%到西班牙的20%。在经合组织各国中,有30%的国家在这一时期的失业率低于美国。② 其中,失业率最低的国家(如奥地利、葡萄牙和挪威)并

---

① 转引自〔英〕安东尼·吉登斯:《第三条道路:社会民主主义的复兴》,第125页。Edmund Burke, Reflections on the Revolution in France, London: Dent, 1910, pp.93-94.
② 同上书,第126页。

不是因为它们对劳动力市场的管制最少。对劳动力市场的严格管制,如严格的就业立法,并不会对失业造成强烈的影响。较高的失业率与慷慨而(最终是)无限制地发放救济金,与劳动力市场末端的低教育水准——排斥性的一种现象——有着直接的关联。

"第三条道路"政治在这一问题上的立场是:推行取消管制的政策不是解决失业问题的有效措施,福利支出应当维持在欧洲的水准上,而不是向美国看齐。但是,应当把这些支出主要引向人力资源的投资上。如果福利制度诱发了"道德公害",那么这种制度理应得到改革;同时,新的承担风险的态度应当得到鼓励。这种鼓励在可能的情况下可以通过设立激励机制来实现,在必要的时候也可以通过设定法律义务的方式来实现。

创造工作机会的战略和设计劳动力市场之未来的战略,必须面对新的紧迫的经济局势。对人力资源的投资,是主要经济部门中的企业所拥有的最主要的缩小社会差距的资源。政府需要强调终身教育,以便能提出一些配套的教育项目,使人们在童年时期就可以开始受教育,而且这种受教育的过程可以一直持续到老年时期。虽然特殊技能的培训是必要的,但更为重要的是认知和情感能力的培养。政策的取向,不是要让人们依赖无条件的福利,而是要鼓励储蓄、利用教育资源以及其他个人投资机会。

既然公民文化的复兴是"第三条道路"政治的一项基本抱负,政府积极介入社会经济就是有意义的。

总之,一个积极改革的福利国家——积极福利社会中的社会投资国家——应当是什么样的呢?被理解为"积极福利"的福利开支将不再是完全由政府来创造和分配,而是由政府与其他机构(包括企业)一起通过合作来提供。这里的福利社会不仅是国家,它还延伸到国家之上和国家之下。例如,对污染的控制从来都不是中央政府一家的事,但这件事无疑是与福利直接相关的。在积极的福利社会中,个人与政府之间的契约发生了转变,因为自主与自我发展——这些都是扩大个人责任范围的中介——将成为重中之重。这种基本意义上的福利不仅关注富人,而且也关注穷人。

积极福利的思想将把贝弗里奇所提出的每一个消极的概念都置换为积极的:变匮乏为自主,变疾病为积极的健康,变无知为一生中不断持续的教育,变悲惨为幸福,变懒惰为创造。

第五章　迈向全球化的时代

1. 世界性国家

"民族—国家"的形成始于它们发展出明确的"边界"（borders），以取代更传统的国家所特有的那种模糊的"边疆"（frontiers）。当代国家的边界之所以逐渐又演变为边疆，乃是因为它们与其他地区的联系越来越紧密，而且它们越来越多地参与到与各种跨国集团的交往之中。欧盟是这方面的一个典型，但边界的弱化也同样发生在世界上的其他地方。

民族是一个自我决策的中心：民族应当发展演变成国家结构，在其中公民得以就具有普遍重要性的事务自行作出决定。实际上，民族认同经常被认为是来历不明和人为建构的，并且服务于统治集团的利益。

2. 文化多元主义

世界性民族是一个积极的民族。民族建构（nation building）在我们这一代应该具有与以往不同的含义，以往它是"现实主义"国际关系体系的一个组成部分。在过去，民族在很大程度上是在与其他民族对抗过程中建构起来的。今天，民族认同必须在一种合作的环境下维持自身，在这样一种环境中，它们不再像过去那样具有高度的内聚性，而其他类型的忠诚也可以与之并存。这意味着，就像在社会的其他领域一样，民族认同的建构更具开放性和反思性，它标示出了民族及其价值取向的独特性，但并不如过去那样视民族为当然。

3. 世界性民主

新兴的民主国家和世界性民族，与一个更为宽阔的、再也不能被视为仅仅是"对外的"政治舞台有着密切联系。世界性民族，意味着在全球化的层面上进行运作和世界性的民主。

世界已经不再被划分为两大军事力量集团。国家之间的边界几乎无处不是由国际上的一致意见来加以确定或达成一致的。在一个信息时代里，地域对于"民族—国家"的意义已经不再像过去那样重要了。知识和竞争能力比自然资源更具有价值，并且主权也逐渐变得更加模糊，或者变得多样化。民主正在变得更为广泛，并且在关于民主并不会与战争同行的观念中，确实隐含着真理。最终，整个世界比从前的任何时候——包括19世纪末的那段时期——都更加紧密地相互连接在一起。

在这样的背景之下,将国内问题与全球治理相联系就不再是乌托邦了,因为二者已经在实践中紧密联系了起来。在市场的波动和技术创新的动力之下,在全球层面上运作的合作性机构在数量上已经有了很大的增长。例如,在20世纪初,有20个以上的国际性政府间机构,以及180个跨国的非政府机构;而到了今天,前者的数目已经达到300,后者的数目将近5000。全球性治理已经出现,全球性的公民社会也已经出现。

4. 欧洲联盟

欧洲联盟一开始是作为两极化世界的一个组成部分而出现的,但在今天,它应当被看成对全球化进程的一种呼应。真正重要的不是它界定了"欧洲"这样一个实体,而是它发展出了一套既超越于"民族—国家"之上又直接下及个人的社会、政治和经济制度。欧盟是通过欧洲各国中央政府的合作而创立起来的,但它却远远不只是一个区域性的国家组织。

"扩充"所必然导致的那些张力,可能会引起整个欧洲一体化规划的崩溃。但是,"扩充"也可能有助于欧盟获得推动其结构调整进程的新生力量。

5. 全球统理(治理)结构

以代议机构为特征的世界性民主,会碰到在国家层次上经常面临的冷淡或敌视吗?对这个问题而言,我们需要再次强调双向的权力扩散。世界性的民主不只是一种管理权逐渐向全球层次上集中的过程,它同时也意味着权力向各个地区散布的向下运动。那些对这种可能性表示怀疑的人,可以看看欧盟已经取得的那些成果。

6. 全球范围的市场原教旨主义

由于市场原教旨主义的局限和内在矛盾,它已经被迫从国内政治中撤退。但是,它仍然在全球层次上称王称霸,尽管它在更加地方化的背景中存在的问题在全球背景下也仍然存在。在新自由主义的传统中,赋予全球市场以自由的支配权是顺理成章的,因为它们与所有的市场一样都是解决难题的机制,而且会趋于均衡。但是,危机,反复无常的波动,资本突然注入或者撤出特定的国家和地区,这些都是桀骜不驯的市场的核心特征,而并非它的边缘特征。国际社会应该加强合作,以解决这些问题。

学术界对于吉登斯的"第三条道路"思想有许多评价,既有褒,也有贬。对此,陈林、林德山在其主编的《第三条道路:世纪之交的西方政治变革》一书的前言中指出,出于政党利益,左翼政党对第三条道路的评价以肯定为主,而右翼政党对第三条道路的评价则以否定为主。① 但是,实际上,这两种评价都带有主观倾向,无法对此作出实事求是的结论。从"第三条道路"思想本身及其发展趋势看,若将其放到相关研究层面上加以考察,还是可以得出以下两个初步结论的:

第一,从人类社会发展的高度来看,吉登斯的"第三条道路"是对自进入资本主义社会以来,人类社会一直面临着的公平与效率间矛盾的新的、现实的探索。

第二,从吉登斯"第三条道路"思想的性质及其实践看,虽说他自己强调"第三条道路"超越了意识形态之争,但实质上仍然是一种完善资本主义体制的探索,仍然是一种社会改良主义思想。

(严新明撰写,童星改定)

---

① 参见陈林、林德山主编:《第三条道路:世纪之交的西方政治变革》,当代世界出版社2000年版,第10页。

《以自由看待发展》
导读

Development as Freedom

Development as Freedom (1999)

Amartya Sen

《以自由看待发展》(*Development as Freedom*)是1998年诺贝尔经济学奖获得者阿马蒂亚·森(Amartya Sen)的一部里程碑式的著作,综合了他在经济学基础理论、经验研究以及道德—政治哲学领域多年来的卓越成果。

阿马蒂亚·森是第一位获诺贝尔经济学奖殊荣的亚洲人。1933年他出生于印度,现仍保有印度国籍。他在1953年于印度完成大学学业后赴英国剑桥大学就读,1959年取得博士学位。他曾执教于伦敦经济学院、牛津大学等著名学府,1987—1998年在美国哈佛大学担任经济学和哲学双教授职务。获得诺贝尔经济学奖时,他刚刚从哈佛大学退休,转回母校剑桥大学,任三一学院院长(Master of Trinity College)。

阿马蒂亚·森的学术思想继承了从亚里士多德到亚当·斯密等古典思想家的"遗产"。他深切关心着全世界各地遭受苦难的人们,并因此享有"经济学的良心"之美誉。森的思想产生了重大影响,联合国发布的《人类发展报告》就是按照他的理论框架设计的。1972年诺贝尔经济学奖得主肯尼斯·阿罗（Kenneth J. Arrow）认为："在这本书中，森精致、简明而范围广泛地阐述了这样一个概念——经济发展就其本性而言是自由的增长。他运用历史事例、经验证据以及有力而严格的分析，显示了广义而恰当地构想的发展对自由完全不怀敌意，相反，正是由自由的扩展所组成。"①

阿马蒂亚·森是个多才多艺的人，他曾在《纽约书评》杂志上撰文，评论泰戈尔的诗歌绘画，颇获好评。森与泰戈尔还有一点特殊的联系：他的名字是泰戈尔起的。森的外祖父是泰戈尔的秘书，在森出生时，就请泰戈尔为女儿的新生儿起名字。泰戈尔挑了 Amartya，意为"另一个世界的"（other-worldly），并说："这是一个大好的名字。我可以看出这孩子将长成一个杰出的人。"

《以自由看待发展》一书的主题是发展，更准确地说，是一种特定的发展观：自由是发展的首要目的，自由也是促进发展的不可缺少的重要手段。阿马蒂亚·森在该书"序言"中写道，写作该书的目的，是对"发展"问题提出一个可以用"自由"来概括的新视角，供在公共领域进行公开讨论和批评检视。②在这个关于"自由"的理论框架下，这部著作对他长期学术生涯中多方面的研究工作作了综合的表述。

---

① 〔印度〕阿马蒂亚·森：《以自由看待发展》，任赜、于真译，中国人民大学出版社2002年版，"译者序言"第2页。本导读对该书的引用均来自该版本。
② 同上书，"序言"第24页。

《以自由看待发展》导读
Development as Freedom

一、针对研究主题提出的新概念

这本书围绕"自由是发展的首要目的,自由也是促进发展的不可缺少的重要手段"这一主题,共有"导论"和12章的内容,其结构可分为四个部分。第一部分从导论到第2章,对"自由"概念的各个侧面进行了讨论,并对本书的核心观点作了概要性的介绍。第二部分是第3章,讨论了"自由是发展的首要目的"这一规范性命题,即自由首先具有的对于发展的"建构性"(constitutive)作用。第4章到第10章是第三部分,讨论"自由是促进发展的不可缺少的重要手段"这一实证性命题,即自由对于发展的"工具性"作用。最后两章是第四部分,讨论了作者的理论的应用问题:第11章研究了社会选择和社会价值的形成,第12章探讨了社会对于个人自由的责任。最后,森提出了"让个人自由成为社会的承诺"这一核心诉求。

"自由"(freedom)与"发展"(development)二词皆非经济学或哲学的新概念,却是内涵极度丰富且外延不断拓展的概念。森在《以自由看待发展》一书中的重要贡献之一在于,以他广博的关怀与深邃的洞见,将经济学与道德哲学相结合,一方面赋予"自由"与"发展"哲学和伦理学层次的意义和价值,另一方面从经济学角度提供了可操作的和可供经验检验的"自由"和"发展"的新概念,并运用这些具有新内涵的概念深刻地分析了人类发展中面临的重要问题,进而建立了基于"实质自由"的理论框架和发展路径。正如1998年瑞典皇家科学院颁发给阿马蒂亚·森诺贝尔经济学奖的公告中说:"他结合经济学和哲学的工具,在重大经济学问题讨论中重建了伦理层面。"

1. 何为"自由"?

森开篇描述了什么是"不自由",即饥荒,营养不足,疾病,早亡,缺乏在医疗保健、基础教育、就业或获得经济和社会保障等方面的基本机会,性别不平等,以及被系统地剥夺政治自由和基本公民权利等。可以推断,这些"不自由"形式的反面就是森理解的"自由"的形式,它既包括所有公民都应享有的参与政治生活、经济生活等基本的政治权利和经济权利,也包括拥有温饱的生活、健康的身体、实用的教育、平等的尊重、就业的机会、经济和社会保障等社会权利和资格。

随后,在将"自由"概念操作化过程中,森提出了两个新的概念:"功能性活动"(functionings)和"可行能力"(capability)。"功能性活动"反映了一个人认为值得去做或达到的多种多样的事情或状态。一个人的"可行能力"指的是此人有可能实现的、各种可能的功能性活动组合。如果一个人所享有的每一个功能性活动的数量或水平可以由一个实数来表示,一个人的实际成就便可以由一个功能性活动向量来表示,而"可行能力集"则反映了可供这个人选择的各种相互替代的功能性活动组合。可见,"可行能力集"指涉的是个体能够运用的一系列的物质的、精神的、社会的资源,它能产生不同的功能性活动,反映的是此人实现其成就的自由。可行能力因此是一种自由,是实现各种可能的功能性活动组合(森更通俗的说法是"每个人珍视、并有理由珍视的生活状态")的实质(substantive)自由。

可见,"自由"除了是一种具有伦理内涵的价值追求外,在森这里,已进一步具体化为具有明确而独特含义的"实质自由"。"实质自由"概念在经济学上可以操作化为"可行能力",其评价坐标可以是实现了的"功能性活动向量"(即一个人实际达到的成就),也可以是此人拥有的由可选组合构成的"可行能力集"(即一个人的真实机会)。如果一个机会的使用价值是按照对其的最优使用价值或实际使用价值来评价,那么森认为聚焦于选中的功能性活动向量(成就)与聚焦于可行能力集(机会),二者是等同的,因为后者要通过前者来判定(这反映了森的后果主义倾向)。但是,森更强调的是,"拥有那些没有被选中的机会是重要的",因为"做选择"本身就可以看作一种可贵的功能性活动。拥有"选择"这项自由本身的重要性(而非实际使用这项选择),反映了森对古典经济学关于"自由"的哲学思想的继承与回归。他在书中引用另一位经济学家希克斯的话表达这一点:"古典经济学家(亚当·斯密或李嘉图)的那些自由或不干预原则,并不首先是经济学原则;它们是被认为适用于远为广阔的领域的原则在经济学中的应用。"[①]尤其在论述市场自由、交换自由和政治自由时,森更注重的是人们在这些领域拥有"作选择"的自由的可贵性。

2. 何为发展?

在森看来,发展就是"消除使人们几乎不能有选择,而且几乎没有机会来

[①] 〔印度〕阿马蒂亚·森:《以自由看待发展》,第21页。

发挥其理性主体的作用的各种类型的不自由"①，发展过程就是扩展人类自由的过程。扩展自由既是发展的首要目的，又是发展的主要手段。具体而言，"自由"与"发展"的联系包括三个方面：自由是发展的价值标准，自由是发展的首要目的（森称之为自由在发展中起"建构性作用"），自由是发展的重要手段（即自由对于发展的"工具性作用"）。

第一，自由是发展的价值标准。从规范性角度而言，一个人或一个社会的发展成就，应根据这个人或这个社会的成员所享有的实质自由来评价（实质自由包括免受困苦——诸如饥饿、营养不良、可避免的疾病、过早死亡之类——的基本的可行能力，以及能够识字算数、享受政治参与等的自由），而不是采用传统的规范性分析所注重的效用、程序性自由或实际收入等其他价值标准。

第二，自由的建构性作用。建构性作用关注的是实质自由对"发展"本身的重要性，即诸如政治参与、自由交换、言论自由、公民权利等本身就属于"发展"的建构性要素，是丰富的发展过程必不可少的组成部分。它们与"发展"之间的关联，不需要通过这些自由和权利对发展的其他特征（如对国民生产总值或工业化的促进）的间接贡献而建立起来。

第三，自由的工具性作用。即自由作为发展的重要手段，是提升个人生活质量和促进社会进步的重要决定因素，更多的自由可以增强人们的自助能力和影响世界的能力。森概括了五种关键的工具性自由：经济机会、政治自由、社会条件、透明性保证以及防护性保障，并指出这些工具性自由之间的相互联系，其联系是经验性和因果性的，即特定类型的自由能促进其他自由的发展。

"自由"与"发展"以上三个方面的联系，涉及自由的两个层面：过程层面和机会层面。森指出："不自由可以通过不恰当的过程（如侵犯选举权或者其他的政治或公民权利）而产生，也可以通过缺乏恰当的使人们能够达到他们所希望起码达到的最低状况的机会（包括缺乏诸如能避免过早死亡、染上可预防的疾病或被迫挨饿那样的基本机会）而产生。"②因此，自由既涉及决策的"过程"，也涉及实现有价值成果的"机会"。自由的过程层面强调确保行动自由和决策自由的过程。森认为，诸如参与政治决策和社会选择等的过程，尽管它们是工具性自由的重要组成部分，但不能仅仅从工具性和实效性的意义上赋予其价

---

① 〔印度〕阿马蒂亚·森：《以自由看待发展》，第30页。
② 同上书，第12页。

值,而必须将它们视为发展目的之建构性要素,即扩展这些决策和参与过程层面的自由,本身就是发展的一个重要方面。自由的机会层面则涉及在给定的个人与社会境况下人们实现有价值成果的机会,即人们拥有多大机会以实现和达到他们所珍视的生活状态和成果。除了实际收入外,人们拥有的非收入变量(如健康、长寿、就业机会、安全等)也都指向人们有理由珍视的机会。同时,如前所述,拥有选择的机会本身就是一项可贵的自由。因此,自由的机会层面又必须按其自身固有的重要性(即"拥有"自由的价值)和衍生的重要性(即实际"使用"自由的价值)来看待。

综上所述,在"以自由看待发展"的视角中,森区分和阐述了"自由"的三个面相。首先是伦理层面的"自由"(freedom),它是人类的价值追求和社会的发展目的。但是,由于这种"自由"的意义含糊抽象,森进而发展出了自由的第二个面相:"实质自由"(substantive freedom)。如此,发展的首要目的就是扩展"实质自由",因为"实质自由"是发展的建构性要素,扩展"实质自由"就构成了发展。反过来,"实质自由"也就成为发展的评价标准,社会是否得到发展要通过其社会成员的"实质自由"是否得到扩展来评价,个人是否发展也要通过其"实质自由"是否得到促进来衡量。为了使评价可行,森又将"实质自由"的概念操作化为"可行能力",它是人们享有的一系列的物质的、精神的、社会的资源,可以产生多种"功能性活动",而"功能性活动"作为人们已经实现了的成就,是可以观察和测量的。为什么不直接使用"功能性活动"概念,而要强调"实质自由"和"可行能力"?其原因在于,森认为"实质自由"对发展具有两种价值,而"功能性活动"只能体现出其中的一种。这两种价值分别是自由本身所固有的价值,这是超越对实质自由(可行能力)的使用而给自由赋予的价值,如拥有"选择"的自由、参与政治决策和社会选择等过程自由,本身就有价值,就可贵;另一种则是对实质自由(可行能力)的实际使用而产生的价值,即可以通过"功能性活动"表现的价值。正是因为对"实质自由"赋予多层面的价值和内涵,使得森的基于"实质自由"的评判标准与传统的基于收入、效用或程序自由的评判标准区分开来。自由的第三个面相是"工具性自由"(instrumental freedom),这是发展的重要手段,它包括经济机会、政治自由、社会条件、透明性保证以及防护性保障这相互关联的五个方面。森利用了大量经验材料试图论证,特定类型的工具性自由能够促进其他类型的工具性自由的发展,而看似是某种类型的不自由其实是其他类型自由欠缺的结果。总之,正是通过区分"自由"的三个面相,建立"自由"与"发展"之间的三种联系,森建构起了基于"实质自由"的关于发展的理论框架。

二、《以自由看待发展》的基本内容

导论

与一般的对"发展"的界定不同,本书想说明的是发展可以被看作扩展人们享有的真实自由的一个过程。

一般的发展观,也可以说是狭义的发展观,认为发展就是国民生产总值(GNP)增长,或个人收入提高,或工业化,或技术进步,或社会现代化等。国民生产总值或个人收入的增长,作为扩展社会成员享有自由的物质手段,可以说是非常重要的;同样,工业化、技术进步、社会现代化,都可以对扩展人类自由做出重大贡献。但是,自由还取决于其他因素的影响,诸如社会的和经济的安排(如教育和保健设施),以及政治的和公民的权利(如参与公共讨论和检视的自由)。

发展要求消除那些限制人们自由的主要因素:贫困及暴政,经济机会的缺乏以及系统化的社会剥夺,忽视公共设施以及压迫性政权的不宽容和过度干预等。

由于两个不同的原因,自由在发展过程中居于中心地位:(1) 评价性因素:对进步的评判必须以人们拥有的自由是否得到增进为首要标准;(2) 实效性原因:发展的实现取决于人们的自由主体地位。自由主体不仅自身是发展的一个"建构性"部分,它还为增强其他类型的自由主体做出贡献,这表现为个人自由与社会发展成就之间的关系远远超出建构性联系。人们可以成功地实现什么目标,受到经济机会、政治自由、社会权力、促进良好健康的条件、基本教育,以及开创性行为的鼓励和培养等因素的影响。另一方面,提供这些机会的制度性安排,又取决于人们对其自由的实施,即人们是否运用其自由来参与社会选择、参与促进这些机会发展的公共决策。

在导论中,阿马蒂亚·森还举了一些例子来探讨"政治自由与生活质量"之间的关系问题。

第一个例子是政治参与的自由,或者接受基本教育与医疗保健的机会,这些实质性自由本身就是发展的组成部分。它们与发展的关联,并不需要通过它们对国民生产总值增长或对工业化进程促进的间接贡献而建立起来。

第二个例子是人均收入(即使经过价格差别的校正),它的提高并不等于人们就有享受更长寿命、更好生活的自由,二者之间还是有差异的。

第三个例子是关于市场在发展过程中的作用。市场机制对高速经济增长和全面经济进步做出贡献的能力,已经在当代发展文献中得到广泛的而且是正确的承认。但是,仅仅在衍生的意义上理解市场机制的地位是一种错误。如亚当·斯密所说,交换和交易的自由,其自身就是人们有理由珍视的基本自由的一部分。森用很直白的话语指出:一般性地反对市场,就像一般性地反对人们之间交谈一样荒唐。① 经验表明,否定参与劳动市场的自由,就是把人们保持在受束缚、被拘禁状态的一种方式;进入劳动市场的自由,其自身就是对发展的显著贡献,而无关乎市场机制能否促进经济增长和工业化。

还有很多例子可以用来说明,通过把发展看作扩展那些相互联系着的实质自由的一个综合过程,能使我们的观念发生决定性的变化。本书阐述并检视这一观点,运用这一观点把经济、社会和政治的考量结合起来,综合研究发展过程。在全书的实证研究中,还特别考察从"工具性"视角看待的五种不同形式的自由:政治自由、经济条件、社会机会、透明性保证、防护性保障。按照"以自由看待发展"的观点,这些工具性自由相互联系在一起,而且与扩展一般性人类自由这一目标联系在一起。

第1章 自由的视角

在本章的开头,阿马蒂亚·森引用了梵文经典《奥义书》中的一段记叙:一个名叫马翠伊的妇女和她的丈夫亚娜瓦克亚讨论"财富在多大程度上能够帮助他们得到他们所想要的?"这一提问及两人的对话中涉及宗教哲学的命题,也说明了人类困境的本质与物质世界的局限性。这场对话所包含的另一层面的内容,对理解经济学和发展的性质有直接的意义,这就是收入与成就之间、商品与可行能力之间、我们拥有的经济财富与按我们自己的意愿享受生活的能力之间,究竟存在着什么样的关系。其实,亚里士多德早在《伦理学》的一开头就回答了这个问题:"财富显然不是我们追求的东西;因为它只是有用,而且因为其他事物而有用。"②

财富的有用性在于它允许我们做不少事情——它帮助我们实现不少实质

---

① 参见〔印度〕阿马蒂亚·森:《以自由看待发展》,第4页。
② 同上书,第10页。

自由。但是,这种关系既不是排他的(因为还有财富之外的因素对我们的生活发挥显著影响),也不是单一的(因为财富对我们生活的影响随其他因素而改变)。理解这种关系的有限度性、随境况而变的性质,与承认财富在决定我们生活条件和生活质量上的关键作用,二者同等重要。因此,经济增长本身不能理所当然地被看作就是目标。发展必须更加关注使我们生活得更充实和拥有更多的自由。

1. 不自由的形式

全世界许许多多的人在经受各种各样的不自由。饥荒在某些地区持续发生,剥夺了成千上万人的基本生存自由。还有很多人不能享有医疗保健和卫生设施或者清洁的饮水,一生都在本可以避免的疾病中挣扎,甚至过早地夭折。富裕国家中总是有很多处境艰难的人们,他们在医疗保健、获得实用的教育、得到有收益的就业,或获得经济和社会保障等方面缺乏基本的机会。此外,男女之间的不平等在摧残——有时候甚至是过早地终止了——成千上万的妇女的生活,或者以不同方式严重限制着妇女享受的实质自由。

还有许多其他形式的对自由的剥夺,如在世界不同国家,有许多人被系统地剥夺了政治自由和基本公民权利。不时可以听到有人断言,剥夺这些权利有助于刺激经济增长,而且对快速经济发展是"好"的。事实上,更全面的国际比较从来没有证明这一命题,也几乎找不到证据表明权威主义政治确实有利于经济的增长。实际上,大量的实证证据表明,经济增长更多地与友善的经济环境而不是严厉的政治体制相兼容。

再进一步,经济发展还具有其他的层面,其中包括经济保障。极其常见的是,缺乏经济保障与缺乏民主权利和法权自由相联系。实际上,民主和政治权利的运作甚至能够有助于防止饥荒或其他经济灾难。防止饥荒的例子非常明确有力地表明了民主多元制度在激励方面的优越性。事实上,它的优越性远远超出这个范围。

2. 过程与机会

这里所采用的自由观涉及确保行动和决策自由的过程,以及人们在给定的个人与社会的境况下所享有的机会。自由的过程层面和机会层面之间存在着非常明显的对照。

3. 自由的两种作用

本书对发展的分析以个人自由为基本要素,因此对扩展人们的"可行能力"以享受他们所珍视——而且有理由珍视——的生活特别关注。这些可行能力可以通过公共政策而扩大,但是另一方面,公众有效地参与公共政策的制定也可以影响公共政策的方向。这种双向的关系在本书的分析中居于中心地位。在发展的概念中,个人自由之所以极其重要有两个不同的原因,分别与评价性和实效性有关。

首先,根据这里采用的规范性分析,实质性个人自由至关重要。一个社会成功与否,主要应根据该社会成员所享有的实质性自由来评价。

其次,把实质自由看得如此极端重要的第二个理由是,自由不仅是评价成功或失败的基础,它还是个人首创性和社会有效性的主要决定因素。拥有更大的自由去做一个人所珍视的事,对那个人的全面自由本身就具有重要意义;同时,对促进那个人获得有价值的成果的机会也是重要的。

4. 评价体系:收入与可行能力

个人可行能力的被剥夺通常与收入低下有密切的关系。这种关系是双向的:低收入可以既是饥饿和营养不足的主要原因,也是文盲和健康不良的主要原因;反之,更好的教育与健康有助于获取更高的收入。

5. 贫困与不平等

有理由把贫困看作对基本的可行能力的剥夺,而不仅仅是收入低下。

6. 收入与死亡率

就寿命与收入的联系而言,一个触目的事实是,在非常富裕的国家中,某些特定群体的受剥夺程度可以与所谓的第三世界的水平相比。

7. 自由、可行能力与生活质量

应该注意到,以自由为中心的视角与人们对"生活质量"的普遍关切具有根本的相似性,"生活质量"观也是集中注意人类生活变化的情况(也许甚至包括人们所享有的选择),而不仅仅是人们所拥有的收入或资源。对于这一点,威廉·配第(William Petty)就首创了估计国民收入的两种方法——"收入法"和"支出法",他同时也明确表达了对"公共安全"和"每个人特定的幸福"的关切。

8. 市场和自由

任意地限制市场机制,通过丧失市场所产生的后果性效应,可导致自由的减少。当不允许人们得到市场所提供并支持的经济机会和有利的后果时,其结果就是一种剥夺。

9. 价值标准和赋值过程

既然自由是多种多样的,那么在判断个人成就和社会进步时就需要确定不同种类自由的相对权数,因而就有条件进行公开明晰的赋值。

10. 传统、文化与民主

如果事实表明,在为了其他理由而可能需要的经济和社会变化中,某些传统的部分不可能保留下来,这时就不可避免地存在一个怎样取舍的价值判断问题。这是那些涉及其中的人们必须面对并评估的选择。

第2章 发展的目标和手段

1. 自由的建构性和工具性作用

本书的主旨是把发展看作扩大人们享受的真实自由的一种过程。按照这一思想,扩展自由是发展的首要目的和主要手段。它们可以分别称作自由在发展中所起的"建构性作用"和"工具性作用"。

2. 工具性自由

工具性自由有以下五种类型:(1) 政治自由,广义而言(包括通常所称的公民权利),指的是人们拥有的确定应该由什么人执政,以及按什么原则执政的机会;(2) 经济自由,指的是个人分别享有的为了消费、生产、交换的目的而运用其经济资源的机会;(3) 社会机会,指的是在社会教育、医疗保健及其他方面所实行的安排,它们影响个人赖以享受更好的生活的实质自由;(4) 透明性保证,所涉及的是满足人们对公开性的需要:在保证信息公开和明晰的条件下自由地交易;(5) 防护性保障,就是用来提供社会安全网的制度安排,以防止受到经济风险或自然灾害的影响,甚至在某些情况下挨饿以至死亡。

3. 相互联系及互补性

上述这些工具性自由能直接扩展人们的可行能力,它们也能互相补充,进而相互强化。

4. 不同层面的中国和印度对比

印度和中国的比较,对说明以上观点有重要意义。中印两国政府都已经进行了一段时间的努力(中国自1979年起,印度自1991年起),走向更开放的、参与国际的、市场导向的经济。尽管印度的努力近来有所成效,但是像中国那样瞩目的成绩还没有在印度出现。解释这一差异的一个重要因素在于以下事实:从社会准备的角度看,中国在教育、医疗等方面比印度超前很多;中国更好地利用了市场经济。

5. 增长引发的社会安排

在《饥荒与公共行动》(Hunger and Public Actions)一书中,德热兹(Jean Dreze)和阿马蒂亚·森区分了两种迅速降低死亡率的成功类型,分别称作"增长引发"(growth-mediated)和"扶持导致"(support-led)的过程。前一过程通过高速经济增长来发挥作用,其成功取决于基础宽广的并且经济上广泛的(着重强调就业与此有很大关系)增长过程,也取决于利用增长带来的经济繁荣去扩展有关的社会服务,包括医疗保健、教育和社会保障,例如韩国、中国台湾地区。与"增长引发"机制相比,"扶持导致"的过程不依赖高速经济增长,而通过精心策划的医疗保健、教育等社会扶助项目及其他有关安排起作用,如改革前的中国、斯里兰卡。

6. 公共服务、低收入和相对成本

"扶持导致"的过程并不等待人均实际收入水平的大幅度提高,其机制是把优先重点放在提供降低死亡率和改进生活质量的社会服务上(特别是医疗保健和基本教育)。"扶持导致"这一过程的可行性依赖于以下事实,即有关的社会服务(诸如保健和教育)是劳动密集型程度极高的,因此在贫穷——低工资——经济中是相对便宜的。穷国可能只拥有较少的钱用于医疗保健和教育,但也只需要较少的钱就能够提供比富国花多得多的钱才能提供的服务。

7. 20世纪英国死亡率的降低。

19世纪与20世纪之交,甚至在英国——当时最领先的资本主义市场经济国家——出生时的寿命期望值,也比今天低收入国家的平均寿命期望值还低。然而,在20世纪中,人的寿命在英国确实得到了迅速提高,部分得益于社会计划所采取的战略。英国对营养、医疗保健等扶持计划的扩展,在几十年间并非按同样快速度进行。在一战期间,对于"共享"的社会态度以及旨在实现共享的公共政策,都出现了引人注目的发展。在二战期间,英国实施了前所未有的扶持性和共享性的社会安排,这与英国国民在被围困中的分享心理有关,它使激进的分配食品和医疗保健的公共安排成为可接受和行之有效的,甚至"全国医疗健康服务"也是在这个战争年代诞生的。

8. 民主与政治激励因素

政治自由以民主制度的形式出现,有助于保障经济的自由(特别是免于极度饥饿的自由)和生存的自由(免于饥饿致死)。

第3章 自由与正义的基础

1. 包括在内的与排除在外的信息

每一种评价性方法都可以在很大程度上以其信息基础为特征来说明,即采用这一方法来作出判断所需要的信息,以及——同样重要的——被该方法"排除"在直接的评价性作用之外的信息。

2. 作为信息基础的效用

标准功利主义的信息基础是各种状态下的效用总量。按古典的、边沁式的功利主义,一个人的"效用"是他或她的快乐或幸福的测度。其要点是,注意每个人的福利,而且特别地把福利看作本质上是一种心理特征,即实际达到的快乐或幸福。在人与人之间进行幸福的比较,当然不可能精确,也不可能用标准的科学方法来实现。然而,我们大多数人不会觉得,认定某些人确实比别人更少幸福或更加痛苦是不可思议的(或"无意义的")。

3. 功利主义视角的长处

虽然对功利主义视角的长处可以进行争论,但它确实提供了一些洞见,特别是:(1)按其结果来评价各种社会安排的重要性,强调后果敏感性应该说是很有道理的,尽管完全的后果主义看来是太极端了;(2)评价各种社会安排时,需要关切所涉及的人们的福利。注意人们的福利的想法显然具有吸引力,即使我们不同意评价福利时采用以效用为中心的心理测度方法。

4. 功利主义视角的局限性

完整的功利主义视角会产生的那些缺陷,如果仅仅列出几项,看来应该包括以下问题:(1)漠视分配:功利主义的效用计算方法一般忽略幸福分配中的不平等,它认为只有总量是重要的,而不管分配是如何不平等。(2)忽略权利、自由以及其他非效用因素:功利主义观点不认为权利和自由有自身固有的重要性,它们只是间接地而且只是就其影响效用而言才有价值。(3)适应性行为和心理调节:甚至功利主义视角采用的个人福利的观念本身也不是很稳定可靠的,因为它很容易被心理调节和适应性态度所改变。

5. 罗尔斯与自由权优先

罗尔斯(John Rawls)本人对自由优先性的理论表述是比较温和的,但是在现代自由至上主义的理论中,这种优先性要求却采取了一种非常激烈的形式。

6. 诺齐克和自由至上主义

诺齐克(Robert Nozick)在《无政府、国家与乌托邦》中指出,人们通过行使这些权利而享有的"权益",一般来说,不能由于其后果而被否定,不管那后果是多么的糟糕。自由至上主义作为一种分析思路,就其信息基础而言,很有局限性。森在《贫困与饥荒》中揭示,大规模的饥荒也可以在任何人的自由权利(包括财产权)不受侵犯的情况下发生。因此,不顾后果的政治优先性理论的建议,由于在很大程度上漠视了人们最终能够享有(或不享有)的实质自由而陷于困境。

7. 效用、实际收入与人际比较

在进行被认为是以选择行为为基础的效用比较时,许多困难常常被忽视了,因而充其量只是在比较"实际收入",或者是比较效用的商品基础。把实际收入比较看作假定的效用比较,其局限性是很大的。在实际应用的层面上,福利评价的实物收入方法的最大困难,或许就在于人类是千差万别的。

8. 福利:多样性与异质性

对于我们的实际收入与我们运用收入而达到的处境之间的差异,即我们的福利和自由之间的差异,至少有五个来源:(1) 个人的差异;(2) 环境的多样性;(3) 社会氛围的差异;(4) 人际关系的差别;(5) 家庭内部分配。收入与福利之间的上述差异,使得富裕——就实际收入而言的富裕——成为福利和生活质量之间颇带局限性的指标。

9. 收入、资源与自由

在研究贫困问题时,有极好的理由用可以得到的任何关于收入分配——特别是低水平的实际收入——的信息作为起点,因为收入高不代表自由和幸福,但收入低、可运用的资源少却必然妨碍自由和幸福的实现。

罗尔斯关于"基本物品"的经典分析,对于人们所需要的资源提供了一幅更完整的画面,而不管其各自的目标是什么。基本物品包括收入,但还包括其他的通用性"手段"。基本物品是帮助一个人实现其目标的通用性手段,包括"权利、自由权和机会、收入和财富,以及自尊的社会基础"[①]。

10. 福利、自由与"可行能力"

一个人的"可行能力"指的是,此人有可能实现的、各种可能的功能性活动组合。可行能力因此是一种自由,是实现各种可能的功能性活动组合的实质自由,或者用日常语言说,就是实现各种不同的生活方式的自由。

---

① 〔美〕罗尔斯:《正义论》,何怀宏等译,中国社会科学出版社1988年版,第62页。

11. 权数、赋值与社会选择

有很强的方法论的理由来强调,需要对生活质量(或福利)的各个组成因素明确地赋予评价性权数,然后把这些选定的权数提供给公众进行讨论和批评审视。为了评价性目的而选择标准时,不仅要运用价值判断,而且经常要运用并无一致意见的判断。这是社会选择工作所不可避免的。

12. 关于"可行能力"的信息:几种不同用法

在力图展开"可行能力"视角时,非常需要注意采用实用的方法,以便在实际评价和政策分析中使用可以获得的资料。以下三种不同的实用方法,可以被认为是基础性原则的应用形式:(1)直接法:这个一般性方法是通过直接考察并比较功能性活动或可行能力的向量,来检验我们对于各种状态可以得出什么结论。在很多方面,这是把各种可行能力因素应用于评值的最直接的和纯粹的方式。(2)补充法:第二种方法相对来说不那么激进,它继续使用传统的程序在收入空间进行人际比较,但运用可行能力方面的因素(常常以非正式的方式)作为补充。(3)间接法:第三种方法比补充法要求更高一些,它仍然聚焦于我们所熟悉的收入空间,但加以适当的调整,收入之外的可行能力决定因素可以用来计算"调整后的收入"。

第4章 以可行能力剥夺看待的贫困

可行能力视角对贫困分析所做的贡献是,通过把注意力从手段(而且经常是受到排他性注意的一种特定手段,即收入)转向人们有理由追求的目的,并相应地转向可以使这些目的得以实现的自由,从而加强了我们对贫困和剥夺的性质及其原因的理解。

1. 收入贫困与可行能力贫困

我们应当按照人们能够实际享有的生活和他们实实在在拥有的自由来理解贫困和剥夺。发展人的可行能力直接顺应了这些基本要求。诚然,提高人的可行能力一般也会扩展人的生产力和挣钱能力。

2. 何种意义上的不平等?

在很多情况下,根除不平等的努力可能会导致多数人,有时甚至是所有人的损失。这种冲突随具体境况不同,可轻可重。

3. 失业和可行能力剥夺

除了收入损失之外,失业会导致多方面的严重影响,包括心理伤害,失去工作动机、技能和自信心,增加身心失调和发病(甚至使死亡率增高),扰乱家庭关系和社会生活,强化社会排斥,以及加重种族紧张和性别歧视。

4. 医疗保健和死亡率:欧洲与美国的社会取向

将信息基础由收入扩展到基本可行能力,极大地丰富了我们对不平等和贫困的理解。当我们的注意力集中于实现就业的能力以及与就业相关的好处时,欧洲的图景相当阴暗;如果我们转而注意生存能力时,则美国的不平等图景相当突出。在这些差异以及与之相关的各自政策优先的背后,可能存在着大西洋两岸对社会和个人责任态度的重大差别。在美国官方的优先选择中,完全没有为全民提供基本医疗保健的承诺,而且看来美国有数以百万计的人(事实上多于4000万人)没有任何医疗保障或保险。

5. 印度与撒哈拉以南的非洲的贫困和剥夺

关于基本可行能力的剥夺有三个焦点特征,即未成年死亡、营养不良和文盲。在比较和对照印度与撒哈拉以南非洲的贫困的性质时,我们注意到了这三点。

6. 性别不平等和失踪的妇女

亚洲和北非女性对男性的低比率表明了社会因素的影响。容易算出,如果这些国家女性对男性的比率等于从欧洲和美国得出的数值,则这些国家的女性应该多出成千上万的人(相对于给定的男性人口数)。

第5章 市场、国家与社会机会

1. 市场、自由权与劳动

自由市场的发展,尤其是自由选择就业的发展,是历史研究中受到高度评价的事件。甚至资本主义的伟大评判家马克思也认为,就业自由的出现是划时代的进步。当然,也存在不重视劳动市场的现象:

第一,在亚洲和非洲很多国家存在着不同形式的人身依附性劳动,以及对于离开传统雇主去追求工资性就业的基本自由的顽固否定;

第二,仅仅就在产生收入及其他成果——例如寿命期望值——方面所遇到的经济问题来看,是不能充分把握东欧和苏联的官僚社会主义的失败的;

第三,在童工这个令人痛苦的话题中,还包含着一个不可分割的问题,即奴隶和人身依附,因为许多从事繁重工作的孩子是被迫做工的;

第四,妇女在家庭之外寻求就业的自由,在许多第三世界国家中仍是一个重要的问题。

2. 市场与效率

阿罗-德布鲁定理(Arrow-Debreu Model)[①]表明,在给定某些前提的情况下,市场机制的运行结果不可能进一步改进以增加每个人的效用(或增加某一个人的效用而不减少任何其他人的效用)。如果我们主要关心的是人们享有的实质自由(不管他们为了什么目的行使这些自由),而不是他们的个人利益在多大程度上(通过他们自己的自利行为)得到满足,那么就可以排除必须假定自利行为的这个限制。

3. 处境劣势与自由不均等的配对效应

在市场运行的结果中,人与人之间的收入不均,会由于低收入与把收入转化为可行能力的障碍之间的"配对"效应而趋于扩大。市场机制的"自由—效率"成果和"自由—不均等"问题的严重性,值得同时加以考察。特别是在处理严重的剥夺和贫困问题时,必须正视不均等问题,在这个领域,社会干预,包括政府扶助,应该发挥重要的作用。

4. 市场与利益集团

市场所起的作用不仅取决于市场能做什么,而且取决于市场被允许做什么。市场的顺利运行可以为许许多多人们的利益服务,但这种运行也可能伤害一些集团的既得利益。如果后一种人在政治上更有力量和影响,则他们会努力使市场在经济中得不到适当的空间。

5. 需要批判地审视市场的作用

从斯密对市场机制的分析中,应该学到的并不是任何宏大战略,从一般性的"赞同"后"反对"市场的态度一下子跳到政策结论。在首先承认贸易和交换在人类生活中的作用的基础上,我们仍然必须考察市场交易的另外一些实际后果是什么,以及私利动机的确会与社会利益相悖的可能性。

6. 需要一种多层面的思路

近年来,对发展采取一种广角的、多层面的思路的需要,变得更清楚了。所涉及的议题同在政府——以及其他政治的、社会的机构和制度——与市场的运作之间保持平衡的需要紧密相关。

[①] 阿罗-德布鲁定理以最初证明这个结果的两位经济学家阿罗(Kenneth Arrow)和德布鲁(Gerard Debreu)命名。

7. 相互依赖性与公共物品

从"公共物品"角度提出的超越市场机制的观点,补充了从基本可行能力的需要(诸如初级医疗保健和基本教育机会)的角度提出的由社会来提供有关支持的主张。因此,效率方面的考虑补充了公平方面的考虑,两者都认为应在基本教育、医疗保健设施以及其他公共(或半公共)物品方面提供公共支持。

8. 公共支持与激励因素

公共支持的激励因素问题是必须提出来讨论的,哪怕仅仅因为一个社会能够承担的社会扶助的程度,必定部分地取决于成本和激励机制。

9. 激励因素、可行能力与功能性活动

对一个人的可行能力的判断,必定主要以观察此人的功能性活动水平为基础,再以其他信息为补充。

10. 扶助对象选定与手段核查

在世界各地都出现一种趋势,越来越多的公共服务是在核查支付手段的基础上提供的。试图进行雄心勃勃的对象选定可能导致的扭曲,包括以下五个方面:(1)信息扭曲;(2)激励性扭曲;(3)负效用和身份烙印;(4)行政管理成本、侵犯性损失与腐败;(5)政治上的维持力量和服务质量。

11. 主体地位与信息基础

涉及主体地位的重要性(把人看作主体而不是接受者),以及把信息焦点放在对可行能力的剥夺上(而不仅仅是收入贫困)。

12. 财政审慎与综合考察的需要

各国面临的问题很不相同。要把对财政保守主义的需要——那当然是重要的——结合到这种多样的、广阔的图景中去,而不能把它单独地与其他事物完全隔离地列出来,作为政府或中央银行的硬性承诺。需要对不同领域的公共支出进行审视和比较性评判,这是至关重要的。

第6章 民主的重要性

本章从"孟加拉虎受到保护,而上山采蜜可能受到老虎攻击的人却不受保护"的悖论开始,探讨政治自由权和经济权利二者之间的关系。

1. 经济需要与政治自由

国际讨论中有一个经常性的话题:鉴于紧迫的经济需要具有压倒一切的重要性,为什么还要操心政治自由的完善呢?

2. 政治自由与民主的首要性

其实,经济需要的紧迫性加强了而不是减弱了政治自由的迫切性。基本政治和自由权利的一般重要性,有三个不同的方面:(1) 在关系到基本可行能力(包括政治和社会参与)的人类生活中,它们的直接重要性;(2) 人民表达并论证他们的要求(包括经济需要方面的要求)以引起政治上的关注,在促进这种要求得到倾听方面,它们的工具性作用;③ 在形成"需要"(包括在社会意义上理解的"经济需要")这个概念上,它们的建设性作用。

3. 否定政治自由和公民权利的观点

反对在发展中国家实施民主以及基本的公民自由和政治自由的意见,来自三个不同的方面:第一,有人断言这些自由和权利会阻碍经济增长和发展。第二,有人争辩说,如果让穷人在政治自由和满足经济需要之间作出选择,他们总会选择后者。第三,常常有人声称,强调政治自由、自由权和民主是一种特定的"西方的"优先选择,它与"亚洲价值观"相冲突,后者更倾向于秩序和纪律,而非自由权和其他自由。

4. 民主与经济增长

事实上,几乎没有什么普遍性的证据表明权威主义政府以及对政治和公民权利的压制确实有助于促进经济发展。

5. 穷人关心民主和政治权利吗?

对政治权利和自由的轻视,当然是许多第三世界国家政府领袖的价值标准系统的一部分,但是把它当作人民的观点却是有问题的。

6. 政治自由的工具性作用

为了在知情和摆脱束缚的基础上形成我们的价值观念,就要求交流和辩论的公开性,而政治自由和公民权利可以在这个过程中具有中心地位。

7. 政治自由的建设性作用

政治权利,包括发表言论和讨论的充分机会,不仅在导致对经济需要的社会反应上至关重要,而且对于形成"经济需要"这个概念本身也具有核心意义。

8. 民主的运作

民主必须被看作只是提供了一组机会,对这些机会的使用则要求关于民主和政治权利实践另一种类型的分析。

9. 民主的实践与反对派的作用

民主确实提供了这种机会,这与它的"工具性作用"和"建设性作用"有关。

但是,这种机会在多大的强度上被利用起来则取决于一系列因素,包括伦理辩论和价值形成方面的活力等。

总之,社会正义的实现不仅依赖于体制形式(包括民主规则和法令),而且还依赖于富有实效的实践。

第 7 章 饥荒和其他危机

1. 权益和互相依赖

饥饿不仅与粮食生产和农业扩展有关,也与整个经济体的运作有关,以及甚至更广泛地与政治和社会安排的运行有关,后者能够直接或间接地影响人们获取食品、维持其健康和营养状况的能力。在不能对足够数量的粮食建立起他们的权益时,人们就会挨饿。哪些因素决定了一个家庭的权益?第一是资源禀赋,即对于生产性资源和具有市场价格的财富的所有权;第二是生产可能性及其利用;第三则是交换条件,即出售和购买产品的能力,以及不同产品的相对价格(如工艺品对主食的价格)。

2. 饥荒的起因

导致饥荒的权益丧失,可以由一系列原因引起。如果想要救治甚至防止饥荒,就必须看到这些起因的多样性。饥荒反映同样的困境,但并不一定有同样的起因,农民、牧民、工人等各自面临的问题不同。政府及市场的运作机制也是导致饥荒的重要原因。

3. 饥荒的防止

如果在丰年作了系统的有效的安排,就可以防止饥荒;同时,防止饥荒的公共措施的成本,即使对穷国来说,一般也会是相当有限的。饥荒的防止非常依赖于保障权益的政治安排。在比较富裕的国家,这种保障由反贫困计划和失业保险来提供。印度自独立以来,正是主要采用补偿性的就业创造,防止了一些可能发生的饥荒。

4. 饥荒与疏离

关于饥荒的起因及其防止的政治经济学涉及机构、制度和组织,此外,它还依赖于伴随权力和权威运作的那些感知和理解,尤其取决于统治者和被统治者之间的疏离程度。需要考察的政策问题既包括疏忽失职的行为,同时也包括在履行职责中的行为。作者以 19 世纪 40 年代的爱尔兰大饥荒为例分析了这种疏离,即国内有粮食出口,但当政者无视大饥荒的发生,从而造成惨剧。

5. 生产、多样性经营和增长

经济的富裕和增长有助于防止饥荒。经济扩展一般会减少对提供权益保障的需要,同时增加可用于权益保障的资源。当人们普遍贫困而且公共资金难以保证时,饥荒就有更大可能发生。

6. 就业途径和主体问题

在饥荒防止中要综合使用各种不同的社会机构和制度,包括:(1)通过国家扶持来创造收入和就业;(2)通过私人市场运作以取得食品和劳动机会;(3)依靠正常的商业和企业活动。

7. 民主与饥荒的防止

确定无疑的是,在正常运作的多党民主制中从来没有发生过一次饥荒。即使对那些非常贫穷的民主国家来说,如印度、博茨瓦纳和津巴布韦,这一命题也同样成立。

8. 激励因素、信息与饥荒的防止

如果没有选举,没有反对党,没有不受审查的公共批评的活动空间,掌权者就不会因为防止饥荒失败而承受政治后果。另一方面,民主却会把饥荒的惩罚作用传递给统治集团和政治领导人,这就给了他们政治的激励因素去试图防止任何有威胁性的饥荒。

9. 民主的保护作用

民主国家如博茨瓦纳、印度、津巴布韦,在粮食产量剧烈下降、很大一部分人口丧失权益的时候,却成功地防止了饥荒的发生;而非民主国家,尽管粮食状况好得多,却多次经历了未能防止的饥荒。在当代世界,对于饥荒的防止,民主有非常正面的影响,得出这样的结论绝非没有道理。

10. 透明性、安全与亚洲金融危机

民主的防范性功能与列在各种工具性自由的清单中的所谓"防护性保障"的要求正好相配。事实上,饥荒的出现仅是民主的防护性保障作用范围的一个例子。政治权利和公民权利的正面作用,适用于一般性的防止经济和社会灾害。

第 8 章 妇女的主体地位与社会变化

妇女运动的目标已经从"福利主义"中心渐渐地演化并扩展到包括——而且强调——妇女主体性的能动作用。妇女不再是旨在改善其福利的扶助措施的被动接受者,而越来越被男人以及妇女自己看做变化的能动的主体:她们是那些能够变更妇女和男人生活的社会转型的有力促进者。

1. 主体地位与福利

必须承认妇女的力量——经济独立与社会解放——能对本来决定家庭内部以及整个生活分工的那些因素和组织原则发挥深远的影响,特别是能对人们所隐含接受的妇女的"权益"产生影响。

2. 合作性冲突

妇女和男人在权益上不仅有一致的方面,也有冲突的方面,而这些会影响家庭生活。因此,家庭的决策通常采取这样的形式:追求合作,在冲突方面达成某种(一般是隐含的)双方同意的解决办法。

3. 对权益的认识

那些能影响人们对贡献及其相应权益的认识的各种情况(诸如妇女能挣得独立收入的能力、能够在家庭之外就业、能够接受教育、能够拥有财产),都会对利益划分产生至关重要的影响。妇女通过更有力的主体地位所拯救的生活,当然包括她们自己的生活。

4. 儿童生存率与妇女的主体地位

大量证据表明,妇女教育和识字水平的提高趋于降低儿童死亡率。类似地,妇女素质的提升看来对降低经常观察到的存活率上的性别差异(特别是女孩子的存活率劣势)有重大影响。

5. 主体地位、解放与生育率降低

妇女的福利与妇女在促成生育模式变化方面的主体作用之间存在着紧密的联系。因此,毫不奇怪,出生率常常随着妇女地位和力量的提升而下降。

6. 妇女的政治、社会与经济作用

大量证据表明,当妇女得到那些通常专为男人保留的机会时,在运用那些多少世纪以来男人一直声称是男人专有的机构方面,她们绝非不如男人。妇女素质地位的提升是当今世界上许多国家发展过程的中心议题之一,所涉及的因素包括妇女教育、所有权模式、就业机会以及劳动市场的运作情况。

第 9 章 人口、粮食与自由

在我们的时代,可怕的、丑恶的事并不少见,但是在一个前所未有的丰裕世界上持续存在着严重的饥饿,无疑是最恶劣的事情之一。

1. 是否存在世界粮食危机?

自从马尔萨斯(Thomas Robert Malthus)在 1798 年发表著名的"人口论"

以来,世界人口几乎增加了六倍,而粮食产量和人均消费量都比马尔萨斯时代高出许多,而且这是与一般生活水平得到前所未有的提高同时发生的。事实上,当前世界粮食生产并不存在任何显著的危机。当然,粮食生产的增长速度确实是随时间而变的,但是粮食产量上升的趋势也是非常明显的。

2. 经济激励与粮食生产

粮食生产是人类主体行动的结果,因此要理解影响人们相关决策和行动的激励因素。就像其他经济活动一样,商品粮的生产受市场和价格的影响。现在,世界粮食生产受到需求不足和粮价下降的限制,这又反映出贫困的人们最需要粮食。

3. 人均粮食产量趋势之外的因素

并没有多少理由让我们悲观地认为,粮食产量将会很快落在人口增长的后面。事实上,单纯关注粮食产量而忽视人们享有食品的权益这一倾向,有时会产生严重的负面作用。如果制定政策的人们与饥饿的真实情况——甚至饥荒的威胁——相隔绝,他们可能会被粮食产量的有利形势所误导。

4. 人口增长与提倡强制

虽然马尔萨斯式的关于粮食问题的长期担忧没有根据,至少很不成熟,但我们还是有理由担心世界人口的增长。如果这个增长的趋势继续下去,不到21世纪结束,这个世界就必定是极端的过度拥挤了。然而,有许多明确的迹象表明,世界人口增长已经开始放缓。我们必须要问:是否需要通过公共政策来帮助这个速度放缓的过程?

5. 强制与生育权

对由家庭决策的事务实行强制是否可以接受,这是个很深刻的问题。对这种强制的反对,既可以来自那些要求给予家庭以优先权来决定生几个子女的人们(按这种观点,这是纯粹的家庭决策事务),也可以来自那些主张未来的母亲在这个事务上必须特别具有决定权的人们(尤其是在堕胎或者其他直接涉及妇女身体的情况下)。就生育的权利而言,认为这些权利具有重要意义这一事实,并不必然意味着这些权利是如此绝顶重要,以至于它们必须受到充分的保障,哪怕它们有可能会导致灾难、大规模的痛苦和饥饿。一般而言,享有和行使一个权利所造成的后果,必定最终影响到这个权利的整体可接受性。

6. 马尔萨斯的分析

其实,早在马尔萨斯之前,法国数学家和启蒙思想家孔多塞(Condorcet)就提出,人口的增长可能会导致"幸福的持续下降"。他还首先表述了构成"马尔萨斯式"人口问题分析基础的核心内容,即"人口数量的增长超过了他们的生存手段",从而造成"或者是幸福和人口的持续下降的一种真正的退化运动,或者至少是在好与坏之间的某种徘徊"①。

7. 经济或社会发展

贝克尔(Gary Becker)否定了马尔萨斯关于富裕将提高生育率的结论。在贝克尔的分析中,发挥了重要作用的是经济发展对提升子女"质量"的投资(如投资于教育)的影响。与贝克尔的方法相比,关于生育率下降的那些社会理论则突出了人们偏好的变化,它是社会发展——例如一般性教育的扩展,尤其是妇女教育的扩展——的结果。

8. 年轻妇女权利的增强

没有任何理由认为,通过经济与社会发展相结合的过程,高生育率的发展中国家不会遵循那些已经减少了生育率的其他国家的道路。经济发展可能远不是"最好的节育手段",但是社会发展——特别是妇女的教育和就业——对于降低生育率却是非常有效的。

9. 外部因素、价值观念与交流

必须把支持上述统计关系的有力证据与对这些现象的社会的、文化的解释区别开来,包括前文提到的教育和家庭之外挣得的收入这二者都增强了妇女的决策自主权的解释。

10. 强制的有效程度有多大

自从1978年改革以来,中国实行了"独生子女"政策,总和生育率(即平均每一妇女所生子女数)降到1.9,显著低于印度的3.1,更比中国和印度以外的低收入国家的加权平均数——5.0左右——低很多。当然,这一过程也付出了某些代价,包括侵犯了某些具有重要性的自由权利。有时候,实施家庭规模限制伴随着极其严厉的惩罚。

11. 生育率降低的副作用与速度

通过强制手段使生育率下降的速度比通过自愿方式快得多。

12. 强制的诱惑力

虽然印度在考虑强制性节育这一选择时比中国要谨慎得多,但是有大量证

---

① 〔印度〕阿马蒂亚·森:《以自由看待发展》,第215页。

据表明,强制性政策对印度的一些人口控制积极分子有非常大的吸引力。

第10章 文化与人权

批评者对于人权的理性建构一般有以下不同的考虑因素:

1. 正当性批评

在这个意义上,人权可以代表伦理判断所支持的要求、权利和豁免(或者与权利相联系的其他形式的保障),伦理判断赋予这些保障以自身固有的重要性。事实上,人权还可以超越潜在的——相对于实际的——法律权利的范围,甚至在通过法律来执行是极其不恰当的场合,仍然可以有效地援引"人权"。

2. 逻辑连贯性批评

说到底,对一种人权的伦理主张,只是在以下程度上超出了与其相对应的自由价值,即向其他人提出了某种给予尽力帮助的要求。

3. "文化性批评"与亚洲价值观

既然人权包括对于政治自由和公民权利的要求,一些理论家特别是一些亚洲理论家,就在这里发现了所谓的"文化冲突"。

4. 当代西方与独特性

所有的人都享有个人自由是重要的,宽容也是重要的。真正的问题不在于亚洲传统中是否存在非自由的观点,而在于是否不存在倾向自由的观点。因此,亚洲价值体系的多样性——包容但又超越了地区多样性——成为一个中心的议题。

5. 对孔子的解释

现在成为亚洲价值观的权威主义倡导者们对儒家思想的标准解读,对孔子本人教导中的多样性来说也是不公平的。孔子并没有提倡盲目地服从国家。

6. 阿育王与考底利耶

如果我们转向印度传统,可以发现对自由、宽容和平等有多种多样的观点。

7. 伊斯兰的宽容

在有力地表述并实践对多样性宽容的印度人中间,当数伟大的莫卧尔皇帝阿克巴,他于1556—1605年在位。他强调多种形式的社会和宗教行为都是可以接受的,包括不同类型的人权、信仰与宗教实践的自由。

8. 全球化:经济、文化和权利

当今全球化的世界对本土文化的威胁,在相当大程度上是不可避免的。停止贸易和经济的全球化是不现实的,因为在一个由广泛的技术进步——它赋予现代技术以经济竞争优势——所推动的竞争世界中,经济交换和劳动分工的力量是很难抵抗的。

9. 文化交流与无处不在的相互依赖

跨文化的交往与鉴赏并非一定是羞耻和屈辱的。我们确实有能力去欣赏在别处产生的东西,而文化的民族主义和沙文主义作为一种生活方式,却会严重削弱生命力。

10. 普适性前提

作为贯穿本书的原则,自由具有压倒一切的价值,并以强烈的普适主义为前提。

第11章 社会选择与个人行为

1. 不可能定理与信息基础

阿罗定理所确认的,并非是理性社会选择的不可能,而是试图以有限的一组信息作为社会选择的基础所造成的不可能。阿罗定理证明了:不仅多数原则,而且依赖于同样的信息基础(即仅仅知道个人对所涉备选事物的排序)的所有决策机制,都会产生某种不一致或谬误,除非我们直接采用对这个问题的独裁解法,即让某一个人的偏好排序来决定一切。

2. 社会正义与更丰富的信息

阿罗提供了考察在个人条件的基础上进行社会决策的一般性方法,他的定理表明:什么是可能的、什么是不可能的,关键取决于在进行社会决策时实际采用了哪些信息。通过扩大信息基础,就有可能得到社会和经济评价的连贯的和一致的决策标准。

3. 社会交往与局部共识

为了达成社会共识,不仅要按照给定的个人偏好行事,而且社会决策还要对个人偏好和规范的发展具有敏感性。在这方面,必须特别重视公共讨论和相互交流在形成共享的价值观和承诺的过程中所发挥的作用。

4. 有意追求的变化与无意造成的后果

不难理解,人类行动所无意造成的后果是世界上很多巨大变化的原因。正是"无意造成"的后果的支配地位,导致人们对于理性的、有意追求的进步的怀疑。本书的基础是理性主义,试图运用理性去造成社会变化。其实,在目的明确的规划指导下,取得社会和经济改革成功的例子很多,同时"无意造成"的负面后果也是不可避免的。

5. 来自中国的一些例子

自从 1978 年改革以来,关于中国经济改革中一些重要社会目标的负面影响(其中包括对农村医疗保健安排运作方式的影响),已经有很多讨论。改革者并未有意造成这些负面影响,但是它们看来是发生了,包括农村医疗保健体系的衰落,以及因计划生育而造成的歧视女婴现象。

6. 社会价值观与公共利益

自利当然是一个极端重要的动机,许多经济和社会的工作由于对这个基本动机的重视不足而受挫。但是,我们每日每时都看到,人们的一些行动反映了明显具有社会成分的价值观,这种价值观使我们远远超出纯粹自私行为的狭隘界限。

7. 价值观在资本主义中的作用

虽然资本主义常常被看作只是在每个人贪欲的基础上运行的一种安排,但是事实上,资本主义经济的高效率运行依赖于强有力的价值观和规范系统。正是这些价值观和规范系统,为成功地使用市场机制及有关机构提供了所需要的眼界和信用,从而资本主义经济得以有效运行,并取得辉煌成就。

8. 商业伦理、诚信与契约

一个交换经济的成功运行依赖于相互信任以及——公开的或隐含的——规范的使用。当这些行为模式随处可见的时候,很容易忽视它们的作用。但在必须从无到有地把它们培育起来的时候,这种欠缺可以成为经济成功的一个主要障碍。

9. 市场经济中规范与制度的差异

行为准则甚至在发达的资本主义经济中也有差异,它们促进经济成就的成效也不一样。在现代世界,虽然资本主义非常成功地增加了产出、提高了生产率,但是各个国家的经验仍然是相当多样化的。

10. 制度、行为规范与黑手党

由法制来保障契约的执行,以及人们的行为遵循相互信任的规范和伦理准则,这二者的结合就会使黑手党的作用成为多余。因此,商业规范的发育不充分与有组织犯罪在这样的经济中盛行,二者之间存在一种普遍的联系。

11. 环境、法规与价值观

现代的"挥霍浪费者或投机者"涉及对空气和水源的污染。亚当·斯密的分析对于理解这个问题及其所造成的困难,以及可能存在的不同方式的纠正办法,都有很大的现实意义。法规和行为约束二者各自的作用,是这个领域需要讨论的重要课题。

12. 审慎、同情与承诺

如果个人利益是被狭隘地定义的,那么这种类型的"理性"模型将使得人们很难指望伦理、正义、后代的利益等等考虑,可以在我们的选择和行动中发挥什么作用。正是理性的力量,使我们能够考虑我们的义务和理想,以及我们的利益和优势。否定这种思想自由,就等于对理性的作用范围施加严重的限制。

13. 动机选择与进化生存

近来关于偏好形成以及进化在偏好形成中的作用之研究,已经在很大程度上扩大了理性选择理论的深度和范围。即使最终没有一个人有直接的理由去关切正义和伦理,正义和伦理因素还是可能对经济成功具有工具性意义,并且可以通过这种优势,比它们的对手更好地在社会行为规则中生存下来。

14. 伦理价值标准与政策制定

政策制定者有两组不同的但相互联系的理由,去关切社会正义的价值标准,即正义的工具性和目的性。

15. 腐败、激励因素与商业伦理

腐败的盛行自然被看作通向成功的经济进步道路上的主要障碍之一,许多亚洲和非洲国家的情况反映了这一点。腐败的猖獗造成公共政策失效,把投资和经济活动从生产性用途转到追求巨额报偿的欺诈活动,还会导致黑手党那样的暴力组织的滋生。正如腐败行为的出现会鼓励其他腐败行为,腐败势力被削弱也可以进一步削弱腐败。在试图改变行为模式的时候,记住这样一个事实是鼓舞人心的:如果调转其方向,每一个恶性循环都可以变成良性循环。

第12章 个人自由与社会承诺

一个人,不管他信教与否,都应该能够接受这一事实。当人们生活在一起的时候,我们不可能逃避这样的想法:我们所看到的发生在我们周围的可怕的事情,本质上是我们的问题。它们是我们的责任,不管它们是否也是别人的责任。

1. 自由与责任之间的相互依赖

赞成以社会扶持来扩大人们自由的理由,也可以看作赞成个人责任的理由。自由与责任的联系是双向的。

2. 正义、自由与责任

自由取向的视角还可以容纳分别强调效率和公平的相对重要性的不同主张：(1) 要求享有自由的不平等程度比较小；(2) 要求所有人的自由尽可能的多，而不管不平等程度如何。

确实，扩展自由最终来说是判断经济与社会变化的一个重要的动因，这一信念完全不是新鲜的。亚当·斯密、马克思、约翰·穆勒(John Stuart Mill)都对人的自由给予了关注。若干发展经济学家也一直强调把选择的自由作为发展的一个重要标准。刘易斯(W. A. Lewis)在《经济增长理论》中也陈述，发展的目标是增大"人类选择的范围"。他之所以将自己的分析简单地集中于"人均产出的增长"，理由是这"为人提供了他对环境的更大控制，因而增加了他的自由"①。

3. 为什么有这样的区别？

自由的过程层面和机会层面都要求我们超越把发展定义为"人均产出的增长"这一传统观点。这两种视角的基本区别在于，仅仅是因为对自由的实际使用而给自由赋予价值，还是超越那些实际使用而给自由赋予价值。

4. 人力资本与人类可行能力

关于人力资本的文献趋于集中注意在扩大生产可能性方面的人类主体作用；而关于人类可行能力的视角则聚焦于人们去过他们有理由珍视的那种生活，以及去扩展他们所拥有的真实选择的能力，也即实质自由。

为了对人类可行能力的作用达成更充分的理解，我们必须注意：(1) 对于人们的福利和自由来说，它们的直接关联性；(2) 通过影响社会变化，它们的间接作用；(3) 通过影响经济生产，它们的间接作用。

可行能力视角的意义在于同时包括以上三种贡献。与此相比，标准文献中的人力资本研究主要是按以上三种作用的第三项来看待的。为了以自由看待发展，我们需要超越人力资本这一相当狭隘和局限的视角。

《以自由看待发展》一书于阿马蒂亚·森1998年获得诺贝尔经济学奖的次年9月出版。该书集结了森在经济学规范理论、经验研究和伦理学领域的多年思考和研究成果。书中涵盖的领域十分广阔，包括各类发展观、饥荒、贫困、

---

① 〔印度〕阿马蒂亚·森：《以自由看待发展》，第290页。

妇女权利、自由市场、国家作用、社会选择理论等。虽然森无法在这一本书中细致阐明他在这些领域的全部观点，但是他在书中大量引用了自己之前的研究成果，并在每个章节后面给出了丰富的参考文献，以供读者进一步了解其在特定领域的研究。本书最令人深刻的理论贡献在于，在福利经济学和规范性发展理论的基础上批判性地进行了理论重构，包括其从"可行能力"途径以及以个人"实质自由"为信息基础，对福利、贫困、平等和发展等相关概念和概念间的联系进行重新定义和认识。

总而言之，阿马蒂亚·森聚焦于人类自由的发展观与传统的注重 GDP（国内生产总值）、人均收入的发展观形成了鲜明的对照。环顾世界，森所倡导的发展理念已经对世界产生了影响。联合国、世界银行等都已将自由的发展观融入它们的研究和实践中。对广大发展中国家来说，森指出了一条可能的道路选择，那就是通过扩展人们的实质自由来促进发展。

（严新明撰写，童星改定）

《福利制度的新政治学》导读

The New Politics of the Welfare State

The New Politics of the Welfare State (2001)

Paul Pierson

保罗·皮尔逊(Paul Pierson)生于1959年,美国加州大学伯克利分校政治学教授,主要研究领域为比较公共政策、政治经济学、福利国家以及美国政治发展。他于1981年毕业于奥伯林学院(Oberlin College)政治学专业,分别于1986年和1989年在耶鲁大学获得政治学硕士和博士学位,从1989年到2004年任教于哈佛大学。作为一位政治学者,保罗·皮尔逊在福利国家研究方面成果丰硕,他于1994年出版的著作《拆散福利国家》,获得美国政治科学学会的卡莫尔奖(Kammerer Prize);其经典论文《路径依赖、收入增加与政治学分析》,被评为《美国政治学评论》杂志2000年最佳文章;2010年,皮尔逊再推新作《赢者通吃的政治》,产生了重要的学术与社会影响。

《福利制度的新政治学》是由保罗·皮尔逊担任主编,收录了福利国家研究领域的众多学者关于福利国家制度变革研究的一本论文合集。其中,赫尔曼·施瓦茨(Herman Schwartz)、托本·艾弗森(Torben Iversen)、保罗·皮尔逊对当代福利制度的压力根源进行分析考证;伊夫林·休伯(Evelyne Huber)、约翰·斯蒂芬斯(John D. Stephens)、菲利普·马诺(Philip Manow)、马丁·罗兹(Martin Rhodes)的研究工作侧重于福利国家调整过程中的社会主体行为及利益协调方式;杜安·斯旺克(Duane Swank)、朱利亚诺·博诺里(Giuliano Bonoli)、赫伯特·基奇尔特(Herbert Kitschelt)则从宏观政治制度视角探讨了福利国家调整的动力过程;在社会政策比较层面,约翰·迈尔斯(John Myles)、保罗·皮尔逊、苏珊·贾埃莫(Susan Giaimo)、斯图尔特·伍德(Stewart Wood)分别针对特定的社会福利项目进行了研究。

一、寻找福利制度压力根源

福利国家的可持续性在20世纪中后期遭遇到前所未有的挑战,似乎所有的福利制度都陷入困境。但是,在福利国家研究层面,仍然存在着一种不平衡现象,即对于福利国家扩张及其政治的研究偏多,而在厘清福利国家可能产生困难的因素,并且明确这些因素对各国福利制度造成压力的具体过程,以及确定它们各自的相对重要性等方面的研究,则一直进展有限。在大多数讨论中,"全球化"都被认为是对国家福利制度的重大威胁,但对其间的作用机理则涉及不多。

关于福利制度压力的根源,赫尔曼·施瓦茨遵循因果逻辑,梳理并评价一些传统观点,从而将全球化与福利制度关系的理解置于更为广阔的空间下进行讨论。施瓦茨认为当前对全球化影响的理解通常有误,他缜密区分了国际经济变化和福利制度困境之间可能存在的种种不同因果关系。其研究发现,在许多情况下,这些因果关系的路径并没有什么依据,甚至连支持全球化对福利制度有影响的证据也没有找到。在寻找影响福利制度变化诸多要素的过程中,施瓦茨首先紧扣因果关系的本质,注重原因与结果的对应性、原因与行为主体的联系性、原因与行为体行为的时机,以及原因与行为体政策回应的一致性。施瓦茨列出了三组"嫌疑犯"进行"因果证据链"的"审讯"。他依据每一组嫌疑犯的构成要素的英文缩写,将三组嫌疑犯生动形象地命名为"山姆"(SAM)、"伊尔萨"(ILSA)、"瑞克"(RICK)。

其一,来自工资低廉的南部国家(即发展中国家)的竞争(low-wage South competition)、技术进步(technological Advances)以及货币政策制约(Monetary policy constraint)构成了施瓦茨眼中的"山姆"(SAM),从而将全球变化与日益尖锐的不平等问题、福利津贴水平下降以及居高不下的失业率联系在一起。传统且流行的观点认为,福利国家制度的变化面临着来自工资低廉的发展中国家的竞争,而施瓦茨认为,"南北竞争最多只能解释制造业劳动力市场最底层需求疲软的问题,而无法充分解释为什么福利消减是失业和不平等问题恶化的自然政治反应,也不能充分解释为什么福利制度进行了调整。"①技术进步降低了交易成本,加强了生产要素的流动性,但对于制造业和服务业工作机会的丧失与福利制度变化之间具体联系的解释仍然不充分。而在货币政策层面,不断增强的金融资本流动性使得宏观经济政策系统性地引致了通货紧缩,但作为影响福利制度变化重要因素的集体谈判,其与资本流动的关系并不密切,因此,金融资本和生产资本的流动性与福利制度变化的因果关系链也比较弱。

其二,施瓦茨转向考察"伊尔萨"(ILSA),即由控制通货膨胀(Inflation control)、服务业较低的生产力发展水平(Low Service sector productivity growth)以及人口老龄化(Ageing)构成的来自一国内部的影响要素。二战以后的各国经济制度不能有效抑制1970年代的通货膨胀,这种通货膨胀使得旧有制度结构发生转变,其中就包括了福利制度。然而,在施瓦茨看来,通货膨胀作为福利制度变化的原因之一,存在着所谓的"高尔顿问题"(Galton's problem),②由于难以区分其变化起源于国内还是国外,因而很难合乎逻辑地找出约束政策的真正根源。又如人口老龄化因素究竟如何导致了20世纪80年代福利制度的变化,对此至今仍然缺乏"证据链"。而在"鲍莫尔法则"(Baumol's Law)看来,服务相对于实物商品将越来越昂贵,因为服务业生产力发展水平缓慢,且生产力发展水平较高行业的工资增长将会不可避免地影响服务业。相应地,劳动密集型的福利性服务将会越来越昂贵,导致沉重的财政压力,这些压力最终使我们作出选择,不仅在福利和其他商品之间进行选择,而且在不同种类的福利支出之间进行选择。③然而在施瓦茨看来,鲍莫尔法则是以相对静止的观点来看待市场中的行为主体,却没有触及问题的政治本质。

其三,由产权(property Rights)、收入流(Income streams)以及联盟(Coalitions)所构成的"瑞克"(RICK)。突破前述或强调外部因素或强调内部因素的二分法模式,施瓦茨聚焦到市场力量层面,并且对动机、机会和手段之间的联系更加关注。产权保证工资与就业的稳定以及企业的稳定收入和利润流。因此,福利制度的变化"应该被理解为建立在政治基础上的产权及其相关的收入流

---

① 〔英〕保罗·皮尔逊编:《福利制度的新政治学》,汪淳波、苗正民译,商务印书馆2004年版,第35页。本导读对该书的引用均来自该版本。
② 即指将一系列相互依赖的事件当成单一的、互不相干的事件而导致的错误。此因由人类学家、优生学创始人弗兰西斯·高尔顿(Francis Galton)提出得名。
③ 参见〔英〕保罗·皮尔逊编:《福利制度的新政治学》,第45页。

受到的侵蚀,并且是对这种侵蚀所作出的反应。在争取社会保护时,享有不同种类产权的行为体、公共部门和国家,根据那些不同的产权提出了各自的政策方案"①。在全球化与福利制度联系层面,美国政治经济方面的变革掀起了解除管制压力的浪潮,这个浪潮在其他国家导致了受此影响的部门保护性就业纷纷完结。

总之,在施瓦茨看来,"有罪的当事者比大多数调查所指控的还要多,而且被害者不是正式福利制度,而是通过服务业管制为资本和劳动力提供的隐形的社会保护。瑞克安排了山姆和伊尔萨冲击社会保护现行模式的途径。因为瑞克更加准确地表明了不同的内部和外部压力如何起作用,所以指控瑞克克服了有关内、外因的争议"②。不过,关于经济结构变化的性质及其对福利制度的影响,在赫尔曼·施瓦茨、托本·艾弗森、保罗·皮尔逊之间也存在着分歧,这种分歧集中于富裕民主国家的就业结构所发生的深刻转变,即从制造业转向服务业的现象。在艾弗森的分析中,"去工业化"——由制造业生产力水平的大幅提高而不是全球化导致的——是社会变化的重要动力。传统盛行的观点认为,全球经济一体化保证了大量潜在的福利收益,特别是对于较小的国家,但是这种一体化使经济面临着全球市场起伏动荡的风险,同时削弱了政府应对经济周期的能力。政府要想解决该难题就必须接受较高的贸易风险,同时实行全面的社会福利计划,补偿国民所面临的更高水平的劳动力市场风险。而艾弗森却认为,20世纪60年代早期开始的福利制度扩张在很大程度上正是由"去工业化"和蓝领工人阶级的衰落所驱动,是制造业的萎缩,而不是经济开放,促进了补偿性社会政策的发展。因此他认为,对当今福利制度构成真正威胁的并非全球化。

保罗·皮尔逊也强调了由制造业向服务业转变的作用。然而,他所关心的不是旧的就业格局的瓦解,而是劳动力流向生产力水平增长幅度有限的部门,其结果必然是经济增长速度放缓,导致成熟的福利制度出现财政紧张。皮尔逊认为一系列的"后工业化转变"给社会福利制度造成了严重压力,其中之一就是就业结构的转变。同时,其他转变还包括了政府承诺的到期兑现、家庭结构的变化以及人口老龄化,后工业化转变产生了福利国家严重的财政经济社会问

---

① 〔英〕保罗·皮尔逊编:《福利制度的新政治学》,第71页。
② 同上书,第69页。

题。"这种后工业化转变使各国政府遇到了一个'服务经济的三难问题':增加就业、工资平等和预算约束这三个目标之间发生了越来越激烈的冲突";"令人惊异的是,对这个三难问题作出的三种典型的反应与埃斯平-安德森在《福利资本主义的三个世界》一书中界定的三种类型的福利制度(基督教民主制度、社会民主制度和自由主义制度)在很大程度上是一致的。每一种类型的福利制度都面临着与服务经济兴起相关的问题,但是,问题的本质取决于福利制度的制度类型";社会民主福利制度的预算成本越来越缺乏灵活性,基督教民主福利制度下就业不景气形成恶性循环,自由主义福利制度则付出了严重不平等的代价。①而在福利项目计划不能及时适应外界社会变化的情况下,在福利国家黄金时代所延续下来的福利制度,仍然无法满足当代社会公众的各类需要。

概而言之,全球化、去工业化、后工业化等等所造成的后果总是通过国内制度安排加以调节,这使得各国的社会政策结构趋于分裂。但是,将福利制度的压力根源简单归结为全球化、去工业化、后工业化等等总是缺乏足够依据的,压力根源实际来源于富裕民主国家的内部。另一个基本事实则是,无论压力根源何在,富裕民主国家的福利制度确实面临着重重压力,或是财政预算入不敷出,或是市场就业严重不景气,或是贫富鸿沟日益扩大。

二、福利国家调整的动力

1. 经济行为体、利益调解和福利制度改革

经济行为主体的态度与行为会受到重大经济变化的影响,同时,经济行为主体的行动对于福利制度改革也同样有着重要影响。那么,寻找国家福利制度与国民经济的联系,并探索经济行为主体对于政策决策者的影响过程,则构成了福利制度的新政治学的研究主题。

传统观点认为福利制度与国民经济相互割裂,但越来越多的证据表明,福利制度是现代资本主义体系的一个基本组成部分。伊夫林·休伯和约翰·斯蒂芬斯认为,自艾斯平-安德森的经典著作《福利资本主义的三个世界》问世以来,研究发达的资本主义民主国家福利制度的主要方法,一直是透过类型学视角研究福利制度的各种变体。②然而,目前的相关研究文献并没有真正将国民

---

① 参见〔英〕保罗·皮尔逊编:《福利制度的新政治学》,第128—130页。
② 同上书,第107页。

《福利制度的新政治学》导读
The New Politics of the Welfare State

经济研究与福利制度研究相结合。实际上,福利制度与劳动力市场制度和政策之间存在着千丝万缕的联系,应当将福利制度研究和生产制度研究更加紧密地联系起来。休伯和斯蒂芬斯尝试使用生产制度概念来作为研究的切入点。所谓生产制度,是"表示一种制度和政策结构,包括私营和公共企业、资本利益协会和劳工协会、劳动力市场机构和经济决策中涉及的政府机构,以及各主体之间的相互作用的模式;还包括劳动力市场政策、宏观经济政策、贸易政策、产业政策和金融管制"①。他们的研究结果表明,在那些主要依赖于政治手段控制市场的国家,生产制度的变化最大,主要有北欧国家、一些大陆协调型市场经济体以及澳大利亚和新西兰。从短期来看,公共部门的合理化和国有企业的私有化当然会加剧失业率的上升,但其长期的和未来的影响尚不确定。尽管这些变化不能被轻易纳入全球化范畴,但国际经济变化从根本上改变了类似于澳大利亚、新西兰的生产制度,使它们开始转向自由化集团。国际和国内金融市场的解除管制,代表了协调型市场经济体的一个深刻变化,特别是依赖于金融控制的北欧国家和大陆协调型市场经济体。解除管制剥夺了它们原先使用的许多政策手段。休伯和斯蒂芬斯预测,"福利制度在非危机状态下面临着新的挑战,我们猜测在政策结果上会重新出现一定程度的党派差异"②。

如果说福利制度与各国不同形式的资本主义制度体系存在着根深蒂固的联系的话,那么菲利普·马诺聚焦雇主对福利制度改革的态度与行为,从而演绎出一幅紧缩时代的复杂结盟关系的图景。马诺首先指出,为了适应国际市场压力和享受国内保护而免遭全球化市场的伤害,企业及工人之间形成了新的政治联盟,福利制度改革过程中的跨阶级联盟关系的形成,显然不是依循"简单的路线",当今福利制度不再会自动地获得传统工人运动和工党中的盟友支持。③在许多地方,工会似乎已经加入到支持深刻的福利制度改革的队伍之中。马诺认为,发达工业化国家出现了不同以往的经济运行方式,福利制度在这种变化之中扮演了重要角色。福利制度已经成为经济模式中的至关重要的力量,作为一种支持性的制度,可以直接转化为经济优势。既然如此,探索重要法团行为主体在当前福利制度改革中的利益偏好,就必然需要理解当代生产制度和劳动制度以及社会保护制度之间的微观联系。企业在福利制度改革中的行为

---

① 〔英〕保罗·皮尔逊编:《福利制度的新政治学》,第159页。
② 同上书,第211页。
③ 同上书,第215页。

也具有矛盾性特征,依据企业内部各自不同的产权、产业领域、工人人群等特征,不同的企业会选择支持不同的福利制度安排。福利制度必须被视为制度综合体的一个重要组成部分。

雇主与工会同现有社会政策安排有着根深蒂固的联系,他们参与战后社会契约修改的谈判。马丁·罗兹说明了社会契约是如何依据促进经济表现、解决分配难题的需要而设计的。社会契约及其修改出现的社会背景是:要求改革的压力日益明显,如全球化背景下的贸易竞争问题、金融全球化以及税收竞争问题等。而传统的法团主义制度相对较弱,于是,罗兹提出了一个具有矛盾修饰特征的概念——"竞争法团主义"。[1]竞争法团主义逻辑较之于传统社会的法团主义,具有非常规性、国家作用性等特征。在福利制度改革过程中,联盟的性质已经开始发生变化,它们支持传统福利契约的程度也在变化,从而使得福利供给的形态、融资方式、发展方向等方面正在发生一个调整和试验的过程,"单边控制的福利改革"正在被一个新的"协调适应的过程模式"所逐步替代。

2. 政治制度、政党政治和政策变化

杜安·斯旺克在《政治制度和福利制度的结构调整:制度对发达民主国家社会政策变化的影响》一文中提出,国家的民主制度结构直接或间接地决定了这个国家在什么程度上将国内或国际压力转化为新自由主义政策改革,民主政治制度决定了福利制度结构调整的深度与性质。具体地说,民主制度对在意识形态上反对新自由主义社会政策改革的政治力量和利益机会的结构产生重要影响;制度决定着被国内经济社会结构变化和世界市场一体化发展所伤害或逼到险境的利益群体的政治力量和政治机会;并且制度还影响到民众支持福利制度的程度以及抑制或促进福利制度消减的主流政治文化。[2]在决定福利制度的政策轨道上,民主制度的重要性与以往任何时候同等重要,其分别体现在利益代表制度、政体内部的正式决策结构以及福利制度结构本身。在斯旺克看来,国际和国内压力对福利制度所造成的影响在不同的制度环境下存在着系统性差异。如在集体利益代表制度较强的国家,在决策权力集中的国家,以及在福利制度建立在普遍主义原则基础之上的国家,财政压力和国际资本流动的影响基本不存在,因而还可能维持福利制度。而在法团主义和选举包容性较薄弱的

---

[1] 参见〔英〕保罗·皮尔逊编:《福利制度的新政治学》,第239页。
[2] 同上书,第285—286页。

国家,在权力实质性分散的国家,以及在福利制度结构建立在自由化原则之上的国家,公共部门债务的增加和国际资本流动性的增强与社会福利提供所受到的向下的压力有关。斯旺克还通过实证研究解释了为何福利消减出现在英国、新西兰,同时,他还注意到了制度的长期影响,即权力分散的制度首先减缓了福利制度的发展,此外,这种制度可能会有助于相对分散、异质的政治利益的发展,因而培养出一种不利于维持扩张性、全民性社会权利的政治环境。

为了探索后福利国家时代的宪法结构与社会政策制定之间的联系,朱利亚诺·博诺里在研究中使用了"否决点"的概念,"所谓否决点,指的是在制定政策的过程中,适当的行为体联盟可以阻止通过一项特定的立法"[①]。传统假设认为,权力分散的制度给反对福利扩张的群体提供了机会,使他们能够阻止通过特定的福利计划,或强迫政府在福利领域作出让步。该假设在福利制度扩张阶段具有较强的解释力,但在当今社会条件下的作用范围却相当有限。博诺里通过理论论证与经验分析,认为在权力高度集中的政治和制度环境中,采取激进的和单边的社会政策改革措施的可能性更大,而权力分散制度中的政府通常采取积极商议性的方法来解决福利改革问题。从政府风险的角度而言,否决点较少的国家在推行社会政策改革中可能存在较高风险,其中既有来自政策设计本身的风险,也有来自非正式抗议的风险;相反,否决点较多的国家推行社会政策改革时的政治风险较低,但改革的内容通常也会受到限制。总之,博诺里的研究表明,在福利制度的适应与调整过程中,政治制度扮演着重要的角色。

赫伯特·基奇尔特则力图通过政党竞争制度战略来解释福利紧缩时代的政治家行为的特征。在四种政党竞争格局中,首先看英国、美国、新西兰、澳大利亚为代表的盎格鲁-撒克逊国家,存在的是"统一的市场自由化政党对统一的社会民主党"的政党竞争格局,政党竞争集中在经济领域,面对强大的市场自由化竞争对手,社会民主党反倒可能比保守党更加会选择推进社会政策消减,当然也会同时运用补偿措施缓和这种消减所造成的重大影响。其次看以瑞典、丹麦为代表的北欧国家,存在的是"分裂的市场自由化政党和中间派政党对统一的社会民主党"的政党竞争格局,社会政策消减朝着减少慷慨度、更多运用市场刺激的方向发展,保守党与社会民主党都没有改变紧缩趋势。第三种政党竞争格局是"自由党、中间党派和社会民主党之间的一种三足鼎立的局

---

① 参见〔英〕保罗·皮尔逊编:《福利制度的新政治学》,第342—343页。

面",以荷兰、比利时以及瑞士为代表,竞选中的政党联盟仍然摆脱不了或削减市场自由化,或削减社会福利的两难选择。第四种政党竞争格局是"弱小的自由党、强大的中间党派和强大的社会民主党",其代表有德国、日本、法国、意大利(1994年以前)、奥地利(1995年以前),它们只能实施相当有限的改革,因为在这种政党竞争格局下,社会政策改革将会遇到最大的阻力。[①]显然,政党竞争并非社会政策变化的唯一原因,基奇尔特也意识到他的分析存在着局限,但他却令人信服地证明了政党制度是福利制度政治学研究中不可忽视的一个领域,尤其在福利紧缩时代,社会政策调整与政党竞争格局之关系的研究意义重大。在皮尔逊看来,基奇尔特的研究的另一个创新之处是其把政党制度当作具有战略意义的领域,揭示出政治团体的行动策略已超越了传统的"左"与"右"的意义,而形成一种新的联盟策略。

三、社会福利领域的项目比较分析

在《福利制度的新政治学》一书的政策比较部分,集中收录了三篇关于社会政策具体实践领域的文章,改变了前面一些文章的宏观分析模式,将理论分析触角深入到社会政策的几个核心领域,即养老金、健康保健以及劳动力市场政策。以前面一些文章的讨论与分析为基础,在社会政策的几个核心领域继续探讨福利制度改革的过程与结果。养老金和健康保健服务作为富裕民主国家社会政策支出的重要部分,已经成为大多数国家福利制度调整的主要目标。

约翰·迈尔斯和保罗·皮尔逊深入分析了当代养老金制度改革的动力问题。在养老金制度改革过程中,必须正视制度的路径依赖问题。25年或50年以前所作出的选择,对于今天改革方式的备选项仍然具有深刻的影响。大部分国家实行了几十年的社会保险制度,积累了大量的承诺,他们在选择改革方案时受到了严重的制约。尤其是在早期实行养老金现收现付制度的国家,其制度调整障碍较多。在紧缩政治的逻辑下,再分配政治将会不断引发养老金改革议题,但是,养老金改革的根本方式实质上是一种受制约的改革。

苏珊·贾埃莫以健康保健社会政策为研究蓝本,考察了20世纪80年代末以来英国、德国以及美国的保健改革。这三个国家的保健体系不尽相同:英国的国家保健服务是由一般收入提供财政支持,面向全民且由国家进行管理的保

---

① 参见〔英〕保罗·皮尔逊编:《福利制度的新政治学》,第405—411页。

健体系；德国拥有由雇主与雇员责任共担的国民健康保险项目；美国则依靠具有志愿性和附加福利特征的国民保健体系。贾埃莫将保健改革置于当代政治学语境下，探寻保健体系所面临的各种压力，研究资方与国家在保健服务的出资以及平等、效率等方面的问题。通过政治学视角的分析，贾埃莫认为，有些基本经验需要被提出，如出资者应该成为改革的驱动力，他们很可能继续在福利国家政策调整的政治中扮演重要的角色。但是，福利国家政策调整还将取决于国家的政治领域是否存在制衡力量结构。每个国家的福利调整不仅同过往政策承诺与经验有关，也同利益相关者间所能达成的政治选择和具体的解决办法有关。

劳动力市场政策被视为国家和市场之间的联系纽带，研究福利制度改革的重要视角便是政治经济学，而关于劳动力市场的变化分析则十分重要。就业关系模式、党派体系的结构、就业保护法以及非标准就业类型等，从根本上影响着福利国家的体制与活动。福利项目所形成的激励与制约因素，也影响着工作、就业和非就业条款与条件，以及它们之间的转变。斯图尔特·伍德深入讨论了政策轨迹理论与路径依赖的关系，指出不同政策持续性的原因是由雇主为中心的、宪法的、选举性的因素构成的内在机制。德国、英国和瑞典的劳动力市场改革表明，这些国家的劳动力市场政策没有趋同于"自由化"、市场化模式，其原因部分在于雇主对自由化表现出的热情有限。

在保罗·皮尔逊看来，本书中的社会政策比较部分中的论文更加深入地研究了本书前几个部分提出的三个重要论题。第一个论题是路径依赖，即成熟福利制度的关键纲领性政策安排，反映了自我强化过程在较长时期里的运行方式。特定国家在以往政策发展中所采取的各种模式，对于今后的发展具有极其重要的意义。这一路径依赖过程，改变了关键政治行为体的政策偏好，并且限制了在特定背景中政治上合理可行的改革动议的实施范围。历史形成的、密切相关的组织和政策网络，以各种方式决定了各个行为体想要什么，又能希望得到什么。正确鉴别这些方式，对于研究福利制度的调整至关重要。第二个论题是确定某个群体的政策偏好，这是十分复杂的。这是因为，路径依赖过程中，不同的行为体（如雇主）在不同的国家中经营环境各不相同，他们的利益不能在国际经济变化中"解读出来"。相反，由于企业在不同的国家里长期发展的方式不同，也由于不同国家福利制度的设计受限于不同形式的压力，雇主的要求在不同的国家会大不相同，他们的期望值也有所不同。第三个论题是必须超越简单的政策变化二分法的概念,即取消福利制度还是回复福利制度,是增加社会供给还是减少社会供给等等。即使在一个紧缩的大气候中,福利制度调整的议程通常也不应该被简化为直接的福利消减。其实,在福利政策修改中包括一些更加复杂的政策变化,权衡各种相互竞争的因素,解决改革联盟中各个伙伴所关心的不同问题。正确评价这种复杂性,对于理解政策结果和把握促进或抑制改革的政治过程的本质,都是至关重要的。①

四、紧缩政治时代的到来

1. 传统社会福利理论的局限

关于现代福利国家的研究出现在 20 世纪中期,历史学、政治学、经济学、社会学以及其他社会科学对福利国家的起源与发展高度聚焦。随着福利支出与项目的膨胀,国家财政不堪重负,福利国家陷入危机而难以自拔。此时,如何解释福利国家的形成原因,以及福利国家去向何处的问题,便成为福利国家研究的核心议题。起初,工业化被认为是福利制度发展的动力基础,在工业化时期,农业社会的瓦解造就了产业工人阶级的出现,新的公共支出需求也被创造出来。同时,经济增长及其社会人口特征的变化也被视为福利国家扩张的重要原因。哈罗德·威伦斯基(Harold Wilensky)将福利模式划分为剩余型与制度型,前者主张社会福利只在以家庭和社会为主的正常的供给渠道遭受破坏时才会发挥作用,而后者则被视为常规的第一线的危机预防系统。全球化、后工业主义、家庭结构转变、性别关系转变、经济增长等等,可能导致了福利国家在 20 世纪 50 年代到 70 年代实现成熟。而在 70 年代中期到 90 年代早期,福利国家研究关注到社会福利项目的长期缓慢增长,相较于福利国家的"黄金年代",此时的福利支出规模与形式发生了巨大转变。由社会经济变化导致福利制度扩张的理论解释逻辑已经受到挑战,此类工业主义逻辑在揭示贫穷落后国家与工业发达国家间的社会政策差距时有其意义,而在发达国家内部的福利制度发展层面则往往缺乏解释力。

富裕民主国家中的福利制度问题已经成为政治讨论和社会冲突的中心。从研究层面来看,政治结构与体制、社会权利与资源差异是造成福利国家规模扩张的重要因素。极具影响力的社会福利理论家艾斯平-安德森,在其福利国

---

① 参见〔英〕保罗·皮尔逊编:《福利制度的新政治学》,第 23—24 页。

家模式比较的分析中揭示了政治及政治制度的绝对作用。在福利制度的新制度学分析中,社会保护被视为加强西方民主政权的合法性基础,通过选举与政党制度来获取各派选民对于政府的支持,福利国家成为各种利益团体进行利益角逐的"机器"。各派政治和社会力量都向福利国家的政策中添加有利于自身利益的条款,也都能在福利国家的政策中找到自己所不喜欢的东西,结果使得福利国家变成一台利益错综复杂的"机器"。于是,公民资格在福利国家实施过程中成为基本依据,公民社会权利成为福利体制分化的重要维度。①当人类社会进入全球化与信息化时代,全球经济与社会变迁是否直接导致了福利制度的变化,这一问题成为福利制度新政治学所不可回避的议题。在保罗·皮尔逊等人看来,不能笼统地去讨论全球化对福利制度的影响,因为从起因与结果的整体"证据链"来看,把当代福利制度的变迁归结为全球化的影响是不充分的。福利制度的新政治学就是要通过对福利国家内部政治制度的考察,来分析福利制度变化的根本原因及动力过程,从而确认福利国家内部的各类行为体及其利益协调制度将决定着福利制度改革的基本走向,同时,政党制度、选举制度也影响着福利制度改革与变化的过程。如果说传统福利制度政治学的产生与发展的背景是处在福利国家"黄金期"的话,那么,福利制度新政治学则将话语背景置于伴随福利制度紧缩时代而出现的紧缩政治问题。传统福利制度政治学注重受欢迎的政策及其政治过程,而福利制度新政治学则注重不受欢迎的政策及其政治过程。在保罗·皮尔逊看来,原有福利国家的工业主义发展逻辑下的诸多理论,在紧缩政治气候下缺乏对福利制度的有效解释与分析,需要建构和发展出一种新的福利制度分析范式,使其能够充分解释紧缩背景下的社会主体行为与政治制度对于福利制度变迁所产生的深刻影响。

2. "紧缩"概念与"紧缩政治策略"

第一,"紧缩"的基本概念。

如前所述,全球经济变化固然重要,但是富裕民主国家内部发生的社会和经济变化才是导致财政紧张的主要原因。由于向后工业化经济转变,经济增长减缓,政府的政策承诺到期需要兑现,人口老龄化以及家庭结构发生变化,所有这一切结合在一起,导致了福利制度基本上处于长期紧缩的状态。在很多国家,福利国家成为其核心制度,社会福利支出占据国民生产总值的大量份额。

---

① 参见周弘:《福利国家向何处去》,载《中国社会科学》2001 年第 3 期。

如今,社会福利项目面临着巨大的政治挑战。尽管出现了福利紧缩的根本性转变,但是人们对于福利扩张的研究相对较多,却始终对社会政策紧缩了解甚少;同时,已有的社会福利扩张研究依然影响着当前的社会福利研究思维。保罗·皮尔逊便是要从新福利国家政治学视角去替代原有的研究方法。"假如直到现在观察员们才试图解释福利国家为何出现无情的扩张,那么现在要回答的问题是:福利国家正在以什么样的方式来适应紧缩的政治气候?"①作为《福利制度的新政治学》一书探讨的话语背景,"紧缩政治"是理解福利制度新政治学的逻辑起点。

19世纪末20世纪初,福利国家开始出现,直至20世纪50年代福利国家进入成熟期。英国最早宣布进入"福利国家"。此后,福利国家的社会保障项目支出占据社会支出的比例逐年上升,财政负担也逐年加重,社会保障开始妨碍市场机制运行的效率,福利国家陷入危机状态,各国针对"福利病"作出了相应的政策改革与调整。在保罗·皮尔逊看来,"福利制度现在所面临的基本情形是永久性紧缩。全球经济的变化、经济增长的急速减缓、政府承诺的到期以及人口老龄化问题,都导致了相当大的财政压力。我们没有理由期望这些压力在未来的几十年里会消失。相反,这些压力会愈加强烈"②。一个永久性紧缩时代已经到来。

同时,在理论层面,传统福利扩张期所形成的各类理论在"后福利国家"时代往往丧失了解释力。皮尔逊将"后福利国家"所具有的新特征总结为"紧缩时代"。在紧缩时代,政治及其社会政策具有新的内涵。作为理解福利制度的新政治学的基础核心概念,皮尔逊对"紧缩"概念作了深入探讨。虽然紧缩是福利制度的政治调试的重要理论基点,但目前对于"紧缩"或"消减"概念的模棱两可的使用,则加剧了对于福利紧缩特征的清晰理解与把握。因此,首先必须弄清楚,到底什么才是"紧缩"?应当以什么样的方式来识别和衡量"紧缩"?通常研究者们注重福利支出模式与项目规模,但是却忽视了项目结构的变化。这种社会支出模式对政策变化的解释呈现局限性,更加缺乏对政策变化所造成的福利国家发展影响的深入考察。

其一,对于紧缩概念的理解与测度,需要注意区分长期支出消减与短期支

---

① 〔英〕保罗·皮尔逊:《拆散福利国家——里根、撒切尔和紧缩政治学》,舒绍福译,吉林出版集团有限责任公司2007年版,第1页。
② 〔英〕保罗·皮尔逊编:《福利制度的新政治学》,第596页。

《福利制度的新政治学》导读
The New Politics of the Welfare State

出消减。作为考察福利紧缩的最基本原则,直接推行消减支出的社会政策可能带来短期的与长期的社会福利支出规模的影响,只是此类社会政策改革措施可能随着时间推移而被逐渐感知。变化不能被简单视为消减。改革的议程中包括一系列错综复杂而又密切相连的工作,如使工人再商品化(recommodify)、控制成本、重新核定福利制度、改善经营以达到既定的目标,以及提高能力以满足新的需求。皮尔逊认为,"紧缩倡导者会倾向于推进这样一些策略,即通过把短期的消极后果最小化,而掩盖消减的范围与幅度"①。

其二,对于紧缩概念的理解与测度,需要注重对项目结构和项目支出的分析。艾斯平—安德森在福利国家比较研究中,曾指出不能仅将福利支出水平作为福利国家间比较的测度,支出规模只能解释费用的多少,而无法切入到福利国家的内部结构之中,因此,研究福利国家的变化必须关注其结构和规模。在紧缩话语下,更需要分析人们关于福利国家的性质所产生的政治冲突问题,"紧缩应当被看做是使社会法规朝着更为剩余化的方向转型的过程,而不只是预算消减问题"②。

其三,对于紧缩概念的理解与测度,需要注意区分项目性紧缩与制度性紧缩。项目性紧缩是支出消减或者福利国家项目重新调整的结果;制度性紧缩则是由政策变化所导致的更为深入的政治经济学与福利国家政治学层面的改变,如预算压力、政治制度的结构、利益群体的力量及其偏好等因素的复杂联系与影响,从而深刻推进了福利国家项目的结构性转变。在皮尔逊看来,解决制度性紧缩通常采取四种方式:① 可以试图通过限制财政收入流向未来行政部门的方式,停止资助福利国家;② 由政策而引发公众舆论的变化,进而削弱大众对公共社会项目的热衷程度;③ 可以采取修正政治制度的形式,从而改变有关福利国家的决策方式及其政策结果;④ 逐步削弱赞同福利国家的利益群体的力量。③

概而言之,如果没有形成关于紧缩概念的共识,将会极大地阻碍人们对于福利国家近期历史进程的研究。紧缩不仅是直接消减公共支出的问题,更是一个复杂的、多层面的现象。紧缩可以被定义为"内在地包含着政策变化,这些

---

① 〔英〕保罗·皮尔逊:《拆散福利国家——里根、撒切尔和紧缩政治学》,舒绍福译,吉林出版集团有限责任公司2007年版,第5页。
② 同上书,第6页。
③ 同上书,第7—9页。

政策变化要么是为了更贴切地符合剩余性的福利国家规模而削减了社会支出，重新调整了福利国家项目，要么是通过提高这些结果在未来的可能性的方式来改变政治环境"①。

第二，"紧缩政治策略"。

紧缩时代的到来为政治家们所承诺的社会福利项目改革带来巨大政治风险。面对此情境，为了使福利国家改革成本最小化，福利国家改革的政治策略也发生了变化，而这些变化与以往在福利扩张时期大不相同。在皮尔逊看来，紧缩的倡导者可以运用三种策略来把政治抗议降低到最低层次，它们分别是模糊、分化以及补偿策略。

首先是模糊策略。紧缩的倡导者可以控制信息流向，从而减少公众对他们的行动或者政治行动的消极后果的认识。信息是一种至关重要的资源，以一种高度不平等的方式分布，信息在政治斗争中的重要性需要被重视。决策者可以让选民难以获得信息，这一做法可以使紧缩议案的政治风险降低。决策者有可能通过让可能的对手更难以获得政策改革的相关信息这种手段，降低紧缩行动的政治成本。皮尔逊指出，模糊策略在英国与美国的住房政策改革方面有其效果。在住房领域实行一次福利消减对当前的受益人不会产生什么影响；其效应集中在未来的潜在受益者身上，而这些人不可能把他们当前的利益和公共住房命运联系在一起，而且这些人的本质特征又无法辨认，因此不可能组织起来。无论如何，等到政策变化的消极影响开始被人发觉的时候，应当为这些消极影响承担责任的政治决策早就被埋没在遥远的过去了。②

其次是分化策略。紧缩的倡导者可以努力分化潜在的反对者。尽管有组织的反对力量在具体政策领域中的潜在力量可能很大，但是有时候可能在反对力量内部出现某个亚群体。紧缩的倡导者可能会把某个项目的受益者从提供者群体中分化出来，从而以这种方式设计变革。在人们广泛期望实行紧缩的领域，对一个受益人群体内部的某个特定亚群体实施有针对性的支出消减，就会把对政府倡议的改革的潜在反对力量的规模降低到最低水平。皮尔逊认为，"一种紧缩斗争的共同机制包括这样两个方面：政府要采用相互对立的措施来

---

① 〔英〕保罗·皮尔逊：《拆散福利国家——里根、撒切尔和紧缩政治学》，舒绍福译，吉林出版集团有限责任公司2007年版，第9页。
② 同上书，第17—18页。

让一个群体反对另一个群体,而项目支持者则要努力'合理对外'"。①

最后是补偿策略。紧缩的倡导者可以为因其提出的变革而遭受严重影响的群体提供"侧面补偿"(side payment),以弥补他们的损失。紧缩政治下的利益受损群体会出现抗议甚至"消极性偏见"情形。为了减少这类情形,补偿策略通常存在两种方式:其一,政府为最有可能汇集起来反对紧缩的群体或是最有可能引发公众同情的群体提供补偿,以使当前的受益者们不会受到政策变化的影响,从而将损失局限在未来的某个不确定的和不可能组织起来的受益者群体身上。其二,政府大力支持和拓展私营福利,为公共领域的紧缩提供补偿,而那些私营部门项目可以平息人们对政府抑制公共项目的反对声音。紧缩政治存在着潜在的政治风险,而反对力量的组织动员问题则是关键之所在,通过以上可能的策略设计来阻止集体抗议行动的发生,就可以大大降低这种政治风险。

五、紧缩政治下的工人运动、制度与政策反馈

在传统福利国家发展过程中,权利资源分析范式被视为福利体制分化的重要理论。福利国家的危机已经被人们广泛提及,但到目前为止很少有人试图对紧缩的后果作出说明。这种研究的缺失,与关于福利国家起源和发展之研究的丰硕性形成鲜明对比。大量研究已经对促进或延缓福利国家扩展的主要因素提出了各种清晰的分析视角,有两种理论对于研究的影响尤为显著,一种理论集中探讨工人运动的权利资源问题,另一种理论则聚焦于制度的作用。为了理解当代福利国家新政治学,人们会自然而然地倾向于直接求助于这些理论。然而在紧缩研究中,这些理论需要被认真地进行重新评价。

1. 组织化工人运动与福利国家的关系

权利资源理论认为,获得权利资源的一方将在资源分配中占据主导地位,长时间以来工人运动被认为是福利国家发展的中心。不同制度体系下的工人组织化程度形成工人力量的差异,从而导致了福利资本主义世界的差异化。二战之后的三十年间,权利资源分析法在揭示国家间的社会政策差异性方面取得了成功,尤其是在对社会福利制度进行分析时,用更为精细的内部结构分析取代了粗糙模糊的社会支出数据。然而,皮尔逊在对撒切尔和里根政府所作的福

---

① 〔英〕保罗·皮尔逊:《拆散福利国家——里根、撒切尔和紧缩政治学》,舒绍福译,吉林出版集团有限责任公司2007年版,第20页。

利紧缩改革的比较研究中发现，权利资源分析范式无法预测社会福利制度项目内部的差异性。在英美这两个国家，左翼的政治资源和经济资源已经大为减少，其结盟的速度直线下落，中间偏左的政党已被削弱。尽管权利资源理论认为这种转变本应该急速地改变福利国家的特征，但事实并非如此。福利国家的近期发展经验表明，尽管工会和中间偏左的政党可能在福利国家发展中起着关键作用，但即使其支持力量受到削弱，许多社会福利项目依然能够持续下去。权利资源理论聚焦于制度层面的变化，不可能解释个别社会政策项目的变迁。

对当代福利制度的分析，必须要从组织化的劳工运动转移到个别社会福利项目的支持者身上。在福利国家制度中，已经形成了一系列与其紧密联系的利益集团，因此决定福利紧缩能否成功的力量已经不再是福利国家扩张阶段的工人阶级和左派政党，而是基于社会福利政策所形成的特定的利益集团。与特定社会政策相关联的利益集团，现在正成为最显著的政治代理人。虽然利益集团形成不了福利国家，但是福利国家却大大地增进了一种"利益集团社会"的出现与发展。在英国与美国的社会福利制度分析中，社会福利项目都与组织化的社会支持网络联系在一起，养老金领取者、残疾人以及享受医疗保健的人们都是社会支持网络中最突出的一部分，公共服务的提供者也在维持社会政策项目的内容与规模上起到了关键的作用。组织化的工人运动继续成为社会福利制度发展的影响变量，但他们的利益现在主要与特定的公共项目所产生的雇佣效益联系在一起，而与维护工人地位的一般性公共法规没有多少联系；此外，他们更多地是通过个别组织而不是通过更广泛的工会联盟来获得权利。

也就是说，福利国家的支持体系发生了从传统权利资源模式向项目性网络的转变。工人阶级在紧缩期间的作用大幅度减弱，与有组织的劳工力量的作用下降相伴随的是，直接反对项目紧缩的主要责任，被转嫁给了与每个项目都得失攸关的委托人群体。在许多事件当中，这些支持福利国家的新网络得以出现，这是政策反馈在当代政治学中的作用体现的最好说明。项目结构在决定委托人群体的政治力量时具有关键作用。确实，以社会保障项目为基础而形成的利益网络，是保守党反对现代福利国家的主要障碍。这些项目当事人所构成的网络能够在足够程度上支持福利国家，而这种福利国家是有组织的劳工力量本身难以聚集起来捍卫的。实际上，项目性网络的出现使得推行紧缩政策的成本大大增加。一些覆盖面广且具有制度性的福利国家项目从这些团体中获得重要的支持，而他们的存在弥补了日趋减少的有组织的劳工力量。当然，这些利益网络的贡献既显而易见,其作用又有一定的限度。我们看到,许多经过家庭经济审查的项目经久不衰,而有些普遍性项目则不堪一击,这说明除了利益群体的组织资源以外,还有其他因素在起作用。皮尔逊认为,要解释这些现象,就应当重视统摄项目支持者和反对者之间的政治竞争的游戏规则所具有的关键作用。政治制度的结构和个人项目的设计可能会为紧缩的倡导者创造机会,以便阻止或者限制项目支持者的动员。

2. 新制度主义与福利国家的关系

如上所述,皮尔逊认为,用来解释福利国家扩张期的、以阶级作为分析基础的权利资源理论范式,已经不再适用于福利国家的紧缩分析,应当采取一种与以代理人为基础的利益集团分析相关的"福利国家新政治学"。在福利制度新政治学分析中,要有效判断利益集团挑战紧缩提案的前景,就必须考虑到政治体系中的其他要素,如政治制度的结构和先前的政策等。于是,新制度主义研究已揭示出福利国家发展的动力问题,成为社会政策发展的至关重要的影响背景。政治制度的结构确立了政治斗争的基本规则,形成了组织认同和他们的集体选择,提高了一些组织的谈判权而又使得其他一些组织的权利贬值。新制度主义者早就认为,权利资源分析范式对二战前社会政策的发展无法作出解释,社会民主党和工会压力所产生的作用在福利国家形成的前期是有限的,权利资源本身也是一种制度变迁的结果。皮尔逊对于福利紧缩的分析秉持了西达·斯考波尔(Theda Skocpol)等人的社会政策比较研究,在斯考波尔及其同事看来,瑞典的社会福利发展模式聚焦于权利资源模式,美国则是一种"例外",因为后者强调政治制度的重要性,进而导致美国社会福利政策"迟来而又冷漠"的发展。①他们的研究向人们揭示,必须要结合国家的结构特征去理解美国社会政策的发展。要探讨福利制度发展模式如何与制度变迁联系在一起,就需要考虑两个要素,其一是正式制度的结构及政府当局制定政策的能力,另一个因素则是政策反馈的作用。

在正式制度层面,制度对于政治行动策略的选择以及政治结果的形成具有重要影响。横向的和纵向的政治结构影响着福利国家的政治生态。在横向管理层面,中央政府内部的权力在多大程度上是集中还是分裂;在纵向管理层面,

---

① 参见〔英〕保罗·皮尔逊:《拆散福利国家——里根、撒切尔和紧缩政治学》,舒绍福译,吉林出版集团有限责任公司2007年版,第31页。

权力是集中在国家还是被更多地移交到地方政府手中。高度的垂直统一管理常常被认为是强政府的先决条件。正因为高度集中的政治权力大大减少了有效的反对力量，所以在议会制中运行的政府就更有能力实施激进的政策变革。只要执政党占据了多数席位，即使遭遇激烈的反对，立法也能通过。相反，美国的三权分立制度则会导致出现僵局和不作为，尤其是当国会的多数对个别政治党派的忠诚超过对总统的忠诚时。低水平的横向管理可能会使社会福利项目的发展速度变慢，否决权的增多使得绝对的少数也容易阻止改革的实施。如在美国，即使选民的绝对多数常常已经赞同某种形式的国民健康保险，加上民主党人控制了两院，这些政治资源也不足以战胜绝对少数派的制度优势。皮尔逊以英美两国的福利制度为分析样本，其研究发现，在紧缩背景下，正式制度对于福利制度的作用是复杂的，纵向的与横向的制度体系并不必然导致福利紧缩改革的难易，它们可能在提高紧缩改革权力的同时也制造出相对的反抗力量。

在政府能力层面，政府所占据的资源存在着差异，决策者不但必须考虑到政治制约，也要考虑到行政制约和财政制约。行政能力对于福利扩张模式具有重要影响，但其是否是紧缩政治学的核心呢？在里根和撒切尔的执政经验中，官僚活动在福利紧缩政治中只是扮演了边缘性的角色，只是在设计减少反抗力量策略上有重要作用，而对于目标与政策选择以及在特定策略能否成功的关键要素上缺乏控制。虽然行政能力对于紧缩政治学不那么重要，但是政府的财政能力则继续扮演着重要角色。对于紧缩的倡导者来说，政府的征税能力是一把"双刃剑"，项目性紧缩常常容易推进，如果政府至少愿意去补偿一些潜在反对者的利益的话。政府的财政状况越健康，它就越容易摆脱政治麻烦。但是，健康的财政状况只会改善项目性紧缩的前景，却会阻碍制度性紧缩。提高政府征税能力则使得政府更难创造一种全面的紧缩环境以制约社会服务。

制度变迁在紧缩政治中扮演的角色，通常与在福利扩张期间扮演的角色不同，因为紧缩背景下出现了一些新特征，如对减少职责的关注，以及对不受欢迎活动的问责。概而言之，正式制度下的政治权力的集中无疑对社会政策的扩张有着重要影响，它对紧缩的影响却更加混杂；尽管行政能力和自治权影响了福利国家的发展，但它们对紧缩政治的意义却是有限的；只有财政能力在紧缩政治中持续发挥着重要作用。

在政策反馈层面，理解当代社会福利政治，不可避免地需要考虑先存政策结构与社会政策改革斗争结果的关系。实际上，先存的社会福利政策已经转变成为一种积极的力量来重新构造福利国家的利益结构,并将其成为"政策回馈"(policy feedback)。政策反馈分析法,即指先前的政策选择会影响到当前政治过程的分析方法,它已成为调查任何社会政策变革之不可缺少的一部分。①长期以来,政策都被认为是政治力量的结果,但很少有人将政策视为政治力量的原因。近些年来,通过大量的经验研究,"政策产生政治"的观点已经被多次强调。公共政策不但是政治过程的结果,而且也在政治过程中做出了重要的贡献,它常常极大地形塑了社会、经济以及政治环境。

对政策反馈过程的研究告诉我们,政策结构产生了资源和激励,这些都影响到社会团体的形成和活动。其一,利益集团形塑了政策,政策也形塑了利益集团。在利益集团回应它们所遭遇和希望维持或修正的项目时,利益集团的组织结构和政治目标可能会发生改变。政策极可能会产生一些激励因素,也可能会提供许多资源,以此促进或阻止具体团体的形成或扩张。政策设计也能够为"政治企业家"创造环境,以帮助"不活跃的团体"克服集体行动的困境。美国退休人员协会就是这种政策反馈过程的一个鲜活例证。其二,公共政策不仅为利益集团的活动创造了动力,而且也可能提供了许多财力,进而能对利益集团的决策施加影响。其三,政府政策优势能够直接为利益集团创造财富,如立法机构资助许多组织,或为个人参加具体团体提供激励。其四,公共政策也可能通过增加特定团体接近决策者的机会而增强它们的力量。此外,政策还影响到主要政治代理人之间的"社会认知"过程。过往政策成功与失败的经验可能影响到新政策的设计,在一个固化的学习模式下,锁定效益所带来的沉没成本(sunk cost)问题,使得政策走向一条缺乏调整空间的道路。所谓"锁定"(lock-in),是指它们形成了由政策诱使的精细的社会和经济网络,这些网络大大增加了采用可能的替代性政策的成本,从而禁止从当前的政策道路中撤退出来。②

六、紧缩时代的社会福利改革

在《福利制度的新政治学》一书中,保罗·皮尔逊总结性地提出了一个研究永久性紧缩政治学的初始框架,并将其运用到不同福利体制的分析之中,从而拓展了其早期关于英美两国的紧缩政治学分析方法。在皮尔逊所提出的新

---

① 参见〔英〕保罗·皮尔逊:《拆散福利国家——里根、撒切尔和紧缩政治学》,舒绍福译,吉林出版集团有限责任公司2007年版,第43页。
② 同上书,第48页。

分析框架中,富裕民主社会的福利制度调整应当注意到由选择性激励与制度"粘性"所共同影响而形成的社会政策改革设计。他认为,福利制度的扩张也导致了选民群体规模的壮大,福利制度对当代政治生活产生了深刻影响。对福利制度的支持强度受两个因素影响。其一,对于福利制度的反对者而言,紧缩带来的好处通常是分散的和不确定的,对于拥护福利制度的大批核心选民群体而言,社会福利制度所提供的则是"集中利益"(concentrated interest),而集中利益通常优越于分散利益。其二,福利制度的支持者能够为维持已经存在的福利而斗争。

福利项目改革不仅要应对现实与潜在反对力量的挑战,还要面对现存政策安排的"粘性"问题。所谓"粘性",是指发达政体中的制度"否决票"及"路径依赖"过程,它们共同强化了激进性改革所面对的选举障碍,使得现存政策安排一成不变,新改革项目只能做递增性调整(incremental adjustment)。如前所述,朱利亚诺·博诺里的研究表明,在福利制度的适应与调整过程中,政治制度中的"否决点"问题有着重要影响。路径依赖因素也表明,某些政治发展过程一旦开启便难以逆转,复杂的社会相互依赖性(social interdependence)使得新制度或政策的实施往往需要很高的固定或启动的成本,新的改革受到"强约束"。当代福利制度改革过程正好突出地暴露了路径依赖问题。皮尔逊认为,紧缩背景下的社会政策结构重组,"不论采取固守的(standing)方式还是解体的方式,在大多数国家都是行不通的。相反,如同政治生活的许多方面,我们应该期望来自多方面的强烈压力会促使社会提供的变革采取更为中间式的(centrist)——因此也就是更为渐进式的(incremental)——反应"①,并以此来确定政策改革的可行空间。

皮尔逊还对新的分析框架中的复杂情境作了说明。从改革过程中突出的行为体的角度出发,他认为福利制度变革是在"再商品化"(re-commodification)、成本控制和重新校准(recalibration)三个层面发生的。在再商品化层面,艾斯平-安德森曾认为,如果一项服务已经成为人们自然享受的一种权利,如果一个人不必依赖市场就可以维持生计,就会出现去商品化(de-commodification)现象。去商品化是通过组织化的工人阶级运动而形成的,再商品化则要通过严格资格审查或减少福利来限制参与劳动力市场的其他方式,以扭转去商品化过程。其中,雇主与工会之间权利平衡的改变在再商品化过程中十分重要。皮尔

---

① 〔英〕保罗·皮尔逊编:《福利制度的新政治学》,第605页。

逊认为,艾斯平-安德森所勾勒的去商品化逻辑,即使用来说明战后福利扩张也有误导作用,因为其没有注重资本主义的作用。①因此,应当确立将再商品化作为中心议题的条件,分析再商品化的变革模式,同时,避免将福利制度结构重组简单化为再商品化。在成本控制层面,紧缩时代下,人们需要为支出本身而斗争,这也是紧缩时期的决定性特征,尤其在经济发展遭遇困境的背景之下。加之福利扩张时代所带来的制度惯性的影响,增加税收与社会大众对庞大社会支出的依赖,让政府面临严重困境。这就使得成本控制成为当务之急。在重新校准层面,皮尔逊区分出了两种不同的重新校准,即合理化与更新,前者是指根据如何实现既定目标的新思想而对项目所进行的改变,后者是指为适应社会需求和规范的变化——如家庭、生命周期、劳动力市场的性质或社会的年龄构成所发生的变化——而作出的努力。②

另外,新的分析框架还会面临各国不同的福利制度体系这一复杂情景。在富裕民主国家里,存在着截然不同的政治与政策结构,这使得在分析社会政策结构重组的动力时,要关注到福利制度的具体规模和形态,还需要关注具体的政治环境。以艾斯平-安德森关于福利资本主义三个世界的划分为基础,皮尔逊以福利制度改革的新分析框架构建出福利制度改革的三个世界(见下表)。

福利制度改革的三个世界③

	自由主义	社会民主主义	保守主义
福利制度的政治支持	适中	高	高
调整压力	适中	适中	高
改革方案	再商品化与成本控制	成本控制与重新校准(合理化)	成本控制与重新校准(更新)
冲突双方	新自由主义紧缩对抗有补偿的商品化	协商与渐进式调整	维持现状对抗协商性改革
关键变量	强大经济压力;集中的政治权力	强大经济压力	强大经济压力;中间派改革组织有被"挖墙脚"的危险

---

① 〔英〕保罗·皮尔逊编:《福利制度的新政治学》,第613页。
② 同上书,第617页。
③ See Paul Pierson, Coping with Permanent Austerity: Welfare State Restructuring in Affluent Democracies, Revue française de sociologie, 2002(2):369—406.

在不同的福利体制内,福利改革所采取的调整策略也不尽相同,在自由主义模式下,改革的焦点是成本控制和再商品化,其分歧在于是彻底紧缩还是有限补偿;在社会民主主义体制内,改革的焦点是成本控制和重新校准,通过协商和渐进的改革来使福利项目合理化,以提高实现既定目标的能力;在保守主义体制内,改革的焦点是成本控制和重新校准,其重心是为了满足新需要而更新项目。皮尔逊最后总结道:"不存在所谓单一的福利制度'新政治学',而是不同结构中的不同政治学。"①总之,在自由主义模式、社会民主主义模式以及保守主义模式中,紧缩时代的社会政策面临着严重经济压力,永久性的紧缩已经开始。在福利国家制度变革中,一些社会福利项目受到了削减或是被部分市场化,但是,大多数福利制度的核心结构并没有倒塌,现实环境仍然不利于社会公平,不利于有效地实现社会保护,"也不利于解决刚刚被认识到的风险问题"。②

(陶鹏撰写,童星改定)

---

① 〔英〕保罗·皮尔逊编:《福利制度的新政治学》,第 661 页。
② 同上书,第 663 页。

后　　记

　　社会保障是一门综合性极强的学科,与之相关的学科至少包括:经济学、公共(行政)管理学、哲学(伦理学)、政治学、社会学、法学、历史学等。由此,其思想来源(资源)是多元的、丰富的,且互相渗透、交叉影响。马克思主义唯物史观开创性的伟大贡献,赋予劳动者权益保障以天然的合法性,成为社会主义社会保障的指导思想。基于这一客观事实,多年来,童星教授、庞绍堂教授、林闽钢教授合作开设了"多学科视野中的社会保障"课程,为社会保障专业的硕士研究生讲授,效果良好。

　　基于上述视野,童星和庞绍堂长期合作,为社会保障专业的硕士研究生开设了"社会保障经典名著导读"课程,使硕士生们的多学科视野得以落实,致其理论功底趋于扎实,专业学养渐积丰厚。本书就是这一课程的教材化,它凝聚了我们多年教学、探索的辛劳、心血,相信读者——尤其是社会保障专业的研究生和教师均将有所获益。

　　全书由童星、庞绍堂撰写或组稿,其他作者均是我们的学生或对我们的课程有兴趣的青年教师。其他作者的书稿,均分别由童星、庞绍堂最后修订。作者及修订者均在每篇书稿的最后列出。

　　不揣浅陋,意在抛砖引玉;但文责自负,恳请学界同仁批评匡正。

庞绍堂、童星谨识
2016 年 1 月